Diogenes Tasch

Arthur Schopenhauer

Zürcher Ausgabe

Werke in zehn Bänden

Band IV

Non multa
[Nicht vielerlei]

Der Text folgt der
historisch-kritischen Ausgabe von Arthur Hübscher
(3. Auflage, Brockhaus, Wiesbaden 1972)
Die editorischen Materialien
besorgte Angelika Hübscher
Redaktion von Claudia Schmölders,
Fritz Senn und Gerd Haffmans

Die Welt als Wille und Vorstellung.

Von Arthur Schopenhauer.

Zweiter Band.

Zweiter Teilband.

Diogenes

Diese Ausgabe erscheint mit Förderung
der Schopenhauer-Gesellschaft e. V. und des Schopenhauer-Archivs
(Sitz: Frankfurt am Main).

Ein Glossar der wichtigsten wissenschaftlichen Begriffe
und Fremdwörter findet sich jeweils im Anhang
der Bände IV, VI und X.
Nachbemerkungen von Angelika Hübscher zur *Welt als Wille und Vorstellung*, zu den *Kleineren Schriften* und *Parerga und Paralipomena* jeweils am Schluß der einzelnen Bände.
Ein Namenregister am Schluß des X. Bandes.

Umschlag: Arthur Schopenhauer,
nach einem Ölgemälde von Angilbert Göbel, 1857–1859.

40/86/29/6
ISBN 3 257 20424 8

Ergänzungen zum dritten Buch.

Et is similis spectatori est, quod ab omni separatus spectaculum videt.
[Und er gleicht einem Zuschauer, weil er von allem getrennt das Schauspiel ansieht.]
Oupnekhat, Vol. I, p. 304.

Zum dritten Buch.

Kapitel 29*.

Von der Erkenntniß der Ideen.

Der Intellekt, welcher bis hieher nur in seinem ursprünglichen und natürlichen Zustande der Dienstbarkeit unter dem Willen betrachtet worden war, tritt im dritten Buche auf in seiner Befreiung von jener Dienstbarkeit; wobei jedoch sogleich zu bemerken ist, daß es sich hier nicht um eine dauernde Freilassung, sondern bloß um eine kurze Feierstunde, eine ausnahmsweise, ja eigentlich nur momentane Losmachung vom Dienste des Willens handelt. – Da dieser Gegenstand im ersten Bande ausführlich genug behandelt ist, habe ich hier nur wenige ergänzende Betrachtungen nachzuholen.

Wie also daselbst, § 33, ausgeführt worden, erkennt der im Dienste des Willens, also in seiner natürlichen Funktion thätige Intellekt eigentlich bloße Beziehungen der Dinge: zunächst nämlich ihre Beziehungen auf den Willen, dem er angehört, selbst, wodurch sie zu Motiven desselben werden; dann aber auch, eben zum Behuf der Vollständigkeit dieser Erkenntniß, die Beziehungen der Dinge zu einander. Diese letztere Erkenntniß tritt in einiger Ausdehnung und Bedeutsamkeit erst beim menschlichen Intellekt ein; beim thierischen hingegen, selbst wo er schon beträchtlich entwickelt ist, nur innerhalb sehr enger Gränzen. Offenbar geschieht die Auffassung der Beziehungen, welche die Dinge zu einander haben, nur noch mittelbar im Dienste des Willens. Sie macht daher den Uebergang zu dem von diesem ganz unabhängigen, rein objektiven Erkennen: sie ist die wissenschaftliche, dieses die künstlerische. Wenn nämlich von einem Objekte viele und mannigfaltige Beziehungen unmittelbar aufgefaßt werden; so tritt aus diesen,

* Dieses Kapitel bezieht sich auf §§ 30–32 des ersten Bandes.

immer deutlicher, das selbsteigene Wesen desselben hervor und baut sich so aus lauter Relationen allmälig auf; wiewohl es selbst von diesen ganz verschieden ist. Bei dieser Auffassungsweise wird zugleich die Dienstbarkeit des Intellekts unter dem Willen immer mittelbarer und geringer. Hat der Intellekt Kraft genug, das Uebergewicht zu erlangen und die Beziehungen der Dinge auf den Willen ganz fahren zu lassen, um statt ihrer das durch alle Relationen hindurch sich aussprechende, rein objektive Wesen einer Erscheinung aufzufassen; so verläßt er, mit dem Dienste des Willens zugleich, auch die Auffassung bloßer Relationen und damit eigentlich auch die des einzelnen Dinges als eines solchen. Er schwebt alsdann frei, keinem Willen mehr angehörig: im einzelnen Dinge erkennt er bloß das Wesentliche und daher die ganze Gattung desselben, folglich hat er zu seinem Objekte jetzt die Ideen, in meinem, mit dem ursprünglichen, Platonischen, übereinstimmenden Sinne dieses so gröblich mißbrauchten Wortes; also die beharrenden, unwandelbaren, von der zeitlichen Existenz der Einzelwesen unabhängigen Gestalten, die *species rerum* [Arten der Dinge], als welche eigentlich das rein Objektive der Erscheinungen ausmachen. Eine so aufgefaßte Idee ist nun zwar noch nicht das Wesen des Dinges an sich selbst, eben weil sie aus der Erkenntniß bloßer Relationen hervorgegangen ist; jedoch ist sie, als das Resultat der Summe aller Relationen, der eigentliche Charakter des Dinges, und dadurch der vollständige Ausdruck des sich der Anschauung als Objekt darstellenden Wesens, aufgefaßt nicht in Beziehung auf einen individuellen Willen, sondern wie es aus sich selbst sich ausspricht, wodurch es eben seine sämmtlichen Relationen bestimmt, welche allein bis dahin erkannt wurden. Die Idee ist der Wurzelpunkt aller dieser Relationen und dadurch die vollständige und vollkommene Erscheinung, oder, wie ich es im Texte ausgedrückt habe, die adäquate Objektität des Willens auf dieser Stufe seiner Erscheinung. Sogar Form und Farbe, welche, in der anschauenden Auffassung der Idee, das Unmittelbare sind, gehören im Grunde nicht dieser an, sondern sind nur das Medium ihres Ausdrucks; da ihr, genau genommen, der Raum so fremd ist, wie die Zeit. In diesem Sinne sagte schon der Neuplatoniker Olympiodoros in seinem Kommentar zu Plato's Alkibiades (Kreuzers Ausgabe des Proklos und Olympiodoros, Bd. 2, S. 82): το ειδος μεταδεδωκε μεν της μορφης τη ὑλῃ· αμερες δε ον μετελαβεν εξ αυτης του διαστατου: d. h. die Idee, an sich unausgedehnt, ertheilte zwar der Materie die Gestalt, nahm aber erst von ihr die Ausdehnung an. – Also, wie gesagt, die Ideen offenbaren noch nicht das Wesen an sich, sondern nur den objektiven Charakter der Dinge, also immer nur noch die Erscheinung: und selbst diesen Charakter würden wir nicht verstehn, wenn uns nicht das innere Wesen der Dinge, wenigstens undeutlich und im Gefühl, anderweitig bekannt wäre. Dieses Wesen selbst nämlich kann nicht aus den Ideen und überhaupt nicht durch irgend eine bloß objektive Erkenntniß verstanden werden; daher es ewig ein Geheimniß bleiben würde, wenn wir nicht von einer ganz andern Seite den Zugang dazu hätten. Nur sofern jedes Erkennende zugleich Individuum, und dadurch Theil der Natur ist, steht ihm der Zugang zum Innern der Natur offen, in seinem eigenen Selbstbewußtseyn, als wo dasselbe sich am unmittelbarsten und alsdann, wie wir gefunden haben, als Wille kund giebt.

Was nun, als bloß objektives Bild, bloße Gestalt, betrachtet und dadurch aus der Zeit, wie aus allen Relationen, herausgehoben, die Platonische Idee ist, das ist, empirisch genommen und in der Zeit, die Species, oder Art: diese ist also das empirische Korrelat der Idee. Die Idee ist eigentlich ewig, die Art aber von unendlicher Dauer; wenn gleich die Erscheinung derselben auf einem Planeten erlöschen kann. Auch die Benennungen Beider gehn in einander über: ιδεα, ειδος, *species,* Art. Die Idee ist *species* [Art], aber nicht *genus* [Gattung]: darum sind die *species* das Werk der Natur, die *genera* das Werk des Menschen: sie sind nämlich bloße Begriffe. Es giebt *species naturales,* aber *genera logica* allein. Von Artefakten giebt es keine Ideen, sondern bloße Begriffe, also *genera logica,* und deren Unterarten sind *species logicae.* Zu dem in dieser Hinsicht, Bd. 1, § 41, Gesagten, will ich noch hinzufügen, daß auch Aristoteles *(Metaph., I, 9 & XIII, 5)* aussagt, die Platoniker hätten von Artefakten keine Ideen gelten lassen, οἷον οικια, και δακτυλιος, ὡν ου φασιν ειναι ειδη *(ut domus et annulus, quorum ideas dari negant)* [wie z. B. ein Haus und ein Ring, von denen es, wie sie sagen, keine Ideen gibt]. Womit zu vergleichen der Scholiast [Verfasser der erklärenden Anmerkungen], S. 562, 63 der Berliner Quart-Ausgabe. – Ferner sagt Aristoteles, *Metaph., XI, 3:* αλλ' ειπερ *(supple* ειδη εστι) επι των φυσει (εστι)· διο δη ου κακως ὁ Πλατων εφη, ὁτι ειδη εστι ὁποσα φυσει *(si quidem ideae sunt, in iis sunt, quae natura fiunt: propter quod non male Plato dixit, quod species eorum sunt, quae natura sunt)* [Sondern wenn überhaupt Ideen angenommen werden, so nur von den Naturdingen; daher Platon nicht übel sagte, daß es so viele Ideen gebe wie Naturdinge]: wozu der Scholiast S. 800 bemerkt: και τουτο αρεσκει και αυτοις τοις τας ιδεας θεμενοις· των γαρ ὑπο τεχνης γινομενων ιδεας ειναι ουκ ελεγον, αλλα των ὑπο φυσεως *(hoc etiam ipsis ideas statuentibus placet: non enim arte factorum ideas dari ajebant, sed natura procreatorum)* [Und das gefällt auch selbst denen, die Ideen annehmen; denn von Kunsterzeugnissen, so sagten sie, gebe es keine Ideen, sondern nur von Naturdingen]. Uebrigens ist die Lehre von den Ideen ursprünglich vom Pythagoras ausgegangen; wenn wir nämlich der Angabe Plutarchs im Buche *de placitis philosophorum, L. I, c. 3,* nicht mißtrauen wollen.

Das Individuum wurzelt in der Gattung, und die Zeit in der Ewigkeit: und wie jegliches Individuum dies nur dadurch ist, daß es das Wesen seiner Gattung an sich hat; so hat es auch nur dadurch zeitliche Dauer, daß es zugleich in der Ewigkeit ist. Dem Leben der Gattung ist im folgenden Buche ein eigenes Kapitel gewidmet.

Den Unterschied zwischen der Idee und dem Begriff habe ich § 49 des ersten Bandes genugsam hervorgehoben. Ihre Aehnlichkeit hingegen beruht auf Folgendem. Die ursprüngliche und wesentliche Einheit einer Idee wird, durch die sinnlich und cerebral bedingte Anschauung des erkennenden Individuums, in die Vielheit der einzelnen Dinge zersplittert. Dann aber wird, durch die Reflexion der Vernunft, jene Einheit wieder hergestellt, jedoch nur *in abstracto,* als Begriff, *universale* [Allgemeines], welcher zwar an Umfang der Idee gleichkommt, jedoch eine ganz andere Form angenommen, dadurch aber die Anschaulichkeit, und mit ihr die durchgängige Bestimmtheit, eingebüßt hat. In diesem Sinne (jedoch in keinem andern) könnte man, in der Sprache der Scholastiker, die Ideen als *universalia ante rem* [das Allgemeine vor dem Ding], die Begriffe als *universalia post rem* [das Allgemeine nach dem Ding] bezeichnen: zwischen Beiden stehn die einzelnen Dinge, deren Erkenntniß auch das Thier hat. – Gewiß ist der Realismus der Scholastiker entstanden aus der Verwechselung der Platonischen Ideen, als welchen, da sie zugleich die Gattungen sind, allerdings ein objektives, reales Seyn beigelegt werden kann, mit den bloßen Begriffen, welchen nun die Realisten ein solches beilegen wollten und dadurch die siegreiche Opposition des Nominalismus hervorriefen.

Kapitel 30*.

Vom reinen Subjekt des Erkennens.

Zur Auffassung einer Idee, zum Eintritt derselben in unser Bewußtseyn, kommt es nur mittelst einer Veränderung in uns, die man auch als einen Akt der Selbstverleugnung betrachten könnte; sofern sie darin besteht, daß die Erkenntniß sich ein Mal vom eigenen Willen gänzlich abwendet, also das ihr anvertraute theure Pfand jetzt gänzlich aus den Augen läßt und die Dinge so betrachtet, als ob sie den Willen nie etwas angehn könnten. Denn hiedurch allein wird die Erkenntniß zum reinen Spiegel des objektiven Wesens der Dinge. Jedem ächten Kunstwerk muß eine so bedingte Erkenntniß, als sein Ursprung, zum Grunde liegen. Die zu derselben erforderte Veränderung im Subjekte kann, eben weil sie in der Elimination alles Wollens besteht, nicht vom Willen ausgehn, also kein Akt der Willkür seyn, d. h. nicht in unserm Belieben stehn. Vielmehr entspringt sie allein aus einem temporären Ueberwiegen des Intellekts über den Willen, oder, physiologisch betrachtet, aus einer starken Erregung der anschauenden Gehirnthätigkeit, ohne alle Erregung der Neigungen oder Affekte. Um dies etwas genauer zu erläutern, erinnere ich daran, daß unser Bewußtseyn zwei Seiten hat: theils nämlich ist es Bewußtseyn vom eigenen Selbst, welches der Wille ist; theils Bewußtseyn von andern Dingen, und als solches zunächst anschauende Erkenntniß der Außenwelt, Auffassung der Objekte. Je mehr nun die eine Seite des gesammten Bewußtseyns hervortritt, desto mehr weicht die andere zurück. Demnach wird das

* Dieses Kapitel bezieht sich auf §§ 33, 34 des ersten Bandes.

Bewußtseyn anderer Dinge, also die anschauende Erkenntniß, um so vollkommener, d.h. um so objektiver, je weniger wir uns dabei des eigenen Selbst bewußt sind. Hier findet wirklich ein Antagonismus Statt. Je mehr wir des Objekts uns bewußt sind, desto weniger des Subjekts: je mehr hingegen dieses das Bewußtseyn einnimmt, desto schwächer und unvollkommener ist unsere Anschauung der Außenwelt. Der zur reinen Objektivität der Anschauung erforderte Zustand hat theils bleibende Bedingungen, in der Vollkommenheit des Gehirns und der seiner Thätigkeit günstigen physiologischen Beschaffenheit überhaupt; theils vorübergehende, sofern derselbe begünstigt wird durch Alles, was die Spannung und Empfänglichkeit des cerebralen Nervensystems, jedoch ohne Erregung irgend einer Leidenschaft, erhöht. Man denke hiebei nicht an geistige Getränke, oder Opium: vielmehr gehört dahin eine ruhig durchschlafene Nacht, ein kaltes Bad und Alles was, durch Beruhigung des Blutumlaufs und der Leidenschaftlichkeit, der Gehirnthätigkeit ein unerzwungenes Uebergewicht verschafft. Diese naturgemäßen Beförderungsmittel der cerebralen Nerventhätigkeit sind es vorzüglich, welche, freilich um so besser, je entwickelter und energischer überhaupt das Gehirn ist, bewirken, daß immer mehr das Objekt sich vom Subjekt ablöst, und endlich jenen Zustand der reinen Objektivität der Anschauung herbeiführen, welcher von selbst den Willen aus dem Bewußtseyn eliminirt und in welchem alle Dinge mit erhöhter Klarheit und Deutlichkeit vor uns stehn; so daß wir beinah bloß von ihnen wissen, und fast gar nicht von uns; also unser ganzes Bewußtseyn fast nichts weiter ist, als das Medium, dadurch das angeschaute Objekt in die Welt als Vorstellung eintritt. Zum reinen willenlosen Erkennen kommt es also, indem das Bewußtseyn anderer Dinge sich so hoch potenzirt, daß das Bewußtseyn vom eigenen Selbst verschwindet. Denn nur dann faßt man die Welt rein objektiv auf, wann man nicht mehr weiß, daß man dazu gehört; und alle Dinge stellen sich um so schöner dar, je mehr man sich bloß ihrer und je weniger man sich seiner selbst bewußt ist. – Da nun alles Leiden aus dem Willen, der das eigentliche Selbst ausmacht, hervorgeht; so ist, mit dem Zurücktreten dieser Seite des Bewußtseyns, zugleich alle Möglichkeit des Leidens aufgehoben, wodurch der Zustand der reinen Objektivität der Anschauung ein durchaus beglückender wird; daher ich in ihm den einen der zwei Bestandtheile des ästhetischen Genusses nachgewiesen habe. Sobald hingegen das Bewußtseyn des eigenen Selbst, also die Subjektivität, d. i. der Wille, wieder das Uebergewicht erhält, tritt auch ein demselben angemessener Grad von Unbehagen oder Unruhe ein: von Unbehagen, sofern die Leiblichkeit (der Organismus, welcher an sich Wille ist) wieder fühlbar wird; von Unruhe, sofern der Wille, auf geistigem Wege, durch Wünsche, Affekte, Leidenschaften, Sorgen, das Bewußtseyn wieder erfüllt. Denn überall ist der Wille, als das Princip der Subjektivität, der Gegensatz, ja, Antagonist der Erkenntniß. Die größte Koncentration der Subjektivität besteht im eigentlichen W i l l e n s a k t, in welchem wir daher das deutlichste Bewußtseyn unsers Selbst haben. Alle andern Erregungen des Willens sind nur Vorbereitungen zu ihm: er selbst ist für die Subjektivität Das, was für den elektrischen Apparat das Ueberspringen des Funkens ist. – Jede leibliche Empfindung ist schon an sich Erregung des Willens und zwar öfterer der *noluntas* [des Nichtwollens], als der *voluntas* [des Wollens]. Die Erregung desselben auf geistigem Wege ist die, welche mittelst der Motive geschieht: hier wird also durch die Objektivität selbst die Subjektivität erweckt und ins Spiel gesetzt. Dies tritt ein, sobald irgend ein Objekt nicht mehr rein objektiv, also antheilslos, aufgefaßt wird, sondern, mittelbar oder unmittelbar, Wunsch oder Abneigung erregt, sei es auch nur mittelst einer Erinnerung: denn alsdann wirkt es schon als Motiv, im weitesten Sinne dieses Worts.

Ich bemerke hiebei, daß das abstrakte Denken und das Lesen, welche an Worte geknüpft sind, zwar im weitern Sinne auch zum Bewußtseyn a n d e r e r D i n g e, also zur objektiven Beschäftigung des Geistes, gehören; jedoch nur mittelbar, nämlich mittelst der Begriffe: diese selbst aber sind das künstliche Produkt der Vernunft und schon daher ein Werk der Absichtlichkeit. Auch ist bei aller abstrakten Geistesbeschäftigung der Wille der Lenker, als welcher ihr, seinen Absichten gemäß, die Richtung ertheilt und auch die Aufmerksamkeit zusammenhält; daher dieselbe auch stets mit einiger Anstrengung verknüpft ist: diese aber setzt Thätigkeit des Willens voraus. Bei dieser Art der Geistesthätigkeit hat also nicht die vollkommene Objektivität des Bewußtseyns Statt, wie sie, als Bedingung, die ästhetische Auffassung, d. i. die Erkenntniß der Ideen, begleitet.

Dem Obigen zufolge ist die reine Objektivität der Anschauung, vermöge welcher nicht mehr das einzelne Ding als solches, sondern die Idee seiner Gattung erkannt wird, dadurch bedingt, daß man nicht mehr seiner selbst, sondern allein der angeschauten Gegenstände sich bewußt ist, das eigene Bewußtseyn also bloß als der Träger der objektiven Existenz jener Gegenstände übrig geblieben ist. Was diesen Zustand erschwert und daher selten macht, ist, daß darin gleichsam das Accidenz (der Intellekt) die Substanz (den Willen) bemeistert und aufhebt, wenn gleich nur auf eine kurze Weile. Hier liegt auch die Analogie und sogar Verwandtschaft desselben mit der am Ende des folgenden Buches dargestellten Verneinung des Willens. – Obgleich nämlich die Erkenntniß, wie im vorigen Buche nachgewiesen, aus dem Willen entsprossen ist und in der Erscheinung desselben, dem Organismus, wurzelt; so wird sie doch gerade durch ihn verunreinigt, wie die Flamme durch ihr Brennmaterial und seinen Rauch. Hierauf beruht es, daß wir das rein objektive Wesen der Dinge, die in ihnen hervortretenden I d e e n , nur dann auffassen können, wann wir kein Interesse an ihnen selbst haben, indem sie in keiner Beziehung zu unserm Willen stehn. Hieraus nun wieder entspringt es, daß die Ideen der Wesen uns leichter aus dem Kunstwerk, als aus der Wirklichkeit ansprechen. Denn was wir nur im Bilde, oder in der Dichtung erblicken, steht außer aller Möglichkeit irgend einer Beziehung zu unserm Willen; da es schon an sich selbst bloß für die E r k e n n t n i ß daist und sich unmittelbar allein an diese wendet. Hingegen setzt das Auffassen der Ideen aus der W i r k l i c h k e i t gewissermaaßen ein Abstrahiren vom eigenen Willen, ein Erheben über sein Interesse, voraus, welches eine besondere Schwungkraft des Intellekts erfordert. Diese ist im höhern Grade und auf einige Dauer nur dem Genie eigen, als welches eben darin besteht, daß ein größeres Maaß von Erkenntnißkraft daist, als der Dienst eines individuellen Willens erfordert, welcher Ueberschuß frei wird und nun ohne Bezug auf den Willen die Welt auffaßt. Daß also das K u n s t w e r k die Auffassung der Ideen, in welcher der ästhetische Genuß besteht, so sehr erleichtert, beruht nicht bloß darauf, daß die Kunst, durch Hervorhebung des Wesentlichen und Aussonderung des Unwesentlichen, die Dinge deutlicher und charakteristischer darstellt, sondern eben so sehr darauf, daß das zur rein objektiven Auffassung des

Wesens der Dinge erforderte gänzliche Schweigen des Willens am sichersten dadurch erreicht wird, daß das angeschaute Objekt selbst gar nicht im Gebiete der Dinge liegt, welche einer Beziehung zum Willen fähig sind, indem es kein Wirkliches, sondern ein bloßes Bild ist. Dies nun gilt nicht allein von den Werken der bildenden Kunst, sondern eben so von der Poesie: auch ihre Wirkung ist bedingt durch die antheilslose, willenlose und dadurch rein objektive Auffassung. Diese ist es gerade, welche einen angeschauten Gegenstand m a l e r i s c h , einen Vorgang des wirklichen Lebens p o e t i s c h erscheinen läßt; indem nur sie über die Gegenstände der Wirklichkeit jenen zauberischen Schimmer verbreitet, welchen man bei sinnlich angeschauten Objekten das Malerische, bei den nur in der Phantasie geschauten das Poetische nennt. Wenn die Dichter den heitern Morgen, den schönen Abend, die stille Mondnacht u. dgl. m. besingen; so ist, ihnen unbewußt, der eigentliche Gegenstand ihrer Verherrlichung das reine Subjekt des Erkennens, welches durch jene Naturschönheiten hervorgerufen wird, und bei dessen Auftreten der Wille aus dem Bewußtseyn verschwindet, wodurch diejenige Ruhe des Herzens eintritt, welche außerdem auf der Welt nicht zu erlangen ist. Wie könnte sonst z. B. der Vers

Nox erat, et coelo fulgebat luna sereno,
Inter minora sidera,

[Nacht war's, und der Mond erglänzte am heiteren Himmel,
Von kleineren Sternen umkränzt
Horaz, *epod.* 15,1],

so wohlthuend, ja, bezaubernd auf uns wirken? – Ferner daraus, daß auch die Neuheit und das völlige Fremdseyn der Gegenstände einer solchen antheilslosen, rein objektiven Auffassung derselben günstig ist, erklärt es sich, daß der Fremde, oder bloß Durchreisende, die Wirkung des Malerischen, oder Poetischen, von Gegenständen erhält, welche dieselben auf den Einheimischen nicht hervorzubringen vermögen: so z. B. macht auf Jenen der Anblick einer ganz fremden Stadt oft einen sonderbar angenehmen Eindruck, den er keineswegs im Bewohner derselben hervorbringt: denn er entspringt daraus, daß Jener, außer aller Beziehung zu dieser Stadt und ihren Bewohnern stehend, sie rein objektiv anschaut. Hierauf beruht zum Theil der Genuß des Reisens. Auch scheint hier der Grund zu liegen, warum man die

Wirkung erzählender oder dramatischer Werke dadurch zu befördern sucht, daß man die Scene in ferne Zeiten und Länder verlegt: in Deutschland nach Italien und Spanien; in Italien nach Deutschland, Polen und sogar Holland. – Ist nun die völlig objektive, von allem Wollen gereinigte, intuitive Auffassung Bedingung des Genusses ästhetischer Gegenstände; so ist sie um so mehr die der Hervorbringung derselben. Jedes gute Gemälde, jedes ächte Gedicht, trägt das Gepräge der beschriebenen Gemüthsverfassung. Denn nur was aus der Anschauung, und zwar der rein objektiven, entsprungen, oder unmittelbar durch sie angeregt ist, enthält den lebendigen Keim, aus welchem ächte und originelle Leistungen erwachsen können: nicht nur in den bildenden Künsten, sondern auch in der Poesie, ja, in der Philosophie. Das *punctum saliens* [springender Punkt] jedes schönen Werkes, jedes großen oder tiefen Gedankens, ist eine ganz objektive Anschauung. Eine solche aber ist durchaus durch das völlige Schweigen des Willens bedingt, welches den Menschen als reines Subjekt des Erkennens übrig läßt. Die Anlage zum Vorwalten dieses Zustandes ist eben das Genie.

Mit dem Verschwinden des Willens aus dem Bewußtseyn ist eigentlich auch die Individualität, und mit dieser ihr Leiden und ihre Noth, aufgehoben. Daher habe ich das dann übrig bleibende reine Subjekt des Erkennens beschrieben als das ewige Weltauge, welches, wenn auch mit sehr verschiedenen Graden der Klarheit, aus allen lebenden Wesen sieht, unberührt vom Entstehn und Vergehn derselben, und so, als identisch mit sich, als stets Eines und das Selbe, der Träger der Welt der beharrenden Ideen, d. i. der adäquaten Objektität des Willens, ist; während das individuelle und durch die aus dem Willen entspringende Individualität in seinem Erkennen getrübte Subjekt, nur einzelne Dinge zum Objekt hat und wie diese selbst vergänglich ist. – In dem hier bezeichneten Sinne kann man Jedem ein zwiefaches Daseyn beilegen. Als Wille, und daher als Individuum, ist er nur Eines und dieses Eine ausschließlich, welches ihm vollauf zu thun und zu leiden giebt. Als rein objektiv Vorstellendes ist er das reine Subjekt der Erkenntniß, in dessen Bewußtseyn allein die objektive Welt ihr Daseyn hat: als solches ist er alle Dinge, sofern er sie anschaut, und in ihm ist ihr Daseyn ohne Last und Beschwerde. Es ist nämlich sein Daseyn, sofern es in seiner Vorstellung existirt: aber da ist es ohne Wille. Sofern es hingegen Wille ist, ist es nicht in ihm. Wohl ist Jedem in dem Zustande, wo er alle Dinge ist; wehe da, wo er ausschließlich Eines ist. – Jeder Zustand, jeder Mensch, jede Scene des Lebens, braucht nur rein objektiv aufgefaßt und zum Gegenstand einer Schilderung, sei es mit dem Pinsel oder mit Worten, gemacht zu werden, um interessant, allerliebst, beneidenswerth zu erscheinen: – aber steckt man darin, ist man es selbst, – da (heißt es oft) mag es der Teufel aushalten. Daher sagt Goethe:

> Was im Leben uns verdrießt,
> Man im Bilde gern genießt.
> [Motto zu »Parabolisch«.]

In meinen Jünglingsjahren hatte ich eine Periode, wo ich beständig bemüht war, mich und mein Thun von außen zu sehn und mir zu schildern; – wahrscheinlich um es mir genießbar zu machen.

Da die hier durchgeführte Betrachtung vor mir nie zur Sprache gekommen ist, will ich einige psychologische Erläuterungen derselben hinzufügen.

Bei der unmittelbaren Anschauung der Welt und des Lebens betrachten wir, in der Regel, die Dinge bloß in ihren Relationen, folglich ihrem relativen, nicht ihrem absoluten Wesen und Daseyn nach. Wir werden z. B. Häuser, Schiffe, Maschinen und dgl. ansehn mit dem Gedanken an ihren Zweck und an ihre Angemessenheit zu demselben; Menschen mit dem Gedanken an ihre Beziehung zu uns, wenn sie eine solche haben; nächstdem aber mit dem an ihre Beziehung zu einander, sei es in ihrem gegenwärtigen Thun und Treiben, oder ihrem Stande und Gewerbe nach, etwan ihre Tüchtigkeit dazu beurtheilend u. s. w. Wir können eine solche Betrachtung der Relationen mehr oder weniger weit verfolgen, bis zu den entferntesten Gliedern ihrer Verkettung: die Betrachtung wird dadurch an Genauigkeit und Ausdehnung gewinnen; aber ihrer Qualität und Art nach bleibt sie die selbe. Es ist die Betrachtung der Dinge in ihren Relationen, ja, mittelst dieser, also nach dem Satz vom Grunde. Dieser Betrachtungsweise ist Jeder meistens und in der Regel hingegeben: ich glaube sogar, daß die meisten Menschen gar keiner andern fähig sind. – Geschieht es nun aber ausnahmsweise, daß wir eine momentane Erhöhung der Intensität unserer intuitiven Intelligenz erfahren; so sehn wir sogleich die Dinge mit ganz andern Augen, indem wir sie jetzt nicht mehr ihren Relationen nach, sondern nach Dem, was sie an und für sich selbst sind, auffassen und nun plötzlich, außer ihrem relativen, auch ihr absolutes Daseyn wahrnehmen. Alsbald vertritt jedes Einzelne seine Gattung: demnach fassen wir jetzt das Allgemeine der Wesen auf. Was wir nun dergestalt erkennen, sind die Ideen der Dinge: aus diesen aber spricht jetzt eine höhere Weisheit, als die, welche von bloßen Relationen weiß. Auch wir selbst sind dabei aus den Relationen herausgetreten und dadurch das reine Subjekt des Erkennens geworden. – Was nun aber diesen Zustand ausnahmsweise herbeiführt, müssen innere physiologische Vorgänge seyn, welche die Thätigkeit des Gehirns reinigen und erhöhen, in dem Grade, daß eine solche plötzliche Springfluth derselben entsteht. Von außen ist derselbe dadurch bedingt, daß wir der zu betrachtenden Scene völlig fremd und von ihr abgesondert bleiben, und schlechterdings nicht thätig darin verflochten sind.

Um einzusehn, daß eine rein objektive und daher richtige Auffassung der Dinge nur dann möglich ist, wann wir dieselben ohne allen persönlichen Antheil, also unter völligem Schweigen des Willens betrachten, vergegenwärtige man sich, wie sehr jeder Affekt, oder Leidenschaft, die Erkenntniß trübt und verfälscht, ja, jede Neigung oder Abneigung, nicht etwan bloß das Urtheil, nein, schon die ursprüngliche Anschauung der Dinge entstellt, färbt, verzerrt. Man erinnere sich, wie, wann wir durch einen glücklichen Erfolg erfreut sind, die ganze Welt sofort eine heitere Farbe und eine lachende Gestalt annimmt; hingegen düster und trübe aussieht, wann Kummer uns drückt; sodann, wie selbst ein lebloses Ding, welches jedoch das Werkzeug zu irgend einem von uns verabscheuten Vorgang werden soll, eine scheußliche Physiognomie zu haben scheint: z. B. das Schafott, die Festung, auf welche wir gebracht werden, der Instrumentenkasten des Chirurgus, der Reisewagen der Geliebten u. s. w., ja, Zahlen, Buchstaben, Siegel, können uns furchtbar angrinzen und wie schreckliche Ungeheuer auf uns wirken. Hingegen sehn die Werkzeuge zur Erfüllung unserer Wünsche sogleich angenehm und lieblich aus, z. B. die bucklichte Alte mit dem Liebesbrief; der Jude mit den Louisd'ors, die Strickleiter zum entrinnen u. s. w. Wie nun hier, bei entschiedenem Abscheu oder Liebe, die Verfälschung der Vorstellung durch den Willen unverkennbar ist; so ist sie in minderem Grade vorhanden bei jedem Gegenstande, der nur irgend eine entfernte Beziehung auf unsern Willen, d. h. auf unsere Neigung oder Abneigung, hat. Nur wann der Wille, mit seinen Interessen, das Bewußtseyn geräumt hat und der Intellekt frei seinen eigenen Gesetzen folgt, und als reines Subjekt die objektive Welt abspiegelt, dabei aber doch, obwohl von keinem Wollen angespornt, aus eigenem Triebe in höchster Spannung und Thätigkeit ist, treten Farbe und Gestalt der Dinge in ihrer wahren und vollen Bedeutung hervor: aus einer solchen Auffassung allein also können ächte Kunstwerke hervorgehn, deren bleibender Werth und stets erneuerter Beifall eben daraus entspringt, daß sie allein das rein Objektive darstellen, als welches den verschiedenen subjektiven und daher entstellten Anschauungen, als das ihnen allen Gemeinsame und allein fest Stehende, zum Grunde liegt und durchschimmert als das gemeinsame Thema aller jener subjektiven Variationen. Denn gewiß stellt die vor unsern Augen ausgebreitete Natur sich in den verschiedenen Köpfen sehr verschieden dar: und wie Jeder sie sieht, so allein kann er sie wiedergeben, sei es durch den Pinsel, oder den Meißel, oder Worte, oder Geberden auf der Bühne. Nur Objektivität befähigt zum Künstler: sie ist aber allein dadurch möglich, daß der Intellekt, von seiner Wurzel, dem Willen, abgelöst, frei schwebend, und doch höchst energisch thätig sei.

Dem Jüngling, dessen anschauender Intellekt noch mit frischer Energie wirkt, stellt sich wohl oft die Natur mit vollkommener Objektivität und daher in voller Schönheit dar. Aber den Genuß eines solchen Anblicks stört bisweilen die betrübende Reflexion, daß die gegenwärtigen, sich so schön darstellenden Gegenstände nicht auch in einer persönlichen Beziehung zu ihm stehn, vermöge deren sie ihn interessiren und freuen könnten: er erwartet nämlich sein Leben in Gestalt eines interessanten Romans. »Hinter jenem vorspringenden Felsen müßte die wohlberittene Schaar der Freunde meiner harren, – an jenem Wasserfall die Geliebte ruhen, – dieses schön beleuchtete Gebäude ihre Wohnung und jenes umrankte Fenster das ihrige seyn: – aber diese schöne Welt ist öde für mich!« u. s. w. Dergleichen melancholische Jünglingsschwärmereien verlangen eigentlich etwas sich geradezu Widersprechendes. Denn die Schönheit, mit der jene Gegenstände sich darstellen, beruht gerade auf der reinen

Objektivität, d. i. Interessenlosigkeit, ihrer Anschauung, und würde daher durch die Beziehung auf den eigenen Willen, welche der Jüngling schmerzlich vermißt, sofort aufgehoben, mithin der ganze Zauber, der ihm jetzt einen, wenn auch mit einer schmerzlichen Beimischung versetzten Genuß gewährt, gar nicht vorhanden seyn. – Das Selbe gilt übrigens von jedem Alter und in jedem Verhältniß: die Schönheit landschaftlicher Gegenstände, welche uns jetzt entzückt, würde, wenn wir in persönlichen Beziehungen zu ihnen ständen, deren wir uns stets bewußt bleiben, verschwunden seyn. Alles ist nur so lange schön, als es uns nicht angeht. (Hier ist nicht die Rede von verliebter Leidenschaft, sondern von ästhetischem Genuß.) Das Leben ist nie schön, sondern nur die Bilder des Lebens sind es, nämlich im verklärenden Spiegel der Kunst oder der Poesie; zumal in der Jugend, als wo wir es noch nicht kennen. Mancher Jüngling würde große Beruhigung erhalten, wenn man ihm zu dieser Einsicht verhelfen könnte.

Warum wirkt der Anblick des Vollmondes so wohlthätig, beruhigend und erhebend? Weil der Mond ein Gegenstand der Anschauung, aber nie des Wollens ist:

»Die Sterne, die begehrt man nicht,
Man freut sich ihrer Pracht.« –
G[oethe, »Trost in Tränen«, Str. 7.]

Ferner ist er erhaben, d. h. stimmt uns erhaben, weil er, ohne alle Beziehung auf uns, dem irdischen Treiben ewig fremd, dahinzieht, und Alles sieht, aber an nichts Antheil nimmt. Bei seinem Anblick schwindet daher der Wille, mit seiner steten Noth, aus dem Bewußtseyn, und läßt es als ein rein erkennendes zurück. Vielleicht mischt sich auch noch ein Gefühl bei, daß wir diesen Anblick mit Millionen theilen, deren individuelle Verschiedenheit darin erlischt, so daß sie in diesem Anschauen Eines sind; welches ebenfalls den Eindruck des Erhabenen erhöht. Dieser wird endlich auch dadurch befördert, daß der Mond leuchtet, ohne zu wärmen; worin gewiß der Grund liegt, daß man ihn keusch genannt und mit der Diana identificirt hat. – In Folge dieses ganzen wohlthätigen Eindruckes auf unser Gemüth wird der Mond allmälig der Freund unsers Busens, was hingegen die Sonne nie wird, welcher, wie einem überschwänglichen Wohlthäter, wir gar nicht ins Gesicht zu sehn vermögen.

Als Zusatz zu dem, § 38 des ersten Bandes, über den ästhetischen Genuß, welchen das Licht, die Spiegelung und die Farben gewähren, Gesagten, finde hier noch folgende Bemerkung Raum. Die ganz unmittelbare, gedankenlose, aber auch namenlose Freude, welche der durch metallischen Glanz, noch mehr durch Transparenz verstärkte Eindruck der Farben in uns erregt, wie z. B. bei farbigen Fenstern, noch mehr mittelst der Wolken und ihres Reflexes, beim Sonnenuntergange, – beruht zuletzt darauf, daß hier auf die leichteste Weise, nämlich auf eine beinahe physisch nothwendige, unser ganzer Antheil für das Erkennen gewonnen wird, ohne irgend eine Erregung unsers Willens; wodurch wir in den Zustand des reinen Erkennens treten, wenn gleich dasselbe hier, in der Hauptsache, in einem bloßen Empfinden der Affektion der Retina besteht, welches jedoch, als an sich von Schmerz oder Wollust völlig frei, ohne alle direkte Erregung des Willens ist, also dem reinen Erkennen angehört.

Kapitel 31*.

Vom Genie.

Die überwiegende Fähigkeit zu der in den beiden vorhergegangenen Kapiteln geschilderten Erkenntnißweise, aus welcher alle ächten Werke der Künste, der Poesie und selbst der Philosophie entspringen, ist es eigentlich, die man mit dem Namen des Genies bezeichnet. Da dieselbe demnach zu ihrem Gegenstande die (Platonischen) I d e e n hat, diese aber nicht *in abstracto*, sondern nur a n s c h a u l i c h aufgefaßt werden; so muß das Wesen des Genies in der Vollkommenheit und Energie der a n s c h a u e n d e n Erkenntniß liegen. Dem entsprechend hören wir als Werke des Genies am entschiedensten solche bezeichnen, welche unmittelbar von der Anschauung ausgehn und an die Anschauung sich wenden, also die der bildenden Künste, und nächstdem die der Poesie, welche ihre Anschauungen durch die Phantasie vermittelt. – Auch macht sich schon hier

* Dieses Kapitel bezieht sich auf § 36 des ersten Bandes.

die Verschiedenheit des Genies vom bloßen Talent bemerkbar, als welches ein Vorzug ist, der mehr in der größern Gewandtheit und Schärfe der diskursiven, als der intuitiven Erkenntniß liegt. Der damit Begabte denkt rascher und richtiger als die Uebrigen; das Genie hingegen schaut eine andere Welt an, als sie Alle, wiewohl nur indem es in die auch ihnen vorliegende tiefer hineinschaut, weil sie in seinem Kopfe sich objektiver, mithin reiner und deutlicher darstellt.

Der Intellekt ist, seiner Bestimmung nach, bloß das Medium der Motive: demzufolge faßt er ursprünglich an den Dingen nichts weiter auf, als ihre Beziehungen zum Willen, die direkten, die indirekten, die möglichen. Bei den Thieren, wo es fast ganz bei den direkten bleibt, ist eben darum die Sache am augenfälligsten: was auf ihren Willen keinen Bezug hat, ist für sie nicht da. Deshalb sehn wir bisweilen mit Verwunderung, daß selbst kluge Thiere etwas an sich Auffallendes gar nicht bemerken, z. B. über augenfällige Veränderungen an unserer Person oder Umgebung kein Befremden äußern. Beim Normalmenschen kommen nun zwar die indirekten, ja die möglichen Beziehungen zum Willen hinzu, deren Summe den Inbegriff der nützlichen Kenntnisse ausmacht; aber in den Beziehungen bleibt auch hier die Erkenntniß stecken. Daher eben kommt es im normalen Kopfe nicht zu einem ganz rein objektiven Bilde der Dinge; weil seine Anschauungskraft, sobald sie nicht vom Willen angespornt und in Bewegung gesetzt wird, sofort ermattet und unthätig wird, indem sie nicht Energie genug hat, um aus eigener Elasticität und zwecklos die Welt rein objektiv aufzufassen. Wo hingegen dies geschieht, wo die vorstellende Kraft des Gehirns einen solchen Ueberschuß hat, daß ein reines, deutliches, objektives Bild der Außenwelt sich zwecklos darstellt, als welches für die Absichten des Willens unnütz, in den höhern Graden sogar störend ist, und selbst ihnen schädlich werden kann; – da ist schon wenigstens die Anlage zu jener Abnormität vorhanden, die der Name des Genies bezeichnet, welcher andeutet, daß hier ein dem Willen, d. i. dem eigentlichen Ich, Fremdes, gleichsam ein von außen hinzukommender Genius, thätig zu werden scheint. Aber ohne Bild zu reden: das Genie besteht darin, daß die erkennende Fähigkeit bedeutend stärkere Entwickelung erhalten hat, als der Dienst des Willens, zu welchem allein sie ursprünglich entstanden ist, erfordert.

Daher könnte, der Strenge nach, die Physiologie einen solchen Ueberschuß der Gehirnthätigkeit und mit ihr des Gehirns selbst, gewissermaaßen den *monstris per excessum* [Mißbildungen aus Übermaß] beizählen, welche sie bekanntlich den *monstris per defectum* [Mißbildungen aus Mangel] und denen *per situm mutatum* [aus falscher Lage] nebenordnet. Das Genie besteht also in einem abnormen Uebermaaß des Intellekts, welches seine Benutzung nur dadurch finden kann, daß es auf das Allgemeine des Daseyns verwendet wird; wodurch es alsdann dem Dienste des ganzen Menschengeschlechts obliegt, wie der normale Intellekt dem des Einzelnen. Um die Sache recht faßlich zu machen, könnte man sagen: wenn der Normalmensch aus $^2/_3$ Wille und $^1/_3$ Intellekt besteht; so hat hingegen das Genie $^2/_3$ Intellekt und $^1/_3$ Wille. Dies ließe sich dann noch durch ein chemisches Gleichniß erläutern: die Basis [Base] und die Säure eines Mittelsalzes unterscheiden sich dadurch, daß in jeder von Beiden das Radikal [ergänzende Element] zum Oxygen das umgekehrte Verhältniß, von dem im andern, hat. Die Basis nämlich, oder das Alkali, ist dies dadurch, daß in ihr das Radikal überwiegend ist gegen das Oxygen, und die Säure ist dies dadurch, daß in ihr das Oxygen das Ueberwiegende ist. Eben so nun verhalten sich, in Hinsicht auf Willen und Intellekt, Normalmensch und Genie. Daraus entspringt zwischen ihnen ein durchgreifender Unterschied, der schon in ihrem ganzen Wesen, Thun und Treiben sichtbar ist, recht eigentlich aber in ihren Leistungen an den Tag tritt. Noch könnte man als Unterschied hinzufügen, daß, während jener totale Gegensatz zwischen den chemischen Stoffen die stärkste Wahlverwandtschaft und Anziehung zu einander begründet, beim Menschengeschlecht eher das Gegentheil sich einzufinden pflegt.

Die zunächst liegende Aeußerung, welche ein solcher Ueberschuß der Erkenntnißkraft hervorruft, zeigt sich meistentheils in der ursprünglichsten und grundwesentlichsten, d. i. der anschauenden Erkenntniß, und veranlaßt die Wiederholung derselben in einem Bilde: so entsteht der Maler und der Bildhauer. Bei diesen ist demnach der Weg zwischen der genialen Auffassung und der künstlerischen Produktion der kürzeste: daher ist die Form, in welcher hier das Genie und seine Thätigkeit sich darstellt, die einfachste und seine Beschreibung am leichtesten. Dennoch ist eben hier die Quelle nachgewiesen, aus welcher alle ächten Produktionen, in jeder Kunst, auch in der Poesie, ja, in der Philosophie, ihren Ursprung nehmen; wiewohl dabei der Hergang nicht so einfach ist.

Man erinnere sich hier des im ersten Buche erhaltenen Ergebnisses, daß alle Anschauung intellektual ist und nicht bloß sensual. Wenn man nun die hier gegebene Auseinandersetzung dazu bringt und zugleich auch billig berücksichtigt, daß die Philosophie des vorigen Jahrhunderts das anschauende Erkenntnißvermögen mit dem Namen der »untern Seelenkräfte« bezeichnete; so wird man, daß Adelung, welcher die Sprache seiner Zeit reden mußte, das Genie in »eine merkliche Stärke der untern Seelenkräfte« setzte, doch nicht so grundabsurd, noch des bittern Hohnes würdig finden, womit Jean Paul, in seiner Vorschule der Aesthetik, es anführt. So große Vorzüge das eben erwähnte Werk dieses bewunderungswürdigen Mannes auch hat; so muß ich doch bemerken, daß überall, wo eine theoretische Erörterung und überhaupt Belehrung der Zweck ist, die beständig witzelnde und in lauter Gleichnissen einherschreitende Darstellung nicht die angemessene seyn kann.

Die Anschauung nun aber ist es, welcher zunächst das eigentliche und wahre Wesen der Dinge, wenn auch noch bedingterweise, sich aufschließt und offenbart. Alle Begriffe, alles Gedachte, sind ja nur Abstraktionen, mithin Theilvorstellungen aus jener, und bloß durch Wegdenken entstanden. Alle tiefe Erkenntniß, sogar die eigentliche Weisheit, wurzelt in der anschaulichen Auffassung der Dinge; wie wir dies in den Ergänzungen zum ersten Buch ausführlich betrachtet haben. Eine anschauliche Auffassung ist allemal der Zeugungsproceß gewesen, in welchem jedes ächte Kunstwerk, jeder unsterbliche Gedanke, den Lebensfunken erhielt. Alles Urdenken geschieht in Bildern. Aus Begriffen hingegen entspringen die Werke des bloßen Talents, die bloß vernünftigen Gedanken, die Nachahmungen und überhaupt alles auf das gegenwärtige Bedürfniß und die Zeitgenossenschaft allein Berechnete.

Wäre nun aber unsere Anschauung stets an die reale Gegenwart der Dinge gebunden; so würde ihr Stoff gänzlich unter der Herrschaft des Zufalls stehn, welcher die Dinge selten zur rechten Zeit herbeibringt, selten zweckmäßig ordnet und meistens sie in sehr mangelhaften Exemplaren uns vorführt. Deshalb bedarf es der Phantasie, um alle bedeutungsvollen Bilder des Lebens zu vervollständigen, zu ordnen, auszumalen, festzuhalten und beliebig zu wiederholen, je nachdem es die Zwecke einer tief eindringenden Erkenntniß und des bedeutungsvollen Werkes, dadurch sie mitgetheilt werden soll, erfordern. Hierauf beruht der hohe Werth der Phantasie, als welche ein dem Genie unentbehrliches Werkzeug ist. Denn nur vermöge derselben kann dieses, je nach den Erfordernissen des Zusammenhanges seines Bildens, Dichtens, oder Denkens, jeden Gegenstand oder Vorgang sich in einem lebhaften Bilde vergegenwärtigen und so stets frische Nahrung aus der Urquelle aller Erkenntniß, dem Anschaulichen, schöpfen. Der Phantasiebegabte vermag gleichsam Geister zu citiren [beschwören], die ihm, zur rechten Zeit, die Wahrheiten offenbaren, welche die nackte Wirklichkeit der Dinge nur schwach, nur selten und dann meistens zur Unzeit darlegt. Zu ihm verhält sich daher der Phantasielose, wie zum freibeweglichen, ja geflügelten Thiere die an ihren Felsen gekittete Muschel, welche abwarten muß, was der Zufall ihr zuführt. Denn ein Solcher kennt keine andere, als die wirkliche Sinnesanschauung: bis sie kommt nagt er an Begriffen und Abstraktionen, welche doch nur Schaalen und Hülsen, nicht der Kern der Erkenntniß sind. Er wird nie etwas Großes leisten; es wäre denn im Rechnen und der Mathematik. – Die Werke der bildenden Künste und der Poesie, imgleichen die Leistungen der Mimik, können auch angesehn werden als Mittel, Denen, die keine Phantasie haben, diesen Mangel möglichst zu ersetzen, Denen aber, die damit begabt sind, den Gebrauch derselben zu erleichtern.

Obgleich demnach die eigenthümliche und wesentliche Erkenntnißweise des Genies die anschauende ist; so machen den eigentlichen Gegenstand derselben doch keineswegs die einzelnen Dinge aus, sondern die in diesen sich aussprechenden (Platonischen) Ideen, wie deren Auffassung im 29. Kapitel analysirt worden. Im Einzelnen stets das Allgemeine zu sehn, ist gerade der Grundzug des Genies; während der Normalmensch im Einzelnen auch nur das Einzelne als solches erkennt, da es nur als solches der Wirklichkeit angehört, welche allein für ihn Interesse, d. h. Beziehungen zu seinem Willen hat. Der Grad, in welchem Jeder im einzelnen Dinge nur dieses, oder aber schon ein mehr oder minder Allgemeines, bis zum Allgemeinsten der Gattung hinauf, nicht etwan denkt, sondern geradezu erblickt, ist der Maaßstab seiner Annäherung zum Genie. Diesem entsprechend ist auch nur das Wesen der Dinge überhaupt, das Allgemeine in ihnen, das Ganze, der eigentliche Gegenstand des Genies: die Untersuchung der einzelnen Phänomene ist das Feld der Talente, in den Realwissenschaften, deren Gegenstand eigentlich immer nur die Beziehungen der Dinge zu einander sind.

Was im vorhergegangenen Kapitel ausführlich gezeigt worden, daß nämlich die Auffassung der Ideen dadurch bedingt ist, daß das Erkennende das reine Subjekt der Erkenntniß sei, d. h. daß der Wille gänzlich aus dem Bewußtseyn verschwinde, bleibt uns hier gegenwärtig. – Die Freude, welche wir an manchen, die Landschaft uns vor Augen bringenden Liedern Goethes, oder an den Naturschilderungen Jean Pauls haben, beruht darauf, daß wir dadurch der Objektivität jener Geister, d. h. der Reinheit theilhaft werden, mit welcher in ihnen die Welt als Vorstellung sich von der Welt als Wille gesondert und gleichsam ganz davon abgelöst hatte. – Daraus, daß die Erkenntnißweise des Genies wesentlich die von allem Wollen und seinen Beziehungen gereinigte ist, folgt auch, daß die Werke desselben nicht aus Absicht oder Willkür hervorgehn, sondern es dabei geleitet ist von einer instinktartigen Nothwendigkeit. – Was man das Regewerden des Genius, die Stunde der Weihe, den Augenblick der Begeisterung nennt, ist nichts Anderes, als das Freiwerden des Intellekts, wann dieser, seines Dienstes unter dem Willen einstweilen enthoben, jetzt nicht in Unthätigkeit oder Abspannung versinkt, sondern, auf eine kurze Weile, ganz allein, aus freien Stücken, thätig ist. Dann ist er von der größten Reinheit und wird zum klaren Spiegel der Welt: denn, von seinem Ursprung, dem Willen, völlig abgetrennt, ist er jetzt die in einem Bewußtseyn koncentrirte Welt als Vorstellung selbst. In solchen Augenblicken wird gleichsam die Seele unsterblicher Werke erzeugt. Hingegen ist bei allem absichtlichen Nachdenken der Intellekt nicht frei, da ja der Wille ihn leitet und sein Thema ihm vorschreibt.

Der Stämpel der Gewöhnlichkeit, der Ausdruck von Vulgarität, welcher den allermeisten Gesichtern aufgedrückt ist, besteht eigentlich darin, daß die strenge Unterordnung ihres Erkennens unter ihr Wollen, die feste Kette, welche Beide zusammenschließt, und die daraus folgende Unmöglichkeit, die Dinge anders als in Beziehung auf den Willen und seine Zwecke aufzufassen, darin sichtbar ist. Hingegen liegt der Ausdruck des Genies, welcher die augenfällige Familienähnlichkeit aller Hochbegabten ausmacht, darin, daß man das Losgesprochenseyn, die Manumission [Freilassung] des Intellekts vom Dienste des Willens, das Vorherrschen des Erkennens über das Wollen, deutlich darauf liest: und weil alle Pein aus dem Wollen hervorgeht, das Erkennen hingegen an und für sich schmerzlos und heiter ist; so giebt dies ihren hohen Stirnen und ihrem klaren, schauenden Blick, als welche dem Dienste des Willens und seiner Noth nicht unterthan sind, jenen Anstrich großer, gleichsam überirdischer Heiterkeit, welcher zu Zeiten durchbricht und sehr wohl mit der Melancholie der übrigen Gesichtszüge, besonders des Mundes, zusammenbesteht, in dieser Verbindung aber treffend bezeichnet werden kann durch das Motto des Jordanus Brunus: *In tristitia hilaris, in hilaritate tristis* [In Traurigkeit heiter, in Heiterkeit traurig: Motto der Komödie *Il Calendaio*].

Der Wille, welcher die Wurzel des Intellekts ist, widersetzt sich jeder auf irgend etwas Anderes als seine Zwecke gerichteten Thätigkeit desselben. Daher ist der Intellekt einer rein objektiven und tiefen Auffassung der Außenwelt nur dann fähig, wann er sich von dieser seiner Wurzel wenigstens einstweilen abgelöst hat. So lange er derselben noch verbunden bleibt, ist er aus eigenen Mitteln gar keiner Thätigkeit fähig, sondern schläft in Dumpfheit, so oft der Wille (das Interesse) ihn nicht weckt und in Bewegung setzt. Geschieht dies jedoch, so ist er zwar sehr tauglich, dem Interesse des Willens gemäß, die Relationen der Dinge zu erkennen, wie dies der kluge Kopf thut, der immer auch ein aufgeweckter, d. h. vom Wollen lebhaft erregter Kopf seyn muß; aber er ist eben deshalb nicht fähig, das rein objektive Wesen der Dinge zu erfassen. Denn das Wollen und die Zwecke machen ihn so einseitig, daß er an den Dingen nur das sieht, was sich darauf bezieht, das Uebrige aber theils verschwindet, theils verfälscht ins Bewußtseyn tritt. So wird z. B. ein in Angst und Eile Reisender den Rhein mit seinen Ufern nur als einen Queerstrich, die Brücke darüber nur als einen diesen schneidenden Strich sehn. Im Kopfe des von seinen Zwecken erfüllten Menschen sieht die Welt aus, wie eine schöne Gegend auf einem Schlachtfeldplan aussieht. Freilich sind dies Extreme, der Deutlichkeit wegen genommen: allein auch jede nur geringe Erregung des Willens wird eine geringe, jedoch stets jenen analoge Verfälschung der Erkenntniß zur Folge haben. In ihrer wahren Farbe und Gestalt, in ihrer ganzen und richtigen Bedeutung kann die Welt erst dann hervortreten, wann der Intellekt, des Wollens ledig, frei über den Objekten schwebt und ohne vom Willen angetrieben zu seyn, dennoch energisch thätig ist. Allerdings ist dies der Natur und Bestimmung des Intellekts entgegen, also gewissermaaßen widernatürlich, daher eben überaus selten: aber gerade hierin liegt das Wesen des Genies, als bei welchem allein jener Zustand in hohem Grade und anhaltend Statt findet, während er bei den Uebrigen nur annäherungs- und ausnahmsweise eintritt. – In dem hier dargelegten Sinne nehme ich es, wenn Jean Paul (»Vorschule der Aesthetik«, § 12) das Wesen des Genies in die Besonnenheit setzt. Nämlich der Normalmensch ist in den Strudel und Tumult des Lebens, dem er durch seinen Willen angehört, eingesenkt: sein Intellekt ist erfüllt von den Dingen und den Vorgängen des Lebens: aber diese Dinge und das Leben selbst, in objektiver Bedeutung, wird er gar nicht gewahr; wie der Kaufmann auf der Amsterdammer Börse vollkommen vernimmt was sein Nachbar sagt, aber das dem Rauschen des Meeres ähnliche Gesumme der ganzen Börse, darüber der entfernte Beobachter erstaunt, gar nicht hört. Dem Genie hingegen, dessen Intellekt vom Willen, also von der Person, abgelöst ist, bedeckt das diese Betreffende nicht die Welt und die Dinge selbst; sondern es wird ihrer deutlich inne, es nimmt sie, an und für sich selbst, in objektiver Anschauung, wahr: in diesem Sinne ist es besonnen.

Diese Besonnenheit ist es, welche den Maler befähigt, die Natur, die er vor Augen hat, treu auf der Leinwand wiederzugeben, und den Dichter, die anschauliche Gegenwart, mittelst abstrakter Begriffe, genau wieder hervorzurufen, indem er sie ausspricht und so zum deutlichen Bewußtseyn bringt; imgleichen Alles, was die Uebrigen bloß fühlen, in Worten auszudrücken. – Das Thier lebt ohne alle Besonnenheit. Bewußtseyn hat es, d. h. es erkennt sich und sein Wohl und Wehe, dazu auch die Gegenstände, welche solche veranlassen. Aber seine Erkenntniß bleibt stets subjektiv, wird nie objektiv: alles darin Vorkommende scheint sich ihm von selbst zu verstehn und kann ihm daher nie weder zum Vorwurf (Objekt der Darstellung), noch zum

Problem (Objekt der Meditation) werden. Sein Bewußtseyn ist also ganz immanent. Zwar nicht von gleicher, aber doch von verwandter Beschaffenheit ist das Bewußtseyn des gemeinen Menschenschlages, indem auch seine Wahrnehmung der Dinge und der Welt überwiegend subjektiv und vorherrschend immanent bleibt. Es nimmt die Dinge in der Welt wahr, aber nicht die Welt; sein eigenes Thun und Leiden, aber nicht sich. Wie nun, in unendlichen Abstufungen, die Deutlichkeit des Bewußtseyns sich steigert, tritt mehr und mehr die Besonnenheit ein, und dadurch kommt es allmälig dahin, daß bisweilen, wenn auch selten und dann wieder in höchst verschiedenen Graden der Deutlichkeit, es wie ein Blitz durch den Kopf fährt, mit »was ist das Alles?« oder auch mit »wie ist es eigentlich beschaffen?« Die erstere Frage wird, wenn sie große Deutlichkeit und anhaltende Gegenwart erlangt, den Philosophen, und die andere, eben so, den Künstler oder Dichter machen. Dieserhalb also hat der hohe Beruf dieser Beiden seine Wurzel in der Besonnenheit, die zunächst aus der Deutlichkeit entspringt, mit welcher sie der Welt und ihrer selbst inne werden und dadurch zur Besinnung darüber kommen. Der ganze Hergang aber entspringt daraus, daß der Intellekt, durch sein Uebergewicht, sich vom Willen, dem er ursprünglich dienstbar ist, zu Zeiten losmacht.

Die hier dargelegten Betrachtungen über das Genie schließen sich ergänzend an die im 22. Kapitel enthaltene Darstellung des in der ganzen Reihe der Wesen wahrnehmbaren, immer weitern Auseinandertretens des Willens und des Intellekts. Dieses eben erreicht im Genie seinen höchsten Grad, als wo es bis zur völligen Ablösung des Intellekts von seiner Wurzel, dem Willen, geht, so daß der Intellekt hier völlig frei wird, wodurch allererst die Welt als Vorstellung zur vollkommenen Objektivation gelangt. –

Jetzt noch einige die Individualität des Genies betreffende Bemerkungen. – Schon Aristoteles hat, nach Cicero *(Tusc., I, 33)*, bemerkt, *omnes ingeniosos melancholicos esse* [daß alle genialen Menschen Melancholiker seien]; welches sich, ohne Zweifel, auf die Stelle in des Aristoteles Problemata, 30, 1, bezieht. Auch Goethe sagt:

Meine Dichtergluth war sehr gering,
So lang ich dem Guten entgegenging:

Dagegen brannte sie lichterloh,
Wann ich vor drohendem Uebel floh. –
Zart Gedicht, wie Regenbogen,
Wird nur auf dunkeln Grund gezogen:
Darum behagt dem Dichtergenie
Das Element der Melancholie.
[*Sprüche in Reimen*, »Sprichwörtlich«.]

Dies ist daraus zu erklären, daß, da der Wille seine ursprüngliche Herrschaft über den Intellekt stets wieder geltend macht, dieser, unter ungünstigen persönlichen Verhältnissen, sich leichter derselben entzieht; weil er von widerwärtigen Umständen sich gern abwendet, gewissermaaßen um sich zu zerstreuen, und nun mit desto größerer Energie sich auf die fremde Außenwelt richtet, also leichter rein objektiv wird. Günstige persönliche Verhältnisse wirken umgekehrt. Im Ganzen und Allgemeinen jedoch beruht die dem Genie beigegebene Melancholie darauf, daß der Wille zum Leben, von je hellerem Intellekt er sich beleuchtet findet, desto deutlicher das Elend seines Zustandes wahrnimmt. – Die so häufig bemerkte trübe Stimmung hochbegabter Geister hat ihr Sinnbild am Montblanc, dessen Gipfel meistens bewölkt ist: aber wann bisweilen, zumal früh Morgens, der Wolkenschleier reißt und nun der Berg vom Sonnenlichte roth, aus seiner Himmelshöhe über den Wolken, auf Chamouni herabsieht; dann ist es ein Anblick, bei welchem Jedem das Herz im tiefsten Grunde aufgeht. So zeigt auch das meistens melancholische Genie zwischendurch die schon oben geschilderte, nur ihm mögliche, aus der vollkommensten Objektivität des Geistes entspringende, eigenthümliche Heiterkeit, die wie ein Lichtglanz auf seiner hohen Stirne schwebt: *in tristitia hilaris, in hilaritate tristis*. –

Alle Pfuscher sind es, im letzten Grunde, dadurch, daß ihr Intellekt, dem Willen noch zu fest verbunden, nur unter dessen Anspornung in Thätigkeit geräth, und daher eben ganz in dessen Dienste bleibt. Sie sind demzufolge keiner andern, als persönlicher Zwecke fähig. Diesen gemäß schaffen sie schlechte Gemälde, geistlose Gedichte, seichte, absurde, sehr oft auch unredliche Philosopheme, wann es nämlich gilt, durch fromme Unredlichkeit, sich hohen Vorgesetzten zu empfehlen. All ihr Thun und Denken ist also persönlich. Daher gelingt es ihnen höchstens, sich das Aeußere, Zufällige und Beliebige fremder, ächter Werke als Manier anzueignen, wo sie dann, statt des Kerns, die Schaale fassen, jedoch vermeinen, Alles erreicht, ja, jene übertroffen zu haben. Wird dennoch das Mißlingen offenbar; so hofft Mancher, es durch seinen guten Willen am Ende doch zu erreichen. Aber gerade dieser gute Wille macht es unmöglich; weil derselbe doch nur auf persönliche Zwecke hinausläuft: bei solchen aber kann es weder mit Kunst, noch Poesie, noch Philosophie je Ernst werden. Auf Jene paßt daher ganz eigentlich die Redensart: sie stehn sich selbst im Lichte. Ihnen ahndet es nicht, daß allein der von der Herrschaft des Willens und allen seinen Projekten losgerissene und dadurch frei thätige Intellekt, weil nur er den wahren Ernst verleiht, zu ächten Produktionen befähigt: und das ist gut für sie; sonst sprängen sie ins Wasser. – Der gute Wille ist in der Moral Alles; aber in der Kunst ist er nichts: da gilt, wie schon das Wort andeutet, allein das Können. – Alles kommt zuletzt darauf an, wo der eigentliche Ernst des Menschen liegt. Bei fast Allen liegt er ausschließlich im eigenen Wohl und dem der Ihrigen; daher sie dies und nichts Anderes zu fördern im Stande sind; weil eben kein Vorsatz, keine willkürliche und absichtliche Anstrengung, den wahren, tiefen, eigentlichen Ernst verleiht, oder ersetzt, oder richtiger verlegt. Denn er bleibt stets da, wo die Natur ihn hingelegt hat: ohne ihn aber kann Alles nur halb betrieben werden. Daher sorgen, aus dem selben Grunde, geniale Individuen oft schlecht für ihre eigene Wohlfahrt. Wie ein bleiernes Anhängsel einen Körper immer wieder in die Lage zurückbringt, die sein durch dasselbe determinirter Schwerpunkt erfordert; so zieht der wahre Ernst des Menschen die Kraft und Aufmerksamkeit seines Intellekts immer dahin zurück, wo er liegt: alles Andere treibt der Mensch ohne wahren Ernst. Daher sind allein die höchst seltenen, abnormen Menschen, deren wahrer Ernst nicht im Persönlichen und Praktischen, sondern im Objektiven und Theoretischen liegt, im Stande, das Wesentliche der Dinge und der Welt, also die höchsten Wahrheiten, aufzufassen und in irgend einer Art und Weise wiederzugeben. Denn ein solcher außerhalb des Individui, in das Objektive fallender Ernst desselben ist etwas der menschlichen Natur Fremdes, etwas Unnatürliches, eigentlich Uebernatürliches: jedoch allein durch ihn ist ein Mensch groß, und demgemäß wird alsdann sein Schaffen einem von ihm verschiedenen Genius zugeschrieben, der ihn in Besitz nehme. Einem solchen Menschen ist sein Bilden, Dichten oder Denken Zweck, den Uebrigen ist es Mittel. Diese suchen dabei ihre Sache, und wissen, in der Regel, sie wohl zu fördern, da sie sich den Zeitgenossen anschmiegen, bereit, den Bedürfnissen und Launen derselben zu dienen: daher leben sie meistens in glücklichen Umständen; Jener oft in sehr elenden. Denn sein persönliches Wohl opfert er dem objektiven Zweck: er kann eben nicht anders; weil dort sein Ernst liegt. Sie halten es umgekehrt: darum sind sie klein; er aber ist groß. Demgemäß ist sein Werk für alle Zeiten, aber die Anerkennung desselben fängt meistens erst bei der Nachwelt an: sie leben und sterben mit ihrer Zeit. Groß überhaupt ist nur Der, welcher bei seinem Wirken, dieses sei nun ein praktisches, oder ein theoretisches, nicht seine Sache sucht; sondern allein einen objektiven Zweck verfolgt: er ist es aber selbst dann noch, wann, im Praktischen, dieser Zweck ein mißverstandener, und sogar wenn er, in Folge davon, ein Verbrechen seyn sollte. Daß er nicht sich und seine Sache sucht, dies macht ihn, unter allen Umständen, groß. Klein hingegen ist alles auf persönliche Zwecke gerichtete Treiben; weil der dadurch in Thätigkeit Versetzte sich nur in seiner eigenen, verschwindend kleinen Person erkennt und findet. Hingegen wer groß ist, erkennt sich in Allem und daher im Ganzen: er lebt nicht, wie Jener, allein im Mikrokosmos, sondern noch mehr im Makrokosmos. Darum eben ist das Ganze ihm angelegen, und er sucht es zu erfassen, um es darzustellen, oder um es zu erklären, oder um praktisch darauf zu wirken. Denn ihm ist es nicht fremd; er fühlt daß es ihn angeht. Wegen dieser Ausdehnung seiner Sphäre nennt man ihn groß. Demnach gebührt nur dem wahren Helden, in irgend einem Sinn, und dem Genie jenes erhabene Prädikat: es besagt, daß sie, der menschlichen Natur entgegen, nicht ihre eigene Sache gesucht, nicht für sich, sondern für Alle gelebt haben. – Wie nun offenbar die Allermeisten stets klein seyn müssen und niemals groß seyn können; so ist doch das Umgekehrte nicht möglich, daß nämlich Einer durchaus, d. h. stets und jeden Augenblick, groß sei:

Denn aus Gemeinem ist der Mensch gemacht,
Und die Gewohnheit nennt er seine Amme.
[Schiller, *Wallensteins Tod,* 1, 4.]

Jeder große Mann nämlich muß dennoch oft nur das Individuum seyn, nur s i c h im Auge haben, und das heißt k l e i n seyn. Hierauf beruht die sehr richtige Bemerkung, daß kein Held es vor seinem Kammerdiener bleibt; nicht aber darauf, daß der Kammerdiener den Helden nicht zu schätzen verstehe; – welches Goethe, in den »Wahlverwandtschaften« (Bd. 2, Kap. 5), als Einfall der Ottilie auftischt. –

Das Genie ist sein eigener Lohn: denn das Beste was Einer ist, muß er nothwendig für sich selbst seyn. »Wer m i t einem Talente, z u einem Talente geboren ist, findet in demselben sein schönstes Daseyn«, sagt G o e t h e [*Wilhelm Meisters Lehrjahre,* 1. Buch, 14. Kap.]. Wenn wir zu einem großen Mann der Vorzeit hinaufblicken, denken wir nicht: »Wie glücklich ist er, von uns Allen noch jetzt bewundert zu werden«; sondern: »Wie glücklich muß er gewesen seyn im unmittelbaren Genuß eines Geistes, an dessen zurückgelassenen Spuren Jahrhunderte sich erquicken.« Nicht im Ruhme, sondern in Dem, wodurch man ihn erlangt, liegt der Werth, und in der Zeugung unsterblicher Kinder der Genuß. Daher sind Die, welche die Nichtigkeit des Nachruhmes daraus zu beweisen suchen, daß wer ihn erlangt, nichts davon erfährt, dem Klügling zu vergleichen, der einem Manne, welcher auf einen Haufen Austerschaalen im Hofe seines Nachbarn neidische Blicke würfe, sehr weise die gänzliche Unbrauchbarkeit derselben demonstriren wollte.

Der gegebenen Darstellung des Wesens des Genies zufolge ist dasselbe insofern naturwidrig, als es darin besteht, daß der Intellekt, dessen eigentliche Bestimmung der Dienst des Willens ist, sich von diesem Dienste emancipirt, um auf eigene Hand thätig zu seyn. Demnach ist das Genie ein seiner Bestimmung untreu gewordener Intellekt. Hierauf beruhen die demselben beigegebenen N a c h t h e i l e, zu deren Betrachtung wir jetzt den Weg uns dadurch bahnen, daß wir das Genie mit dem weniger entschiedenen Ueberwiegen des Intellekts vergleichen.

Der Intellekt des Normalmenschen, streng an den Dienst seines Willens gebunden, mithin eigentlich bloß mit der Aufnahme der Motive beschäftigt, läßt sich ansehn als der Komplex von

Drahtfäden, womit jede dieser Puppen auf dem Welttheater in Bewegung gesetzt wird. Hieraus entspringt der trockene, gesetzte Ernst der meisten Leute, der nur noch von dem der Thiere übertroffen wird, als welche niemals lachen. Dagegen könnte man das Genie, mit seinem entfesselten Intellekt, einem unter den großen Drahtpuppen des berühmten Mailändischen Puppentheaters mitspielenden, lebendigen Menschen vergleichen, der unter ihnen der Einzige wäre, welcher Alles wahrnähme und daher gern sich von der Bühne auf eine Weile losmachte, um aus den Logen das Schauspiel zu genießen: – das ist die geniale Besonnenheit. – Aber selbst der überaus verständige und vernünftige Mann, den man beinahe weise nennen könnte, ist vom Genie gar sehr und zwar dadurch verschieden, daß sein Intellekt eine praktische Richtung behält, auf die Wahl der allerbesten Zwecke und Mittel bedacht ist, daher im Dienste des Willens bleibt und demnach recht eigentlich naturgemäß beschäftigt ist. Der feste, praktische Lebensernst, welchen die Römer als *gravitas* bezeichneten, setzt voraus, daß der Intellekt nicht den Dienst des Willens verlasse, um hinauszuschweifen zu Dem, was diesen nicht angeht: darum läßt er nicht jenes Auseinandertreten des Intellekts und des Willens zu, welches Bedingung des Genies ist. Der kluge, ja der eminente Kopf, der zu großen Leistungen im Praktischen Geeignete, ist es gerade dadurch, daß die Objekte seinen Willen lebhaft erregen und zum rastlosen Nachforschen ihrer Verhältnisse und Beziehungen anspornen. Auch sein Intellekt ist also mit dem Willen fest verwachsen. Vor dem genialen Kopf hingegen schwebt, in seiner objektiven Auffassung, die Erscheinung der Welt als ein ihm Fremdes, ein Gegenstand der Kontemplation, der sein Wollen aus dem Bewußtseyn verdrängt. Um diesen Punkt dreht sich der Unterschied zwischen der Befähigung zu Thaten und der zu Werken. Die letztere verlangt Objektivität und Tiefe der Erkenntniß, welche gänzliche Sonderung des Intellekts vom Willen zur Voraussetzung hat: die erstere hingegen verlangt Anwendung der Erkenntniß, Geistesgegenwart und Entschlossenheit, welche erfordert, daß der Intellekt unausgesetzt den Dienst des Willens besorge. Wo das Band zwischen Intellekt und Wille gelöst ist, wird der von seiner natürlichen Bestimmung abgewichene Intellekt den Dienst des Willens vernachlässigen: er wird z. B. selbst in der Noth des Augenblicks noch seine Emancipation geltend machen und etwan die Umgebung, von welcher dem Individuo gegenwärtige Gefahr droht, ihrem malerischen Eindruck nach aufzufassen nicht umhin können. Der Intellekt des vernünftigen und verständigen Mannes hingegen ist stets auf seinem Posten, ist auf die Umstände und deren Erfordernisse gerichtet: ein solcher wird daher in allen Fällen das der Sache Angemessene beschließen und ausführen, folglich keineswegs in jene Excentricitäten, persönliche Fehltritte, ja, Thorheiten verfallen, denen das Genie darum ausgesetzt ist, daß sein Intellekt nicht ausschließlich der Führer und Wächter seines Willens bleibt, sondern, bald mehr bald weniger, vom rein Objektiven in Anspruch genommen wird. Den Gegensatz, in welchem die beiden hier abstrakt dargestellten, gänzlich verschiedenen Arten der Befähigung zu einander stehn, hat Goethe uns im Widerspiel des Tasso und Antonio veranschaulicht. Die oft bemerkte Verwandtschaft des Genies mit dem Wahnsinn beruht eben hauptsächlich auf jener, dem Genie wesentlichen, dennoch aber naturwidrigen Sonderung des Intellekts vom Willen. Diese aber selbst ist keineswegs Dem zuzuschreiben, daß das Genie von geringerer Intensität des Willens begleitet sei; da es vielmehr durch einen heftigen und leidenschaftlichen Charakter bedingt ist: sondern sie ist daraus zu erklären, daß der praktisch Ausgezeichnete, der Mann der Thaten, bloß das ganze und volle Maaß des für einen energischen Willen erforderten Intellekts hat, während den meisten Menschen sogar dieses abgeht; das Genie aber in einem völlig abnormen, wirklichen Uebermaaß von Intellekt besteht, dergleichen zum Dienste keines Willens erfordert ist. Dieserhalb eben sind die Männer der ächten Werke tausend Mal seltener, als die Männer der Thaten. Jenes abnorme Uebermaaß des Intellekts eben ist es, vermöge dessen dieser das entschiedene Uebergewicht erhält, sich vom Willen losmacht und nun, seines Ursprungs vergessend, aus eigener Kraft und Elasticität frei thätig ist; woraus die Schöpfungen des Genies hervorgehn.

Eben dieses nun ferner, daß das Genie im Wirken des freien, d. h. vom Dienste des Willens emancipirten Intellekts besteht, hat zur Folge, daß die Produktionen desselben keinen nützlichen Zwecken dienen. Es werde musicirt, oder philosophirt, gemalt, oder gedichtet; – ein Werk des Genies ist kein Ding zum Nutzen. Unnütz zu seyn, gehört zum Charakter der Werke des

Genies: es ist ihr Adelsbrief. Alle übrigen Menschenwerke sind da zur Erhaltung, oder Erleichterung unserer Existenz; bloß die hier in Rede stehenden nicht: sie allein sind ihrer selbst wegen da, und sind, in diesem Sinn, als die Blüthe, oder der reine Ertrag des Daseyns anzusehn. Deshalb geht beim Genuß derselben uns das Herz auf: denn wir tauchen dabei aus dem schweren Erdenäther der Bedürftigkeit auf. – Diesem analog sehn wir, auch außerdem, das Schöne selten mit dem Nützlichen vereint. Die hohen und schönen Bäume tragen kein Obst: die Obstbäume sind kleine, häßliche Krüppel. Die gefüllte Gartenrose ist nicht fruchtbar, sondern die kleine, wilde, fast geruchlose ist es. Die schönsten Gebäude sind nicht die nützlichen: ein Tempel ist kein Wohnhaus. Ein Mensch von hohen, seltenen Geistesgaben, genöthigt einem bloß nützlichen Geschäft, dem der Gewöhnlichste gewachsen wäre, obzuliegen, gleicht einer köstlichen, mit schönster Malerei geschmückten Vase, die als Kochtopf verbraucht wird; und die nützlichen Leute mit den Leuten von Genie vergleichen, ist wie Bausteine mit Diamanten vergleichen.

Der bloß praktische Mensch also gebraucht seinen Intellekt zu Dem, wozu ihn die Natur bestimmte, nämlich zum Auffassen der Beziehungen der Dinge, theils zu einander, theils zum Willen des erkennenden Individuums. Das Genie hingegen gebraucht ihn, der Bestimmung desselben entgegen, zum Auffassen des objektiven Wesens der Dinge. Sein Kopf gehört daher nicht ihm, sondern der Welt an, zu deren Erleuchtung in irgend einem Sinne er beitragen wird. Hieraus müssen dem damit begünstigten Individuo vielfältige N a c h t h e i l e erwachsen. Denn sein Intellekt wird überhaupt die Fehler zeigen, die bei jedem Werkzeug, welches zu Dem, wozu es nicht gemacht ist, gebraucht wird, nicht auszubleiben pflegen. Zunächst wird er gleichsam der Diener zweier Herren seyn, indem er, bei jeder Gelegenheit, sich von dem seiner Bestimmung entsprechenden Dienste losmacht, um seinen eigenen Zwecken nachzugehn, wodurch er den Willen oft sehr zur Unzeit im Stich läßt und hienach das so begabte Individuum für das Leben mehr oder weniger unbrauchbar wird, ja, in seinem Betragen bisweilen an den Wahnsinn erinnert. Sodann wird es, vermöge seiner gesteigerten Erkenntnißkraft, in den Dingen mehr das Allgemeine, als das Einzelne sehn; während der Dienst des Willens hauptsächlich die Erkenntniß des Einzelnen erfordert. Aber wann nun wieder gelegentlich jene ganze, abnorm erhöhte Erkenntnißkraft sich plötzlich, mit aller ihrer Energie, auf die Angelegenheiten und Miseren des Willens richtet; so wird sie diese leicht zu lebhaft auffassen, Alles in zu grellen Farben, zu hellem Lichte, und ins Ungeheure vergrößert erblicken, wodurch das Individuum auf lauter Extreme verfällt. Dies noch näher zu erklären, diene Folgendes. Alle große theoretische Leistungen, worin es auch sei, werden dadurch zu Stande gebracht, daß ihr Urheber alle Kräfte seines Geistes auf Einen Punkt richtet, in welchen er sie zusammenschießen läßt und koncentrirt, so stark, fest und ausschließlich, daß die ganze übrige Welt ihm jetzt verschwindet und sein Gegenstand ihm alle Realität ausfüllt. Eben diese große und gewaltsame Koncentration, die zu den Privilegien des Genies gehört, tritt nun für dasselbe bisweilen auch bei den Gegenständen der Wirklichkeit und den Angelegenheiten des täglichen Lebens ein, welche alsdann, unter einen solchen Fokus gebracht, eine so monstrose Vergrößerung erhalten, daß sie sich darstellen wie der im Sonnenmikroskop die Statur des Elephanten annehmende Floh. Hieraus entsteht es, daß hochbegabte Individuen bisweilen über Kleinigkeiten in heftige Affekte der verschiedensten Art gerathen, die den Andern unbegreiflich sind, als welche sie in Trauer, Freude, Sorge, Furcht, Zorn u. s. w. versetzt sehn, durch Dinge, bei welchen ein Alltagsmensch ganz gelassen bliebe. Darum also fehlt dem Genie die Nüchternheit, als welche gerade darin besteht, daß man in den Dingen nichts weiter sieht, als was ihnen, besonders in Hinsicht auf unsere möglichen Zwecke, wirklich zukommt: daher kann kein nüchterner Mensch ein Genie seyn. Zu den angegebenen Nachtheilen gesellt sich nun noch die übergroße Sensibilität, welche ein abnorm erhöhtes Nerven- und Cerebral-Leben mit sich bringt, und zwar im Verein mit der das Genie ebenfalls bedingenden Heftigkeit und Leidenschaftlichkeit des Wollens, die sich physisch als Energie des Herzschlages darstellt. Aus allem Diesen entspringt sehr leicht jene Ueberspanntheit der Stimmung, jene Heftigkeit der Affekte, jener schnelle Wechsel der Laune, unter vorherrschender Melancholie, die Goethe uns im Tasso vor Augen gebracht hat. Welche Vernünftigkeit, ruhige Fassung, abgeschlossene Uebersicht, völlige Sicherheit und Gleichmäßigkeit des Betragens zeigt doch der wohlausgestattete Normalmensch, im Vergleich mit der bald träumerischen Versunkenheit, bald leidenschaftlichen Aufregung des Genialen, dessen innere Quaal der Mutterschooß unsterblicher Werke ist. – Zu diesem Allen kommt noch, daß das Genie wesentlich einsam lebt. Es ist zu selten, als daß es leicht auf seines Gleichen treffen könnte, und zu verschieden von den Uebrigen, um ihr Geselle zu seyn. Bei ihnen ist das Wollen, bei ihm das Erkennen das Vorwaltende: daher sind ihre Freuden nicht seine, seine nicht ihre. Sie sind bloß moralische Wesen und haben bloß persönliche Verhältnisse: er ist zugleich ein reiner Intellekt, der als solcher der ganzen Menschheit angehört. Der Gedankengang des von seinem mütterlichen Boden, dem Willen, abgelösten und nur periodisch zu ihm zurückkehrenden Intellekts wird sich von dem des normalen, auf seinem Stamme haftenden, bald durchweg unterscheiden. Daher, und wegen der Ungleichheit des Schritts, ist Jener nicht zum gemeinschaftlichen Denken, d. h. zur Konversation mit den Andern geeignet: sie werden an ihm und seiner drückenden Ueberlegenheit so wenig Freude haben, wie er an ihnen. Sie werden daher sich behaglicher mit ihres Gleichen fühlen, und er wird die Unterhaltung mit seines Gleichen, obschon sie in der Regel nur durch ihre nachgelassenen Werke möglich ist, vorziehn. Sehr richtig sagt daher Chamfort: *Il y a peu de vices qui empêchent un homme d'avoir beaucoup d'amis, autant que peuvent le faire de trop grandes qualités* [Es gibt wenige Laster, die einen Menschen so sehr daran hindern, viele Freunde zu haben, wie dies zu große Vorzüge tun können: *Maximes*, chap. II]. Das glücklichste Loos, was dem Genie werden kann, ist Entbindung vom Thun und Lassen, als welches nicht sein Element ist, und freie Muße zu seinem Schaffen. – Aus diesem Allen ergiebt sich, daß wenn gleich das Genie den damit Begabten in den Stunden, wo er, ihm hingegeben, ungehindert im Genuß desselben schwelgt, hoch beglücken mag; dasselbe dennoch keineswegs geeignet ist, ihm einen glücklichen Lebenslauf zu bereiten, vielmehr das Gegentheil. Dies bestätigt auch die in den Biographien niedergelegte Erfahrung. Dazu kommt noch ein Mißverhältniß nach außen, indem das Genie, in seinem Treiben und Leisten selbst, meistens mit seiner Zeit im Widerspruch und Kampfe steht. Die bloßen Talentmänner kommen stets zu rechter Zeit: denn, wie sie vom Geiste ihrer Zeit angeregt und vom Bedürfniß derselben hervorgerufen werden; so sind sie auch gerade nur fähig diesem zu genügen. Sie greifen daher ein in den fortschreitenden Bildungsgang ihrer Zeitgenossen, oder in die schrittweise Förderung einer speciellen Wissenschaft: dafür wird ihnen Lohn und Beifall. Der nächsten Generation jedoch sind ihre Werke nicht mehr genießbar: sie müssen durch andere ersetzt werden, die dann auch nicht ausbleiben. Das Genie hingegen trifft in seine Zeit, wie ein Komet in die Planetenbahnen, deren wohlgeregelter und übersehbarer Ordnung sein völlig excentrischer Lauf fremd ist. Demnach kann es nicht eingreifen in den vorgefundenen, regelmäßigen Bildungsgang der Zeit, sondern wirft seine Werke weit hinaus in die vorliegende Bahn (wie der sich dem Tode weihende Imperator seinen Speer unter die Feinde), auf welcher die Zeit solche erst einzuholen hat. Sein Verhältniß zu den während dessen kulminirenden Talentmännern könnte es in den Worten des Evangelisten ausdrücken: Ο καιρος ὁ εμος ουπω παρεστιν· ὁ δε καιρος ὁ ὑμετερος παντοτε εστιν ἑτοιμος [Meine Zeit ist noch nicht gekommen; eure Zeit aber ist immer da] (Joh. 7, 6). – Das T a l e n t vermag zu leisten was die Leistungsfähigkeit, jedoch nicht die Apprehensionsfähigkeit der Uebrigen überschreitet: daher findet es sogleich seine Schätzer. Hingegen geht die Leistung des G e n i e s nicht nur über die Leistungs-, sondern auch über die Apprehensionsfähigkeit der Andern hinaus: daher werden Diese seiner nicht unmittelbar inne. Das Talent gleicht dem Schützen, der ein Ziel trifft, welches die Uebrigen nicht erreichen können; das Genie dem, der eines trifft, bis zu welchem sie nicht ein Mal zu sehn vermögen: daher sie nur mittelbar, also spät, Kunde davon erhalten, und sogar diese nur auf Treu und Glauben annehmen. Demgemäß sagt Goethe im Lehrbrief: »Die Nachahmung ist uns angeboren; das Nachzuahmende wird nicht leicht erkannt. Selten wird das Treffliche gefunden, seltner geschätzt« [*Wilhelm Meisters Lehrjahre*, 7. Buch, 9. Kap.]. Und C h a m f o r t sagt: *Il en est de la valeur des hommes comme de celle des diamans, qui, à une certaine mesure de grosseur, de pureté, de perfection, ont un prix fixe et marqué, mais qui, par-delà cette mesure, restent sans prix, et ne trouvent point d'acheteurs.* [Mit dem Wert der Menschen ist es wie mit dem der Diamanten, die bis zu einem gewissen Grade ihrer Größe, Reinheit und Vollkommenheit einen festen und bestimmten Preis haben, die aber jenseits dieses Grades keinen Preis mehr haben und auch keine Käufer finden. – *Maximes*, chap. I.] Auch schon B a k o v o n V e r u l a m hat es ausgesprochen: *Infimarum virtutum, apud vulgus, laus est, mediarum admiratio, supremarum sensus nullus* [Die niedrigsten Tugenden finden beim Pöbel Lob, die mittleren Bewunderung, die höchsten keinerlei Verständnis] *(De augm. sc., L. VI, c. 3).* Ja, möchte vielleicht Einer entgegnen, *apud vulgus!* [beim Pöbel!] – Dem muß ich jedoch zu Hülfe kommen mit Machiavelli's Versicherung: *Nel mondo non è se non volgo**; wie denn auch Thilo (über den Ruhm [Halle 1803]) bemerkt, daß zum großen Haufen gewöhnlich Einer mehr gehört, als Jeder glaubt. – Eine Folge dieser späten Anerkennung der Werke des Genies ist, daß sie selten von ihren Zeitgenossen und demnach in der Frische des Kolorits, welche die Gleichzeitigkeit und Gegenwart verleiht, genossen werden, sondern, gleich den Feigen und Datteln, viel mehr im trockenen, als im frischen Zustande. –

Wenn wir nun endlich noch das Genie von der somatischen Seite betrachten; so finden wir es durch mehrere anatomische und physiologische Eigenschaften bedingt, welche einzeln selten vollkommen vorhanden, noch seltener vollständig beisammen, dennoch alle unerläßlich erfordert sind; so daß daraus erklärlich wird, warum das Genie nur als eine völlig vereinzelte, fast portentose [unnatürliche] Ausnahme vorkommt. Die Grundbedingung ist ein abnormes Ueberwiegen der Sensibilität über die Irritabilität und Reproduktionskraft, und zwar, was die Sache erschwert, auf einem männlichen Körper. (Weiber können bedeutendes Talent, aber kein Genie haben: denn sie bleiben stets subjektiv.) Imgleichen muß das Cerebralsystem vom Gangliensystem durch vollkommene Isolation rein geschieden seyn, so daß es mit diesem in vollkommenem Gegensatz stehe, wodurch das Gehirn sein Parasitenleben auf dem Organismus recht entschieden, abgesondert, kräftig und unabhängig führt. Freilich wird es dadurch leicht feindlich auf den übrigen Organismus wirken und, durch sein erhöhtes Leben und rastlose Thätigkeit, ihn frühzeitig aufreiben, wenn nicht auch er selbst von energischer Lebenskraft und wohl konstituirt ist: auch dieses Letztere also gehört zu den Bedingungen. Ja, sogar ein guter Magen gehört dazu, wegen des speciellen und engen Konsensus dieses Theiles mit dem Gehirn. Hauptsächlich aber muß das Gehirn von unge-

* Es giebt nichts Anderes auf der Welt, als Vulgus. [*Il principe*, cap. XVIII.]

wöhnlicher Entwickelung und Größe, besonders breit und hoch seyn: hingegen wird die Tiefendimension zurückstehn, und das große Gehirn im Verhältniß gegen das kleine abnorm überwiegen. Auf die Gestalt desselben, im Ganzen und in den Theilen, kommt ohne Zweifel sehr viel an: allein dies genau zu bestimmen, reichen unsere Kenntnisse noch nicht aus; obwohl wir die edle, hohe Intelligenz verkündende Form eines Schädels leicht erkennen. Die Textur der Gehirnmasse muß von der äußersten Feinheit und Vollendung seyn und aus der reinsten, ausgeschiedensten, zartesten und erregbarsten Nervensubstanz bestehn: gewiß hat auch das quantitative Verhältniß der weißen zur grauen Substanz entschiedenen Einfluß, den wir aber ebenfalls noch nicht anzugeben vermögen. Inzwischen besagt der Obduktionsbericht der Leiche Byron's*, daß bei ihm die weiße Substanz in ungewöhnlich starkem Verhältniß zur grauen stand; desgleichen, daß sein Gehirn 6 Pfund gewogen hat. Cuvier's Gehirn hat 5 Pfund gewogen: das normale Gewicht ist 3 Pfund. – Im Gegensatz des überwiegenden Gehirns müssen Rückenmark und Nerven ungewöhnlich dünn seyn. Ein schön gewölbter, hoher und breiter Schädel, von dünner Knochenmasse, muß das Gehirn schützen, ohne es irgend einzuengen. Diese ganze Beschaffenheit des Gehirns und Nervensystems ist das Erbtheil von der Mutter; worauf wir im folgenden Buche zurückkommen werden. Dieselbe ist aber, um das Phänomen des Genies hervorzubringen, durchaus unzureichend, wenn nicht, als Erbtheil vom Vater, ein lebhaftes, leidenschaftliches Temperament hinzukommt, sich somatisch darstellend als ungewöhnliche Energie des Herzens und folglich des Blutumlaufs, zumal nach dem Kopfe hin. Denn hiedurch wird zunächst jene dem Gehirn eigene Turgescenz [Prallheit des Zellgewebes] vermehrt, vermöge deren es gegen seine Wände drückt; daher es aus jeder durch Verletzung entstandenen Oeffnung in diesen hervorquillt: zweitens erhält durch die gehörige Kraft des Herzens das Gehirn diejenige innere, von seiner beständigen Hebung und Senkung bei jedem Athemzuge noch verschiedene Bewegung, welche in einer Erschütterung seiner ganzen Masse bei jedem Pulsschlage der vier Cerebral-Arterien besteht und

* In *Medwin's Conversations of L. Byron, p. 333.*

deren Energie seiner hier vermehrten Quantität entsprechen muß, wie denn diese Bewegung überhaupt eine unerläßliche Bedingung seiner Thätigkeit ist. Dieser ist eben daher auch eine kleine Statur und besonders ein kurzer Hals günstig, weil, auf dem kürzern Wege, das Blut mit mehr Energie zum Gehirn gelangt: deshalb sind die großen Geister selten von großem Körper. Jedoch ist jene Kürze des Weges nicht unerläßlich: z. B. Goethe war von mehr als mittlerer Höhe. Wenn nun aber die ganze den Blutumlauf betreffende und daher vom Vater kommende Bedingung fehlt; so wird die von der Mutter stammende günstige Beschaffenheit des Gehirns höchstens ein Talent, einen feinen Verstand, den das alsdann eintretende Phlegma unterstützt, hervorbringen: aber ein phlegmatisches Genie ist unmöglich. Aus dieser vom Vater kommenden Bedingung des Genies erklären sich viele der oben geschilderten Temperamentsfehler desselben. Ist hingegen diese Bedingung ohne die erstere, also bei gewöhnlich oder gar schlecht konstituirtem Gehirn vorhanden; so giebt sie Lebhaftigkeit ohne Geist, Hitze ohne Licht, liefert Tollköpfe, Menschen von unerträglicher Unruhe und Petulanz. Daß von zwei Brüdern nur der eine Genie hat, und dann meistens der ältere, wie es z. B. Kants Fall war, ist zunächst daraus erklärlich, daß nur bei seiner Zeugung der Vater im Alter der Kraft und Leidenschaftlichkeit war; wiewohl auch die andere, von der Mutter stammende Bedingung durch ungünstige Umstände verkümmert werden kann.

Noch habe ich hier eine besondere Bemerkung hinzuzufügen über den kindlichen Charakter des Genies, d. h. über eine gewisse Aehnlichkeit, welche zwischen dem Genie und dem Kindesalter Statt findet. – In der Kindheit nämlich ist, wie beim Genie, das Cerebral- und Nervensystem entschieden überwiegend: denn seine Entwickelung eilt der des übrigen Organismus weit voraus; so daß bereits mit dem siebenten Jahre das Gehirn seine volle Ausdehnung und Masse erlangt hat. Schon Bichat sagt daher: *Dans l'enfance le système nerveux, comparé au musculaire, est proportionnellement plus considérable que dans tous les âges suivans, tandis que, par la suite, la pluspart des autres systèmes prédominent sur celui-ci. On sait que, pour bien voir les nerfs, on choisit toujours les enfans* [In der Kindheit ist das Nervensystem im Verhältnis zum Muskelsystem weit beträchtlicher als in allen späteren Lebensaltern, während in der

Folge die meisten anderen Systeme über jenes vorherrschen. Um die Nerven gründlich zu studieren, wählt man bekanntlich immer Kinder] *(De la vie et de la mort, Art. 8, § 6).* Am spätesten hingegen fängt die Entwickelung des Genitalsystems an, und erst beim Eintritt des Mannesalters sind Irritabilität, Reproduktion und Genitalfunktion in voller Kraft, wo sie dann, in der Regel, das Uebergewicht über die Gehirnfunktion haben. Hieraus ist es erklärlich, daß die Kinder, im Allgemeinen, so klug, vernünftig, wißbegierig und gelehrig, ja, im Ganzen, zu aller theoretischen Beschäftigung aufgelegter und tauglicher, als die Erwachsenen, sind: sie haben nämlich in Folge jenes Entwickelungsganges mehr Intellekt als Willen, d. h. als Neigung, Begierde, Leidenschaft. Denn Intellekt und Gehirn sind Eins, und eben so ist das Genitalsystem Eins mit der heftigsten aller Begierden: daher ich dasselbe den Brennpunkt des Willens genannt habe. Eben weil die heillose Thätigkeit dieses Systems noch schlummert, während die des Gehirns schon volle Regsamkeit hat, ist die Kindheit die Zeit der Unschuld und des Glückes, das Paradies des Lebens, das verlorene Eden, auf welches wir, unsern ganzen übrigen Lebensweg hindurch, sehnsüchtig zurückblicken. Die Basis jenes Glückes aber ist, daß in der Kindheit unser ganzes Daseyn viel mehr im Erkennen, als im Wollen liegt; welcher Zustand zudem noch von außen durch die Neuheit aller Gegenstände unterstützt wird. Daher liegt die Welt, im Morgenglanze des Lebens, so frisch, so zauberisch schimmernd, so anziehend vor uns. Die kleinen Begierden, schwankenden Neigungen und geringfügigen Sorgen der Kindheit sind gegen jenes Vorwalten der erkennenden Thätigkeit nur ein schwaches Gegengewicht. Der unschuldige und klare Blick der Kinder, an dem wir uns erquicken, und der bisweilen, in einzelnen, den erhabenen, kontemplativen Ausdruck, mit welchem Raphael seine Engelsköpfe verherrlicht hat, erreicht, ist aus dem Gesagten erklärlich. Demnach entwickeln die Geisteskräfte sich viel früher, als die Bedürfnisse, welchen zu dienen sie bestimmt sind: und hierin verfährt die Natur, wie überall, sehr zweckmäßig. Denn in dieser Zeit der vorwaltenden Intelligenz sammelt der Mensch einen großen Vorrath von Erkenntnissen, für künftige, ihm zur Zeit noch fremde Bedürfnisse. Daher ist sein Intellekt jetzt unablässig thätig, faßt begierig alle Erscheinungen auf, brütet darüber und speichert sie sorgfältig auf, für die kommende Zeit, – der Biene gleich, die sehr viel mehr Honig sammelt, als sie verzehren kann, im Vorgefühl künftiger Bedürfnisse. Gewiß ist was der Mensch bis zum Eintritt der Pubertät an Einsicht und Kenntniß erwirbt, im Ganzen genommen, mehr, als Alles was er nachher lernt, würde er auch noch so gelehrt: denn es ist die Grundlage aller menschlichen Erkenntnisse. – Bis zur selben Zeit waltet im kindlichen Leibe die Plasticität vor, deren Kräfte späterhin, nachdem sie ihr Werk vollendet hat, durch eine Metastase [Umstellung], sich auf das Generationssystem werfen, wodurch mit der Pubertät der Geschlechtstrieb eintritt und jetzt allmälig der Wille das Uebergewicht erhält. Dann folgt auf die vorwaltend theoretische, lernbegierige Kindheit das unruhige, bald stürmische, bald schwermüthige Jünglingsalter, welches nachher in das heftige und ernste Mannesalter übergeht. Gerade weil im Kinde jener unheilschwangere Trieb fehlt, ist das Wollen desselben so gemäßigt und dem Erkennen untergeordnet, woraus jener Charakter von Unschuld, Intelligenz und Vernünftigkeit entsteht, welcher dem Kindesalter eigenthümlich ist. – Worauf nun die Aehnlichkeit des Kindesalters mit dem Genie beruhe, brauche ich kaum noch auszusprechen: im Ueberschuß der Erkenntnißkräfte über die Bedürfnisse des Willens, und im daraus entspringenden Vorwalten der bloß erkennenden Thätigkeit. Wirklich ist jedes Kind gewissermaaßen ein Genie, und jedes Genie gewissermaaßen ein Kind. Die Verwandtschaft Beider zeigt sich zunächst in der Naivetät und erhabenen Einfalt, welche ein Grundzug des ächten Genies ist: sie tritt auch außerdem in manchen Zügen an den Tag; so daß eine gewisse Kindlichkeit allerdings zum Charakter des Genies gehört. In Riemers Mittheilungen über Goethe wird (Bd. I, S. 184) erwähnt, daß Herder und Andere Goethen tadelnd nachsagten, er sei ewig ein großes Kind: gewiß haben sie es mit Recht gesagt, nur nicht mit Recht getadelt. Auch von Mozart hat es geheißen, er sei zeitlebens ein Kind geblieben. (Nissens Biographie Mozarts: S. 2 und 529.) Schlichtegrolls Nekrolog (von 1791, Bd. II, S. 109) sagt von ihm: »Er wurde früh in seiner Kunst ein Mann; in allen übrigen Verhältnissen aber blieb er beständig ein Kind.« Jedes Genie ist schon darum ein großes Kind, weil es in die Welt hineinschaut als in ein Fremdes, ein Schauspiel, daher mit rein objektivem Interesse. Demgemäß hat es, so wenig wie das Kind, jene trockene Ernsthaftigkeit der Gewöhnlichen, als welche, keines andern als des subjektiven Interesses fähig, in den Dingen immer bloß Motive für ihr Thun sehn. Wer nicht zeitlebens gewissermaaßen ein großes Kind bleibt, sondern ein ernsthafter, nüchterner, durchweg gesetzter und vernünftiger Mann wird, kann ein sehr nützlicher und tüchtiger Bürger dieser Welt seyn; nur nimmermehr ein Genie. In der That ist das Genie es dadurch, daß jenes, dem Kindesalter natürliche, Ueberwiegen des sensibeln Systems und der erkennenden Thätigkeit sich bei ihm, abnormerweise, das ganze Leben hindurch erhält, also hier ein perennirendes wird. Eine Spur davon zieht sich freilich auch bei manchen gewöhnlichen Menschen noch bis ins Jünglingsalter hinüber; daher z. B. an manchen Studenten noch ein rein geistiges Streben und eine geniale Excentricität unverkennbar ist. Allein die Natur kehrt in ihr Gleis zurück: sie verpuppen sich und erstehn, im Mannesalter, als eingefleischte Philister, über die man erschrickt, wann man sie in spätern Jahren wieder antrifft. – Auf dem ganzen hier dargelegten Hergang beruht auch Goethes schöne Bemerkung: »Kinder halten nicht was sie versprechen; junge Leute sehr selten, und wenn sie Wort halten, hält es ihnen die Welt nicht.« (Wahlverwandtschaften, Th. 1, Kap. 10.) Die Welt nämlich, welche die Kronen, die sie für das Verdienst hoch emporhielt, nachher Denen aufsetzt, welche Werkzeuge ihrer niedrigen Absichten werden, oder aber sie zu betrügen verstehn. – Dem Gesagten gemäß giebt es, wie eine bloße Jugendschönheit, die fast Jeder ein Mal besitzt *(beauté du diable)*, auch eine bloße Jugend-Intellektualität, ein gewisses geistiges, zum Auffassen, Verstehn, Lernen geneigtes und geeignetes Wesen, welches Jeder in der Kindheit, Einige noch in der Jugend haben, das aber danach sich verliert, eben wie jene Schönheit. Nur bei höchst Wenigen, den Auserwählten, dauert das Eine, wie das Andere, das ganze Leben hindurch fort; so daß selbst im höhern Alter noch eine Spur davon sichtbar bleibt: dies sind die wahrhaft schönen, und die wahrhaft genialen Menschen.

Das hier in Erwägung genommene Ueberwiegen des cerebralen Nervensystems und der Intelligenz in der Kindheit, nebst dem Zurücktreten derselben im reifen Alter, erhält eine wichtige Erläuterung und Bestätigung dadurch, daß bei dem Thiergeschlechte, welches dem Menschen am nächsten stehet, den Affen, das selbe Verhältniß in auffallendem Grade Statt findet. Es ist allmälig gewiß geworden, daß der so höchst intelligente Orang-Utan ein junger Pongo ist, welcher, wann herangewachsen, die große Menschenähnlichkeit des Antlitzes und zugleich die erstaunliche Intelligenz verliert, indem der untere, thierische Theil des Gesichts sich vergrößert, die Stirn dadurch zurücktritt, große *cristae* [kantige Hervorragungen], zur Muskelanlage, den Schädel thierisch gestalten, die Thätigkeit des Nervensystems sinkt und an ihrer Stelle eine außerordentliche Muskelkraft sich entwickelt, welche, als zu seiner Erhaltung ausreichend, die große Intelligenz jetzt überflüssig macht. Besonders wichtig ist, was in dieser Hinsicht Friedrich Cuvier gesagt und Flourens erläutert hat in einer Recension der *Histoire naturelle* des Erstern, welche sich im Septemberheft des *Journal des Savans* von 1839 befindet und auch, mit einigen Zusätzen, besonders abgedruckt ist unter dem Titel: *Résumé analytique des observations de Fr. Cuvier sur l'instinct et l'intelligence des animaux, p. Flourens. 1841.* Daselbst, S. 50, heißt es: »*L'intelligence de l'orang-outang, cette intelligence si développée, et développée de si bonne heure, décroit avec l'âge. L'orang-outang, lorsqu'il est jeune*; *nous étonne par sa pénétration, par sa ruse, par son adresse; l'orang-outang, devenu adulte, n'est plus qu'un animal grossier, brutal, intraitable. Et il en est de tous les singes comme de l'orang-outang. Dans tous, l'intelligence décroit à mesure que les forces s'accroissent. L'animal qui a le plus d'intelligence, n'a toute cette intelligence que dans le jeune âge.*« [Die Intelligenz des Orang-Utang, welche so hoch und so frühzeitig entwickelt ist, nimmt mit dem Alter ab. Solange der Orang-Utang jung ist, überrascht er uns durch seinen Scharfsinn, seine Schlauheit und seine Geschicklichkeit; aber nachdem er erwachsen ist, ist er nichts als ein grobes, brutales, schwer zu behandelndes Tier. Und ähnlich wie mit dem Orang-Utang steht es mit allen Affen. Bei allen nimmt die Intelligenz ab in dem Grade, wie die Kraft zunimmt. Dasjenige Tier, welches die höchste Intelligenz besitzt, hat nur in der Jugend diese ganze Intelligenz.] – Ferner S. 87: »*Les singes de tous les genres offrent ce rapport inverse de l'âge et de l'intelligence. Ainsi, par exemple, l'Entelle (espèce de guenon du sous-genre des Semno-pithèques et l'un des singes vénérés dans la religion des Brames) a, dans le jeune âge, le front large, le museau peu saillant, le crâne élevé, arrondi, etc. Avec l'âge le front disparait, recule, le museau proémine; et le moral ne change pas moins que le physique: l'apathie, la violence, le besoin de solitude, remplacent la pénétration, la docilité, la confiance. Ces différences sont si grandes, dit Mr. Fréd. Cuvier, que dans l'habitude où nous sommes de juger des actions des animaux par les nôtres, nous prendrions le jeune animal pour un individu de l'âge, où toutes les qualités morales de l'espèce sont acquises, et l'Entelle adulte pour un individu qui n'aurait encore que ses forces physiques. Mais la nature n'en agit pas ainsi avec ces animaux, qui ne doivent pas sortir de la sphère étroite, qui leur est fixée, et à qui il suffit en quelque sorte de pouvoir veiller à leur conservation. Pour cela l'intelligence était nécessaire, quand la force n'existait pas, et quand celle-ci est acquisé, toute autre puissance perd de son utilité.«* [Die Affen aller Arten zeigen dieses umgekehrte Verhältnis zwischen Lebensalter und Intelligenz. So hat z. B. die Entelle (eine Meerkatzenart) in der Jugend eine breite Stirn, eine wenig hervortretende Schnauze und einen hohen, runden Schädel u. s.w. Mit zunehmendem Alter verschwindet die Stirn und tritt zurück, die Schnauze tritt hervor, und die moralischen Eigenschaften ändern sich nicht weniger als die physischen: Stumpfheit, Gewalttätigkeit und das Bedürfnis nach Alleinsein treten an die Stelle des Scharfsinns, der Gelehrigkeit und der Zutraulichkeit. Diese Unterschiede sind so groß, wie Herr Fréd. Cuvier sagt, daß nach unserer Gewohnheit, die Handlungen der Tiere nach den unsern zu beurteilen, wir das junge Tier als ein Individuum in dem Alter ansehn würden, wo alle moralischen Eigenschaften der Spezies sich schon entwickelt haben, und die erwachsene Entelle als ein Individuum, welches nur erst seine physischen Kräfte besäße. Aber die Natur verfährt nicht so mit diesen Tieren, welche den engen Kreis nicht überschreiten dürfen, der ihnen vorgeschrieben ist, und welcher eben ausreicht, ihr Bestehen zu sichern. Zu diesem Zwecke war die Intelligenz notwendig, als die Kraft noch nicht da war, und nachdem diese sich entwickelt hatte, verliert jede andere Fähigkeit ihren Nutzen.] – Und S. 118: *»La conservation des espèces ne repose pas moins sur les qualités intellectuelles des animaux, que sur leurs qualités organiques.«* [Die Erhaltung der Arten ist nicht weniger durch die intellektuellen Eigenschaften der Tiere bedingt als durch ihre organischen Eigenschaften.] Dieses Letztere bestätigt meinen

Satz, daß der Intellekt, so gut wie Klauen und Zähne, nichts Anderes, als ein Werkzeug zum Dienste des Willens ist.

Kapitel 32*.

Ueber den Wahnsinn.

Die eigentliche Gesundheit des Geistes besteht in der vollkommenen Rückerinnerung. Freilich ist diese nicht so zu verstehn, daß unser Gedächtniß Alles aufbewahrte. Denn unser zurückgelegter Lebensweg schrumpft in der Zeit zusammen, wie der des zurücksehenden Wanderers im Raum: bisweilen wird es uns schwer, die einzelnen Jahre zu unterscheiden; die Tage sind meistens unkenntlich geworden. Eigentlich aber sollen nur die ganz gleichen und unzählige Mal wiederkehrenden Vorgänge, deren Bilder gleichsam einander decken, in der Erinnerung so zusammenlaufen, daß sie individuell unkenntlich werden: hingegen muß jeder irgend eigenthümliche, oder bedeutsame Vorgang in der Erinnerung wieder aufzufinden seyn; wenn der Intellekt normal, kräftig und ganz gesund ist. – Als den zerrissenen Faden dieser, wenn auch in stets abnehmender Fülle und Deutlichkeit, doch gleichmäßig fortlaufenden Erinnerung habe ich im Texte den Wahnsinn dargestellt. Zur Bestätigung hievon diene folgende Betrachtung.

Das Gedächtniß eines Gesunden gewährt über einen Vorgang, dessen Zeuge er gewesen, eine Gewißheit, welche als eben so fest und sicher angesehn wird, wie seine gegenwärtige Wahrnehmung einer Sache; daher derselbe, wenn von ihm beschworen, vor Gericht dadurch festgestellt wird. Hingegen wird der bloße Verdacht des Wahnsinns die Aussage eines Zeugen sofort entkräften. Hier also liegt das Kriterium zwischen Geistesgesundheit und Verrücktheit. Sobald ich zweifle, ob ein Vorgang, dessen ich mich erinnere, auch wirklich Statt gefunden, werfe ich auf mich selbst den Verdacht des Wahnsinns; es sei denn, ich wäre ungewiß, ob es nicht ein bloßer Traum gewesen. Zweifelt ein Anderer an der Wirklichkeit eines von mir als Augenzeugen erzählten

* Dieses Kapitel bezieht sich auf die zweite Hälfte des § 36 des ersten Bandes.

Vorgangs, ohne meiner Redlichkeit zu mißtrauen; so hält er mich für verrückt. Wer durch häufig wiederholtes Erzählen eines ursprünglich von ihm erlogenen Vorganges endlich dahin kommt, ihn selbst zu glauben, ist, in diesem Einen Punkt, eigentlich schon verrückt. Man kann einem Verrückten witzige Einfälle, einzelne gescheute Gedanken, selbst richtige Urtheile zutrauen: aber seinem Zeugniß über vergangene Begebenheiten wird man keine Gültigkeit beilegen. In der Lalitavistara, bekanntlich der Lebensgeschichte des Buddha Schakya-Muni, wird erzählt, daß, im Augenblicke seiner Geburt, auf der ganzen Welt alle Kranke gesund, alle Blinde sehend, alle Taube hörend wurden und alle Wahnsinnigen »ihr Gedächtniß wiedererhielten«. Letzteres wird sogar an zwei Stellen erwähnt*.

Meine eigene, vieljährige Erfahrung hat mich auf die Vermuthung geführt, daß Wahnsinn verhältnißmäßig am häufigsten bei Schauspielern eintritt. Welchen Mißbrauch treiben aber auch diese Leute mit ihrem Gedächtniß! Täglich haben sie eine neue Rolle einzulernen, oder eine alte aufzufrischen: diese Rollen sind aber sämmtlich ohne Zusammenhang, ja, im Widerspruch und Kontrast mit einander, und jeden Abend ist der Schauspieler bemüht, sich selbst ganz zu vergessen, um ein völlig Anderer zu seyn. Dergleichen bahnt geradezu den Weg zum Wahnsinn.

Die im Texte gegebene Darstellung der Entstehung des Wahnsinns wird faßlicher werden, wenn man sich erinnert, wie ungern wir an Dinge denken, welche unser Interesse, unsern Stolz, oder unsere Wünsche stark verletzen, wie schwer wir uns entschließen, Dergleichen dem eigenen Intellekt zu genauer und ernster Untersuchung vorzulegen, wie leicht wir dagegen unbewußt davon wieder abspringen, oder abschleichen, wie hingegen angenehme Angelegenheiten ganz von selbst uns in den Sinn kommen und, wenn verscheucht, uns stets wieder beschleichen, daher wir ihnen stundenlang nachhängen. In jenem Widerstreben des Willens, das ihm Widrige in die Beleuchtung des Intellekts kommen zu lassen, liegt die Stelle, an welcher der Wahnsinn auf den Geist einbrechen kann. Jeder widrige neue Vorfall nämlich muß vom Intellekt assimilirt werden, d. h. im System der sich auf unsern Willen und sein Interesse beziehenden Wahr-

* *Rgya Tcher Rol Pa, Hist. de Bouddha Chakya Mouni, trad. du Tibétain p. Foucaux, 1848, p. 91 et 99.*

heiten eine Stelle erhalten, was immer Befriedigenderes er auch zu verdrängen haben mag. Sobald dies geschehn ist, schmerzt er schon viel weniger: aber diese Operation selbst ist oft sehr schmerzlich, geht auch meistens nur langsam und mit Widerstreben von Statten. Inzwischen kann nur sofern sie jedesmal richtig vollzogen worden, die Gesundheit des Geistes bestehn. Erreicht hingegen, in einem einzelnen Fall, das Widerstreben und Sträuben des Willens wider die Aufnahme einer Erkenntniß den Grad, daß jene Operation nicht rein durchgeführt wird; werden demnach dem Intellekt gewisse Vorfälle oder Umstände völlig unterschlagen, weil der Wille ihren Anblick nicht ertragen kann; wird alsdann, des nothwendigen Zusammenhangs wegen, die dadurch entstandene Lücke beliebig ausgefüllt; – so ist der Wahnsinn da. Denn der Intellekt hat seine Natur aufgegeben, dem Willen zu gefallen: der Mensch bildet sich jetzt ein was nicht ist. Jedoch wird der so entstandene Wahnsinn jetzt der Lethe [Quell des Vergessens] unerträglicher Leiden: er war das letzte Hülfsmittel der geängstigten Natur, d. i. des Willens.

Beiläufig sei hier ein beachtungswerther Beleg meiner Ansicht erwähnt. Carlo Gozzi, im *Mostro turchino,* Akt 1, Scene 2, führt uns eine Person vor, welche einen Vergessenheit herbeiführenden Zaubertrank getrunken hat: diese stellt sich ganz wie eine Wahnsinnige dar.

Der obigen Darstellung zufolge kann man also den Ursprung des Wahnsinns ansehn als ein gewaltsames »Sich aus dem Sinn schlagen« irgend einer Sache, welches jedoch nur möglich ist mittelst des »Sich in den Kopf setzen« irgend einer andern. Seltener ist der umgekehrte Hergang, daß nämlich das »Sich in den Kopf setzen« das Erste und das »Sich aus dem Sinn schlagen« das Zweite ist. Er findet jedoch Statt in den Fällen, wo Einer den Anlaß, über welchen er verrückt geworden, beständig gegenwärtig behält und nicht davon los kommen kann: so z. B. bei manchem verliebten Wahnsinn, Erotomanie, wo dem Anlaß fortwährend nachgehangen wird; auch bei dem aus Schreck über einen plötzlichen, entsetzlichen Vorfall entstandenen Wahnsinn. Solche Kranke halten den gefaßten Gedanken gleichsam krampfhaft fest, so daß kein anderer, am wenigsten ein ihm entgegenstehender, aufkommen kann. Bei beiden Hergängen bleibt aber das Wesentliche des Wahnsinns das Selbe, nämlich die Unmöglichkeit einer gleichförmig zusammenhängenden Rückerinnerung, wie solche die Basis unserer gesunden, vernünftigen Besonnenheit ist. – Vielleicht könnte der hier dargestellte Gegensatz der Entstehungsweise, wenn mit Urtheil angewandt, einen scharfen und tiefen Eintheilungsgrund des eigentlichen Irrwahns abgeben.

Uebrigens habe ich nur den psychischen Ursprung des Wahnsinns in Betracht genommen, also den durch äußere, objektive Anlässe herbeigeführten. Oefter jedoch beruht er auf rein somatischen Ursachen, auf Mißbildungen, oder partiellen Desorganisationen des Gehirns, oder seiner Hüllen, auch auf dem Einfluß, welchen andere krankhaft afficirte Theile auf das Gehirn ausüben. Hauptsächlich bei letzterer Art des Wahnsinns mögen falsche Sinnesanschauungen, Hallucinationen, vorkommen. Jedoch werden beiderlei Ursachen des Wahnsinns meistens von einander participiren, zumal die psychische von der somatischen. Es ist damit wie mit dem Selbstmorde: selten mag dieser durch den äußern Anlaß allein herbeigeführt seyn, sondern ein gewisses körperliches Mißbehagen liegt ihm zum Grunde, und je nach dem Grade, den dieses erreicht, ist ein größerer oder kleinerer Anlaß von außen erforderlich; nur beim höchsten Grade desselben gar keiner. Daher ist kein Unglück so groß, daß es Jeden zum Selbstmord bewöge, und keines so klein, daß nicht schon ein ihm gleiches dahin geführt hätte. Ich habe die psychische Entstehung des Wahnsinns dargelegt, wie sie bei dem, wenigstens allem Anschein nach, Gesunden durch ein großes Unglück herbeigeführt wird. Bei dem somatisch bereits stark dazu Disponirten wird eine sehr geringe Widerwärtigkeit dazu hinreichend seyn: so z. B. erinnere ich mich eines Menschen im Irrenhause, welcher Soldat gewesen und wahnsinnig geworden war, weil sein Offizier ihn mit Er angeredet hatte. Bei entschiedener körperlicher Anlage, bedarf es, sobald diese zur Reife gekommen, gar keines Anlasses. Der aus bloß psychischen Ursachen entsprungene Wahnsinn kann vielleicht, durch die ihn erzeugende, gewaltsame Verkehrung des Gedankenlaufs, auch eine Art Lähmung oder sonstige Depravation [Entartung] irgend welcher Gehirntheile herbeiführen, welche, wenn nicht bald behoben, bleibend wird; daher Wahnsinn nur im Anfang, nicht aber nach längerer Zeit heilbar ist.

Daß es eine *mania sine delirio,* Raserei ohne Verrücktheit, gebe, hatte Pinel gelehrt, Esquirol bestritten, und seitdem ist viel dafür und dawider gesagt worden. Die Frage ist nur empirisch zu entscheiden. Wenn aber ein solcher Zustand wirklich vorkommt; so ist er daraus zu erklären, daß hier der Wille sich der Herrschaft und Leitung des Intellekts, und mithin der Motive, periodisch ganz entzieht, wodurch er dann als blinde, ungestüme, zerstörende Naturkraft auftritt, und demnach sich äußert als die Sucht, Alles, was ihm in den Weg kommt, zu vernichten. Der so losgelassene Wille gleicht dann dem Strohme, der den Damm durchbrochen, dem Rosse, das den Reiter abgeworfen hat, der Uhr, aus welcher die hemmenden Schrauben herausgenommen sind. Jedoch wird bloß die Vernunft, also die reflektive Erkenntniß, von jener Suspension getroffen, nicht auch die intuitive; da sonst der Wille ohne alle Leitung, folglich der Mensch unbeweglich bliebe. Vielmehr nimmt der Rasende die Objekte wahr, da er auf sie losbricht; hat auch Bewußtseyn seines gegenwärtigen Thuns und nachher Erinnerung desselben. Aber er ist ohne alle Reflexion, also ohne alle Leitung durch Vernunft, folglich jeder Ueberlegung und Rücksicht auf das Abwesende, das Vergangene und Zukünftige ganz unfähig. Wann der Anfall vorüber ist und die Vernunft die Herrschaft wiedererlangt hat, ist ihre Funktion regelrecht, da ihre eigene Thätigkeit hier nicht verrückt und verdorben ist, sondern nur der Wille das Mittel gefunden hat, sich ihr auf eine Weile ganz zu entziehn.

Kapitel 33*.

Vereinzelte Bemerkungen über Naturschönheit.

Den Anblick einer schönen Landschaft so überaus erfreulich zu machen, trägt unter Anderm auch die durchgängige Wahrheit und Konsequenz der Natur bei. Diese befolgt hier freilich nicht den logischen Leitfaden, im Zusammenhange der Erkenntnißgründe, der Vordersätze und Nachsätze, Prämissen und Konklusionen; aber doch den ihm analogen des Kausalitätsgesetzes, im sichtlichen Zusammenhange der Ursachen und Wir-

* Dieses Kapitel steht in Beziehung zu § 38 des ersten Bandes.

kungen. Jede Modifikation, auch die leiseste, welche ein Gegenstand durch seine Stellung, Verkürzung, Verdeckung, Entfernung, Beleuchtung, Linear- und Luft-Perspektive u. s. w. erhält, wird durch seine Wirkung auf das Auge unfehlbar angegeben und genau in Rechnung gebracht: das Indische Sprichwort »Jedes Reiskörnchen wirft seinen Schatten« findet hier Bewährung. Daher zeigt sich hier Alles so durchgängig folgerecht, genau regelrecht, zusammenhängend und skrupulos [peinlich genau] richtig: hier giebt es keine Winkelzüge. Wenn wir nun den Anblick einer schönen Aussicht bloß als Gehirnphänomen in Betracht nehmen; so ist er das einzige stets ganz regelrechte, tadellose und vollkommene, unter den komplicirten Gehirnphänomenen; da alle übrigen, zumal unsere eigenen Gedankenoperationen, im Formalen oder Materialen, mit Mängeln oder Unrichtigkeiten, mehr oder weniger behaftet sind. Aus diesem Vorzug des Anblicks der schönen Natur ist zunächst das Harmonische und durchaus Befriedigende seines Eindrucks zu erklären, dann aber auch die günstige Wirkung, welche derselbe auf unser gesammtes Denken hat, als welches dadurch, in seinem formalen Theil, richtiger gestimmt und gewissermaaßen geläutert wird, indem jenes allein ganz tadellose Gehirnphänomen das Gehirn überhaupt in eine völlig normale Aktion versetzt und nun das Denken im Konsequenten, Zusammenhangenden, Regelrechten und Harmonischen aller seiner Processe, jene Methode der Natur zu befolgen sucht, nachdem es durch sie in den rechten Schwung gebracht worden. Eine schöne Aussicht ist daher ein Kathartikon [Mittel zur Läuterung] des Geistes, wie die Musik, nach Aristoteles, des Gemüthes, und in ihrer Gegenwart wird man am richtigsten denken. –

Daß der sich plötzlich vor uns aufthuende Anblick der Gebirge uns so leicht in eine ernste, auch wohl erhabene Stimmung versetzt, mag zum Theil darauf beruhen, daß die Form der Berge und der daraus entstehende Umriß des Gebirges die einzige stets bleibende Linie der Landschaft ist, da die Berge allein dem Verfall trotzen, der alles Uebrige schnell hinwegrafft, zumal unsere eigene, ephemere Person. Nicht, daß beim Anblick des Gebirgs alles Dieses in unser deutliches Bewußtseyn träte; sondern ein dunkles Gefühl davon wird der Grundbaß unserer Stimmung. –

Ich möchte wissen, warum, während für die menschliche

Gestalt und Antlitz die Beleuchtung von oben durchaus die vortheilhafteste und die von unten die ungünstigste ist, hinsichtlich der landschaftlichen Natur gerade das Umgekehrte gilt. –

Wie ästhetisch ist doch die Natur! Jedes ganz unangebaute und verwilderte, d. h. ihr selber frei überlassene Fleckchen, sei es auch klein, wenn nur die Tatze des Menschen davon bleibt, dekorirt sie alsbald auf die geschmackvollste Weise, bekleidet es mit Pflanzen, Blumen und Gesträuchen, deren ungezwungenes Wesen, natürliche Grazie und anmuthige Gruppirung davon zeugt, daß sie nicht unter der Zuchtruthe des großen Egoisten aufgewachsen sind, sondern hier die Natur frei gewaltet hat. Jedes vernachlässigte Plätzchen wird alsbald schön. Hierauf beruht das Princip der Englischen Gärten, welches ist, die Kunst möglichst zu verbergen, damit es aussehe, als habe hier die Natur frei gewaltet. Denn nur dann ist sie vollkommen schön, d. h. zeigt in größter Deutlichkeit die Objektivation des noch erkenntnißlosen Willens zum Leben, der sich hier in größter Naivetät entfaltet, weil die Gestalten nicht, wie in der Thierwelt, bestimmt sind durch außerhalb liegende Zwecke, sondern allein unmittelbar durch Boden, Klima und ein geheimnißvolles Drittes, vermöge dessen so viele Pflanzen, die ursprünglich dem selben Boden und Klima entsprossen sind, doch so verschiedene Gestalten und Charaktere zeigen.

Der mächtige Unterschied zwischen den Englischen, richtiger Chinesischen, Gärten und den jetzt immer seltener werdenden, jedoch noch in einigen Prachtexemplaren vorhandenen, alt-französischen, beruht im letzten Grunde darauf, daß jene im objektiven, diese im subjektiven Sinne angelegt sind. In jenen nämlich wird der Wille der Natur, wie er sich in Baum, Staude, Berg und Gewässer objektivirt, zu möglichst reinem Ausdruck dieser seiner Ideen, also seines eigenen Wesens, gebracht. In den Französischen Gärten hingegen spiegelt sich nur der Wille des Besitzers, welcher die Natur unterjocht hat, so daß sie, statt ihrer Ideen, die ihm entsprechenden, ihr aufgezwungenen Formen, als Abzeichen ihrer Sklaverei, trägt: geschorene Hecken, in allerhand Gestalten geschnittene Bäume, gerade Alleen, Bogengänge u. s. w.

Kapitel 34*.

Ueber das innere Wesen der Kunst.

Nicht bloß die Philosophie, sondern auch die schönen Künste arbeiten im Grunde darauf hin, das Problem des Daseyns zu lösen. Denn in jedem Geiste, der sich ein Mal der rein objektiven Betrachtung der Welt hingiebt, ist, wie versteckt und unbewußt es auch seyn mag, ein Streben rege geworden, das wahre Wesen der Dinge, des Lebens, des Daseyns, zu erfassen. Denn Dieses allein hat Interesse für den Intellekt als solchen, d. h. für das von den Zwecken des Willens frei gewordene, also reine Subjekt des Erkennens; wie für das als bloßes Individuum erkennende Subjekt die Zwecke des Willens allein Interesse haben. – Dieserhalb ist das Ergebniß jeder rein objektiven, also auch jeder künstlerischen Auffassung der Dinge ein Ausdruck mehr vom Wesen des Lebens und Daseyns, eine Antwort mehr auf die Frage: »Was ist das Leben?« – Diese Frage beantwortet jedes ächte und gelungene Kunstwerk, auf seine Weise, völlig richtig. Allein die Künste reden sämmtlich nur die naive und kindliche Sprache der Anschauung, nicht die abstrakte und ernste der Reflexion: ihre Antwort ist daher ein flüchtiges Bild; nicht eine bleibende allgemeine Erkenntniß. Also für die Anschauung beantwortet jedes Kunstwerk jene Frage, jedes Gemälde, jede Statue, jedes Gedicht, jede Scene auf der Bühne: auch die Musik beantwortet sie; und zwar tiefer als alle andern, indem sie, in einer ganz unmittelbar verständlichen Sprache, die jedoch in die der Vernunft nicht übersetzbar ist, das innerste Wesen alles Lebens und Daseyns ausspricht. Die übrigen Künste also halten sämmtlich dem Frager ein anschauliches Bild vor und sagen: »Siehe hier, das ist das Leben!« – Ihre Antwort, so richtig sie auch seyn mag, wird jedoch immer nur eine einstweilige, nicht eine gänzliche und finale Befriedigung gewähren. Denn sie geben immer nur ein Fragment, ein Beispiel statt der Regel, nicht das Ganze, als welches nur in der Allgemeinheit des Begriffes gegeben werden kann. Für diesen daher, also für die Reflexion und *in abstracto,* eine eben deshalb bleibende und auf immer genügende Beantwortung jener Frage zu geben, – ist

* Dieses Kapitel steht in Beziehung zu § 49 des ersten Bandes.

die Aufgabe der Philosophie. Inzwischen sehn wir hier, worauf die Verwandtschaft der Philosophie mit den schönen Künsten beruht, und können daraus abnehmen, inwiefern auch die Fähigkeit zu Beiden, wiewohl in ihrer Richtung und im Sekundären sehr verschieden, doch in der Wurzel die selbe ist.

Jedes Kunstwerk ist demgemäß eigentlich bemüht, uns das Leben und die Dinge so zu zeigen, wie sie in Wahrheit sind, aber, durch den Nebel objektiver und subjektiver Zufälligkeiten hindurch, nicht von Jedem unmittelbar erfaßt werden können. Diesen Nebel nimmt die Kunst hinweg.

Die Werke der Dichter, Bildner und darstellenden Künstler überhaupt enthalten anerkanntermaaßen einen Schatz tiefer Weisheit: eben weil aus ihnen die Weisheit der Natur der Dinge selbst redet, deren Aussagen sie bloß durch Verdeutlichung und reinere Wiederholung verdolmetschen. Deshalb muß aber freilich auch Jeder, der das Gedicht liest, oder das Kunstwerk betrachtet, aus eigenen Mitteln beitragen, jene Weisheit zu Tage zu fördern: folglich faßt er nur so viel davon, als seine Fähigkeit und seine Bildung zuläßt; wie ins tiefe Meer jeder Schiffer sein Senkblei so tief hinabläßt, als dessen Länge reicht. Vor ein Bild hat Jeder sich hinzustellen, wie vor einen Fürsten, abwartend, ob und was es zu ihm sprechen werde; und, wie jenen, auch dieses nicht selbst anzureden: denn da würde er nur sich selbst vernehmen. – Dem Allen zufolge ist in den Werken der darstellenden Künste zwar alle Weisheit enthalten, jedoch nur *virtualiter* [in der Möglichkeit] oder *implicite* [unausgesprochen]: hingegen dieselbe *actualiter* [tatsächlich] und *explicite* [ausdrücklich] zu liefern ist die Philosophie bemüht, welche in diesem Sinne sich zu jenen verhält, wie der Wein zu den Trauben. Was sie zu liefern verspricht, wäre gleichsam ein schon realisirter und baarer Gewinn, ein fester und bleibender Besitz; während der aus den Leistungen und Werken der Kunst hervorgehende nur ein stets neu zu erzeugender ist. Dafür aber macht sie nicht bloß an Den, der ihre Werke schaffen, sondern auch an Den, der sie genießen soll, abschreckende, schwer zu erfüllende Anforderungen. Daher bleibt ihr Publikum klein, während das der Künste groß ist. –

Die oben zum Genuß eines Kunstwerks verlangte Mitwirkung des Beschauers beruht zum Theil darauf, daß jedes Kunstwerk nur durch das Medium der Phantasie wirken kann, daher es diese anregen muß und sie nie aus dem Spiel gelassen werden und unthätig bleiben darf. Dies ist eine Bedingung der ästhetischen Wirkung und daher ein Grundgesetz aller schönen Künste. Aus demselben aber folgt, daß, durch das Kunstwerk, nicht Alles geradezu den Sinnen gegeben werden darf, vielmehr nur so viel, als erfordert ist, die Phantasie auf den rechten Weg zu leiten: ihr muß immer noch etwas und zwar das Letzte zu thun übrig bleiben. Muß doch sogar der Schriftsteller stets dem Leser noch etwas zu denken übrig lassen; da Voltaire sehr richtig gesagt hat: *Le secret d'être ennuyeux, c'est de tout dire* [Die Kunst, langweilig zu sein, besteht darin, daß man alles sagt: *Discours sur l'homme,* VI, 172]. In der Kunst aber ist überdies das Allerbeste zu geistig, um geradezu den Sinnen gegeben zu werden: es muß in der Phantasie des Beschauers geboren, wiewohl durch das Kunstwerk erzeugt werden. Hierauf beruht es, daß die Skitzen großer Meister oft mehr wirken, als ihre ausgemalten Bilder; wozu freilich noch der andere Vortheil beiträgt, daß sie, aus einem Guß, im Augenblick der Konception vollendet sind; während das ausgeführte Gemälde, da die Begeisterung doch nicht bis zu seiner Vollendung anhalten kann, nur unter fortgesetzter Bemühung, mittelst kluger Ueberlegung und beharrlicher Absichtlichkeit zu Stande kommt. – Aus dem in Rede stehenden ästhetischen Grundgesetze wird ferner auch erklärlich, warum Wachsfiguren, obgleich gerade in ihnen die Nachahmung der Natur den höchsten Grad erreichen kann, nie eine ästhetische Wirkung hervorbringen und daher nicht eigentliche Werke der schönen Kunst sind. Denn sie lassen der Phantasie nichts zu thun übrig. Die Skulptur nämlich giebt die bloße Form, ohne die Farbe; die Malerei giebt die Farbe, aber den bloßen Schein der Form: Beide also wenden sich an die Phantasie des Beschauers. Die Wachsfigur hingegen giebt Alles, Form und Farbe zugleich; woraus der Schein der Wirklichkeit entsteht und die Phantasie aus dem Spiele bleibt. – Dagegen wendet die Poesie sich sogar allein an die Phantasie, welche sie mittelst bloßer Worte in Thätigkeit versetzt. –

Ein willkürliches Spielen mit den Mitteln der Kunst, ohne eigentliche Kenntniß des Zweckes, ist, in jeder, der Grundcharakter der Pfuscherei. Ein solches zeigt sich in den nichts tragenden Stützen, den zwecklosen Voluten [Bauornamenten], Bauschungen und Vorsprüngen schlechter Architektur, in den nichtssagenden Läufen und Figuren, nebst dem zwecklosen Lerm schlechter Musik, im Klingklang der Reime sinnarmer Gedichte, u. s. w. –

In Folge der vorhergegangenen Kapitel und meiner ganzen Ansicht von der Kunst, ist ihr Zweck die Erleichterung der Erkenntniß der I d e e n der Welt (im Platonischen Sinn, dem einzigen, den ich für das Wort I d e e anerkenne). Die I d e e n aber sind wesentlich ein Anschauliches und daher, in seinen nähern Bestimmungen, Unerschöpfliches. Die Mittheilung eines solchen kann daher nur auf dem Wege der Anschauung geschehn, welches der der Kunst ist. Wer also von der Auffassung einer I d e e erfüllt ist, ist gerechtfertigt, wenn er die Kunst zum Medium seiner Mittheilung wählt. – Der bloße B e g r i f f hingegen ist ein vollkommen Bestimmbares, daher zu Erschöpfendes, deutlich Gedachtes, welches sich, seinem ganzen Inhalt nach, durch Worte, kalt und nüchtern mittheilen läßt. Ein Solches nun aber durch ein K u n s t w e r k mittheilen zu wollen, ist ein sehr unnützer Umweg, ja, gehört zu dem eben gerügten Spielen mit den Mitteln der Kunst, ohne Kenntniß des Zwecks. Daher ist ein Kunstwerk, dessen Konception aus bloßen deutlichen Begriffen hervorgegangen, allemal ein unächtes. Wenn wir nun, bei Betrachtung eines Werkes der bildenden Kunst, oder beim Lesen einer Dichtung, oder beim Anhören einer Musik (die etwas Bestimmtes zu schildern bezweckt), durch alle die reichen Kunstmittel hindurch, den deutlichen, begränzten, kalten, nüchternen Begriff durchschimmern und am Ende hervortreten sehn, welcher der Kern dieses Werkes war, dessen ganze Konception mithin nur im deutlichen Denken desselben bestanden hat und demnach durch die Mittheilung desselben von Grund aus erschöpft ist; so empfinden wir Ekel und Unwillen: denn wir sehn uns getäuscht und um unsere Theilnahme und Aufmerksamkeit betrogen. Ganz befriedigt durch den Eindruck eines Kunstwerks sind wir nur dann, wann er etwas hinterläßt, das wir, bei allem Nachdenken darüber, nicht bis zur Deutlichkeit eines Begriffs herabziehn können. Das Merkmal jenes hybriden [Misch-]Ursprungs aus bloßen Begriffen ist, daß der Urheber eines Kunstwerks, ehe er an die Ausführung gieng, mit deutlichen Worten angeben konnte, was er darzustellen beabsichtigte: denn da wäre durch diese Worte selbst sein ganzer Zweck zu erreichen gewesen. Daher ist es ein so unwürdiges, wie albernes Unternehmen, wenn man, wie heut zu Tage öfter versucht worden, eine Dichtung Shakespeare's, oder Goethes, zurückführen will auf eine abstrakte Wahrheit, deren Mittheilung ihr Zweck gewesen wäre. Denken soll freilich der Künstler, bei der Anordnung seines Werkes: aber nur das Gedachte, was geschaut wurde ehe es gedacht war, hat nachmals, bei der Mittheilung, anregende Kraft und wird dadurch unvergänglich. – Hier wollen wir nun die Bemerkung nicht unterdrücken, daß allerdings die Werke aus einem Guß, wie die bereits erwähnte Skitze der Maler, welche in der Begeisterung der ersten Konception vollendet, und wie unbewußt hingezeichnet wird, desgleichen die Melodie, welche ohne alle Reflexion und völlig wie durch Eingebung kommt, endlich auch das eigentlich lyrische Gedicht, das bloße Lied, in welches die tief gefühlte Stimmung der Gegenwart und der Eindruck der Umgebung sich mit Worten, deren Silbenmaaße und Reime von selbst eintreffen, wie unwillkürlich ergießt, – daß, sage ich, diese Alle den großen Vorzug haben, das lautere Werk der Begeisterung des Augenblicks, der Inspiration, der freien Regung des Genius zu seyn, ohne alle Einmischung der Absichtlichkeit und Reflexion; daher sie eben durch und durch erfreulich und genießbar sind, ohne Schaale und Kern, und ihre Wirkung viel unfehlbarer ist, als die der größten Kunstwerke, von langsamer und überlegter Ausführung. An allen diesen nämlich, also an den großen historischen Gemälden, an den langen Epopöen, den großen Opern u. s. w. hat die Reflexion, die Absicht und durchdachte Wahl bedeutenden Antheil: Verstand, Technik und Routine müssen hier die Lücken ausfüllen, welche die geniale Konception und Begeisterung gelassen hat, und allerlei nothwendiges Nebenwerk muß, als Cäment der eigentlich allein ächten Glanzpartien, diese durchziehn. Hieraus ist es erklärlich, daß alle solche Werke, die vollkommensten Meisterstücke der allergrößten Meister (wie z. B. Hamlet, Faust, die Oper Don Juan) allein ausgenommen, einiges Schaales und Langweiliges unvermeidlich beigemischt enthalten, welches ihren Genuß in etwas verkümmert. Belege hiezu sind die Messiade, die *Gerusalemme liberata*, sogar *Paradise lost* und die Aeneide: macht doch schon Horaz die kühne Bemerkung: [*Indignor,*] *Quandoque dormitat bonus Homerus* [(Ungehalten bin ich), wenn Homer, der Vortreffliche, schlummert: *De arte poetica*, 359]. Daß aber Dies sich so verhält ist eine Folge der Beschränkung menschlicher Kräfte überhaupt. –

Die Mutter der nützlichen Künste ist die Noth; die der schönen der Ueberfluß. Zum Vater haben jene den Verstand, diese das Genie, welches selbst eine Art Ueberfluß ist, nämlich der der Erkenntnißkraft über das zum Dienste des Willens erforderliche Maaß.

Kapitel 35*.

Zur Aesthetik der Architektur.

In Gemäßheit der im Texte gegebenen Ableitung des rein Aesthetischen der Baukunst aus den untersten Stufen der Objektivation des Willens, oder der Natur, deren Ideen sie zu deutlicher Anschaulichkeit bringen will, ist das einzige und beständige Thema derselben S t ü t z e u n d L a s t, und ihr Grundgesetz, daß keine Last ohne genügende Stütze, und keine Stütze ohne angemessene Last, mithin das Verhältniß dieser Beiden gerade das passende sei. Die reinste Ausführung dieses Themas ist Säule und Gebälk: daher ist die Säulenordnung gleichsam der Generalbaß der ganzen Architektur geworden. In Säule und Gebälk nämlich sind Stütze und Last v o l l k o m m e n g e s o n d e r t; wodurch die gegenseitige Wirkung Beider und ihr Verhältniß zu einander augenfällig wird. Denn freilich enthält selbst jede schlichte Mauer schon Stütze und Last: allein hier sind Beide noch in einander verschmolzen. Alles ist hier Stütze und Alles Last: daher keine ästhetische Wirkung. Diese tritt erst durch die S o n d e r u n g ein und fällt dem Grade derselben gemäß aus. Denn zwischen der Säulenreihe und der schlichten Mauer sind viele Zwischenstufen. Schon auf der bloß zu Fenstern und Thüren durchbrochenen Mauer eines Hauses sucht man jene Sonderung wenigstens anzudeuten, durch flache hervortretende Pilaster (Anten) mit Kapitellen, welche man dem Gesimse unterschiebt, ja, im Nothfall, sie durch bloße Malerei darstellt, um doch irgendwie das Gebälk und eine Säulenordnung zu bezeichnen. Wirkliche Pfeiler, auch Konsolen und Stützen mancherlei Art, realisiren schon mehr jene von der Baukunst durch-

* Dieses Kapitel bezieht sich auf § 43 des ersten Bandes.

gängig angestrebte reine Sonderung der Stütze und Last. In Hinsicht auf dieselbe steht der Säule mit dem Gebälke zunächst, aber als eigenthümliche, nicht diese nachahmende Konstruktion, das Gewölbe mit dem Pfeiler. Die ästhetische Wirkung Jener freilich erreichen Diese bei Weitem nicht; weil hier Stütze und Last noch nicht rein gesondert, sondern in einander übergehend verschmolzen sind. Im Gewölbe selbst ist jeder Stein zugleich Last und Stütze, und sogar die Pfeiler werden, zumal im Kreuzgewölbe, vom Druck entgegengesetzter Bögen, wenigstens für den Augenschein, in ihrer Lage erhalten; wie denn auch, eben dieses Seitendruckes wegen, nicht nur Gewölbe, sondern selbst bloße Bögen nicht auf Säulen ruhen sollen, sondern den massiveren, viereckigen Pfeiler verlangen. In der Säulenreihe allein ist die Sonderung vollständig, indem hier das Gebälk als reine Last, die Säule als reine Stütze auftritt. Demnach ist das Verhältniß der Kolonade zur schlichten Mauer dem zu vergleichen, welches zwischen einer in regelmäßigen Intervallen aufsteigenden Tonleiter und einem aus der selben Tiefe bis zur selben Höhe allmälig und ohne Abstufungen hinaufgehenden Tone wäre, der ein bloßes Geheul abgeben würde. Denn im Einen wie im Andern ist der Stoff der selbe, und nur aus der reinen Sonderung geht der mächtige Unterschied hervor.

Der Last angemessen ist übrigens die Stütze nicht dann, wann sie solche zu tragen nur eben ausreicht; sondern wann sie dies so bequem und reichlich vermag, daß wir, beim ersten Anblick, darüber vollkommen beruhigt sind. Jedoch darf auch dieser Ueberschuß der Stütze einen gewissen Grad nicht übersteigen; da wir sonst Stütze ohne Last erblicken, welches dem ästhetischen Zweck entgegen ist. Zur Bestimmung jenes Grades haben die Alten, als Regulativ, die Linie des Gleichgewichts ersonnen, welche man erhält, indem man die Verjüngung, welche die Dicke der Säule von unten nach oben hat, fortsetzt, bis sie in einen spitzen Winkel ausläuft, wodurch die Säule zum Kegel wird: jetzt wird jeder beliebige Queer-Durchschnitt den untern Theil so stark lassen, daß er den abgeschnittenen oberen zu tragen hinreicht. Gewöhnlich aber wird mit zwanzigfacher Festigkeit gebaut, d. h. man legt jeder Stütze nur $1/20$ dessen auf, was sie höchstens tragen könnte. – Ein lukulentes [erhellendes] Beispiel von Last ohne Stütze bieten die, an den Ecken mancher, im geschmackvollen Stil der »Jetztzeit« erbauten Häuser hinausgeschobenen Erker dem Auge dar. Man sieht nicht was sie trägt: sie scheinen zu schweben und beunruhigen das Gemüth.

Daß in Italien sogar die einfachsten und schmucklosesten Gebäude einen ästhetischen Eindruck machen, in Deutschland aber nicht, beruht hauptsächlich darauf, daß dort die Dächer sehr flach sind. Ein hohes Dach ist nämlich weder Stütze noch Last, denn seine beiden Hälften unterstützen sich gegenseitig, das Ganze aber hat kein seiner Ausdehnung entsprechendes Gewicht. Daher bietet es dem Auge eine ausgebreitete Masse dar, die dem ästhetischen Zwecke völlig fremd, bloß dem nützlichen dient, mithin jenen stört, dessen Thema immer nur Stütze und Last ist.

Die Form der Säule hat ihren Grund allein darin, daß sie die einfachste und zweckmäßigste Stütze liefert. In der gewundenen Säule tritt die Zweckwidrigkeit wie absichtlich trotzend und daher unverschämt auf: deswegen bricht der gute Geschmack, beim ersten Anblick, den Stab über sie. Der viereckige Pfeiler hat, da die Diagonale die Seiten übertrifft, ungleiche Dimensionen der Dicke, die durch keinen Zweck motivirt, sondern durch die zufällig leichtere Ausführbarkeit veranlaßt sind: darum eben gefällt er uns so sehr viel weniger, als die Säule. Schon der sechs- oder achteckige Pfeiler ist gefälliger; weil er sich der runden Säule mehr nähert: denn die Form dieser allein ist ausschließlich durch den Zweck bestimmt. Dies ist sie nun aber auch in allen ihren übrigen Proportionen: zunächst im Verhältniß ihrer Dicke zur Höhe, innerhalb der Gränzen, welche die Verschiedenheit der drei Säulenordnungen zuläßt. Sodann beruht ihre Verjüngung, vom ersten Drittel ihrer Höhe an, wie auch eine geringe Anschwellung an eben dieser Stelle *(entasis Vitr.* [Anschwellung im unteren Drittel, nach Vitruvius]), darauf, daß der Druck der Last dort am stärksten ist: man glaubte bisher, daß diese Anschwellung nur der Ionischen und Korinthischen Säule eigen sei; allein neuere Messungen haben sie auch an der Dorischen, sogar in Pästum, nachgewiesen. Also Alles an der Säule, ihre durchweg bestimmte Form, das Verhältniß ihrer Höhe zur Dicke, Beider zu den Zwischenräumen der Säulen, und das der ganzen Reihe zum Gebälk und der darauf ruhenden Last, ist das genau berechnete Resultat aus dem Verhältniß der nothwendigen Stütze zur gegebenen Last. Weil diese gleichförmig vertheilt ist; so müssen es auch die Stützen seyn: deshalb sind Säulengruppen geschmacklos. Hingegen rückt, in den besten Dorischen Tempeln, die Ecksäule etwas näher an die nächste; weil das Zusammentreffen der Gebälke an der Ecke die Last vermehrt: hiedurch aber spricht sich deutlich das Princip der Architektur aus, daß die konstruktionellen Verhältnisse, d. h. die zwischen Stütze und Last, die wesentlichen sind, welchen die der Symmetrie, als untergeordnet, sogleich weichen müssen. Je nach der Schwere der ganzen Last überhaupt wird man die Dorische, oder die zwei leichteren Säulenordnungen wählen, da die erstere, nicht nur durch die größere Dicke, sondern auch durch die ihr wesentliche, nähere Stellung der Säulen, auf schwerere Lasten berechnet ist, zu welchem Zwecke auch die beinahe rohe Einfachheit ihres Kapitells paßt. Die Kapitelle überhaupt haben den Zweck, sichtbar zu machen, daß die Säulen das Gebälk tragen und nicht wie Zapfen hineingesteckt sind: zugleich vergrößern sie, mittelst ihres Abakus [Deckplatte], die tragende Fläche. Weil nun also aus dem wohl verstandenen und konsequent durchgeführten Begriff der reichlich angemessenen Stütze zu einer gegebenen Last alle Gesetze der Säulenordnung, mithin auch die Form und Proportion der Säule, in allen ihren Theilen und Dimensionen, bis ins Einzelne herab, folgt, also insofern *a priori* bestimmt ist; so erhellt die Verkehrtheit des so oft wiederholten Gedankens, daß Baumstämme oder gar (was leider selbst Vitruvius, IV, I, vorträgt) die menschliche Gestalt das Vorbild der Säule gewesen sei. Dann wäre die Form derselben für die Architektur eine rein zufällige, von außen aufgenommene: eine solche aber könnte uns nicht, sobald wir sie in ihrem gehörigen Ebenmaaß erblicken, so harmonisch und befriedigend ansprechen; noch könnte andererseits jedes, selbst geringe Mißverhältniß derselben vom feinen und geübten Sinne sogleich unangenehm und störend, wie ein Mißton in der Musik, empfunden werden. Dies ist vielmehr nur dadurch möglich, daß, nach gegebenem Zweck und Mittel, alles Uebrige im Wesentlichen *a priori* bestimmt ist, wie in der Musik, nach gegebener Melodie und Grundton, im Wesentlichen die ganze Harmonie. Und wie die Musik, so ist auch die Architektur überhaupt keine nachahmende Kunst; – obwohl Beide oft fälschlich dafür gehalten worden sind.

Das ästhetische Wohlgefallen beruht, wie im Text ausführlich dargethan, überall auf der Auffassung einer (Platonischen) Idee. Für die Architektur, allein als s c h ö n e Kunst betrachtet, sind die Ideen der untersten Naturstufen, also Schwere, Starrheit, Kohäsion das eigentliche Thema; nicht aber, wie man bisher annahm, bloß die regelmäßige Form, Proportion und Symmetrie, als welche ein rein Geometrisches, Eigenschaften des Raumes, nicht Ideen sind, und daher nicht das Thema einer schönen Kunst seyn können. Auch in der Architektur also sind sie nur sekundären Ursprungs und haben eine untergeordnete Bedeutung, welche ich sogleich hervorheben werde. Wären sie es allein, welche darzulegen die Architektur, als schöne Kunst, zur Aufgabe hätte; so müßte das Modell die gleiche Wirkung thun, wie das ausgeführte Werk. Dies aber ist ganz und gar nicht der Fall: vielmehr müssen die Werke der Architektur, um ästhetisch zu wirken, durchaus eine beträchtliche Größe haben; ja, sie können nie zu groß, aber leicht zu klein seyn. Sogar steht, *ceteris paribus* [unter gleichen Voraussetzungen], die ästhetische Wirkung im geraden Verhältniß der Größe der Gebäude; weil nur große Massen die Wirksamkeit der Schwerkraft in hohem Grade augenfällig und eindringlich machen. Hiedurch bestätigt sich abermals meine Ansicht, daß das Streben und der Antagonismus jener Grundkräfte der Natur den eigentlichen ästhetischen Stoff der Baukunst ausmacht, welcher, seiner Natur nach, große Massen verlangt, um sichtbar, ja fühlbar zu werden. – Die Formen in der Architektur werden, wie oben an der Säule gezeigt worden, zunächst durch den unmittelbaren, konstruktionellen Zweck jedes Theiles bestimmt. Soweit nun aber derselbe irgend etwas unbestimmt läßt, tritt, da die Architektur ihr Daseyn zunächst in unserer räumlichen Anschauung hat, und demnach an unser Vermögen *a priori* zu dieser sich wendet, das Gesetz der vollkommensten Anschaulichkeit, mithin auch der leichtesten Faßlichkeit, ein. Diese aber entsteht allemal durch die größte Regelmäßigkeit der Formen und Rationalität ihrer Verhältnisse. Demgemäß wählt die schöne Architektur lauter regelmäßige Figuren, aus geraden Linien, oder gesetzmäßigen Kurven, imgleichen die aus solchen hervorgehenden Körper, wie Würfel, Parallelepipeden [vierseitige Prismen], Cylinder, Kugeln, Pyramiden und Kegel; als Oeffnungen aber bisweilen Cirkel, oder Ellipsen, in der Regel jedoch Quadrate und noch öfter Rektangel, letztere von durchaus rationalem und ganz leicht faßlichem Verhältniß ihrer Seiten (nicht etwan wie 6:7, sondern wie 1:2, 2:3), endlich auch Blenden oder Nischen, von regelmäßiger und faßlicher Proportion. Aus dem selben Grunde wird sie den Gebäuden selbst und ihren großen Abtheilungen gern ein rationales und leicht faßliches Verhältniß der Höhe zur Breite geben, z. B. die Höhe einer Fassade die Hälfte der Breite seyn lassen, und die Säulen so stellen, daß je 3 oder 4 derselben mit ihren Zwischenräumen eine Linie ausmessen, welche der Höhe gleich ist, also ein Quadrat bilden. Das selbe Princip der Anschaulichkeit und leichten Faßlichkeit verlangt auch leichte Uebersehbarkeit: diese führt die Symmetrie herbei, welche überdies nöthig ist, um das Werk als ein Ganzes abzustecken und dessen wesentliche Begränzung von der zufälligen zu unterscheiden, wie man denn z. B. bisweilen nur an ihrem Leitfaden erkennt, ob man drei neben einander stehende Gebäude oder nur eines vor sich hat. Nur mittelst der Symmetrie also kündigt sich das architektonische Werk sogleich als individuelle Einheit und als Entwickelung eines Hauptgedankens an.

Wenn nun gleich, wie oben beiläufig gezeigt worden, die Baukunst keineswegs die Formen der Natur, wie Baumstämme, oder gar menschliche Gestalten, nachzuahmen hat; so soll sie doch im Geiste der Natur schaffen, namentlich indem sie das Gesetz *natura nihil agit frustra, nihilque supervacaneum, et quod commodissimum in omnibus suis operationibus sequitur* [Die Natur tut nichts vergebens, nichts Überflüssiges, und schlägt bei allen ihren Unternehmungen den bequemsten Weg ein: Aristoteles, De incessu animalium, c. 2], auch zu dem ihrigen macht, demnach alles, selbst nur scheinbar, Zwecklose vermeidet und ihre jedesmalige Absicht, sei diese nun eine rein architektonische, d. i. konstruktionelle, oder aber eine die Zwecke der Nützlichkeit betreffende, stets auf dem kürzesten und natürlichsten Wege erreicht und so dieselbe, durch das Werk selbst, offen darlegt. Dadurch erlangt sie eine gewisse Grazie, der analog, welche bei lebenden Wesen in der Leichtigkeit und der Angemessenheit jeder Bewegung und Stellung zur Absicht derselben besteht. Demgemäß sehn wir, im guten antiken Baustil, jeglichen Theil, sei es nun Pfeiler, Säule, Bogen, Gebälk, oder Thüre, Fenster, Treppe, Balkon, seinen Zweck auf die geradeste und einfachste Weise erreichen, ihn dabei unverhohlen und naiv an den Tag legend; eben wie die organische Natur es in ihren Werken auch thut. Der geschmacklose Baustil hingegen sucht bei Allem unnütze Umwege und gefällt sich in Willkürlichkeiten, geräth dadurch auf zwecklos gebrochene, heraus und herein rückende Gebälke, gruppirte Säulen, zerstückelte Kornischen [Kranzleisten] an Thürbögen und Giebeln, sinnlose Voluten, Schnörkel u. dergl.: er spielt, wie oben als Charakter der Pfuscherei angegeben, mit den Mitteln der Kunst, ohne die Zwecke derselben zu verstehn, wie Kinder mit dem Geräthe der Erwachsenen spielen. Dieser Art ist schon jede Unterbrechung einer geraden Linie, jede Aenderung im Schwunge einer Kurve, ohne augenfälligen Zweck. Jene naive Einfalt hingegen in der Darlegung und dem Erreichen des Zweckes, die dem Geiste entspricht, in welchem die Natur schafft und bildet, ist es eben auch, welche den antiken Thongefäßen eine solche Schönheit und Grazie der Form verleiht, daß wir stets von Neuem darüber erstaunen; weil sie so edel absticht gegen unsere modernen Gefäße im Originalgeschmack, als welche den Stämpel der Gemeinheit tragen, sie mögen nun aus Porzellan, oder grobem Töpferthon geformt seyn. Beim Anblick der Gefäße und Geräthe der Alten fühlen wir, daß wenn die Natur dergleichen Dinge hätte schaffen wollen, sie es in diesen Formen gethan haben würde. – Da wir also die Schönheit der Baukunst hauptsächlich aus der unverhohlenen Darlegung der Zwecke und dem Erreichen derselben auf dem kürzesten und natürlichsten Wege hervorgehn sehn; so geräth hier meine Theorie in geraden Widerspruch mit der Kantischen, als welche das Wesen alles Schönen in eine anscheinende Zweckmäßigkeit ohne Zweck setzt.

Das hier dargelegte alleinige Thema der Architektur, Stütze und Last, ist so sehr einfach, daß eben deshalb diese Kunst, soweit sie s c h ö n e Kunst ist (nicht aber sofern sie dem Nutzen dient), schon seit der besten Griechischen Zeit, im Wesentlichen vollendet und abgeschlossen, wenigstens keiner bedeutenden Bereicherung mehr fähig ist. Hingegen kann der moderne Architekt sich von den Regeln und Vorbildern der Alten nicht merklich entfernen, ohne eben schon auf dem Wege der Verschlechterung zu seyn. Ihm bleibt daher nichts übrig, als die von den Alten überlieferte Kunst anzuwenden und ihre Regeln, so weit es möglich ist, unter den Beschränkungen, welche das Bedürfniß, das Klima, das Zeitalter, und sein Land ihm unabweisbar auflegen, durchzusetzen. Denn in dieser Kunst, wie auch in der Skulptur, fällt das Streben nach dem Ideal mit der Nachahmung der Alten zusammen.

Ich brauche wohl kaum zu erinnern, daß ich, bei allen diesen architektonischen Betrachtungen, allein den antiken Baustil und nicht den sogenannten Gothischen, welcher, Saracenischen Ursprungs, durch die Gothen in Spanien dem übrigen Europa zugeführt worden ist, im Auge gehabt habe. Vielleicht ist auch diesem eine gewisse Schönheit, in seiner Art, nicht ganz abzusprechen: wenn er jedoch unternimmt, sich jenem als ebenbürtig gegenüberzustellen; so ist dies eine barbarische Vermessenheit, welche man durchaus nicht gelten lassen darf. Wie wohlthätig wirkt doch auf unsern Geist, nach dem Anschauen solcher Gothischer Herrlichkeiten, der Anblick eines regelrechten, im antiken Stil aufgeführten Gebäudes! Wir fühlen sogleich, daß dies das allein Rechte und Wahre ist. Könnte man einen alten Griechen vor unsere berühmtesten Gothischen Kathedralen führen; was würde er wohl dazu sagen? – Βαρβαροι! [Barbaren!] – Unser Wohlgefallen an Gothischen Werken beruht ganz gewiß größten Theils auf Gedankenassociationen und historischen Erinnerungen, also auf einem der Kunst fremden Gefühl. Alles was ich vom eigentlich ästhetischen Zweck, vom Sinn und Thema der Baukunst gesagt habe, verliert bei diesen Werken seine Gültigkeit. Denn das frei liegende Gebälk ist verschwunden und mit ihm die Säule: Stütze und Last, geordnet und vertheilt, um den Kampf zwischen Starrheit und Schwere zu veranschaulichen, sind hier nicht mehr das Thema. Auch ist jene durchgängige, reine Rationalität, vermöge welcher Alles strenge Rechenschaft zuläßt, ja, sie dem denkenden Beschauer schon von selbst entgegenbringt, und welche zum Charakter des antiken Baustils gehört, hier nicht mehr zu finden: wir werden bald inne, daß hier, statt ihrer, eine von fremdartigen Begriffen geleitete Willkür gewaltet hat; daher Vieles uns unerklärt bleibt. Denn nur der antike Baustil ist in rein objektivem Sinne gedacht, der gothische mehr in subjektivem. – Wollen wir jedoch, wie wir als den eigentlichen, ästhetischen Grundgedanken der antiken Baukunst die Entfaltung des Kampfes zwischen Starrheit und Schwere erkannt haben, auch in der Gothischen einen analogen Grundgedanken auffinden; so müßte es dieser seyn, daß hier die gänzliche Ueberwältigung und Besiegung der Schwere durch die Starrheit dargestellt werden soll. Denn demgemäß ist hier die Horizontallinie, welche die der Last ist, fast ganz verschwunden, und das Wirken der Schwere tritt nur noch indirekt, nämlich in

Bogen und Gewölbe verlarvt, auf, während die Vertikallinie, welche die der Stütze ist, allein herrscht, und in unmäßig hohen Strebepfeilern, Thürmen, Thürmchen und Spitzen ohne Zahl, welche unbelastet in die Höhe gehn, das siegreiche Wirken der Starrheit versinnlicht. Während in der antiken Baukunst das Streben und Drängen von oben nach unten eben so wohl vertreten und dargelegt ist, wie das von unten nach oben; so herrscht hier das letztere entschieden vor: wodurch auch jene oft bemerkte Analogie mit dem Krystall entsteht, da dessen Anschießen ebenfalls mit Ueberwältigung der Schwere geschieht. Wenn wir nun diesen Sinn und Grundgedanken der Gothischen Baukunst unterlegen und diese dadurch als gleichberechtigten Gegensatz der antiken aufstellen wollten; so wäre dagegen zu erinnern, daß der Kampf zwischen Starrheit und Schwere, welchen die antike Baukunst so offen und naiv darlegt, ein wirklicher und wahrer, in der Natur gegründeter ist; die gänzliche Ueberwindung der Schwere durch die Starrheit hingegen ein bloßer Schein bleibt, eine Fiktion, durch Täuschung beglaubigt. – Wie aus dem hier angegebenen Grundgedanken und den oben bemerkten Eigenthümlichkeiten der Gothischen Baukunst der mysteriöse und hyperphysische Charakter, welcher derselben zuerkannt wird, hervorgeht, wird Jeder sich leicht deutlich machen können. Hauptsächlich entsteht er, wie schon erwähnt, dadurch, daß hier das Willkürliche an die Stelle des rein Rationellen, sich als durchgängige Angemessenheit des Mittels zum Zweck Kundgebenden, getreten ist. Das viele eigentlich Zwecklose und doch so sorgfältig Vollendete erregt die Voraussetzung unbekannter, unerforschlicher, geheimer Zwecke, d. i. das mysteriöse Ansehn. Hingegen ist die glänzende Seite der Gothischen Kirchen die innere; weil hier die Wirkung des von schlanken, krystallinisch aufstrebenden Pfeilern getragenen, hoch hinaufgehobenen und, bei verschwundener Last, ewige Sicherheit verheißenden Kreuzgewölbes auf das Gemüth eindringt, die meisten der erwähnten Uebelstände aber draußen liegen. An antiken Gebäuden ist die Außenseite die vortheilhaftere; weil man dort Stütze und Last besser übersieht, im Innern hingegen die flache Decke stets etwas Niederdrückendes und Prosaisches behält. An den Tempeln der Alten war auch meistentheils, bei vielen und großen Außenwerken, das eigentliche Innere klein. Einen erhabeneren Anstrich erhielt es durch das Kugelgewölbe einer Kuppel, wie im Pantheon, von welcher daher auch die Italiäner, in diesem Stil bauend, den ausgedehntesten Gebrauch gemacht haben. Dazu stimmt, daß die Alten, als südliche Völker, mehr im Freien lebten, als die nordischen Nationen, welche die Gothische Baukunst vorgezogen haben. – Wer nun aber schlechterdings die Gothische Baukunst als eine wesentliche und berechtigte gelten lassen will, mag, wenn er zugleich Analogien liebt, sie den negativen Pol der Architektur, oder auch die Moll-Tonart derselben benennen. – Im Interesse des guten Geschmacks muß ich wünschen, daß große Geldmittel dem objektiv, d. h. wirklich Guten und Rechten, dem an sich Schönen, zugewendet werden, nicht aber Dem, dessen Werth bloß auf Ideenassociationen beruht. Wenn ich nun sehe, wie dieses ungläubige Zeitalter die vom gläubigen Mittelalter unvollendet gelassenen Gothischen Kirchen so emsig ausbaut, kommt es mir vor, als wolle man das dahingeschiedene Christenthum einbalsamiren.

Kapitel 36*.

Vereinzelte Bemerkungen zur Aesthetik der bildenden Künste.

In der Skulptur sind Schönheit und Grazie die Hauptsache: in der Malerei aber erhalten Ausdruck, Leidenschaft, Charakter das Uebergewicht; daher von der Forderung der Schönheit eben so viel nachgelassen werden muß. Denn eine durchgängige Schönheit aller Gestalten, wie die Skulptur sie fordert, würde dem Charakteristischen Abbruch thun, auch durch die Monotonie ermüden. Demnach darf die Malerei auch häßliche Gesichter und abgezehrte Gestalten darstellen: die Skulptur hingegen verlangt Schönheit, wenn auch nicht stets vollkommene, durchaus aber Kraft und Fülle der Gestalten. Folglich ist ein magerer Christus am Kreuz, ein von Alter und Krankheit abgezehrter, sterbender heiliger Hieronymus, wie das Meisterstück Domenichino's, ein für die Malerei passender Gegenstand: hingegen der durch Fasten auf Haut und Knochen reducirte Johannes der

* Dieses Kapitel bezieht sich auf §§ 44–50 des ersten Bandes.

Täufer, in Marmor, von Donatello, auf der Gallerie zu Florenz, wirkt, trotz der meisterhaften Ausführung, widerlich. – Von diesem Gesichtspunkt aus scheint die Skulptur der Bejahung, die Malerei der Verneinung des Willens zum Leben angemessen, und hieraus ließe sich erklären, warum die Skulptur die Kunst der Alten, die Malerei die der christlichen Zeiten gewesen ist. –

Bei der § 45 des ersten Bandes gegebenen Auseinandersetzung, daß das Herausfinden, Erkennen und Feststellen des Typus der menschlichen Schönheit auf einer gewissen Anticipation derselben beruht und daher zum Theil *a priori* begründet ist, finde ich noch hervorzuheben, daß diese Anticipation dennoch der Erfahrung bedarf, um durch sie angeregt zu werden; analog dem Instinkt der Thiere, welcher, obwohl das Handeln *a priori* leitend, dennoch in den Einzelheiten desselben der Bestimmung durch Motive bedarf. Die Erfahrung und Wirklichkeit nämlich hält dem Intellekt des Künstlers menschliche Gestalten vor, welche, im einen oder andern Theil, der Natur mehr oder minder gelungen sind, ihn gleichsam um sein Urtheil darüber befragend, und ruft so, nach Sokratischer Methode, aus jener dunkeln Anticipation die deutliche und bestimmte Erkenntniß des Ideals hervor. Dieserhalb leistete es den Griechischen Bildhauern allerdings großen Vorschub, daß Klima und Sitte des Landes ihnen den ganzen Tag Gelegenheit gaben, halb nackte Gestalten, und in den Gymnasien auch ganz nackte zu sehn. Dabei forderte jedes Glied ihren plastischen Sinn auf zur Beurtheilung und zur Vergleichung desselben mit dem Ideal, welches unentwickelt in ihrem Bewußtseyn lag. So übten sie beständig ihr Urtheil an allen Formen und Gliedern, bis zu den feinsten Nüancen derselben herab; wodurch denn allmälig ihre ursprünglich nur dumpfe Anticipation des Ideals menschlicher Schönheit zu solcher Deutlichkeit des Bewußtseyns erhoben werden konnte, daß sie fähig wurden, dasselbe im Kunstwerk zu objektiviren. – Auf ganz analoge Weise ist dem Dichter, zur Darstellung der Charaktere, eigene Erfahrung nützlich und nöthig. Denn obgleich er nicht nach der Erfahrung und empirischen Notizen arbeitet, sondern nach dem klaren Bewußtseyn des Wesens der Menschheit, wie er solches in seinem eigenen Innern findet; so dient doch diesem Bewußtseyn die Erfahrung zum Schema, giebt ihm Anregung und Uebung. Sonach erhält seine Erkenntniß der menschlichen Natur und ihrer Verschiedenheiten, obwohl sie in der Hauptsache *a priori* und anticipirend verfährt, doch erst durch die Erfahrung Leben, Bestimmtheit und Umfang. – Dem so bewunderungswürdigen Schönheitssinn der Griechen aber, welcher sie allein, unter allen Völkern der Erde, befähigte, den wahren Normaltypus der menschlichen Gestalt herauszufinden und demnach die Musterbilder der Schönheit und Grazie für alle Zeiten zur Nachahmung aufzustellen, können wir, auf unser voriges Buch und Kapitel 44 im folgenden uns stützend, noch tiefer auf den Grund gehn, und sagen: Das Selbe, was, wenn es vom Willen unzertrennt bleibt, Geschlechtstrieb mit fein sichtender Auswahl, d.i. Geschlechtsliebe (die bei den Griechen bekanntlich großen Verirrungen unterworfen war), giebt; eben Dieses wird, wenn es, durch das Vorhandenseyn eines abnorm überwiegenden Intellekts, sich vom Willen ablöst und doch thätig bleibt, zum objektiven Schönheitssinn für menschliche Gestalt, welcher nun zunächst sich zeigt als urtheilender Kunstsinn, sich aber steigern kann, bis zur Auffindung und Darstellung der Norm aller Theile und Proportionen; wie dies der Fall war im Phidias, Praxiteles, Skopas u. s. w. – Alsdann geht in Erfüllung, was Goethe den Künstler sagen läßt:

Daß ich mit Göttersinn
Und Menschenhand
Vermöge zu bilden,
Was bei meinem Weib'
Ich animalisch kann und muß.

[»Kunst: Kenner und Künstler«]

Und auch hier abermals analog, wird im Dichter eben Das, was, wenn es vom Willen unzertrennt bliebe, bloße Weltklugheit gäbe, wenn es, durch das abnorme Ueberwiegen des Intellekts, sich vom Willen sondert, zur Fähigkeit objektiver, dramatischer Darstellung. –

Die moderne Skulptur ist, was immer sie auch leisten mag, doch der modernen lateinischen Poesie analog und, wie diese, ein Kind der Nachahmung, aus Reminiscenzen entsprungen. Läßt sie sich beigehn [einfallen], originell seyn zu wollen, so geräth sie alsbald auf Abwege, namentlich auf den schlimmen, nach der vorgefundenen Natur, statt nach den Proportionen der Alten zu formen. Canova, Thorwaldsen u.a.m. sind dem

Johannes Secundus und Owenus zu vergleichen. Mit der Architektur verhält es sich eben so: allein da ist es in der Kunst selbst gegründet, deren rein ästhetischer Theil von geringem Umfange ist und von den Alten bereits erschöpft wurde; daher der moderne Baumeister nur in der weisen Anwendung desselben sich hervorthun kann; und soll er wissen, daß er stets so weit vom guten Geschmack sich entfernt, als er vom Stil und Vorbild der Griechen abgeht. –

Die Kunst des Malers, bloß betrachtet sofern sie den Schein der Wirklichkeit hervorzubringen bezweckt, ist im letzten Grunde darauf zurückzuführen, daß er Das, was beim Sehn die bloße Empfindung ist, also die Affektion der Retina, d. i. die allein unmittelbar gegebene Wirkung, rein zu sondern versteht von ihrer Ursache, d. i. den Objekten der Außenwelt, deren Anschauung im Verstande allererst daraus entsteht; wodurch er, wenn die Technik hinzukommt, im Stande ist, die selbe Wirkung im Auge durch eine ganz andere Ursache, nämlich aufgetragene Farbenflecke, hervorzubringen, woraus dann im Verstande des Betrachters, durch die unausbleibliche Zurückführung auf die gewöhnliche Ursache, die nämliche Anschauung wieder entsteht. –

Wenn man betrachtet, wie in jedem Menschengesicht etwas so ganz Ursprüngliches, so durchaus Originelles liegt und dasselbe eine Ganzheit zeigt, welche nur einer aus lauter nothwendigen Theilen bestehenden Einheit zukommen kann, vermöge welcher wir ein bekanntes Individuum, aus so vielen Tausenden, selbst nach langen Jahren wiedererkennen, obgleich die möglichen Verschiedenheiten menschlicher Gesichtszüge, zumal einer Rasse, innerhalb äußerst enger Gränzen liegen; so muß man bezweifeln, daß etwas von so wesentlicher Einheit und so großer Ursprünglichkeit je aus einer andern Quelle hervorgehn könne, als aus den geheimnißvollen Tiefen des Innern der Natur: daraus aber würde folgen, daß kein Künstler fähig seyn könne, die ursprüngliche Eigenthümlichkeit eines Menschengesichtes wirklich zu ersinnen, noch auch nur, sie aus Reminiscenzen naturgemäß zusammenzusetzen. Was er demnach in dieser Art zu Stande brächte, würde immer nur eine halbwahre, ja vielleicht eine unmögliche Zusammensetzung seyn: denn wie sollte er eine wirkliche physiognomische Einheit zusammensetzen, da ihm doch das Princip dieser Einheit eigentlich unbekannt ist? Danach muß man bei jedem von einem Künstler bloß ersonnenen Gesicht zweifeln, ob es in der That ein mögliches sei, und ob nicht die Natur, als Meister aller Meister, es für eine Pfuscherei erklären würde, indem sie völlige Widersprüche darin nachwiese. Dies würde allerdings zu dem Grundsatz führen, daß auf historischen Bildern immer nur Porträtte figuriren dürften, welche dann freilich mit der größten Sorgfalt auszuwählen und in etwas zu idealisiren wären. Bekanntlich haben große Künstler immer gern nach lebenden Modellen gemalt und viele Porträtte angebracht. –

Obgleich, wie im Text ausgeführt, der eigentliche Zweck der Malerei, wie der Kunst überhaupt, ist, uns die Auffassung der (Platonischen) Ideen der Wesen dieser Welt zu erleichtern, wobei wir zugleich in den Zustand des reinen, d. i. willenlosen, Erkennens versetzt werden; so kommt ihr außerdem noch eine davon unabhängige und für sich gehende Schönheit zu, welche hervorgebracht wird durch die bloße Harmonie der Farben, das Wohlgefällige der Gruppirung, die günstige Vertheilung des Lichts und Schattens und den Ton des ganzen Bildes. Diese ihr beigegebene, untergeordnete Art der Schönheit befördert den Zustand des reinen Erkennens und ist in der Malerei Das, was in der Poesie die Diktion, das Metrum und der Reim ist: Beide nämlich sind nicht das Wesentliche, aber das zuerst und unmittelbar Wirkende. –

Zu meinem, im ersten Bande § 50, über die Unstatthaftigkeit der Allegorie in der Malerei abgegebenen Urtheil bringe ich noch einige Belege bei. Im Palast Borghese, zu Rom, befindet sich folgendes Bild von Michael Angelo Caravaggio: Jesus, als Kind von etwan zehn Jahren, tritt einer Schlange auf den Kopf, aber ganz ohne Furcht und mit größter Gelassenheit, und eben so gleichgültig bleibt dabei seine ihn begleitende Mutter: daneben steht die heilige Elisabeth, feierlich und tragisch zum Himmel blickend. Was möchte wohl bei dieser kyriologischen Hieroglyphe ein Mensch denken, der nie etwas vernommen hätte vom Samen des Weibes, welcher der Schlange den Kopf zertreten soll? – Zu Florenz, im Bibliotheksaal des Palastes Riccardi, finden wir auf dem von Luca Giordano gemalten Plafond folgende Allegorie, welche besagen soll, daß die Wissenschaft den Verstand aus den Banden der Unwissenheit befreit: der Verstand ist ein starker Mann, von Stricken umwunden, die eben abfallen: eine Nymphe hält ihm einen Spiegel vor, eine andere reicht ihm einen abgelösten großen Flügel: darüber sitzt die Wissenschaft auf einer Kugel und, mit einer Kugel in der Hand, neben ihr die nackte Wahrheit. – Zu Ludwigsburg bei Stuttgart zeigt uns ein Bild die Zeit, als Saturn, mit einer Scheere dem Amor die Flügel beschneidend: wenn das besagen soll, daß, wann wir altern, der Unbestand in der Liebe sich schon giebt; so wird es hiemit wohl seine Richtigkeit haben. –

Meine Lösung des Problems, warum der Laokoon nicht schreit, zu bekräftigen, diene noch Folgendes. Von der verfehlten Wirkung der Darstellung des Schreiens durch die Werke der bildenden, wesentlich stummen Künste, kann man sich faktisch überzeugen an einem auf der Kunstakademie zu Bologna befindlichen Bethlehemitischen Kindermord von Guido Reni, auf welchem dieser große Künstler den Mißgriff begangen hat, sechs schreiende Mundaufreißer zu malen. – Wer es noch deutlicher haben will, denke sich eine pantomimische Darstellung auf der Bühne, und in irgend einer Scene derselben einen dringenden Anlaß zum Schreien einer der Personen: wollte nun der diese darstellende Tänzer das Geschrei dadurch ausdrücken, daß er eine Weile mit weit aufgesperrtem Munde dastände; so würde das laute Gelächter des ganzen Hauses die Abgeschmacktheit der Sache bezeugen. – Da nun demnach aus Gründen, welche nicht im darzustellenden Gegenstande, sondern im Wesen der darstellenden Kunst liegen, das Schreien des Laokoon unterbleiben mußte; so entstand hieraus dem Künstler die Aufgabe, eben dieses Nicht-Schreien zu motiviren, um es uns plausibel zu machen, daß ein Mensch in solcher Lage nicht schreie. Diese Aufgabe hat er dadurch gelöst, daß er den Schlangenbiß nicht als schon erfolgt, auch nicht als noch drohend, sondern als gerade jetzt und zwar in die Seite geschehend darstellte: denn dadurch wird der Unterleib eingezogen, das Schreien daher unmöglich gemacht. Diesen nächsten, eigentlich aber nur sekundären und untergeordneten Grund der Sache hat Goethe richtig herausgefunden und ihn dargelegt am Ende des elften Buchs seiner Selbstbiographie, wie auch im Aufsatz über den Laokoon im ersten Heft der Propyläen; aber der entferntere, primäre, jenen bedingende Grund ist der von mir dargelegte. Ich kann die Bemerkung nicht unterdrücken, daß ich hier zu Goethe wieder im selben Verhältniß stehe, wie hinsichtlich der Theorie der

Farbe. – In der Sammlung des Herzogs von Aremberg zu Brüssel befindet sich ein antiker Kopf des Laokoon, welcher später aufgefunden worden. Der Kopf in der weltberühmten Gruppe ist aber kein restaurirter, wie auch aus Goethes specieller Tafel aller Restaurationen dieser Gruppe, welche sich am Ende des ersten Bandes der Propyläen befindet, hervorgeht und zudem dadurch bestätigt wird, daß der später gefundene Kopf dem der Gruppe höchst ähnlich ist. Wir müssen also annehmen, daß noch eine andere antike Repetition der Gruppe existirt hat, welcher der Arembergische Kopf angehörte. Derselbe übertrifft, meiner Meinung nach, sowohl an Schönheit als an Ausdruck den der Gruppe: den Mund hat er bedeutend weiter offen, als dieser, jedoch nicht bis zum eigentlichen Schreien.

Kapitel 37*.

Zur Aesthetik der Dichtkunst.

Als die einfachste und richtigste Definition der Poesie möchte ich diese aufstellen, daß sie die Kunst ist, durch Worte die Einbildungskraft ins Spiel zu versetzen. Wie sie dies zu Wege bringt, habe ich im ersten Bande, § 51, angegeben. Eine specielle Bestätigung des dort Gesagten giebt folgende Stelle aus einem seitdem veröffentlichten Briefe Wielands an Merck: »Ich habe drittehalb Tage über eine einzige Strophe zugebracht, wo im Grunde die Sache auf einem einzigen Worte, das ich brauchte und nicht finden konnte, beruhte. Ich drehte und wandte das Ding und mein Gehirn nach allen Seiten; weil ich natürlicherweise, wo es um ein Gemälde zu thun ist, gern die nämliche bestimmte Vision, welche vor meiner Stirn schwebte, auch vor die Stirn meiner Leser bringen möchte, und dazu oft, *ut nosti* [wie Du weißt], von einem einzigen Zuge, oder Drucker, oder Reflex, Alles abhängt.« (Briefe an Merck, herausgegeben von Wagner, 1835, S. 193.) – Dadurch, daß die Phantasie des Lesers der Stoff ist, in welchem die Dichtkunst ihre Bilder darstellt, hat

* Dieses Kapitel bezieht sich auf § 51 des ersten Bandes.

diese den Vortheil, daß die nähere Ausführung und die feineren Züge in der Phantasie eines Jeden so ausfallen, wie es seiner Individualität, seiner Erkenntnißsphäre und seiner Laune gerade am angemessensten ist und ihn daher am lebhaftesten anregt; statt daß die bildenden Künste sich nicht so anbequemen können, sondern hier e i n Bild, e i n e Gestalt Allen genügen soll: diese aber wird doch immer, in Etwas, das Gepräge der Individualität des Künstlers, oder seines Modells, tragen, als einen subjektiven, oder zufälligen, nicht wirksamen Zusatz; wenn gleich um so weniger, je objektiver, d. h. genialer der Künstler ist. Schon hieraus ist es zum Theil erklärlich, daß die Werke der Dichtkunst eine viel stärkere, tiefere und allgemeinere Wirkung ausüben, als Bilder und Statuen: diese nämlich lassen das Volk meistens ganz kalt, und überhaupt sind die bildenden die am schwächsten wirkenden Künste. Hiezu giebt einen sonderbaren Beleg das so häufige Auffinden und Entdecken von Bildern großer Meister in Privathäusern und allerlei Lokalitäten, wo sie, viele Menschenalter hindurch, nicht etwan vergraben und versteckt, sondern bloß unbeachtet, also wirkungslos, gehangen haben. Zu meiner Zeit in Florenz (1823) wurde sogar eine Raphael'sche Madonna entdeckt, welche eine lange Reihe von Jahren hindurch im Bedientenzimmer eines Palastes (im *Quartiere di S. Spirito*) an der Wand gehangen hatte: und Dies geschieht unter Italiänern, dieser vor allen übrigen mit Schönheitssinn begabten Nation. Es beweist, wie wenig direkte und unvermittelte Wirkung die Werke der bildenden Künste haben, und daß ihre Schätzung weit mehr, als die aller andern, der Bildung und Kenntniß bedarf. Wie unfehlbar macht hingegen eine schöne, das Herz treffende Melodie ihre Reise um das Erdenrund, und wandert eine vortreffliche Dichtung von Volk zu Volk. Daß die Großen und Reichen gerade den bildenden Künsten die kräftigste Unterstützung widmen und nur auf i h r e Werke beträchtliche Summen verwenden, ja, heut zu Tage eine Idololatrie [Bilderverehrung], im eigentlichen Sinne, für ein Bild von einem berühmten, alten Meister den Werth eines großen Landgutes hingiebt, Dies beruht hauptsächlich auf der Seltenheit der Meisterstücke, deren Besitz daher dem Stolze zusagt, sodann aber auch darauf, daß der Genuß derselben gar wenig Zeit und Anstrengung erfordert und jeden Augenblick, auf einen Augenblick, bereit ist; während Poesie und selbst

Musik ungleich beschwerlichere Bedingungen stellen. Dem entsprechend lassen die bildenden Künste sich auch entbehren: ganze Völker, z. B. die Mohammedanischen, sind ohne sie: aber ohne Musik und Poesie ist keines.

Die Absicht nun aber, in welcher der Dichter unsere Phantasie in Bewegung setzt, ist, uns die Ideen zu offenbaren, d. h. an einem Beispiel zu zeigen, was das Leben, was die Welt sei. Dazu ist die erste Bedingung, daß er es selbst erkannt habe: je nachdem dies tief oder flach geschehn ist, wird seine Dichtung ausfallen. Demgemäß giebt es unzählige Abstufungen, wie der Tiefe und Klarheit in der Auffassung der Natur der Dinge, so der Dichter. Jeder von diesen muß inzwischen sich für vortrefflich halten, sofern er richtig dargestellt hat was *er* erkannte, und sein Bild *seinem* Original entspricht: er muß sich dem besten gleich stellen, weil er in dessen Bilde auch nicht mehr erkennt, als in seinem eigenen, nämlich so viel, wie in der Natur selbst; da sein Blick nun ein Mal nicht tiefer eindringt. Der beste selbst aber erkennt sich als solchen daran, daß er sieht wie flach der Blick der andern war, wie Vieles noch dahinter lag, das sie nicht wiedergeben konnten, weil sie es nicht sahen, und wie viel weiter sein Blick und sein Bild reicht. Verstände er die Flachen so wenig, wie sie ihn; da müßte er verzweifeln: denn gerade weil schon ein außerordentlicher Mann dazu gehört, um ihm Gerechtigkeit widerfahren zu lassen, die schlechten Poeten ihn aber so wenig hochschätzen können, wie er sie, hat auch er lange an seinem eigenen Beifall zu zehren, ehe der der Welt nachkommt. – Inzwischen wird ihm auch jener verkümmert, indem man ihm zumuthet, er solle fein bescheiden seyn. Es ist aber so unmöglich, daß wer Verdienste hat und weiß was sie kosten, selbst blind dagegen sei, wie daß ein Mann von sechs Fuß Höhe nicht merke, daß er die Andern überragt. Ist von der Basis des Thurms bis zur Spitze 300 Fuß; so ist zuverlässig eben so viel von der Spitze bis zur Basis. Horaz, Lukrez, Ovid und fast alle Alten haben stolz von sich geredet, desgleichen Dante, Shakespeare, Bako von Verulam und Viele mehr. Daß Einer ein großer Geist seyn könne, ohne etwas davon zu merken, ist eine Absurdität, welche nur die trostlose Unfähigkeit sich einreden kann, damit sie das Gefühl der eigenen Nichtigkeit auch für Bescheidenheit halten könne. Ein Engländer hat witzig und richtig bemerkt, daß *merit* [Verdienst] und *modesty* [Bescheidenheit] nichts

Gemeinsames hätten, als den Anfangsbuchstaben†. Die bescheidenen Celebritäten habe ich stets in Verdacht, daß sie wohl Recht haben könnten; und Corneille sagt geradezu:

La fausse humilité ne met plus en crédit:
Je sçais ce que je vaux, et crois ce qu'on m'en dit.

[Falsch angebrachte Demut bringt nimmer Würden ein,
Ist dir dein Wert bewußt, wird er's auch andern sein.
Excuse à Ariste.]

Endlich hat Goethe es unumwunden gesagt: »Nur die Lumpe sind bescheiden« [*Gesellige Lieder:* ›Rechenschaft‹]. Aber noch unfehlbarer wäre die Behauptung gewesen, daß Die, welche so eifrig von Andern Bescheidenheit fordern, auf Bescheidenheit dringen, unablässig rufen: »Nur bescheiden! um Gotteswillen, nur bescheiden!« zuverlässig Lumpe sind, d.h. völlig verdienstlose Wichte, Fabrikwaare der Natur, ordentliche Mitglieder des Packs der Menschheit. Denn wer selbst Verdienste hat, läßt auch Verdienste gelten, – versteht sich ächte und wirkliche. Aber Der, dem selbst alle Vorzüge und Verdienste mangeln, wünscht, daß es gar keine gäbe: ihr Anblick an Andern spannt ihn auf die Folter; der blasse, grüne, gelbe Neid verzehrt sein Inneres: er möchte alle persönlich Bevorzugten vernichten und ausrotten: muß er sie aber leider leben lassen, so soll es nur unter der Bedingung seyn, daß sie ihre Vorzüge verstecken, völlig verleugnen, ja abschwören. Dies also ist die Wurzel der so häufigen Lobreden auf die Bescheidenheit. Und wenn solche Präkonen [Lobpreiser] derselben Gelegenheit haben, das Verdienst im Entstehn zu ersticken, oder wenigstens zu verhindern, daß es sich zeige, daß es bekannt werde, – wer wird zweifeln, daß sie es thun? Denn dies ist die Praxis zu ihrer Theorie. –

Wenn nun gleich der Dichter, wie jeder Künstler, uns immer nur das Einzelne, Individuelle, vorführt; so ist was er erkannte und uns dadurch erkennen lassen will, doch die (Platonische) Idee, die ganze Gattung: daher wird in seinen Bildern gleichsam der Typus der menschlichen Charaktere und Situatio-

† Lichtenberg führt (Vermischte Schriften, neue Ausgabe, Göttingen 1844, Bd. 3, S. 19) an, daß Stanislaus Leszczynski gesagt hat: »*La modestie devroit être la vertu de ceux, à qui les autres manquent.*« [Die Bescheidenheit sollte die Tugend derjenigen sein, denen andere Vorzüge fehlen.]

nen ausgeprägt seyn. Der erzählende, auch der dramatische Dichter nimmt aus dem Leben das ganz Einzelne heraus und schildert es genau in seiner Individualität, offenbart aber hiedurch das ganze menschliche Daseyn; indem er zwar scheinbar es mit dem Einzelnen, in Wahrheit aber mit Dem, was überall und zu allen Zeiten ist, zu thun hat. Hieraus entspringt es, daß Sentenzen, besonders der dramatischen Dichter, selbst ohne generelle Aussprüche zu seyn, im wirklichen Leben häufige Anwendung finden. – Zur Philosophie verhält sich die Poesie, wie die Erfahrung sich zur empirischen Wissenschaft verhält. Die Erfahrung nämlich macht uns mit der Erscheinung im Einzelnen und beispielsweise bekannt: die Wissenschaft umfaßt das Ganze derselben, mittelst allgemeiner Begriffe. So will die Poesie uns mit den (Platonischen) Ideen der Wesen mittelst des Einzelnen und beispielsweise bekannt machen: die Philosophie will das darin sich aussprechende innere Wesen der Dinge im Ganzen und Allgemeinen erkennen lehren. – Man sieht schon hieran, daß die Poesie mehr den Charakter der Jugend, die Philosophie den des Alters trägt. In der That blüht die Dichtergabe eigentlich nur in der Jugend: auch die Empfänglichkeit für Poesie ist in der Jugend oft leidenschaftlich: der Jüngling hat Freude an Versen als solchen und nimmt oft mit geringer Waare vorlieb. Mit den Jahren nimmt diese Neigung allmälig ab, und im Alter zieht man die Prosa vor. Durch jene poetische Tendenz der Jugend wird dann leicht der Sinn für die Wirklichkeit verdorben. Denn von dieser unterscheidet die Poesie sich dadurch, daß in ihr das Leben interessant und doch schmerzlos an uns vorüberfließt; dasselbe hingegen in der Wirklichkeit, so lange es schmerzlos ist, uninteressant ist, sobald es aber interessant wird, nicht ohne Schmerzen bleibt. Der früher in die Poesie als in die Wirklichkeit eingeweihte Jüngling verlangt nun von dieser, was nur jene leisten kann: dies ist eine Hauptquelle des Unbehagens, welches die vorzüglichsten Jünglinge drückt. –

Metrum und Reim sind eine Fessel, aber auch eine Hülle, die der Poet um sich wirft, und unter welcher es ihm vergönnt ist zu reden, wie er sonst nicht dürfte: und das ist es, was uns freut. – Er ist nämlich für Alles was er sagt nur halb verantwortlich: Metrum und Reim müssen es zur andern Hälfte vertreten. – Das Metrum, oder Zeitmaaß, hat, als bloßer Rhythmus, sein Wesen allein in der Z e i t, welche eine reine Anschauung *a priori* ist, gehört also, mit Kant zu reden, bloß der reinen Sinnlichkeit an; hingegen ist der Reim Sache der Empfindung im Gehörorgan, also der empirischen Sinnlichkeit. Daher ist der Rhythmus ein viel edleres und würdigeres Hülfsmittel, als der Reim, den die Alten demnach verschmähten, und der in den unvollkommenen, durch Korruption der früheren und in barbarischen Zeiten entstandenen Sprachen seinen Ursprung fand. Die Armsäligkeit französischer Poesie beruht hauptsächlich darauf, daß diese, ohne Metrum, auf den Reim allein beschränkt ist, und wird dadurch vermehrt, daß sie, um ihren Mangel an Mitteln zu verbergen, durch eine Menge pedantischer Satzungen ihre Reimerei erschwert hat, wie z. B. daß nur gleich geschriebene Silben reimen, als wär' es für's Auge, nicht für's Ohr; daß der Hiatus verpönt ist, eine Menge Worte nicht vorkommen dürfen u. dgl. m., welchem Allen die neuere französische Dichterschule ein Ende zu machen sucht. – In keiner Sprache jedoch macht, wenigstens für mich, der Reim einen so wohlgefälligen und mächtigen Eindruck, wie in der lateinischen: die mittelalterlichen gereimten lateinischen Gedichte haben einen eigenthümlichen Zauber. Man muß es daraus erklären, daß die lateinische Sprache ohne allen Vergleich vollkommener, schöner und edler ist, als irgend eine der neueren, und nun in dem, eben diesen angehörigen, von ihr selbst aber ursprünglich verschmähten Putz und Flitter so anmuthig einhergeht.

Der ernsthaften Erwägung könnte es fast als ein Hochverrath gegen die Vernunft erscheinen, wenn einem Gedanken, oder seinem richtigen und reinen Ausdruck, auch nur die leiseste Gewalt geschieht, in der kindischen Absicht, daß nach einigen Silben der gleiche Wortklang wieder vernommen werde, oder auch, damit diese Silben selbst ein gewisses Hopsasa darstellen. Ohne solche Gewalt aber kommen gar wenige Verse zu Stande: denn ihr ist es zuzuschreiben, daß, in fremden Sprachen, Verse viel schwerer zu verstehn sind, als Prosa. Könnten wir in die geheime Werkstätte der Poeten sehn; so würden wir zehn Mal öfter finden, daß der Gedanke zum Reim, als daß der Reim zum Gedanken gesucht wird: und selbst im letztern Fall geht es nicht leicht ohne Nachgiebigkeit von Seiten des Gedankens ab. – Diesen Betrachtungen bietet jedoch die Verskunst Trotz, und hat dabei alle Zeiten und Völker auf ihrer Seite: so groß ist die Macht, welche Metrum und Reim auf das Gemüth ausüben, und so wirksam das ihnen eigene, geheimnißvolle *lenocinium* [Lockmittel]. Ich möchte Dieses daraus erklären, daß ein glücklich gereimter Vers, durch seine unbeschreiblich emphatische Wirkung, die Empfindung erregt, als ob der darin ausgedrückte Gedanke schon in der Sprache prädestinirt, ja präformirt gelegen und der Dichter ihn nur herauszufinden gehabt hätte. Selbst triviale Einfälle erhalten durch Rhythmus und Reim einen Anstrich von Bedeutsamkeit, und figuriren in diesem Schmuck, wie unter den Mädchen Alltagsgesichter durch den Putz die Augen fesseln. Ja, selbst schiefe und falsche Gedanken gewinnen durch die Versifikation einen Schein von Wahrheit. Andererseits wieder schrumpfen sogar berühmte Stellen aus berühmten Dichtern zusammen und werden unscheinbar, wenn getreu in Prosa wiedergegeben. Ist nur das Wahre schön, und ist der liebste Schmuck der Wahrheit die Nacktheit; so wird ein Gedanke, der in Prosa groß und schön auftritt, mehr wahren Werth haben, als einer, der in Versen so wirkt. – Daß nun so geringfügig, ja, kindisch scheinende Mittel, wie Metrum und Reim, eine so mächtige Wirkung ausüben, ist sehr auffallend und wohl der Untersuchung werth: ich erkläre es mir auf folgende Weise. Das dem Gehör unmittelbar Gegebene, also der bloße Wortklang, erhält durch Rhythmus und Reim eine gewisse Vollkommenheit und Bedeutsamkeit an sich selbst, indem er dadurch zu einer Art Musik wird: daher scheint er jetzt seiner selbst wegen dazuseyn und nicht mehr als bloßes Mittel, bloßes Zeichen eines Bezeichneten, nämlich des Sinnes der Worte. Durch seinen Klang das Ohr zu ergötzen, scheint seine ganze Bestimmung, mit dieser daher Alles erreicht und alle Ansprüche befriedigt zu seyn. Daß er nun aber zugleich noch einen Sinn enthält, einen Gedanken ausdrückt, stellt sich jetzt dar als eine unerwartete Zugabe, gleich den Worten zur Musik; als ein unerwartetes Geschenk, das uns angenehm überrascht und daher, indem wir gar keine Forderungen der Art machten, sehr leicht zufrieden stellt: wenn nun aber gar dieser Gedanke ein solcher ist, der an sich selbst, also auch in Prosa gesagt, bedeutend wäre; dann sind wir entzückt. Mir ist aus früher Kindheit erinnerlich, daß ich mich eine Zeit lang am Wohlklang der Verse ergötzt hatte, ehe ich die Entdeckung machte, daß sie auch durchweg Sinn und Gedanken enthielten. Demgemäß giebt es, wohl in allen Sprachen, auch eine bloße Klingklangspoesie, mit fast gänzlicher Ermangelung des Sinnes. Der

Sinologe Davis, im Vorbericht zu seiner Uebersetzung des Laou-sang-urh, oder *an heir in old age* (London 1817), bemerkt, daß die Chinesischen Dramen zum Theil aus Versen bestehn, welche gesungen werden, und setzt hinzu: »Der Sinn derselben ist oft dunkel, und der Aussage der Chinesen selbst zufolge, ist der Zweck dieser Verse vorzüglich, dem Ohre zu schmeicheln, wobei der Sinn vernachlässigt, auch wohl der Harmonie ganz zum Opfer gebracht ist.« Wem fallen hiebei nicht die oft so schwer zu enträthselnden Chöre mancher Griechischen Trauerspiele ein?

Das Zeichen, woran man am unmittelbarsten den ächten Dichter, sowohl höherer als niederer Gattung, erkennt, ist die Ungezwungenheit seiner Reime: sie haben sich, wie durch göttliche Schickung, von selbst eingefunden: seine Gedanken kommen ihm schon in Reimen. Der heimliche Prosaiker hingegen sucht zum Gedanken den Reim; der Pfuscher zum Reim den Gedanken. Sehr oft kann man aus einem gereimten Versepaar herausfinden, welcher von beiden den Gedanken, und welcher den Reim zum Vater hat. Die Kunst besteht darin, das Letztere zu verbergen, damit nicht dergleichen Verse beinahe als bloße ausgefüllte *bouts-rimés* [vorgeschriebene Endreime] auftreten.

Meinem Gefühl zufolge (Beweise finden hier nicht Statt) ist der Reim, seiner Natur nach, bloß binär [zweizeilig]: seine Wirksamkeit beschränkt sich auf die einmalige Wiederkehr des selben Lauts und wird durch öftere Wiederholung nicht verstärkt. Sobald demnach eine Endsilbe die ihr gleichklingende vernommen hat, ist ihre Wirkung erschöpft: die dritte Wiederkehr des Tons wirkt bloß als ein abermaliger Reim, der zufällig auf den selben Klang trifft, aber ohne Erhöhung der Wirkung: er reihet sich dem vorhandenen Reime an, ohne jedoch sich mit ihm zu einem stärkern Eindruck zu verbinden. Denn der erste Ton schallt nicht durch den zweiten bis zum dritten herüber: dieser ist also ein ästhetischer Pleonasmus, eine doppelte Courage, die nichts hilft. Am wenigsten verdienen daher dergleichen Reimanhäufungen die schweren Opfer, die sie in Ottavarimen [achtzeiligen Strophen], Terzerimen [dreizeiligen Strophen] und Sonetten kosten, und welche die Ursache der Seelenmarter sind, unter der man bisweilen solche Produktionen liest: denn poetischer Genuß unter Kopfbrechen ist unmöglich. Daß der große dichterische Geist auch jene Formen und ihre Schwierigkeiten bisweilen überwinden und sich mit Leichtigkeit und Grazie darin bewegen kann, gereicht ihnen selbst nicht zur Empfehlung: denn an sich sind sie so unwirksam, wie beschwerlich. Und selbst bei guten Dichtern, wann sie dieser Formen sich bedienen, sieht man häufig den Kampf zwischen dem Reim und dem Gedanken, in welchem bald der eine, bald der andere den Sieg erringt, also entweder der Gedanke des Reimes wegen verkümmert, oder aber dieser mit einem schwachen *à peu près* [beinahe] abgefunden wird. Da dem so ist, halte ich es nicht für einen Beweis von Unwissenheit, sondern von gutem Geschmack, daß Shakespeare, in seinen Sonetten, jedem der Quadernarien [vier sich reimenden Zeilen] andere Reime gegeben hat. Jedenfalls ist ihre akustische Wirkung dadurch nicht im Mindesten verringert, und kommt der Gedanke viel mehr zu seinem Rechte, als er gekonnt hätte, wenn er in die herkömmlichen Spanischen Stiefel hätte eingeschnürt werden müssen.

Es ist ein Nachtheil für die Poesie einer Sprache, wenn sie viele Worte hat, die in der Prosa nicht gebräuchlich sind, und andererseits gewisse Worte der Prosa nicht gebrauchen darf. Ersteres ist wohl am meisten im Lateinischen und Italiänischen, Letzteres im Französischen der Fall, wo es kürzlich sehr treffend *la bég[u]eulerie de la langue française* [alberne Ziererei der französischen Sprache] genannt wurde. Beides ist weniger im Englischen und am wenigsten im Deutschen zu finden. Solche der Poesie ausschließlich angehörige Worte bleiben nämlich unserm Herzen fremd, sprechen nicht unmittelbar zu uns, lassen uns daher kalt. Sie sind eine poetische Konventionssprache und gleichsam bloß gemalte Empfindungen statt wirklicher: sie schließen die Innigkeit aus. –

Der in unsern Tagen so oft besprochene Unterschied zwischen klassischer und romantischer Poesie scheint mir im Grunde darauf zu beruhen, daß jene keine andern, als die rein menschlichen, wirklichen und natürlichen Motive kennt; diese hingegen auch erkünstelte, konventionelle und imaginäre Motive als wirksam geltend macht: dahin gehören die aus dem Christlichen Mythos stammenden, sodann die des ritterlichen, überspannten und phantastischen Ehrenprincips, ferner die der abgeschmackten und lächerlichen christlichgermanischen Weiberverehrung, endlich die der faselnden und mondsüchtigen hyperphysischen Verliebtheit. Zu welcher fratzenhaften Verzerrung menschlicher Verhältnisse und menschlicher Natur diese Motive aber führen, kann man sogar an den besten Dichtern der romantischen Gattung ersehn, z. B. an Calderon. Von den Autos [Einaktern mit religiösen Motiven] gar nicht zu reden, berufe ich mich nur auf Stücke wie *No siempre el peor es cierto* (Nicht immer ist das Schlimmste gewiß) und *El postrero duelo en España* (Das letzte Duell in Spanien) und ähnliche Komödien *en capa y espada* [mit Mantel und Degen]: zu jenen Elementen gesellt sich hier noch die oft hervortretende Scholastische Spitzfindigkeit in der Konversation, welche damals zur Geistesbildung der höhern Stände gehörte. Wie steht doch dagegen die Poesie der Alten, welche stets der Natur treu bleibt, entschieden im Vortheil, und ergiebt sich, daß die klassische Poesie eine unbedingte, die romantische nur eine bedingte Wahrheit und Richtigkeit hat; analog der Griechischen und der Gothischen Baukunst. – Andererseits ist jedoch hier zu bemerken, daß alle dramatischen, oder erzählenden Dichtungen, welche den Schauplatz nach dem alten Griechenland oder Rom versetzen, dadurch in Nachtheil gerathen, daß unsere Kenntniß des Alterthums, besonders was das Detail des Lebens betrifft, unzureichend, fragmentarisch und nicht aus der Anschauung geschöpft ist. Dies nämlich nöthigt den Dichter Vieles zu umgehn und sich mit Allgemeinheiten zu behelfen, wodurch er ins Abstrakte geräth und sein Werk jene Anschaulichkeit und Individualisation einbüßt, welche der Poesie durchaus wesentlich ist. Dies ist es, was allen solchen Werken den eigenthümlichen Anstrich von Leerheit und Langweiligkeit giebt. Bloß Shakespeare's Darstellungen der Art sind frei davon; weil er, ohne Zaudern, unter den Namen von Griechen und Römern, Engländer seines Zeitalters dargestellt hat. –

Manchen Meisterstücken der lyrischen Poesie, namentlich einigen Oden des Horaz (man sehe z. B. die zweite des dritten Buchs) und mehreren Liedern Goethes (z. B. Schäfers Klagelied), ist vorgeworfen worden, daß sie des rechten Zusammenhanges entbehrten und voller Gedankensprünge wären. Allein hier ist der logische Zusammenhang absichtlich vernachlässigt, um ersetzt zu werden durch die Einheit der darin ausgedrückten Grundempfindung und Stimmung, als welche gerade dadurch mehr hervortritt, indem sie wie eine Schnur durch die gesonderten Perlen geht und den schnellen Wechsel der Gegenstände der

Betrachtung so vermittelt, wie in der Musik den Uebergang aus einer Tonart in die andere der Septimenackord, durch welchen der in ihm fortklingende Grundton zur Dominante der neuen Tonart wird. Am deutlichsten, nämlich bis zur Uebertreibung, findet man die hier bezeichnete Eigenschaft in der Canzone des Petrarka, welche anhebt: *Mai non vo' più cantar, com' io soleva* [Nie wieder will ich singen, wie ich's pflegte: *Il Canzoniere* I, *Canzone* XI]. –

Wie demnach in der lyrischen Poesie das subjektive Element vorherrscht, so ist dagegen im Drama das objektive allein und ausschließlich vorhanden. Zwischen Beiden hat die epische Poesie, in allen ihren Formen und Modifikationen, von der erzählenden Romanze bis zum eigentlichen Epos, eine breite Mitte inne. Denn obwohl sie in der Hauptsache objektiv ist; so enthält sie doch ein bald mehr bald minder hervortretendes subjektives Element, welches am Ton, an der Form des Vortrags, wie auch an eingestreuten Reflexionen seinen Ausdruck findet. Wir verlieren nicht den Dichter so ganz aus den Augen, wie beim Drama.

Der Zweck des Dramas überhaupt ist, uns an einem Beispiel zu zeigen, was das Wesen und Daseyn des Menschen sei. Dabei kann nun die traurige, oder die heitere Seite derselben uns zugewendet werden, oder auch deren Uebergänge. Aber schon der Ausdruck »Wesen und Daseyn des Menschen« enthält den Keim zu der Kontroverse, ob das Wesen, d. i. die Charaktere, oder das Daseyn, d. i. das Schicksal, die Begebenheit, die Handlung, die Hauptsache sei. Uebrigens sind Beide so fest mit einander verwachsen, daß wohl ihr Begriff, aber nicht ihre Darstellung sich trennen läßt. Denn nur die Umstände, Schicksale, Begebenheiten bringen die Charaktere zur Aeußerung ihres Wesens, und nur aus den Charakteren entsteht die Handlung, aus der die Begebenheiten hervorgehn. Allerdings kann, in der Darstellung, das Eine oder das Andere mehr hervorgehoben seyn; in welcher Hinsicht das Charakterstück und das Intriguenstück die beiden Extreme bilden.

Der dem Drama mit dem Epos gemeinschaftliche Zweck, an bedeutenden Charakteren in bedeutenden Situationen, die durch Beide herbeigeführten außerordentlichen Handlungen darzustellen, wird vom Dichter am vollkommensten erreicht werden, wenn er uns zuerst die Charaktere im Zustande der Ruhe vorführt, in welchem bloß die allgemeine Färbung derselben sichtbar wird, dann aber ein Motiv eintreten läßt, welches eine Handlung herbeiführt, aus der ein neues und stärkeres Motiv entsteht, welches wieder eine bedeutendere Handlung hervorruft, die wiederum neue und immer stärkere Motive gebiert, wodurch dann, in der der Form angemessenen Frist, an die Stelle der ursprünglichen Ruhe die leidenschaftliche Aufregung tritt, in der nun die bedeutsamen Handlungen geschehn, an welchen die in den Charakteren vorhin schlummernden Eigenschaften, nebst dem Laufe der Welt, in hellem Lichte hervortreten. –

Große Dichter verwandeln sich ganz in jede der darzustellenden Personen und sprechen aus jeder derselben, wie Bauchredner; jetzt aus dem Helden, und gleich darauf aus dem jungen unschuldigen Mädchen, mit gleicher Wahrheit und Natürlichkeit: so Shakespeare und Goethe. Dichter zweiten Ranges verwandeln die darzustellende Hauptperson in sich: so Byron; wobei dann die Nebenpersonen oft ohne Leben bleiben, wie in den Werken der Mediokren auch die Hauptperson. –

Unser Gefallen am Trauerspiel gehört nicht dem Gefühl des Schönen, sondern dem des Erhabenen an; ja, es ist der höchste Grad dieses Gefühls. Denn, wie wir beim Anblick des Erhabenen in der Natur uns vom Interesse des Willens abwenden, um uns rein anschauend zu verhalten; so wenden wir bei der tragischen Katastrophe uns vom Willen zum Leben selbst ab. Im Trauerspiel nämlich wird die schreckliche Seite des Lebens uns vorgeführt, der Jammer der Menschheit, die Herrschaft des Zufalls und des Irrthums, der Fall des Gerechten, der Triumph der Bösen: also die unserm Willen geradezu widerstrebende Beschaffenheit der Welt wird uns vor Augen gebracht. Bei diesem Anblick fühlen wir uns aufgefordert, unsern Willen vom Leben abzuwenden, es nicht mehr zu wollen und zu lieben. Gerade dadurch aber werden wir inne, daß alsdann noch etwas Anderes an uns übrig bleibt, was wir durchaus nicht positiv erkennen können, sondern bloß negativ, als Das, was nicht das Leben will. Wie der Septimenackord den Grundackord, wie die rothe Farbe die grüne fordert und sogar im Auge hervorbringt; so fordert jedes Trauerspiel ein ganz anderartiges Daseyn, eine andere Welt, deren Erkenntniß uns immer nur indirekt, wie eben hier durch solche Forderung, gegeben werden kann. Im Augenblick der tragischen Katastrophe wird uns, deutlicher als jemals, die Ueberzeugung, daß das Leben ein schwerer

Traum sei, aus dem wir zu erwachen haben. Insofern ist die Wirkung des Trauerspiels analog der des dynamischen Erhabenen, indem es, wie dieses, uns über den Willen und sein Interesse hinaushebt und uns so umstimmt, daß wir am Anblick des ihm geradezu Widerstrebenden Gefallen finden. Was allem Tragischen, in welcher Gestalt es auch auftrete, den eigenthümlichen Schwung zur Erhebung giebt, ist das Aufgehn der Erkenntniß, daß die Welt, das Leben, kein wahres Genügen gewähren könne, mithin unserer Anhänglichkeit nicht werth sei: darin besteht der tragische Geist: er leitet demnach zur Resignation hin.

Ich räume ein, daß im Trauerspiel der Alten dieser Geist der Resignation selten direkt hervortritt und ausgesprochen wird. Oedipus Koloneus stirbt zwar resignirt und willig; doch tröstet ihn die Rache an seinem Vaterland. Iphigenia Aulika ist sehr willig zu sterben; doch ist es der Gedanke an Griechenlands Wohl, der sie tröstet und die Veränderung ihrer Gesinnung hervorbringt, vermöge welcher sie den Tod, dem sie zuerst auf alle Weise entfliehen wollte, willig übernimmt. Kassandra, im Agamemnon des großen Aeschylos, stirbt willig, αρκειτω βιος [des Lebens sei's genug!] (1306); aber auch sie tröstet der Gedanke an Rache. Herkules, in den Trachinerinnen, giebt der Nothwendigkeit nach, stirbt gelassen, aber nicht resignirt. Eben so der Hippolytos des Euripides, bei dem es uns auffällt, daß die ihn zu trösten erscheinende Artemis ihm Tempel und Nachruhm verheißt, aber durchaus nicht auf ein über das Leben hinausgehendes Daseyn hindeutet, und ihn im Sterben verläßt, wie alle Götter von dem Sterbenden weichen: – im Christenthum treten sie zu ihm heran; und eben so im Brahmanismus und Buddhaismus, wenn auch bei letzterem die Götter eigentlich exotisch sind. Hippolytos also, wie fast alle tragischen Helden der Alten, zeigt Ergebung in das unabwendbare Schicksal und den unbiegsamen Willen der Götter, aber kein Aufgeben des Willens zum Leben selbst. Wie der Stoische Gleichmuth von der Christlichen Resignation sich von Grund aus dadurch unterscheidet, daß er nur gelassenes Ertragen und gefaßtes Erwarten der unabänderlich nothwendigen Uebel lehrt, das Christenthum aber Entsagung, Aufgeben des Wollens; eben so zeigen die tragischen Helden der Alten standhaftes Unterwerfen unter die unausweichbaren Schläge des Schicksals, das Christliche Trauerspiel dagegen Aufgeben des ganzen Willens zum Leben, freudiges Verlassen der

Welt, im Bewußtseyn ihrer Werthlosigkeit und Nichtigkeit. – Aber ich bin auch ganz der Meinung, daß das Trauerspiel der Neuern höher steht, als das der Alten. Shakespeare ist viel größer als Sophokles: gegen Goethes Iphigenia könnte man die des Euripides beinahe roh und gemein finden. Die Bakchantinnen des Euripides sind ein empörendes Machwerk zu Gunsten der heidnischen Pfaffen. Manche antike Stücke haben gar keine tragische Tendenz; wie die Alkeste und Iphigenia Taurika des Euripides: einige haben widerwärtige, oder gar ekelhafte Motive; so die Antigone und Philoktet. Fast alle zeigen das Menschengeschlecht unter der entsetzlichen Herrschaft des Zufalls und Irrthums, aber nicht die dadurch veranlaßte und davon erlösende Resignation. Alles, weil die Alten noch nicht zum Gipfel und Ziel des Trauerspiels, ja, der Lebensansicht überhaupt, gelangt waren.

Wenn demnach die Alten den Geist der Resignation, das Abwenden des Willens vom Leben, an ihren tragischen Helden selbst, als deren Gesinnung, wenig darstellen; so bleibt es dennoch die eigenthümliche Tendenz und Wirkung des Trauerspiels, jenen Geist im Zuschauer zu erwecken und jene Gesinnung, wenn auch nur vorübergehend, hervorzurufen. Die Schrecknisse auf der Bühne halten ihm die Bitterkeit und Werthlosigkeit des Lebens, also die Nichtigkeit alles seines Strebens entgegen: die Wirkung dieses Eindrucks muß seyn, daß er, wenn auch nur im dunkeln Gefühl, inne wird, es sei besser, sein Herz vom Leben loszureißen, sein Wollen davon abzuwenden, die Welt und das Leben nicht zu lieben; wodurch dann eben, in seinem tiefsten Innern, das Bewußtseyn angeregt wird, daß für ein anderartiges Wollen es auch eine andere Art des Daseyns geben müsse. – Denn wäre dies nicht, wäre nicht dieses Erheben über alle Zwecke und Güter des Lebens, dieses Abwenden von ihm und seinen Lockungen, und das hierin schon liegende Hinwenden nach einem anderartigen, wiewohl uns völlig unfaßbaren Daseyn die Tendenz des Trauerspiels; wie wäre es dann überhaupt möglich, daß die Darstellung der schrecklichen Seite des Lebens, im grellsten Lichte uns vor Augen gebracht, wohlthätig auf uns wirken und ein hoher Genuß für uns seyn könnte? Furcht und Mitleid, in deren Erregung Aristoteles den letzten Zweck des Trauerspiels setzt, gehören doch wahrhaftig nicht an sich selbst zu den angenehmen Empfindungen: sie können daher nicht Zweck, sondern nur Mittel seyn. – Also Aufforderung zur Abwendung des Willens vom Leben bleibt die wahre Tendenz des Trauerspiels, der letzte Zweck der absichtlichen Darstellung der Leiden der Menschheit, und ist es mithin auch da, wo diese resignirte Erhebung des Geistes nicht am Helden selbst gezeigt, sondern bloß im Zuschauer angeregt wird, durch den Anblick großen, unverschuldeten, ja, selbst verschuldeten Leidens. – Wie die Alten, so begnügen auch Manche der Neuern sich damit, durch die objektive Darstellung menschlichen Unglücks im Großen den Zuschauer in die beschriebene Stimmung zu versetzen; während Andere diese durch das Leiden bewirkte Umkehrung der Gesinnung am Helden selbst darstellen: Jene geben gleichsam nur die Prämissen, und überlassen die Konklusion dem Zuschauer; während diese die Konklusion, oder die Moral der Fabel, mitgeben, als Umkehrung der Gesinnung des Helden, auch wohl als Betrachtung im Munde des Chores, wie z. B. Schiller in der Braut von Messina [IV, Schluß]: »Das Leben ist der Güter höchstes nicht.« Hier sei es erwähnt, daß selten die ächt tragische Wirkung der Katastrophe, also die durch sie herbeigeführte Resignation und Geisteserhebung der Helden, so rein motivirt und deutlich ausgesprochen hervortritt, wie in der Oper Norma, wo sie eintritt in dem Duett *Qual cor tradisti, qual cor perdesti* [Welch Herz du verrietst, Welch Herz du verlorst: Vincenzo Bellini, *Norma*, II, Finale d], in welchem die Umwendung des Willens durch die plötzlich eintretende Ruhe der Musik deutlich bezeichnet wird. Ueberhaupt ist dieses Stück, – ganz abgesehn von seiner vortrefflichen Musik, wie auch andererseits von der Diktion, welche nur die eines Operntextes seyn darf, – und allein seinen Motiven und seiner innern Oekonomie nach betrachtet, ein höchst vollkommenes Trauerspiel, ein wahres Muster tragischer Anlage der Motive, tragischer Fortschreitung der Handlung und tragischer Entwickelung, zusammt der über die Welt erhebenden Wirkung dieser auf die Gesinnung der Helden, welche dann auch auf den Zuschauer übergeht: ja, die hier erreichte Wirkung ist um so unverfänglicher und für das wahre Wesen des Trauerspiels bezeichnender, als keine Christen, noch Christliche Gesinnungen darin vorkommen. –

Die den Neuern so oft vorgeworfene Vernachlässigung der Einheit der Zeit und des Orts wird nur dann fehlerhaft, wann sie so weit geht, daß sie die Einheit der Handlung aufhebt; wo dann nur noch die Einheit der Hauptperson übrig bleibt, wie z. B. in »Heinrich VIII.« von Shakespeare. Die Einheit der Handlung braucht aber auch nicht so weit zu gehn, daß immerfort von der selben Sache geredet wird, wie in den Französischen Trauerspielen, welche sie überhaupt so strenge einhalten, daß der dramatische Verlauf einer geometrischen Linie ohne Breite gleicht: da heißt es stets »Nur vorwärts! *Pensez à votre affaire!*« [Denken Sie an Ihre Sache!] und die Sache wird ganz geschäftsmäßig expedirt und depeschirt [befördert], ohne daß man sich mit Allotrien, die nicht zu ihr gehören, aufhalte, oder rechts, oder links umsehe. Das Shakespearesche Trauerspiel hingegen gleicht einer Linie, die auch Breite hat: es läßt sich Zeit, *exspatiatur* [schweift ab]: es kommen Reden, sogar ganze Scenen vor, welche die Handlung nicht fördern, sogar sie nicht eigentlich angehn, durch welche wir jedoch die handelnden Personen, oder ihre Umstände näher kennen lernen, wonach wir dann auch die Handlung gründlicher verstehn. Diese bleibt zwar die Hauptsache, jedoch nicht so ausschließlich, daß wir darüber vergäßen, daß, in letzter Instanz, es auf die Darstellung des menschlichen Wesens und Daseyns überhaupt abgesehn ist. –

Der dramatische, oder epische Dichter soll wissen, daß er das Schicksal ist, und daher unerbittlich seyn, wie dieses; – imgleichen, daß er der Spiegel des Menschengeschlechts ist, und daher sehr viele schlechte, mitunter ruchlose Charaktere auftreten lassen, wie auch viele Thoren, verschrobene Köpfe und Narren, dann aber hin und wieder einen Vernünftigen, einen Klugen, einen Redlichen, einen Guten und nur als seltenste Ausnahme einen Edelmüthigen. Im ganzen Homer ist, meines Bedünkens, kein eigentlich edelmüthiger Charakter dargestellt, wiewohl manche gute und redliche: im ganzen Shakespeare mögen allenfalls ein Paar edle, doch keineswegs überschwänglich edle Charaktere zu finden seyn, etwan die Kordelia, der Koriolan, schwerlich mehr; hingegen wimmelt es darin von der oben bezeichneten Gattung. Aber Ifflands und Kotzebues Stücke haben viele edelmüthige Charaktere; während Goldoni es gehalten hat, wie ich oben anempfahl, wodurch er zeigt, daß er höher steht. Hingegen Lessings Minna von Barnhelm laborirt stark an zu vielem und allseitigem Edelmuth: aber gar so viel Edelmuth, wie der einzige Marquis Posa darbietet, ist in Goethes sämmtlichen Werken zusammengenommen nicht aufzutreiben: wohl aber giebt es ein kleines Deutsches Stück »Pflicht um Pflicht« [von P. A. Wolff] (ein Titel wie aus der Kritik der praktischen Vernunft genommen), welches nur drei Personen hat, jedoch alle drei von überschwänglichem Edelmuth. –

Die Griechen nahmen zu Helden des Trauerspiels durchgängig königliche Personen; die Neuern meistentheils auch. Gewiß nicht, weil der Rang dem Handelnden oder Leidenden mehr Würde giebt: und da es bloß darauf ankommt, menschliche Leidenschaften ins Spiel zu setzen; so ist der relative Werth der Objekte, wodurch dies geschieht, gleichgültig, und Bauerhöfe leisten so viel, wie Königreiche. Auch ist das bürgerliche Trauerspiel keineswegs unbedingt zu verwerfen. Personen von großer Macht und Ansehn sind jedoch deswegen zum Trauerspiel die geeignetesten, weil das Unglück, an welchem wir das Schicksal des Menschenlebens erkennen sollen, eine hinreichende Größe haben muß, um dem Zuschauer, wer er auch sei, als furchtbar zu erscheinen. Euripides selbst sagt: φευ, φευ, τα μεγαλα, μεγαλα και πασχει κακα [Wehe, wehe, Großes muß auch große Übel erleiden! – In *Alcmaeon*]. *(Stob. Flor. Vol. 2, p. 299.)* Nun aber sind die Umstände, welche eine Bürgerfamilie in Noth und Verzweiflung versetzen, in den Augen der Großen oder Reichen meistens sehr geringfügig und durch menschliche Hülfe, ja bisweilen durch eine Kleinigkeit, zu beseitigen: solche Zuschauer können daher von ihnen nicht tragisch erschüttert werden. Hingegen sind die Unglücksfälle der Großen und Mächtigen unbedingt furchtbar, auch keiner Abhülfe von außen zugänglich; da Könige durch ihre eigene Macht sich helfen müssen, oder untergehn. Dazu kommt, daß von der Höhe der Fall am tiefsten ist. Den bürgerlichen Personen fehlt es demnach an Fallhöhe. –

Wenn nun als die Tendenz und letzte Absicht des Trauerspiels sich uns ergeben hat ein Hinwenden zur Resignation, zur Verneinung des Willens zum Leben; so werden wir in seinem Gegensatz, dem Lustspiel, die Aufforderung zur fortgesetzten Bejahung dieses Willens leicht erkennen. Zwar muß auch das Lustspiel, wie unausweichbar jede Darstellung des Menschenlebens, Leiden und Widerwärtigkeiten vor die Augen bringen: allein es zeigt sie uns vor als vorübergehend, sich in Freude auflösend, überhaupt mit Gelingen, Siegen und Hoffen gemischt, welche am Ende doch überwiegen; und dabei hebt es den unerschöpflichen Stoff zum Lachen hervor, von dem das

Leben, ja, dessen Widerwärtigkeiten selbst, erfüllt sind, und der uns, unter allen Umständen, bei guter Laune erhalten sollte. Es besagt also, im Resultat, daß das Leben im Ganzen recht gut und besonders durchweg kurzweilig sei. Freilich aber muß es sich beeilen, im Zeitpunkt der Freude den Vorhang fallen zu lassen, damit wir nicht sehn, was nachkommt; während das Trauerspiel, in der Regel, so schließt, daß nichts nachkommen kann. Und überdies, wenn wir jene burleske Seite des Lebens ein Mal etwas ernst ins Auge fassen, wie sie sich zeigt in den naiven Aeußerungen und Geberden, welche die kleinliche Verlegenheit, die persönliche Furcht, der augenblickliche Zorn, der heimliche Neid und die vielen ähnlichen Affekte den vom Typus der Schönheit beträchtlich abweichenden Gestalten der sich hier spiegelnden Wirklichkeit aufdrücken; – so kann auch von dieser Seite, also auf eine unerwartete Art, dem nachdenklichen Betrachter die Ueberzeugung werden, daß das Daseyn und Treiben solcher Wesen nicht selbst Zweck seyn kann, daß sie, im Gegentheil, nur auf einem Irrwege zum Daseyn gelangen konnten, und daß was sich so darstellt etwas ist, das eigentlich besser nicht wäre.

Kapitel 38*.

Ueber Geschichte.

Ich habe in der unten bemerkten Stelle des ersten Bandes ausführlich gezeigt, daß und warum für die Erkenntniß des Wesens der Menschheit mehr von der Dichtung, als von der Geschichte geleistet wird: insofern wäre mehr eigentliche Belehrung von jener, als von dieser zu erwarten. Dies hat auch Aristoteles eingesehn, da er sagt: και φιλοσοφωτερον και σπουδαιοτερον ποιησις ἱστοριας εστιν *(et res magis philosophica, et melior poësis est, quam historia)*** [und die Dichtkunst ist philosophischer und wertvoller als die Geschichte]. *(De poët., c. 9.)* Um

* Dieses Kapitel bezieht sich auf § 51 des ersten Bandes.

** Beiläufig sei hier bemerkt, daß aus diesem Gegensatz von ποιησις und ἱστορια der Ursprung und damit der eigentliche Sinn des ersteren Wortes ungemein deutlich hervortritt: es bedeutet nämlich das Gemachte, Ersonnene, im Gegensatz des Erfragten.

jedoch über den Werth der Geschichte kein Mißverständniß zu veranlassen, will ich meine Gedanken darüber hier aussprechen.

In jeder Art und Gattung von Dingen sind die Thatsachen unzählig, der einzelnen Wesen unendlich viele, die Mannigfaltigkeit ihrer Verschiedenheiten unerreichbar. Bei einem Blicke darauf schwindelt dem wißbegierigen Geiste: er sieht sich, wie weit er auch forsche, zur Unwissenheit verdammt. – Aber da kommt die Wissenschaft: sie sondert das unzählbar Viele aus, sammelt es unter Artbegriffe, und diese wieder unter Gattungsbegriffe, wodurch sie den Weg zu einer Erkenntniß des Allgemeinen und des Besondern eröffnet, welche auch das unzählbare Einzelne befaßt, indem sie von Allem gilt, ohne daß man Jegliches für sich zu betrachten habe. Dadurch verspricht sie dem forschenden Geiste Beruhigung. Dann stellen alle Wissenschaften sich neben einander und über die reale Welt der einzelnen Dinge, als welche sie unter sich vertheilt haben. Ueber ihnen allen aber schwebt die Philosophie, als das allgemeinste und deshalb wichtigste Wissen, welches die Aufschlüsse verheißt, zu denen die andern nur vorbereiten. – Bloß die Geschichte darf eigentlich nicht in jene Reihe treten; da sie sich nicht des selben Vortheils wie die andern rühmen kann: denn ihr fehlt der Grundcharakter der Wissenschaft, die Subordination des Gewußten, statt deren sie bloße Koordination desselben aufzuweisen hat. Daher giebt es kein System der Geschichte, wie doch jeder andern Wissenschaft. Sie ist demnach zwar ein Wissen, jedoch keine Wissenschaft. Denn nirgends erkennt sie das Einzelne mittelst des Allgemeinen, sondern muß das Einzelne unmittelbar fassen und so gleichsam auf dem Boden der Erfahrung fortkriechen; während die wirklichen Wissenschaften darüber schweben, indem sie umfassende Begriffe gewonnen haben, mittelst deren sie das Einzelne beherrschen und, wenigstens innerhalb gewisser Gränzen, die Möglichkeit der Dinge ihres Bereiches absehn, so daß sie auch über das etwan noch Hinzukommende beruhigt seyn können. Die Wissenschaften, da sie Systeme von Begriffen sind, reden stets von Gattungen; die Geschichte von Individuen. Sie wäre demnach eine Wissenschaft von Individuen; welches einen Widerspruch besagt. Auch folgt aus Ersterem, daß die Wissenschaften sämmtlich von Dem reden, was immer ist; die Geschichte hingegen von Dem, was nur Ein Mal und dann nicht mehr ist. Da ferner die Geschichte es mit dem schlechthin Einzelnen und Individuellen zu thun hat, welches, seiner Natur nach, unerschöpflich ist; so weiß sie Alles nur unvollkommen und halb. Dabei muß sie zugleich noch von jedem neuen Tage, in seiner Alltäglichkeit, sich Das lehren lassen, was sie noch gar nicht wußte. – Wollte man hiegegen einwenden, daß auch in der Geschichte Unterordnung des Besondern unter das Allgemeine Statt finde, indem die Zeitperioden, die Regierungen und sonstige Haupt- und Staatsveränderungen, kurz, Alles was auf den Geschichtstabellen Platz findet, das Allgemeine seien, dem das Specielle sich unterordnet; so würde dies auf einer falschen Fassung des Begriffes vom Allgemeinen beruhen. Denn das hier angeführte Allgemeine in der Geschichte ist bloß ein subjektives, d. h. ein solches, dessen Allgemeinheit allein aus der Unzulänglichkeit der individuellen Kenntniß von den Dingen entspringt, nicht aber ein objektives, d. h. ein Begriff, in welchem die Dinge wirklich schon mitgedacht wären. Selbst das Allgemeinste in der Geschichte ist an sich selbst doch nur ein Einzelnes und Individuelles, nämlich ein langer Zeitabschnitt, oder eine Hauptbegebenheit: zu diesem verhält sich daher das Besondere, wie der Theil zum Ganzen, nicht aber wie der Fall zur Regel; wie dies hingegen in allen eigentlichen Wissenschaften Statt hat, weil sie Begriffe, nicht bloße Thatsachen überliefern. Daher eben kann man in diesen durch richtige Kenntniß des Allgemeinen das vorkommende Besondere sicher bestimmen. Kenne ich z. B. die Gesetze des Triangels überhaupt; so kann ich danach auch angeben, was dem mir vorgelegten Triangel zukommen muß: und was von allen Säugethieren gilt, z. B. daß sie doppelte Herzkammern, gerade sieben Halswirbel, Lunge, Zwergfell, Urinblase, fünf Sinne u. s. w. haben, das kann ich auch von der soeben gefangenen fremden Fledermaus, vor ihrer Sektion, aussagen. Aber nicht so in der Geschichte, als wo das Allgemeine kein objektives der Begriffe, sondern bloß ein subjektives meiner Kenntniß ist, welche nur insofern, als sie oberflächlich ist, allgemein genannt werden kann: daher mag ich immerhin vom dreißigjährigen Kriege im Allgemeinen wissen, daß er ein im 17. Jahrhundert geführter Religionskrieg gewesen; aber diese allgemeine Kenntniß befähigt mich nicht, irgend etwas Näheres über seinen Verlauf anzugeben. – Der selbe Gegensatz bewährt sich auch darin, daß in den wirklichen Wissenschaften das Besondere und Einzelne das Gewisseste ist, da es auf unmittelbarer Wahrnehmung beruht: hingegen sind die allgemeinen Wahrheiten erst aus ihm abstrahirt, daher in diesen eher etwas irrig angenommen seyn kann. In der Geschichte aber ist umgekehrt das Allgemeinste das Gewisseste, z. B. die Zeitperioden, die Succession der Könige, die Revolutionen, Kriege und Friedensschlüsse: hingegen das Besondere der Begebenheiten und ihres Zusammenhangs ist ungewisser, und wird es immer mehr, je weiter man ins Einzelne geräth. Daher ist die Geschichte zwar um so interessanter, je specieller sie ist, aber auch um so unzuverlässiger, und nähert sich alsdann in jeder Hinsicht dem Romane. – Was es übrigens mit dem gerühmten Pragmatismus der Geschichte auf sich habe, wird Der am besten ermessen können, welcher sich erinnert, daß er bisweilen die Begebenheiten seines eigenen Lebens, ihrem wahren Zusammenhange nach, erst zwanzig Jahre hinterher verstanden hat, obwohl die Data dazu ihm vollständig vorlagen: so schwierig ist die Kombination des Wirkens der Motive, unter den beständigen Eingriffen des Zufalls und dem Verhehlen der Absichten. – Sofern nun die Geschichte eigentlich immer nur das Einzelne, die individuelle Thatsache, zum Gegenstande hat und dieses als das ausschließlich Reale ansieht, ist sie das gerade Gegentheil und Widerspiel der Philosophie, als welche die Dinge vom allgemeinsten Gesichtspunkt aus betrachtet und ausdrücklich das Allgemeine zum Gegenstande hat, welches in allem Einzelnen identisch bleibt; daher sie in diesem stets nur Jenes sieht und den Wechsel an der Erscheinung desselben als unwesentlich erkennt: φιλοκαθολου γαρ ὁ φιλοσοφος *(generalium amator philosophus)* [denn der Philosoph ist ein Freund des Allgemeinen: nach *Olympiodori in Platonis Alcibiadem Priorem Commentarii*]. Während die Geschichte uns lehrt, daß zu jeder Zeit etwas Anderes gewesen, ist die Philosophie bemüht, uns zu der Einsicht zu verhelfen, daß zu allen Zeiten ganz das Selbe war, ist und seyn wird. In Wahrheit ist das Wesen des Menschenlebens, wie der Natur überall, in jeder Gegenwart ganz vorhanden, und bedarf daher, um erschöpfend erkannt zu werden, nur der Tiefe der Auffassung. Die Geschichte aber hofft die Tiefe durch die Länge und Breite zu ersetzen: ihr ist jede Gegenwart nur ein Bruchstück, welches ergänzt werden muß durch die Vergangenheit, deren Länge aber unendlich ist und an die sich wieder eine unendliche Zukunft schließt. Hierauf beruht das Widerspiel zwischen den philosophischen und den historischen Köpfen: jene wollen ergründen; diese wollen zu Ende erzählen. Die Geschichte zeigt auf jeder Seite nur das Selbe, unter verschiedenen Formen: wer aber solches nicht in einer oder wenigen erkennt, wird auch durch das Durchlaufen aller Formen schwerlich zur Erkenntniß davon gelangen. Die Kapitel der Völkergeschichte sind im Grunde nur durch die Namen und Jahreszahlen verschieden: der eigentlich wesentliche Inhalt ist überall der selbe.

Sofern nun also der Stoff der Kunst die Idee, der Stoff der Wissenschaft der Begriff ist, sehn wir Beide mit Dem beschäftigt, was immer daist und stets auf gleiche Weise, nicht aber jetzt ist und jetzt nicht, jetzt so und jetzt anders: daher eben haben Beide es mit Dem zu thun, was Plato ausschließlich als den Gegenstand wirklichen Wissens aufstellt. Der Stoff der Geschichte hingegen ist das Einzelne in seiner Einzelheit und Zufälligkeit, was Ein Mal ist und dann auf immer nicht mehr ist, die vorübergehenden Verflechtungen einer wie Wolken im Winde beweglichen Menschenwelt, welche oft durch den geringfügigsten Zufall ganz umgestaltet werden. Von diesem Standpunkt aus erscheint uns der Stoff der Geschichte kaum noch als ein der ernsten und mühsamen Betrachtung des Menschengeistes würdiger Gegenstand, des Menschengeistes, der, gerade weil er so vergänglich ist, das Unvergängliche zu seiner Betrachtung wählen sollte.

Was endlich das, besonders durch die überall so geistesverderbliche und verdummende Hegelsche Afterphilosophie aufgekommene Bestreben, die Weltgeschichte als ein planmäßiges Ganzes zu fassen, oder, wie sie es nennen, »sie organisch zu konstruiren«, betrifft; so liegt demselben eigentlich ein roher und platter Realismus zum Grunde, der die Erscheinung für das Wesen an sich der Welt hält und vermeint, auf sie, auf ihre Gestalten und Vorgänge käme es an; wobei er noch im Stillen von gewissen mythologischen Grundansichten unterstützt wird, die er stillschweigend voraussetzt: sonst ließe sich fragen, für welchen Zuschauer denn eine dergleichen Komödie eigentlich aufgeführt würde? – Denn, da nur das Individuum, nicht aber das Menschengeschlecht wirkliche, unmittelbare Einheit des Bewußtseyns hat; so ist die Einheit des Lebenslaufes dieses eine bloße Fiktion. Zudem, wie in der Natur nur die Species real, die *genera* bloße Abstraktionen sind, so sind im

Menschengeschlecht nur die Individuen und ihr Lebenslauf real, die Völker und ihr Leben bloße Abstraktionen. Endlich laufen die Konstruktionsgeschichten, von plattem Optimismus geleitet, zuletzt immer auf einen behaglichen, nahrhaften, fetten Staat, mit wohlgeregelter Konstitution, guter Justiz und Polizei, Technik und Industrie und höchstens auf intellektuelle Vervollkommnung hinaus; weil diese in der That die allein mögliche ist, da das Moralische im Wesentlichen unverändert bleibt. Das Moralische aber ist es, worauf, nach dem Zeugniß unsers innersten Bewußtseyns, Alles ankommt: und dieses liegt allein im Individuo, als die Richtung seines Willens. In Wahrheit hat nur der Lebenslauf jedes Einzelnen Einheit, Zusammenhang und wahre Bedeutsamkeit: er ist als eine Belehrung anzusehn, und der Sinn derselben ist ein moralischer. Nur die innern Vorgänge, sofern sie den Willen betreffen, haben wahre Realität und sind wirkliche Begebenheiten; weil der Wille allein das Ding an sich ist. In jedem Mikrokosmos liegt der ganze Makrokosmos, und dieser enthält nichts mehr als jener. Die Vielheit ist Erscheinung, und die äußern Vorgänge sind bloße Konfigurationen der Erscheinungswelt, haben daher unmittelbar weder Realität noch Bedeutung, sondern erst mittelbar, durch ihre Beziehung auf den Willen der Einzelnen. Das Bestreben sie unmittelbar deuten und auslegen zu wollen, gleicht sonach dem, in den Gebilden der Wolken Gruppen von Menschen und Thieren zu sehn. – Was die Geschichte erzählt, ist in der That nur der lange, schwere und verworrene Traum der Menschheit.

Die Hegelianer, welche die Philosophie der Geschichte sogar als den Hauptzweck aller Philosophie ansehn, sind auf Plato zu verweisen, der unermüdlich wiederholt, daß der Gegenstand der Philosophie das Unveränderliche und immerdar Bleibende sei, nicht aber Das, was bald so, bald anders ist. Alle Die, welche solche Konstruktionen des Weltverlaufs, oder, wie sie es nennen, der Geschichte, aufstellen, haben die Hauptwahrheit aller Philosophie nicht begriffen, daß nämlich zu aller Zeit das Selbe ist, alles Werden und Entstehn nur scheinbar, die Ideen allein bleibend, die Zeit ideal. Dies will der Plato, Dies will der Kant. Man soll demnach zu verstehn suchen, was da ist, wirklich ist, heute und immerdar, – d.h. die Ideen (in Plato's Sinn) erkennen. Die Thoren hingegen meinen, es solle erst etwas werden und kommen. Daher räumen sie der Geschichte eine Hauptstelle in ihrer Philosophie ein und konstruiren dieselbe nach einem vorausgesetzten Weltplane, welchem gemäß Alles zum Besten gelenkt wird, welches dann *finaliter* [schließlich] eintreten soll und eine große Herrlichkeit seyn wird. Demnach nehmen sie die Welt als vollkommen real und setzen den Zweck derselben in das armsälige Erdenglück, welches, selbst wenn noch so sehr von Menschen gepflegt und vom Schicksal begünstigt, doch ein hohles, täuschendes, hinfälliges und trauriges Ding ist, aus welchem weder Konstitutionen und Gesetzgebungen, noch Dampfmaschinen und Telegraphen jemals etwas wesentlich Besseres machen können. Besagte Geschichts-Philosophen und -Verherrlicher sind demnach einfältige Realisten, dazu Optimisten und Eudämonisten, mithin platte Gesellen und eingefleischte Philister, zudem auch eigentlich schlechte Christen; da der wahre Geist und Kern des Christenthums, eben so wie des Brahmanismus und Buddhaismus, die Erkenntniß der Nichtigkeit des Erdenglücks, die völlige Verachtung desselben und Hinwendung zu einem ganz anderartigen, ja, entgegengesetzten Daseyn ist: Dies, sage ich, ist der Geist und Zweck des Christenthums, der wahre »Humor der Sache« [Shakespeare, *König Heinrich* V., II, 1]; nicht aber ist es, wie sie meinen, der Monotheismus; daher eben der atheistische Buddhaismus dem Christenthum viel näher verwandt ist, als das optimistische Judenthum und seine Varietät, der Islam.

Eine wirkliche Philosophie der Geschichte soll also nicht, wie Jene alle thun, Das betrachten, was (in Plato's Sprache zu reden) immer *wird* und nie *ist*, und Dieses für das eigentliche Wesen der Dinge halten; sondern sie soll Das, was immer ist und nie wird, noch vergeht, im Auge behalten. Sie besteht also nicht darin, daß man die zeitlichen Zwecke der Menschen zu ewigen und absoluten erhebt, und nun ihren Fortschritt dazu, durch alle Verwickelungen, künstlich und imaginär konstruirt; sondern in der Einsicht, daß die Geschichte nicht nur in der Ausführung, sondern schon in ihrem Wesen lügenhaft ist, indem sie, von lauter Individuen und einzelnen Vorgängen redend, vorgiebt, allemal etwas Anderes zu erzählen; während sie, vom Anfang bis zum Ende, stets nur das Selbe wiederholt, unter andern Namen und in anderm Gewande. Die wahre Philosophie der Geschichte besteht nämlich in der Einsicht, daß man, bei allen diesen endlosen Veränderungen und ihrem Wirrwarr, doch stets nur das selbe, gleiche und unwandelbare Wesen vor sich hat, welches heute das Selbe treibt, wie gestern und immerdar: sie soll also das Identische in allen Vorgängen, der alten wie der neuen Zeit, des Orients wie des Occidents, erkennen, und, trotz aller Verschiedenheit der speciellen Umstände, des Kostümes und der Sitten, überall die selbe Menschheit erblicken. Dies Identische und unter allem Wechsel Beharrende besteht in den Grundeigenschaften des menschlichen Herzens und Kopfes, – vielen schlechten, wenigen guten. Die Devise der Geschichte überhaupt müßte lauten: *Eadem, sed aliter* [Das Gleiche, aber in anderer Form]. Hat Einer den Herodot gelesen, so hat er, in philosophischer Absicht, schon genug Geschichte studirt. Denn da steht schon Alles, was die folgende Weltgeschichte ausmacht: das Treiben, Thun, Leiden und Schicksal des Menschengeschlechts, wie es aus den besagten Eigenschaften und dem physischen Erdenloose hervorgeht. –

Wenn wir im Bisherigen erkannt haben, daß die Geschichte, als Mittel zur Erkenntniß des Wesens der Menschheit betrachtet, der Dichtkunst nachsteht; sodann, daß sie nicht im eigentlichen Sinne eine Wissenschaft ist; endlich, daß das Bestreben, sie als ein Ganzes mit Anfang, Mittel und Ende, nebst sinnvollem Zusammenhang, zu konstruiren, ein eiteles, auf Mißverstand beruhendes ist; so würde es scheinen, als wollten wir ihr allen Werth absprechen, wenn wir nicht nachwiesen, worin der ihrige besteht. Wirklich aber bleibt ihr, nach dieser Besiegung von der Kunst und Abweisung von der Wissenschaft, ein von Beiden verschiedenes, ganz eigenthümliches Gebiet, auf welchem sie höchst ehrenvoll dasteht.

W a s d i e V e r n u n f t d e m I n d i v i d u o , d a s i s t d i e G e s c h i c h t e d e m m e n s c h l i c h e n G e - s c h l e c h t e. Vermöge der Vernunft nämlich ist der Mensch nicht, wie das Thier, auf die enge, anschauliche Gegenwart beschränkt; sondern erkennt auch die ungleich ausgedehntere Vergangenheit, mit der sie verknüpft und aus der sie hervorgegangen ist: hiedurch aber erst hat er ein eigentliches Verständniß der Gegenwart selbst, und kann sogar auf die Zukunft Schlüsse machen. Hingegen das Thier, dessen reflexionslose Erkenntniß auf die Anschauung und deshalb auf die Gegenwart beschränkt ist, wandelt, auch wenn gezähmt, unkundig, dumpf, einfältig, hülflos und abhängig zwischen den Menschen umher. –

Dem nun analog ist ein Volk, das seine eigene Geschichte nicht kennt, auf die Gegenwart der jetzt lebenden Generation beschränkt: daher versteht es sich selbst und seine eigene Gegenwart nicht; weil es sie nicht auf eine Vergangenheit zu beziehn und aus dieser zu erklären vermag; noch weniger kann es die Zukunft anticipiren. Erst durch die Geschichte wird ein Volk sich seiner selbst vollständig bewußt. Demnach ist die Geschichte als das vernünftige Selbstbewußtseyn des menschlichen Geschlechtes anzusehn, und ist diesem Das, was dem Einzelnen das durch die Vernunft bedingte, besonnene und zusammenhängende Bewußtseyn ist, durch dessen Ermangelung das Thier in der engen, anschaulichen Gegenwart befangen bleibt. Daher ist jede Lücke in der Geschichte wie eine Lücke im erinnernden Selbstbewußtseyn eines Menschen; und vor einem Denkmal des Uralterthums, welches seine eigene Kunde überlebt hat, wie z. B. die Pyramiden, Tempel und Paläste in Yukatan, stehn wir so besinnungslos und einfältig, wie das Thier vor der menschlichen Handlung, in die es dienend verflochten ist, oder wie ein Mensch vor seiner eigenen alten Zifferschrift, deren Schlüssel er vergessen hat, ja, wie ein Nachtwandler, der was er im Schlafe gemacht hat, am Morgen vorfindet. In diesem Sinne also ist die Geschichte anzusehn als die Vernunft, oder das besonnene Bewußtseyn des menschlichen Geschlechts, und vertritt die Stelle eines dem ganzen Geschlechte unmittelbar gemeinsamen Selbstbewußtseyns, so daß erst vermöge ihrer dasselbe wirklich zu einem Ganzen, zu einer Menschheit, wird. Dies ist der wahre Werth der Geschichte; und dem gemäß beruht das so allgemeine und überwiegende Interesse an ihr hauptsächlich darauf, daß sie eine persönliche Angelegenheit des Menschengeschlechts ist. – Was nun für die Vernunft der Individuen, als unumgängliche Bedingung des Gebrauchs derselben, die S p r a c h e ist, das ist für die hier nachgewiesene Vernunft des ganzen Geschlechts die S c h r i f t : denn erst mit dieser fängt ihre wirkliche Existenz an; wie die der individuellen Vernunft erst mit der Sprache. Die Schrift nämlich dient, das durch den Tod unaufhörlich unterbrochene und demnach zerstückelte Bewußtseyn des Menschengeschlechts wieder zur Einheit herzustellen; so daß der Gedanke, welcher im Ahnherrn aufgestiegen, vom Urenkel zu Ende gedacht wird: dem Zerfallen des menschlichen Geschlechts und seines Bewußtseyns in eine Unzahl ephemerer Individuen hilft sie ab, und bietet so der unaufhaltsam eilenden Zeit, an deren Hand die Vergessenheit geht, Trotz. Als ein Versuch, dieses zu leisten, sind, wie die geschriebenen, so auch die s t e i n e r n e n Denkmale zu betrachten, welche zum Theil älter sind, als jene. Denn wer wird glauben, daß Diejenigen, welche, mit unermeßlichen Kosten, die Menschenkräfte vieler Tausende, viele Jahre hindurch, in Bewegung setzten, um Pyramiden, Monolithen, Felsengräber, Obelisken, Tempel und Paläste aufzuführen, die schon Jahrtausende dastehn, dabei nur sich selbst, die kurze Spanne ihres Lebens, welche nicht ausreichte das Ende des Baues zu sehn, oder auch den ostensibeln Zweck, welchen vorzuschützen die Rohheit der Menge heischte, im Auge gehabt haben sollten? – Offenbar war ihr wirklicher Zweck, zu den spätesten Nachkommen zu reden, in Beziehung zu diesen zu treten und so das Bewußtseyn der Menschheit zur Einheit herzustellen. Die Bauten der Hindu, Aegypter, selbst Griechen und Römer, waren auf mehrere Jahrtausende berechnet, weil deren Gesichtskreis, durch höhere Bildung, ein weiterer war; während die Bauten des Mittelalters und neuerer Zeit höchstens einige Jahrhunderte vor Augen gehabt haben; welches jedoch auch daran liegt, daß man sich mehr auf die Schrift verließ, nachdem ihr Gebrauch allgemeiner geworden, und noch mehr, seitdem aus ihrem Schooß die Buchdruckerkunst geboren worden. Doch sieht man auch den Gebäuden der spätern Zeiten den Drang an, zur Nachkommenschaft zu reden: daher ist es schändlich, wenn man sie zerstört, oder sie verunstaltet, um sie niedrigen, nützlichen Zwecken dienen zu lassen. Die geschriebenen Denkmale haben weniger von den Elementen, aber mehr von der Barbarei zu fürchten, als die steinernen: sie leisten viel mehr. Die Aegypter wollten, indem sie letztere mit Hieroglyphen bedeckten, beide Arten vereinigen; ja, sie fügten Malereien hinzu, auf den Fall, daß die Hieroglyphen nicht mehr verstanden werden sollten.

Kapitel 39*.

Zur Metaphysik der Musik.

Aus meiner, in der unten angeführten Stelle des ersten Bandes gegebenen und dem Leser hier gegenwärtigen Darlegung der eigentlichen Bedeutung dieser wunderbaren Kunst hatte sich ergeben, daß zwischen ihren Leistungen und der Welt als Vorstellung, d. i. der Natur, zwar keine Aehnlichkeit, aber ein deutlicher Parallelismus Statt finden müsse, welcher sodann auch nachgewiesen wurde. Einige beachtenswerthe nähere Bestimmungen desselben habe ich noch hinzuzufügen. – Die vier Stimmen aller Harmonie, also Baß, Tenor, Alt und Sopran, oder Grundton, Terz, Quinte und Oktave, entsprechen den vier Abstufungen in der Reihe der Wesen, also dem Mineralreich, Pflanzenreich, Thierreich und dem Menschen. Dies erhält noch eine auffallende Bestätigung an der musikalischen Grundregel, daß der Baß in viel weiterem Abstande unter den drei obern Stimmen bleiben soll, als diese zwischen einander haben; so daß er sich denselben nie mehr, als höchstens bis auf eine Oktave nähern darf, meistens aber noch weiter darunter bleibt, wonach dann der regelrechte Dreiklang seine Stelle in der dritten Oktave vom Grundton hat. Dem entsprechend ist die Wirkung der weiten Harmonie, wo der Baß fern bleibt, viel mächtiger und schöner, als die der engen, wo er näher heraufgerückt ist, und die nur wegen des beschränkten Umfangs der Instrumente eingeführt wird. Diese ganze Regel aber ist keineswegs willkürlich, sondern hat ihre Wurzel in dem natürlichen Ursprung des Tonsystems; sofern nämlich die nächsten, mittelst der Nebenschwingungen mittönenden, harmonischen Stufen die Oktave und deren Quinte sind. In dieser Regel nun erkennen wir das musikalische Analogon der Grundbeschaffenheit der Natur, vermöge welcher die organischen Wesen unter einander viel näher verwandt sind, als mit der leblosen, unorganischen Masse des Mineralreichs, zwischen welcher und ihnen die entschiedenste Gränze und die weiteste Kluft in der ganzen Natur Statt findet. – Daß die hohe Stimme, welche die Melodie singt, doch zugleich integrirender Theil der Harmonie ist und darin selbst mit dem

* Dieses Kapitel bezieht sich auf § 52 des ersten Bandes.

tiefsten Grundbaß zusammenhängt, läßt sich betrachten als das Analogon davon, daß d i e s e l b e Materie, welche in einem menschlichen Organismus Träger der Idee des Menschen ist, dabei doch zugleich auch die Ideen der Schwere und der chemischen Eigenschaften, also der niedrigsten Stufen der Objektivation des Willens, darstellen und tragen muß.

Weil die Musik nicht, gleich allen andern Künsten, die I d e e n , oder Stufen der Objektivation des Willens, sondern unmittelbar den W i l l e n s e l b s t darstellt; so ist hieraus auch erklärlich, daß sie auf den Willen, d. i. die Gefühle, Leidenschaften und Affekte des Hörers, unmittelbar einwirkt, so daß sie dieselben schnell erhöht, oder auch umstimmt.

So gewiß die Musik, weit entfernt eine bloße Nachhülfe der Poesie zu seyn, eine selbstständige Kunst, ja die mächtigste unter allen ist und daher ihre Zwecke ganz aus eigenen Mitteln erreicht; so gewiß bedarf sie nicht der Worte des Gesanges, oder der Handlung einer Oper. Die Musik als solche kennt allein die Töne, nicht aber die Ursachen, welche diese hervorbringen. Demnach ist für sie auch die *vox humana* [menschliche Stimme] ursprünglich und wesentlich nichts Anderes, als ein modificirter Ton, eben wie der eines Instruments, und hat, wie jeder andere, die eigenthümlichen Vortheile und Nachtheile, welche eine Folge des ihn hervorbringenden Instruments sind. Daß nun, in diesem Fall, eben dieses Instrument anderweitig, als Werkzeug der Sprache, zur Mittheilung von Begriffen dient, ist ein zufälliger Umstand, den die Musik zwar nebenbei benutzen kann, um eine Verbindung mit der Poesie einzugehn; jedoch nie darf sie ihn zur Hauptsache machen und gänzlich nur auf den Ausdruck der meistens, ja (wie Diderot im »Neffen Rameau's« zu verstehn giebt) sogar wesentlich faden Verse bedacht seyn. Die Worte sind und bleiben für die Musik eine fremde Zugabe, von untergeordnetem Werthe, da die Wirkung der Töne ungleich mächtiger, unfehlbarer und schneller ist, als die der Worte: diese müssen daher, wenn sie der Musik einverleibt werden, doch nur eine völlig untergeordnete Stelle einnehmen und sich ganz nach jener fügen. Umgekehrt aber gestaltet sich das Verhältniß in Hinsicht auf die gegebene Poesie, also das Lied, oder den Operntext, welchem eine Musik hinzugefügt wird. Denn alsbald zeigt an diesen die Tonkunst ihre Macht und höhere Befähigung, indem sie jetzt über die in den Worten ausgedrückte Empfindung, oder die in der Oper dargestellte Handlung, die tiefsten, letzten, geheimsten Aufschlüsse giebt, das eigentliche und wahre Wesen derselben ausspricht und uns die innerste Seele der Vorgänge und Begebenheiten kennen lehrt, deren bloße Hülle und Leib die Bühne darbietet. Hinsichtlich dieses Uebergewichts der Musik, wie auch sofern sie zum Text und zur Handlung im Verhältniß des Allgemeinen zum Einzelnen, der Regel zum Beispiele steht, möchte es vielleicht passender scheinen, daß der Text zur Musik gedichtet würde, als daß man die Musik zum Texte komponirt. Inzwischen leiten, bei der üblichen Methode, die Worte und Handlungen des Textes den Komponisten auf die ihnen zum Grunde liegenden Affektionen des Willens, und rufen in ihm selbst die auszudrückenden Empfindungen hervor, wirken mithin als Anregungsmittel seiner musikalischen Phantasie. – Daß übrigens die Zugabe der Dichtung zur Musik uns so willkommen ist, und ein Gesang mit verständlichen Worten uns so innig erfreut, beruht darauf, daß dabei unsere unmittelbarste und unsere mittelbarste Erkenntnißweise zugleich und im Verein angeregt werden: die unmittelbarste nämlich ist die, für welche die Musik die Regungen des Willens selbst ausdrückt, die mittelbarste aber die der durch Worte bezeichneten Begriffe. Bei der Sprache der Empfindungen mag die Vernunft nicht gern ganz müßig sitzen. Die Musik vermag zwar aus eigenen Mitteln jede Bewegung des Willens, jede Empfindung, auszudrücken; aber durch die Zugabe der Worte erhalten wir nun überdies auch noch die Gegenstände dieser, die Motive, welche jene veranlassen. – Die Musik einer Oper, wie die Partitur sie darstellt, hat eine völlig unabhängige, gesonderte, gleichsam abstrakte Existenz für sich, welcher die Hergänge und Personen des Stücks fremd sind, und die ihre eigenen, unwandelbaren Regeln befolgt; daher sie auch ohne den Text vollkommen wirksam ist. Diese Musik aber, da sie mit Rücksicht auf das Drama komponiert wurde, ist gleichsam die Seele desselben, indem sie, in ihrer Verbindung mit den Vorgängen, Personen und Worten, zum Ausdruck der innern Bedeutung und der auf dieser beruhenden, letzten und geheimen Nothwendigkeit aller jener Vorgänge wird. Auf einem undeutlichen Gefühl hievon beruht eigentlich der Genuß des Zuschauers, wenn er kein bloßer Gaffer ist. Dabei jedoch zeigt, in der Oper, die Musik ihre heterogene Natur und höhere Wesenheit durch ihre gänzliche Indifferenz gegen alles Materielle der Vorgänge;

in Folge welcher sie den Sturm der Leidenschaften und das Pathos der Empfindungen überall auf gleiche Weise ausdrückt und mit dem selben Pomp ihrer Töne begleitet, mag Agamemnon und Achill, oder der Zwist einer Bürgerfamilie, das Materielle des Stückes liefern. Denn für sie sind bloß die Leidenschaften, die Willensbewegungen vorhanden, und sie sieht, wie Gott, nur die Herzen. Sie assimilirt sich nie dem Stoffe: daher auch wenn sie sogar die lächerlichsten und ausschweifendesten Possen der komischen Oper begleitet, sie doch in ihrer wesentlichen Schönheit, Reinheit und Erhabenheit bleibt, und ihre Verschmelzung mit jenen Vorgängen nicht vermag, sie von ihrer Höhe, der alles Lächerliche eigentlich fremd ist, herabzuziehn. So schwebt über dem Possenspiel und den endlosen Miseren des Menschenlebens die tiefe und ernste Bedeutung unsers Daseyns, und verläßt solches keinen Augenblick.

Werfen wir jetzt einen Blick auf die bloße Instrumentalmusik; so zeigt uns eine Beethoven'sche Symphonie die größte Verwirrung, welcher doch die vollkommenste Ordnung zum Grunde liegt, den heftigsten Kampf, der sich im nächsten Augenblick zur schönsten Eintracht gestaltet: es ist *rerum concordia discors* [der Welt zwieträchtige Eintracht: Horaz, *epist.* 1, 12, 19], ein treues und vollkommenes Abbild des Wesens der Welt, welche dahin rollt, im unübersehbaren Gewirre zahlloser Gestalten und durch stete Zerstörung sich selbst erhält. Zugleich nun aber sprechen aus dieser Symphonie alle menschlichen Leidenschaften und Affekte: die Freude, die Trauer, die Liebe, der Haß, der Schrecken, die Hoffnung u. s. w. in zahllosen Nüancen, jedoch alle gleichsam nur *in abstracto* und ohne alle Besonderung: es ist ihre bloße Form, ohne den Stoff, wie eine bloße Geisterwelt, ohne Materie. Allerdings haben wir den Hang, sie, beim Zuhören, zu realisiren, sie, in der Phantasie, mit Fleisch und Bein zu bekleiden und allerhand Scenen des Lebens und der Natur darin zu sehn. Jedoch befördert Dies, im Ganzen genommen, nicht ihr Verständniß, noch ihren Genuß, giebt ihr vielmehr einen fremdartigen, willkürlichen Zusatz: daher ist es besser, sie in ihrer Unmittelbarkeit und rein aufzufassen.

Nachdem ich nun im Bisherigen, wie auch im Texte, die Musik allein von der metaphysischen Seite, also hinsichtlich der innern Bedeutung ihrer Leistungen betrachtet habe, ist es angemessen, auch die Mittel, durch welche sie, auf unsern Geist wirkend, dieselben zu Stande bringt, einer allgemeinen Betrachtung zu unterwerfen, mithin die Verbindung jener metaphysischen Seite der Musik mit der genugsam untersuchten und bekannten physischen nachzuweisen. – Ich gehe von der allgemein bekannten und durch neuere Einwürfe keineswegs erschütterten Theorie aus, daß alle Harmonie der Töne auf der Koincidenz der Vibrationen beruht, welche, wann zwei Töne zugleich erklingen, etwan bei jeder zweiten, oder bei jeder dritten, oder bei jeder vierten Vibration eintrifft, wonach sie dann Oktave, Quinte, oder Quarte von einander sind u. s. w. So lange nämlich die Vibrationen zweier Töne ein rationales und in kleinen Zahlen ausdrückbares Verhältniß zu einander haben, lassen sie sich, durch ihre oft wiederkehrende Koincidenz, in unserer Apprehension zusammenfassen: die Töne verschmelzen mit einander und stehn dadurch im Einklang. Ist hingegen jenes Verhältniß ein irrationales, oder ein nur in größern Zahlen ausdrückbares; so tritt keine faßliche Koincidenz der Vibrationen ein, sondern *obstrepunt sibi perpetuo* [sie lärmen immerfort gegeneinander], wodurch sie der Zusammenfassung in unserer Apprehension widerstreben und demnach eine Dissonanz heißen. Dieser Theorie nun zufolge ist die Musik ein Mittel, rationale und irrationale Zahlenverhältnisse, nicht etwan, wie die Arithmetik, durch Hülfe des Begriffs faßlich zu machen, sondern dieselben zu einer ganz unmittelbaren und simultanen sinnlichen Erkenntniß zu bringen. Die Verbindung der metaphysischen Bedeutung der Musik mit dieser ihrer physischen und arithmetischen Grundlage beruht nun darauf, daß das unserer Apprehension Widerstrebende, das Irrationale, oder die Dissonanz, zum natürlichen Bilde des unserm Willen Widerstrebenden wird; und umgekehrt wird die Konsonanz, oder das Rationale, indem sie unserer Auffassung sich leicht fügt, zum Bilde der Befriedigung des Willens. Da nun ferner jenes Rationale und Irrationale in den Zahlenverhältnissen der Vibrationen unzählige Grade, Nüancen, Folgen und Abwechselungen zuläßt; so wird, mittelst seiner, die Musik der Stoff, in welchem alle Bewegungen des menschlichen Herzens, d. i. des Willens, deren Wesentliches immer auf Befriedigung und Unzufriedenheit, wiewohl in unzähligen Graden, hinausläuft, sich in allen ihren feinsten Schattirungen und Modifikationen getreu abbilden und wiedergeben lassen, welches mittelst Erfindung der Melodie geschieht.

Wir sehn also hier die Willensbewegungen auf das Gebiet der bloßen Vorstellung hinübergespielt, als welche der ausschließliche Schauplatz der Leistungen aller schönen Künste ist; da diese durchaus verlangen, daß der Wille selbst aus dem Spiel bleibe und wir durchweg uns als rein Erkennende verhalten. Daher dürfen die Affektionen des Willens selbst, also wirklicher Schmerz und wirkliches Behagen, nicht erregt werden, sondern nur ihre Substitute, das dem Intellekt Angemessene, als Bild der Befriedigung des Willens, und das jenem mehr oder weniger Widerstrebende, als Bild des größern oder geringern Schmerzes. Nur so verursacht die Musik uns nie wirkliches Leiden, sondern bleibt auch in ihren schmerzlichsten Ackorden noch erfreulich, und wir vernehmen gern in ihrer Sprache die geheime Geschichte unsers Willens und aller seiner Regungen und Strebungen, mit ihren mannigfaltigen Verzögerungen, Hemmnissen und Quaalen, selbst noch in den wehmüthigsten Melodien. Wo hingegen, in der Wirklichkeit und ihren Schrecken, unser Wille selbst das so Erregte und Gequälte ist; da haben wir es nicht mit Tönen und ihren Zahlenverhältnissen zu thun, sondern sind vielmehr jetzt selbst die gespannte, gekniffene und zitternde Saite.

Weil nun ferner, in Folge der zum Grunde gelegten physikalischen Theorie, das eigentlich Musikalische der Töne in der Proportion der Schnelligkeit ihrer Vibrationen, nicht aber in ihrer relativen Stärke liegt; so folgt das musikalische Gehör, bei der Harmonie, stets vorzugsweise dem höchsten Ton, nicht dem stärksten: daher sticht, auch bei der stärksten Orchesterbegleitung, der Sopran hervor und erhält dadurch ein natürliches Recht auf den Vortrag der Melodie, welches zugleich unterstützt wird durch seine, auf der selben Schnelligkeit der Vibrationen beruhende, große Beweglichkeit, wie sie sich in den figurirten [ausgeschmückten, reich bewegten] Sätzen zeigt, und wodurch der Sopran der geeignete Repräsentant der erhöhten, für den leisesten Eindruck empfänglichen und durch ihn bestimmbaren Sensibilität, folglich des auf der obersten Stufe der Wesenleiter stehenden, aufs höchste gesteigerten Bewußtseyns wird. Seinen Gegensatz bildet, aus den umgekehrten Ursachen, der schwerbewegliche, nur in großen Stufen, Terzen, Quarten und Quinten, steigende und fallende und dabei in jedem seiner Schritte durch feste Regeln geleitete Baß, welcher daher der natürliche Repräsentant des gefühllosen, für feine Eindrücke unempfänglichen und nur nach allgemeinen Gesetzen bestimmbaren, unorganischen Naturreiches ist. Er darf sogar nie um einen Ton, z. B. von Quarte auf Quinte steigen; da dies in den obern Stimmen die fehlerhafte Quinten- und Oktaven-Folge herbeiführt: daher kann er, ursprünglich und in seiner eigenen Natur, nie die Melodie vortragen. Wird sie ihm dennoch zugetheilt; so geschieht es mittelst des Kontrapunkts, d. h. er ist ein versetzter Baß, nämlich eine der obern Stimmen ist herabgesetzt und als Baß verkleidet: eigentlich bedarf er dann noch eines zweiten Grundbasses zu seiner Begleitung. Diese Widernatürlichkeit einer im Basse liegenden Melodie führt herbei, daß Baßarien, mit voller Begleitung, uns nie den reinen, ungetrübten Genuß gewähren, wie die Sopranarie, als welche, im Zusammenhang der Harmonie, allein naturgemäß ist. Beiläufig gesagt, könnte ein solcher melodischer, durch Versetzung erzwungener Baß, im Sinn unserer Metaphysik der Musik, einem Marmorblocke verglichen werden, dem man die menschliche Gestalt aufgezwungen hat: dem steinernen Gast im »Don Juan« ist er eben dadurch wundervoll angemessen.

Jetzt aber wollen wir noch der Genesis der Melodie etwas näher auf den Grund gehn, welches durch Zerlegung derselben in ihre Bestandtheile zu bewerkstelligen ist und uns jedenfalls das Vergnügen gewähren wird, welches dadurch entsteht, daß man sich Dinge, die *in concreto* Jedem bewußt sind, ein Mal auch zum abstrakten und deutlichen Bewußtseyn bringt, wodurch sie den Schein der Neuheit gewinnen.

Die Melodie besteht aus zwei Elementen, einem rhythmischen und einem harmonischen: jenes kann man auch als das quantitative, dieses als das qualitative bezeichnen, da das erstere die Dauer, das letztere die Höhe und Tiefe der Töne betrifft. In der Notenschrift hängt das erstere den senkrechten, das letztere den horizontalen Linien an. Beiden liegen rein arithmetische Verhältnisse, also die der Zeit, zum Grunde: dem einen die relative Dauer der Töne, dem andern die relative Schnelligkeit ihrer Vibrationen. Das rhythmische Element ist das wesentlichste; da es, für sich allein und ohne das andere eine Art Melodie darzustellen vermag, wie z. B. auf der Trommel geschieht: die vollkommene Melodie verlangt jedoch beide. Sie besteht nämlich in einer abwechselnden Entzweiung und Versöhnung derselben; wie ich sogleich zeigen werde, aber zuvor, da von dem harmonischen Elemente schon im Bisherigen die Rede gewesen, das rhythmische etwas näher betrachten will.

Der Rhythmus ist in der Zeit was im Raume die Symmetrie ist, nämlich Theilung in gleiche und einander entsprechende Theile, und zwar zunächst in größere, welche wieder in kleinere, jenen untergeordnete, zerfallen. In der von mir aufgestellten Reihe der Künste bilden Architektur und Musik die beiden äußersten Enden. Auch sind sie, ihrem innern Wesen, ihrer Kraft, dem Umfang ihrer Sphäre und ihrer Bedeutung nach, die heterogensten, ja, wahre Antipoden: sogar auf die Form ihrer Erscheinung erstreckt sich dieser Gegensatz, indem die Architektur allein im Raum ist, ohne irgend eine Beziehung auf die Zeit, die Musik allein in der Zeit, ohne irgend eine Beziehung auf den Raum*. Hieraus nun entspringt ihre einzige Analogie, daß nämlich, wie in der Architektur die Symmetrie das Ordnende und Zusammenhaltende ist, so in der Musik der Rhythmus, wodurch auch hier sich bewährt, daß *les extrêmes se touchent* [die äußersten Punkte sich berühren]. Wie die letzten Bestandtheile eines Gebäudes die ganz gleichen Steine, so sind die eines Tonstückes die ganz gleichen Takte: diese werden jedoch noch durch Auf- und Niederschlag, oder überhaupt durch den Zahlenbruch, welcher die Taktart bezeichnet, in gleiche Theile getheilt, die man allenfalls den Dimensionen des Steines vergleichen mag. Aus mehreren Takten besteht die musikalische Periode, welche ebenfalls zwei gleiche Hälften hat, eine steigende, anstrebende, meistens zur Dominante gehende, und eine sinkende, beruhigende, den Grundton wiederfindende. Zwei, auch wohl mehrere Perioden machen einen Theil aus, der meistens durch das Wiederholungszeichen gleichfalls symmetrisch verdoppelt wird: aus zwei Theilen wird ein kleineres Musikstück, oder aber nur ein Satz eines größern; wie denn ein Koncert oder Sonate aus dreien, eine Symphonie aus vier, eine Messe aus fünf Sätzen zu bestehn pflegt. Wir sehn also das Tonstück, durch die symmetrische Eintheilung und

* Es wäre ein falscher Einwurf, daß auch Skulptur und Malerei bloß im Raume seien: denn ihre Werke hängen zwar nicht unmittelbar, aber doch mittelbar mit der Zeit zusammen, indem sie Leben, Bewegung, Handlung darstellen. Eben so falsch wäre es zu sagen, daß auch die Poesie, als Rede, allein der Zeit angehöre: dies gilt, eben so, nur unmittelbar von den Worten: ihr Stoff ist alles Daseiende, also das Räumliche.

abermalige Theilung, bis zu den Takten und deren Brüchen herab, bei durchgängiger Unter-, Ueber- und Neben-Ordnung seiner Glieder, gerade so zu einem Ganzen verbunden und abgeschlossen werden, wie das Bauwerk durch seine Symmetrie; nur daß bei diesem ausschließlich im Raume ist, was bei jenem ausschließlich in der Zeit. Das bloße Gefühl dieser Analogie hat das in den letzten 30 Jahren oft wiederholte kecke Witzwort hervorgerufen, daß Architektur gefrorene Musik sei. Der Ursprung desselben ist auf Goethe zurückzuführen, da er, nach Eckermanns Gesprächen, Bd. II, S. 88, gesagt hat: »Ich habe unter meinen Papieren ein Blatt gefunden, wo ich die Baukunst eine erstarrte Musik nenne: und wirklich hat es etwas: die Stimmung, die von der Baukunst ausgeht, kommt dem Effekt der Musik nahe.« Wahrscheinlich hat er viel früher jenes Witzwort in der Konversation fallen lassen, wo es denn bekanntlich nie an Leuten gefehlt hat, die was er so fallen ließ auflasen, um nachher damit geschmückt einher zu gehn. Was übrigens Goethe auch gesagt haben mag, so erstreckt die hier von mir auf ihren alleinigen Grund, nämlich auf die Analogie des Rhythmus mit der Symmetrie, zurückgeführte Analogie der Musik mit der Baukunst sich demgemäß allein auf die äußere Form, keineswegs aber auf das innere Wesen beider Künste, als welches himmelweit verschieden ist: es wäre sogar lächerlich, die beschränkteste und schwächste aller Künste mit der ausgedehntesten und wirksamsten im Wesentlichen gleich stellen zu wollen. Als Amplifikation [breitere Ausführung] der nachgewiesenen Analogie könnte man noch hinzusetzen, daß, wann die Musik, gleichsam in einem Anfall von Unabhängigkeitsdrang, die Gelegenheit einer Fermate ergreift, um sich, vom Zwang des Rhythmus losgerissen, in der freien Phantasie einer figurirten Kadenz zu ergehn, ein solches vom Rhythmus entblößtes Tonstück der von der Symmetrie entblößten Ruine analog sei, welche man demnach, in der kühnen Sprache jenes Witzwortes, eine gefrorene Kadenz nennen mag.

Nach dieser Erörterung des Rhythmus habe ich jetzt darzuthun, wie in der stets erneuerten Entzweiung und Versöhnung des rhythmischen Elements der Melodie mit dem harmonischen das Wesen derselben besteht. Ihr harmonisches Element nämlich hat den Grundton zur Voraussetzung, wie das rhythmische die Taktart, und besteht in einem Abirren von demselben, durch alle Töne der Skala, bis es, auf kürzerem oder längerem Umwege, eine harmonische Stufe, meistens die Dominante oder Unterdominante, erreicht, die ihm eine unvollkommene Beruhigung gewährt: dann aber folgt, auf gleich langem Wege, seine Rückkehr zum Grundton, mit welchem die vollkommene Beruhigung eintritt. Beides muß nun aber so geschehn, daß das Erreichen der besagten Stufe, wie auch das Wiederfinden des Grundtons, mit gewissen bevorzugten Zeitpunkten des Rhythmus zusammentreffe, da es sonst nicht wirkt. Also, wie die harmonische Tonfolge gewisse Töne verlangt, vorzüglich die Tonika, nächst ihr die Dominante u. s. w.; so fordert seinerseits der Rhythmus gewisse Zeitpunkte, gewisse abgezählte Takte und gewisse Theile dieser Takte, welche man die schweren, oder guten Zeiten, oder die accentuirten Takttheile nennt, im Gegensatz der leichten, oder schlechten Zeiten, oder unaccentuirten Takttheile. Nun besteht die Entzweiung jener beiden Grundelemente darin, daß indem die Forderung des einen befriedigt wird, die des andern es nicht ist, die Versöhnung aber darin, daß beide zugleich und auf ein Mal befriedigt werden. Nämlich jenes Herumirren der Tonfolge, bis zum Erreichen einer mehr oder minder harmonischen Stufe, muß diese erst nach einer bestimmten Anzahl Takte, sodann aber auf einem guten Zeittheil des Taktes antreffen, wodurch dieselbe zu einem gewissen Ruhepunkte für sie wird; und eben so muß die Rückkehr zur Tonika diese nach einer gleichen Anzahl Takte und ebenfalls auf einem guten Zeittheil wiederfinden, wodurch dann die völlige Befriedigung eintritt. So lange dieses geforderte Zusammentreffen der Befriedigungen beider Elemente nicht erreicht wird, mag einerseits der Rhythmus seinen regelrechten Gang gehn, und andererseits die geforderten Noten oft genug vorkommen; sie werden dennoch ganz ohne jene Wirkung bleiben, durch welche die Melodie entsteht: dies zu erläutern diene das folgende, höchst einfache Beispiel:

Hier trifft die harmonische Tonfolge gleich am Schluß des ersten Takts auf die Tonika: allein sie erhält dadurch keine Befriedigung; weil der Rhythmus im schlechtesten Takttheile begriffen ist. Gleich darauf, im zweiten Takt, hat der Rhythmus das gute Takttheil; aber die Tonfolge ist auf die Septime gekommen. Hier sind also die beiden Elemente der Melodie ganz entzweit; und wir fühlen uns beunruhigt. In der zweiten Hälfte der Periode trifft Alles umgekehrt, und sie werden, im letzten Ton, versöhnt. Dieser Vorgang ist in jeder Melodie, wiewohl meistens in viel größerer Ausdehnung, nachzuweisen. Die dabei nun Statt findende beständige Entzweiung und Versöhnung ihrer beiden Elemente ist, metaphysisch betrachtet, das Abbild der Entstehung neuer Wünsche und sodann ihrer Befriedigung. Eben dadurch schmeichelt die Musik sich so in unser Herz, daß sie ihm stets die vollkommene Befriedigung seiner Wünsche vorspiegelt. Näher betrachtet, sehn wir in diesem Hergang der Melodie eine gewissermaaßen innere Bedingung (die harmonische) mit einer äußern (der rhythmischen) wie durch einen Zufall zusammentreffen, – welchen freilich der Komponist herbeiführt und der insofern dem Reim in der Poesie zu vergleichen ist: dies aber eben ist das Abbild des Zusammentreffens unserer Wünsche mit den von ihnen unabhängigen, günstigen, äußeren Umständen, also das Bild des Glücks. – Noch verdient hiebei die Wirkung des Vorhalts beachtet zu werden. Er ist eine Dissonanz, welche die mit Gewißheit erwartete, finale Konsonanz verzögert; wodurch das Verlangen nach ihr verstärkt wird und ihr Eintritt desto mehr befriedigt: offenbar ein Analogon der durch Verzögerung erhöhten Befriedigung des Willens. Die vollkommene Kadenz erfordert den vorhergehenden Septimenackord auf der Dominante; weil nur auf das dringendeste Verlangen die am tiefsten gefühlte Befriedigung und gänzliche Beruhigung folgen kann. Durchgängig also besteht die Musik in einem steten Wechsel von mehr oder minder beunruhigenden, d. i. Verlangen erregenden Ackorden, mit mehr oder minder beruhigenden und befriedigenden; eben wie das Leben des Herzens (der Wille) ein steter Wechsel von größerer oder geringerer Beunruhigung, durch Wunsch oder Furcht, mit eben so verschieden gemessener Beruhigung ist. Demgemäß besteht die harmonische Fortschreitung in der kunstgerechten Abwechselung der Dissonanz und Konsonanz. Eine Folge bloß konsonanter Ackorde würde übersättigend, ermüdend und leer seyn, wie der *languor*, den die Befriedigung aller Wünsche herbeiführt. Daher müssen

Dissonanzen, obwohl sie beunruhigend und fast peinlich wirken, eingeführt werden, aber nur um, mit gehöriger Vorbereitung, wieder in Konsonanzen aufgelöst zu werden. Ja, es giebt eigentlich in der ganzen Musik nur zwei Grundackorde: den dissonanten Septimenackord und den harmonischen Dreiklang, als auf welche alle vorkommenden Ackorde zurückzuführen sind. Dies ist eben Dem entsprechend, daß es für den Willen im Grunde nur Unzufriedenheit und Befriedigung giebt, unter wie vielerlei Gestalten sie auch sich darstellen mögen. Und wie es zwei allgemeine Grundstimmungen des Gemüths giebt, Heiterkeit oder wenigstens Rüstigkeit, und Betrübniß oder doch Beklemmung; so hat die Musik zwei allgemeine Tonarten Dur und Moll, welche jenen entsprechen, und sie muß stets sich in einer von beiden befinden. Es ist aber in der That höchst wunderbar, daß es ein weder physisch schmerzliches, noch auch konventionelles, dennoch sogleich ansprechendes und unverkennbares Zeichen des Schmerzes giebt: das Moll. Daran läßt sich ermessen, wie tief die Musik im Wesen der Dinge und des Menschen gegründet ist. – Bei nordischen Völkern, deren Leben schweren Bedingungen unterliegt, namentlich bei den Russen, herrscht das Moll vor, sogar in der Kirchenmusik. – Allegro in Moll ist in der Französischen Musik sehr häufig und charakterisirt sie: es ist, wie wenn Einer tanzt, während ihn der Schuh drückt.

Ich füge noch ein Paar Nebenbetrachtungen hinzu. – Unter dem Wechsel der Tonika, und mit ihr des Werthes aller Stufen, in Folge dessen der selbe Ton als Sekunde, Terz, Quarte u. s. w. figurirt, sind die Töne der Skala den Schauspielern analog, welche bald diese, bald jene Rolle übernehmen müssen, während ihre Person die selbe bleibt. Daß diese jener oft nicht genau angemessen ist, kann man der (am Schluß des § 52 des ersten Bandes erwähnten) unvermeidlichen Unreinheit jedes harmonischen Systems vergleichen, welche die gleichschwebende Temperatur [Festlegung des Tonsystems] herbeigeführt hat. –

Vielleicht könnte Einer und der Andere daran Anstoß nehmen, daß die Musik, welche ja oft so geisterhebend auf uns wirkt, daß uns dünkt, sie rede von andern und besseren Welten, als die unsere ist, nach gegenwärtiger Metaphysik derselben, doch eigentlich nur dem Willen zum Leben schmeichelt, indem sie sein Wesen darstellt, sein Gelingen ihm vormalt und am

Schluß seine Befriedigung und Genügen ausdrückt. Solche Bedenken zu beruhigen mag folgende Veda-Stelle dienen: *Et Anand sroup, quod forma gaudii est,* τον *pram Atma ex hoc dicunt, quod quocunque loco gaudium est, particula e gaudio ejus est.* [Und wonneartig, welches eine Art der Lust bedeutet, wird der höchste Atman darum genannt, weil überall, wo eine Lust ist, diese ein Teilchen seiner Lust ist.] (*Oupnekhat, Vol. I, p. 405, et iterum Vol. II, p. 215* [Nicht wörtlich im Original der Upanishaden.])

Ergänzungen zum vierten Buch.

Tous les hommes désirent uniquement de se délivrer de la mort: ils ne savent pas se délivrer de la vie.
[Alle Menschen trachten nur danach,
sich vom Tode zu befreien:
sie wissen nicht, sich vom Leben zu befreien.]
Lao-tseu-Tao-te-king, ed. *Stan. Julien*, p. 184.

Zum vierten Buch.

Kapitel 40.

Vorwort.

Die Ergänzungen zu diesem vierten Buche würden sehr beträchtlich ausfallen, wenn nicht zwei ihrer vorzüglich bedürftige Hauptgegenstände, nämlich die Freiheit des Willens und das Fundament der Moral, auf Anlaß der Preisfragen zweier Skandinavischer Akademien, ausführliche, monographische Bearbeitungen von mir erhalten hätten, welche unter dem Titel »Die beiden Grundprobleme der Ethik« im Jahre 1841 dem Publiko vorgelegt sind. Demzufolge aber setze ich die Bekanntschaft mit der eben genannten Schrift bei meinen Lesern eben so unbedingt voraus, wie ich bei den Ergänzungen zum zweiten Buche die mit der Schrift »Ueber den Willen in der Natur« vorausgesetzt habe. Ueberhaupt mache ich die Anforderung, daß wer sich mit meiner Philosophie bekannt machen will, jede Zeile von mir lese. Denn ich bin kein Vielschreiber, kein Kompendienfabrikant, kein Honorarverdiener, Keiner, der mit seinen Schriften nach dem Beifall eines Ministers zielt, – mit Einem Worte, Keiner, dessen Feder unter dem Einfluß persönlicher Zwecke steht: ich strebe nichts an, als die Wahrheit, und schreibe, wie die Alten schrieben, in der alleinigen Absicht, meine Gedanken der Aufbewahrung zu übergeben, damit sie einst Denen zu Gute kommen, die ihnen nachzudenken und sie zu schätzen verstehn. Eben daher habe ich nur Weniges, dieses aber mit Bedacht und in w e i t e n Zwischenräumen geschrieben, auch demgemäß die, in philosophischen Schriften, wegen des Zusammenhangs, bisweilen unvermeidlichen Wiederholungen, von denen kein einziger Philosoph frei ist, auf das möglich geringste Maaß beschränkt, so daß das Allermeiste nur an Einer Stelle zu finden ist. Deshalb also darf, wer von mir lernen und mich verstehn will, nichts, das ich geschrieben habe, ungelesen lassen. Beurtheilen jedoch und kritisiren kann man mich ohne Dieses, wie die Erfahrung gezeigt hat; wozu ich denn auch ferner viel Vergnügen wünsche.

Inzwischen wird der, durch die besagte Elimination zweier Hauptgegenstände, in diesem vierten Ergänzungsbuche erübrigte Raum uns willkommen seyn. Denn da diejenigen Aufschlüsse, welche dem Menschen vor Allem am Herzen liegen und daher in jedem System, als letzte Ergebnisse, den Gipfel seiner Pyramide bilden, sich auch in meinem letzten Buche zusammendrängen; so wird man jeder festeren Begründung, oder genaueren Ausführung derselben gern einen weitern Raum gönnen. Ueberdies hat hier nun noch, als zur Lehre von der »Bejahung des Willens zum Leben« gehörend, eine Erörterung zur Sprache gebracht werden können, welche in unserm vierten Buche selbst unberührt geblieben ist, wie sie denn auch von allen mir vorhergegangenen Philosophen gänzlich vernachlässigt worden: es ist die innere Bedeutung und das Wesen an sich der mitunter bis zur heftigsten Leidenschaft anwachsenden Geschlechtsliebe; ein Gegenstand, dessen Aufnahme in den ethischen Theil der Philosophie nicht paradox seyn würde, wenn man dessen Wichtigkeit erkannt hätte. –

Kapitel 41*.

Ueber den Tod und sein Verhältniß zur Unzerstörbarkeit unsers Wesens an sich.

Der Tod ist der eigentliche inspirirende Genius, oder der Musaget [Wegweiser] der Philosophie, weshalb Sokrates diese auch θανατου μελετη [Vorbereitung auf den Tod: Platon, *Phaidon*, p. 81 A] definirt hat. Schwerlich sogar würde, auch ohne den Tod, philosophirt werden. Daher wird es ganz in der Ordnung seyn, daß eine specielle Betrachtung desselben hier an der Spitze des letzten, ernstesten und wichtigsten unserer Bücher ihre Stelle erhalte.

Das Thier lebt ohne eigentliche Kenntniß des Todes: daher

* Dieses Kapitel bezieht sich auf § 54 des ersten Bandes.

genießt das thierische Individuum unmittelbar die ganze Unvergänglichkeit der Gattung, indem es sich seiner nur als endlos bewußt ist. Beim Menschen fand sich, mit der Vernunft, nothwendig die erschreckende Gewißheit des Todes ein. Wie aber durchgängig in der Natur jedem Uebel ein Heilmittel, oder wenigstens ein Ersatz beigegeben ist; so verhilft die selbe Reflexion, welche die Erkenntniß des Todes herbeiführte, auch zu m e t a p h y s i s c h e n Ansichten, die darüber trösten, und deren das Thier weder bedürftig noch fähig ist. Hauptsächlich auf diesen Zweck sind alle Religionen und philosophischen Systeme gerichtet, sind also zunächst das von der reflektirenden Vernunft aus eigenen Mitteln hervorgebrachte Gegengift der Gewißheit des Todes. Der Grad jedoch, in welchem sie diesen Zweck erreichen, ist sehr verschieden, und allerdings wird e i n e Religion oder Philosophie viel mehr, als die andere, den Menschen befähigen, ruhigen Blickes dem Tod ins Angesicht zu sehn. Brahmanismus und Buddhaismus, die den Menschen lehren, sich als das Urwesen selbst, das Brahm, zu betrachten, welchem alles Entstehn und Vergehn wesentlich fremd ist, werden darin viel mehr leisten, als solche, welche ihn aus nichts gemacht seyn und seine, von einem Andern empfangene Existenz wirklich mit der Geburt anfangen lassen. Dem entsprechend finden wir in Indien eine Zuversicht und eine Verachtung des Todes, von der man in Europa keinen Begriff hat. Es ist in der That eine bedenkliche Sache, dem Menschen in dieser wichtigen Hinsicht schwache und unhaltbare Begriffe durch frühes Einprägen aufzuzwingen, und ihn dadurch zur Aufnahme der richtigeren und standhaltenden auf immer unfähig zu machen. Z. B. ihn lehren, daß er erst kürzlich aus Nichts geworden, folglich eine Ewigkeit hindurch Nichts gewesen sei und dennoch für die Zukunft unvergänglich seyn solle, ist gerade so, wie ihn lehren, daß er, obwohl durch und durch das Werk eines Andern, dennoch für sein Thun und Lassen in alle Ewigkeit verantwortlich seyn solle. Wenn nämlich dann, bei gereiftem Geiste und eingetretenem Nachdenken, das Unhaltbare solcher Lehren sich ihm aufdringt; so hat er nichts Besseres an ihre Stelle zu setzen, ja, ist nicht mehr fähig es zu verstehn, und geht dadurch des Trostes verlustig, den auch ihm die Natur, zum Ersatz für die Gewißheit des Todes, bestimmt hatte. In Folge solcher Entwickelung sehn wir eben jetzt (1844), in England, unter verdorbenen Fabrikarbeitern, die Socialisten, und in Deutschland, unter verdorbenen Studenten, die Junghegelianer zur absolut physischen Ansicht herabsinken, welche zu dem Resultate führt: *edite, bibite, post mortem nulla voluptas* [Eßt, trinkt, nach dem Tode gibt es keine Lust mehr: nach 1. Kor. 15, 32], und insofern als Bestialismus bezeichnet werden kann.

Nach Allem inzwischen, was über den Tod gelehrt worden, ist nicht zu leugnen, daß, wenigstens in Europa, die Meinung der Menschen, ja oft sogar des selben Individuums, gar häufig von Neuem hin und her schwankt zwischen der Auffassung des Todes als absoluter Vernichtung und der Annahme, daß wir gleichsam mit Haut und Haar unsterblich seien. Beides ist gleich falsch: allein wir haben nicht sowohl eine richtige Mitte zu treffen, als vielmehr den höheren Gesichtspunkt zu gewinnen, von welchem aus solche Ansichten von selbst wegfallen.

Ich will, bei diesen Betrachtungen, zuvörderst vom ganz empirischen Standpunkt ausgehn. – Da liegt uns zunächst die unleugbare Thatsache vor, daß, dem natürlichen Bewußtseyn gemäß, der Mensch nicht bloß für seine Person den Tod mehr als alles Andere fürchtet, sondern auch über den der Seinigen heftig weint, und zwar offenbar nicht egoistisch über seinen eigenen Verlust, sondern aus Mitleid, über das große Unglück, das Jene betroffen; daher er auch Den, welcher in solchem Falle nicht weint und keine Betrübniß zeigt, als hartherzig und lieblos tadelt. Diesem geht parallel, daß die Rachsucht, in ihren höchsten Graden, den Tod des Gegners sucht, als das größte Uebel, das sich verhängen läßt. – Meinungen wechseln nach Zeit und Ort: aber die Stimme der Natur bleibt sich stets und überall gleich, ist daher vor Allem zu beachten. Sie scheint nun hier deutlich auszusagen, daß der Tod ein großes Uebel sei. In der Sprache der Natur bedeutet T o d Vernichtung. Und daß es mit dem Tode Ernst sei, ließe sich schon daraus abnehmen, daß es mit dem Leben, wie Jeder weiß, kein Spaaß ist. Wir müssen wohl nichts Besseres, als diese Beiden, werth seyn.

In der That ist die Todesfurcht von aller Erkenntniß unabhängig: denn das Thier hat sie, obwohl es den Tod nicht kennt. Alles, was geboren wird, bringt sie schon mit auf die Welt. Diese Todesfurcht *a priori* ist aber eben nur die Kehrseite des Willens zum Leben, welcher wir Alle ja sind. Daher ist jedem Thiere, wie die Sorge für seine Erhaltung, so die Furcht vor seiner Zerstörung angeboren: diese also, und nicht das bloße Vermeiden des Schmerzes, ist es, was sich in der ängstlichen Behutsamkeit zeigt, mit der das Thier sich und noch mehr seine Brut vor Jedem, der gefährlich werden könnte, sicher zu stellen sucht. Warum flieht das Thier, zittert und sucht sich zu verbergen? Weil es lauter Wille zum Leben, als solcher aber dem Tode verfallen ist und Zeit gewinnen möchte. Eben so ist, von Natur, der Mensch. Das größte der Uebel, das Schlimmste was überall gedroht werden kann, ist der Tod, die größte Angst Todesangst. Nichts reißt uns so unwiderstehlich zur lebhaftesten Theilnahme hin, wie fremde Lebensgefahr: nichts ist entsetzlicher, als eine Hinrichtung. Die hierin hervortretende gränzenlose Anhänglichkeit an das Leben kann nun aber nicht aus der Erkenntniß und Ueberlegung entsprungen seyn: vor dieser erscheint sie vielmehr thöricht; da es um den objektiven Werth des Lebens sehr mißlich steht, und wenigstens zweifelhaft bleibt, ob dasselbe dem Nichtseyn vorzuziehn sei, ja, wenn Erfahrung und Ueberlegung zum Worte kommen, das Nichtseyn wohl gewinnen muß. Klopfte man an die Gräber und fragte die Todten, ob sie wieder aufstehn wollten; sie würden mit den Köpfen schütteln. Dahin geht auch des Sokrates Meinung, in Plato's Apologie, und selbst der heitere und liebenswürdige Voltaire kann nicht umhin zu sagen: *on aime la vie; mais le néant ne laisse pas d'avoir du bon* [Man liebt das Leben; aber das Nichts hat auch sein Gutes: Lettre à Mme la Marquise du Deffand, 1. 11. 1769]: und wieder: *je ne sais pas ce que c'est que la vie éternelle, mais celle-ci est une mauvaise plaisanterie* [Ich weiß nicht, was es mit dem ewigen Leben auf sich hat, aber das gegenwärtige Leben ist ein schlechter Spaß: Lettre à M. le Comte d'Argental, 27. 7. 1768]. Ueberdies muß ja das Leben jedenfalls bald enden; so daß die wenigen Jahre, die man vielleicht noch dazuseyn hat, gänzlich verschwinden vor der endlosen Zeit, da man nicht mehr seyn wird. Demnach erscheint es, vor der Reflexion, sogar lächerlich, um diese Spanne Zeit so sehr besorgt zu seyn, so sehr zu zittern, wenn eigenes oder fremdes Leben in Gefahr geräth, und Trauerspiele zu dichten, deren Schreckliches seinen Nerven bloß in der Todesfurcht hat. Jene mächtige Anhänglichkeit an das Leben ist mithin eine unvernünftige und blinde: sie ist nur daraus erklärlich, daß unser ganzes Wesen an sich selbst schon Wille zum Leben ist, dem dieses daher als das höchste Gut gelten muß, so verbittert, kurz und ungewiß es auch immer seyn mag; und daß jener Wille, an sich und ursprünglich, erkenntnißlos und blind ist. Die Erkenntniß hingegen, weit entfernt der Ursprung jener Anhänglichkeit an das Leben zu seyn, wirkt ihr sogar entgegen, indem sie die Werthlosigkeit desselben aufdeckt und hiedurch die Todesfurcht bekämpft. – Wann sie nun siegt, und demnach der Mensch dem Tode muthig und gelassen entgegengeht; so wird dies als groß und edel geehrt: wir feiern also dann den Triumph der Erkenntniß über den blinden Willen zum Leben, der doch der Kern unsers eigenen Wesens ist. Imgleichen verachten wir Den, in welchem die Erkenntniß in jenem Kampfe unterliegt, der daher dem Leben unbedingt anhängt, gegen den herannahenden Tod sich auf's Aeußerste sträubt und ihn verzweifelnd empfängt:* und doch spricht sich in ihm nur das ursprüngliche Wesen unsers Selbst und der Natur aus. Wie könnte, läßt sich hier beiläufig fragen, die gränzenlose Liebe zum Leben und das Bestreben, es auf alle Weise, so lange als möglich, zu erhalten, niedrig, verächtlich, desgleichen von den Anhängern jeder Religion als dieser unwürdig betrachtet werden, wenn dasselbe das mit Dank zu erkennende Geschenk gütiger Götter wäre? Und wie könnte sodann die Geringschätzung desselben groß und edel erscheinen? – Uns bestätigt sich inzwischen durch diese Betrachtungen: 1) daß der Wille zum Leben das innerste Wesen des Menschen ist; 2) daß er an sich erkenntnißlos, blind ist; 3) daß die Erkenntniß ein ihm ursprünglich fremdes, hinzugekommenes Princip ist; 4) daß sie mit ihm streitet und unser Urtheil dem Siege der Erkenntniß über den Willen Beifall giebt.

Wenn was uns den Tod so schrecklich erscheinen läßt der Gedanke des Nichtseyns wäre; so müßten wir mit gleichem Schauder der Zeit gedenken, da wir noch nicht waren. Denn es ist unumstößlich gewiß, daß das Nichtseyn nach dem Tode nicht verschieden seyn kann von dem vor der Geburt, folglich auch nicht beklagenswerther. Eine ganze Unendlichkeit

* *In gladiatoriis pugnis timidos et supplices, et, ut vivere liceat, obsecrantes etiam odisse solemus; fortes et animosos, et se acriter ipsos morti offerentes servare cupimus.* [Bei den Gladiatorenkämpfen pflegen wir Feige, die uns anflehen und beschwören, sie leben zu lassen, sogar zu verabscheuen; die Tapferen, Mutigen, die sich selbst mit Ungestüm dem Tode darbieten, sie möchten wir am Leben erhalten.] *Cic. pro Milone, c. 34* [, 92].

ist abgelaufen, als wir noch nicht waren: aber das betrübt uns keineswegs. Hingegen, daß nach dem momentanen Intermezzo eines ephemeren Daseyns eine zweite Unendlichkeit folgen sollte, in der wir nicht mehr seyn werden, finden wir hart, ja unerträglich. Sollte nun dieser Durst nach Daseyn etwan dadurch entstanden seyn, daß wir es jetzt gekostet und so gar allerliebst gefunden hätten? Wie schon oben kurz erörtert: gewiß nicht; viel eher hätte die gemachte Erfahrung eine unendliche Sehnsucht nach dem verlorenen Paradiese des Nichtseyns erwecken können. Auch wird der Hoffnung der Seelen-Unsterblichkeit allemal die einer »bessern Welt« angehängt, – ein Zeichen, daß die gegenwärtige nicht viel taugt. – Dieses allen ungeachtet ist die Frage nach unserm Zustande nach dem Tode gewiß zehntausend Mal öfter, in Büchern und mündlich, erörtert worden, als die nach unserm Zustande vor der Geburt. Theoretisch ist dennoch die eine ein eben so nahe liegendes und berechtigtes Problem, wie die andere: auch würde wer die eine beantwortet hätte mit der andern wohl gleichfalls im Klaren seyn. Schöne Deklamationen haben wir darüber, wie anstößig es wäre, zu denken, daß der Geist des Menschen, der die Welt umfaßt und so viele höchst vortreffliche Gedanken hat, mit ins Grab gesenkt würde: aber darüber, daß dieser Geist eine ganze Unendlichkeit habe verstreichen lassen, ehe er mit diesen seinen Eigenschaften entstanden sei, und die Welt eben so lange sich ohne ihn habe behelfen müssen, hört man nichts. Dennoch bietet der vom Willen unbestochenen Erkenntniß keine Frage sich natürlicher dar, als diese: eine unendliche Zeit ist vor meiner Geburt abgelaufen; was war ich alle jene Zeit hindurch? – Metaphysisch ließe sich vielleicht antworten: »Ich war immer Ich: nämlich Alle, die jene Zeit hindurch Ich sagten, die waren eben Ich.« Allein hievon sehn wir auf unserm, vor der Hand noch ganz empirischen Standpunkt ab und nehmen an, ich wäre gar nicht gewesen. Dann aber kann ich mich über die unendliche Zeit nach meinem Tode, da ich nicht seyn werde, trösten mit der unendlichen Zeit, da ich schon nicht gewesen bin, als einem wohl gewohnten und wahrlich sehr bequemen Zustande. Denn die Unendlichkeit *a parte post* [nachher] ohne mich kann so wenig schrecklich seyn, als die Unendlichkeit *a parte ante* [vorher] ohne mich; indem beide durch nichts sich unterscheiden, als durch die Dazwischenkunft eines ephemeren Lebenstraums. Auch lassen alle Beweise für die

Fortdauer nach dem Tode sich eben so gut *in partem ante* [hinsichtlich des Vorher] wenden, wo sie dann das Daseyn vor dem Leben demonstriren, in dessen Annahme Hindu und Buddhaisten sich daher sehr konsequent beweisen. Kants Idealität der Zeit allein löst alle diese Räthsel: doch davon ist jetzt noch nicht die Rede. Soviel aber geht aus dem Gesagten hervor, daß über die Zeit, da man nicht mehr seyn wird, zu trauern, eben so absurd ist, als es seyn würde über die, da man noch nicht gewesen: denn es ist gleichgültig, ob die Zeit, welche unser Daseyn nicht füllt, zu der, welche es füllt, sich als Zukunft oder Vergangenheit verhalte.

Aber auch ganz abgesehn von diesen Zeitbetrachtungen, ist es an und für sich absurd, das Nichtseyn für ein Uebel zu halten; da jedes Uebel, wie jedes Gut, das Daseyn zur Voraussetzung hat, ja sogar das Bewußtseyn; dieses aber mit dem Leben aufhört, wie eben auch im Schlaf und in der Ohnmacht; daher uns die Abwesenheit desselben, als gar kein Uebel enthaltend, wohl bekannt und vertraut, ihr Eintritt aber jedenfalls Sache eines Augenblicks ist. Von diesem Gesichtspunkt aus betrachtete Epikur [Diogenes Laertius x, 125] den Tod und sagte daher ganz richtig ὁ θανατος μηδεν προς ἡμας (der Tod geht uns nichts an); mit der Erläuterung, daß wann wir sind, der Tod nicht ist, und wann der Tod ist, wir nicht sind *(Diog. Laert., X, 27)*. Verloren zu haben was nicht vermißt werden kann, ist offenbar kein Uebel: also darf das Nichtseynwerden uns so wenig anfechten, wie das Nichtgewesenseyn. Vom Standpunkt der Erkenntniß aus erscheint demnach durchaus kein Grund den Tod zu fürchten: im Erkennen aber besteht das Bewußtseyn; daher für dieses der Tod kein Uebel ist. Auch ist es wirklich nicht dieser erkennende Theil unsers Ichs, welcher den Tod fürchtet; sondern ganz allein vom blinden Willen geht die *fuga mortis* [Flucht vor dem Tode], von der alles Lebende erfüllt ist, aus. Diesem aber ist sie, wie schon oben erwähnt, wesentlich, eben weil er Wille zum Leben ist, dessen ganzes Wesen im Drange nach Leben und Daseyn besteht, und dem die Erkenntniß nicht ursprünglich, sondern erst in Folge seiner Objektivation in animalischen Individuen beiwohnt. Wenn er nun, mittelst ihrer, den Tod, als das Ende der Erscheinung, mit der er sich identificirt hat und also auf sie sich beschränkt sieht, ansichtig wird, sträubt sich sein ganzes Wesen mit aller Gewalt dagegen. Ob nun er vom Tode wirklich etwas zu fürchten habe, werden wir weiter unten untersuchen und uns dabei der hier, mit gehöriger Unterscheidung des wollenden vom erkennenden Theil unsers Wesens, nachgewiesenen eigentlichen Quelle der Todesfurcht erinnern.

Derselben entsprechend ist auch, was uns den Tod so furchtbar macht, nicht sowohl das Ende des Lebens, da dieses Keinem als des Regrettirens [Bedauerns] sonderlich werth erscheinen kann; als vielmehr die Zerstörung des Organismus: eigentlich, weil dieser der als Leib sich darstellende Wille selbst ist. Diese Zerstörung fühlen wir aber wirklich nur in den Uebeln der Krankheit, oder des Alters: hingegen der Tod selbst besteht, für das Subjekt, bloß in dem Augenblick, da das Bewußtseyn schwindet, indem die Thätigkeit des Gehirns stockt. Die hierauf folgende Verbreitung der Stockung auf alle übrigen Theile des Organismus ist eigentlich schon eine Begebenheit nach dem Tode. Der Tod, in subjektiver Hinsicht, betrifft also allein das Bewußtseyn. Was nun das Schwinden dieses sei, kann Jeder einigermaaßen aus dem Einschlafen beurtheilen: noch besser aber kennt es, wer je eine wahre Ohnmacht gehabt hat, als bei welcher der Uebergang nicht so allmälig, noch durch Träume vermittelt ist, sondern zuerst die Sehkraft, noch bei vollem Bewußtseyn, schwindet, und dann unmittelbar die tiefste Bewußtlosigkeit eintritt: die Empfindung dabei, so weit sie geht, ist nichts weniger als unangenehm, und ohne Zweifel ist, wie der Schlaf der Bruder, so die Ohnmacht der Zwillingsbruder des Todes. Auch der gewaltsame Tod kann nicht schmerzlich seyn; da selbst schwere Verwundungen in der Regel gar nicht gefühlt, sondern erst eine Weile nachher, oft nur an ihren äußerlichen Zeichen bemerkt werden: sind sie schnell tödtlich; so wird das Bewußtseyn vor dieser Entdeckung schwinden: tödten sie später; so ist es wie bei andern Krankheiten. Auch alle Die, welche im Wasser, oder durch Kohlendampf, oder durch Hängen das Bewußtseyn verloren haben, sagen bekanntlich aus, daß es ohne Pein geschehn sei. Und nun endlich gar der eigentlich naturgemäße Tod, der durch das Alter, die Euthanasie, ist ein allmäliges Verschwinden und Verschweben [vgl. Goethe, *West-Östlicher Divan*, Buch des Paradieses, Höheres und Höchstes] aus dem Daseyn, auf unmerkliche Weise. Nach und nach erlöschen im Alter die Leidenschaften und Begierden, mit der Empfänglichkeit für ihre Gegenstände; die

Affekte finden keine Anregung mehr: denn die vorstellende Kraft wird immer schwächer, ihre Bilder matter, die Eindrücke haften nicht mehr, gehn spurlos vorüber, die Tage rollen immer schneller, die Vorfälle verlieren ihre Bedeutsamkeit, Alles verblaßt. Der Hochbetagte wankt umher, oder ruht in einem Winkel, nur noch ein Schatten, ein Gespenst seines ehemaligen Wesens. Was bleibt da dem Tode noch zu zerstören? Eines Tages ist dann ein Schlummer der letzte, und seine Träume sind – – – Es sind die, nach welchen schon Hamlet frägt, in dem berühmten Monolog [III, 1]. Ich glaube, wir träumen sie eben jetzt.

Hieher gehört noch die Bemerkung, daß die Unterhaltung des Lebensprocesses, wenn sie gleich eine metaphysische Grundlage hat, nicht ohne Widerstand, folglich nicht ohne Anstrengung vor sich geht. Diese ist es, welcher der Organismus jeden Abend unterliegt, weshalb er dann die Gehirnfunktion einstellt und einige Sekretionen, die Respiration, den Puls und die Wärmeentwickelung vermindert. Daraus ist zu schließen, daß das gänzliche Aufhören des Lebensprocesses für die treibende Kraft desselben eine wundersame Erleichterung seyn muß: vielleicht hat diese Antheil an dem Ausdruck süßer Zufriedenheit auf dem Gesichte der meisten Todten. Ueberhaupt mag der Augenblick des Sterbens dem des Erwachens aus einem schweren, alpgedrückten Traume ähnlich seyn.

Bis hieher hat sich uns ergeben, daß der Tod, so sehr er auch gefürchtet wird, doch eigentlich kein Uebel seyn könne. Oft aber erscheint er sogar als ein Gut, ein Erwünschtes, als Freund Hain. Alles, was auf unüberwindliche Hindernisse seines Daseyns, oder seiner Bestrebungen gestoßen ist, was an unheilbaren Krankheiten, oder an untröstlichem Grame leidet, – hat zur letzten, meistens sich ihm von selbst öffnenden Zuflucht die Rückkehr in den Schooß der Natur, aus welchem es, wie alles Andere auch, auf eine kurze Zeit heraufgetaucht war, verlockt durch die Hoffnung auf günstigere Bedingungen des Daseyns, als ihm geworden, und von wo aus ihm der selbe Weg stets offen bleibt. Jene Rückkehr ist die *cessio bonorum* [Abtretung der Vermögensgüter] des Lebenden. Jedoch wird sie auch hier erst nach einem physischen, oder moralischen Kampfe angetreten: so sehr sträubt Jedes sich, dahin zurückzugehn, von wo es so leicht und bereitwillig hervorkam, zu einem Daseyn, welches so viele Leiden und so wenige Freuden zu bieten hat. – Die Hindu geben dem

Todesgotte Yama zwei Gesichter: ein sehr furchtbares und schreckliches, und ein sehr freudiges und gütiges. Dies erklärt sich zum Theil schon durch die eben angestellte Betrachtung.

Auf dem empirischen Standpunkt, auf welchem wir noch immer stehn, ist auch die folgende Betrachtung eine sich von selbst darbietende, die daher verdient, durch Verdeutlichung genau bestimmt und dadurch in ihre Gränzen zurückgewiesen zu werden. Der Anblick eines Leichnams zeigt mir, daß Sensibilität, Irritabilität, Blutumlauf, Reproduktion u. s. w. hier aufgehört haben. Ich schließe daraus mit Sicherheit, daß Dasjenige, welches diese bisher aktuirte [in Tätigkeit setzte], jedoch ein mir stets Unbekanntes war, sie jetzt nicht mehr aktuirt, also von ihnen gewichen ist. – Wollte ich nun aber hinzusetzen, dies müsse eben Das gewesen seyn, was ich nur als Bewußtseyn, mithin als Intelligenz, gekannt habe (Seele); so wäre dies nicht bloß unberechtigt, sondern offenbar falsch geschlossen. Denn stets hat das Bewußtseyn sich mir nicht als Ursache, sondern als Produkt und Resultat des organischen Lebens gezeigt, indem es in Folge desselben stieg und sank, nämlich in den verschiedenen Lebensaltern, in Gesundheit und Krankheit, in Schlaf, Ohnmacht, Erwachen u. s.w., also stets als Wirkung, nie als Ursache des organischen Lebens auftrat, stets sich zeigte als etwas, das entsteht und vergeht, und wieder entsteht, so lange hiezu die Bedingungen noch dasind, aber außerdem nicht. Ja, ich kann auch gesehn haben, daß die völlige Zerrüttung des Bewußtseyns, der Wahnsinn, weit entfernt, die übrigen Kräfte mit sich herabzuziehn und zu deprimiren, oder gar das Leben zu gefährden, jene, namentlich die Irritabilität oder Muskelkraft, sehr erhöht, und dieses eher verlängert als verkürzt, wenn nicht andere Ursachen konkurriren. – Sodann: Individualität kannte ich als Eigenschaft jedes Organischen, und daher, wenn dieses ein selbstbewußtes ist, auch des Bewußtseyns. Jetzt zu schließen, daß dieselbe jenem entwichenen, Leben ertheilenden, mir völlig unbekannten Princip inhärire [innewohne], dazu ist kein Anlaß vorhanden; um so weniger, als ich sehe, daß überall in der Natur jede einzelne Erscheinung das Werk einer allgemeinen, in tausend gleichen Erscheinungen thätigen Kraft ist. – Aber eben so wenig Anlaß ist andererseits zu schließen, daß, weil hier das organische Leben aufgehört hat, deshalb auch jene dasselbe bisher aktuirende Kraft zu Nichts geworden sei; – so wenig, als vom stillstehenden Spinnrade auf den Tod der Spinnerin zu schließen ist. Wenn ein Pendel, durch Wiederfinden seines Schwerpunkts, endlich zur Ruhe kommt, und also das individuelle Scheinleben desselben aufgehört hat; so wird Keiner wähnen, jetzt sei die Schwere vernichtet; sondern Jeder begreift, daß sie in zahllosen Erscheinungen nach wie vor thätig ist. Allerdings ließe sich gegen dieses Gleichniß einwenden, daß hier auch in diesem Pendel die Schwere nicht aufgehört hat thätig zu seyn, sondern nur ihre Thätigkeit augenfällig zu äußern: wer darauf besteht, mag sich statt dessen einen elektrischen Körper denken, in welchem, nach seiner Entladung, die Elektricität wirklich aufgehört hat thätig zu seyn. Ich habe daran nur zeigen wollen, daß wir selbst den untersten Naturkräften eine Aeternität [ewige Dauer] und Ubiquität [Allgegenwart] unmittelbar zuerkennen, an welcher uns die Vergänglichkeit ihrer flüchtigen Erscheinungen keinen Augenblick irre macht. Um so weniger also darf es uns in den Sinn kommen, das Aufhören des Lebens für die Vernichtung des belebenden Princips, mithin den Tod für den gänzlichen Untergang des Menschen zu halten. Weil der kräftige Arm, der, vor dreitausend Jahren, den Bogen des Odysseus spannte, nicht mehr ist, wird kein nachdenkender und wohlgeregelter Verstand die Kraft, welche in demselben so energisch wirkte, für gänzlich vernichtet halten, aber daher, bei fernerem Nachdenken, auch nicht annehmen, daß die Kraft, welche heute den Bogen spannt, erst mit diesem Arm zu existiren angefangen habe. Viel näher liegt der Gedanke, daß die Kraft, welche früher ein nunmehr entwichenes Leben aktuirte, die selbe sei, welche in dem jetzt blühenden thätig ist: ja, dieser ist fast unabweisbar. Gewiß aber wissen wir, daß, wie im zweiten Buche dargethan wurde, nur Das vergänglich ist, was in der Kausalkette begriffen ist: dies aber sind bloß die Zustände und Formen. Unberührt hingegen von dem durch Ursachen herbeigeführten Wechsel dieser bleibt einerseits die Materie und andererseits die Naturkräfte: denn Beide sind die Voraussetzung aller jener Veränderungen. Das uns belebende Princip aber müssen wir zunächst wenigstens als eine Naturkraft denken, bis etwan eine tiefere Forschung uns hat erkennen lassen, was es an sich selbst sei. Also schon als Naturkraft genommen, bleibt die Lebenskraft ganz unberührt von dem Wechsel der Formen und Zustände, welche das Band der Ursachen und

Wirkungen herbei- und hinwegführt, und welche allein dem Entstehn und Vergehn, wie es in der Erfahrung vorliegt, unterworfen sind. Soweit also ließe sich schon die Unvergänglichkeit unsers eigentlichen Wesens sicher beweisen. Aber freilich wird dies den Ansprüchen, welche man an Beweise unsers Fortbestehns nach dem Tode zu machen gewohnt ist, nicht genügen, noch den Trost gewähren, den man von solchen erwartet. Indessen ist es immer etwas, und wer den Tod als seine absolute Vernichtung fürchtet, darf die völlige Gewißheit, daß das innerste Princip seines Lebens von demselben unberührt bleibt, nicht verschmähen. – Ja, es ließe sich das Paradoxon aufstellen, daß auch jenes Zweite, welches, eben wie die Naturkräfte, von dem am Leitfaden der Kausalität fortlaufenden Wechsel der Zustände unberührt bleibt, also die Materie, durch seine absolute Beharrlichkeit uns eine Unzerstörbarkeit zusichert, vermöge welcher, wer keine andere zu fassen fähig wäre, sich doch schon einer gewissen Unvergänglichkeit getrösten könnte. »Wie?« wird man sagen, »das Beharren des bloßen Staubes, der rohen Materie, sollte als eine Fortdauer unsers Wesens angesehn werden?« – Oho! kennt ihr denn diesen Staub? Wißt ihr, was er ist und was er vermag? Lernt ihn kennen, ehe ihr ihn verachtet. Diese Materie, die jetzt als Staub und Asche daliegt, wird bald, im Wasser aufgelöst, als Krystall anschießen, wird als Metall glänzen, wird dann elektrische Funken sprühen, wird mittelst ihrer galvanischen Spannung eine Kraft äußern, welche, die festesten Verbindungen zersetzend, Erden zu Metallen reducirt: ja, sie wird von selbst sich zu Pflanze und Thier gestalten und aus ihrem geheimnißvollen Schooß jenes Leben entwickeln, vor dessen Verlust ihr in eurer Beschränktheit so ängstlich besorgt seid. Ist nun, als eine solche Materie fortzudauern, so ganz und gar nichts? Ja, ich behaupte im Ernst, daß selbst diese Beharrlichkeit der Materie von der Unzerstörbarkeit unsers wahren Wesens Zeugniß ablegt, wenn auch nur wie im Bilde und Gleichniß, oder vielmehr nur wie im Schattenriß. Dies einzusehn, dürfen wir uns nur an die Kapitel 24 gegebene Erörterung der Materie erinnern, aus der sich ergab, daß die lautere, formlose Materie, – diese für sich allein nie wahrgenommene, aber als stets bleibend vorausgesetzte Basis der Erfahrungswelt, – der unmittelbare Wiederschein, die Sichtbarkeit überhaupt, des Dinges an sich, also des Willens, ist; daher von ihr, unter den Bedingungen der Erfahrung, Das gilt, was dem Willen an sich schlechthin zukommt und sie seine wahre Ewigkeit unter dem Bilde der zeitlichen Unvergänglichkeit wiedergiebt. Weil, wie schon gesagt, die Natur nicht lügt; so kann keine aus einer rein objektiven Auffassung derselben entsprungene und in folgerechtem Denken durchgeführte Ansicht ganz und gar falsch seyn, sondern sie ist, im schlimmsten Fall, nur sehr einseitig und unvollständig. Eine solche aber ist unstreitig auch der konsequente Materialismus, etwan der des Epikuros, eben so gut, wie der ihm entgegengesetzte absolute Idealismus, etwan der des Berkeley, und überhaupt jede aus einem richtigen *aperçu* [Einfall] hervorgegangene und redlich ausgeführte philosophische Grundansicht. Nur sind sie Alle höchst einseitige Auffassungen und daher, trotz ihrer Gegensätze, zugleich wahr, nämlich jede von einem bestimmten Standpunkt aus: sobald man aber sich über diesen erhebt, erscheinen sie nur noch als relativ und bedingt wahr. Der höchste Standpunkt allein, von welchem aus man sie alle übersieht und in ihrer bloß relativen Wahrheit, über diese hinaus aber in ihrer Falschheit erkennt, kann der der absoluten Wahrheit, so weit eine solche überhaupt erreichbar ist, seyn. Dem entsprechend sehn wir, wie soeben nachgewiesen wurde, selbst in der eigentlich sehr rohen und daher sehr alten Grundansicht des Materialismus die Unzerstörbarkeit unsers wahren Wesens an sich noch wie durch einen bloßen Schatten derselben repräsentirt, nämlich durch die Unvergänglichkeit der Materie; wie, in dem schon höher stehenden Naturalismus einer absoluten Physik, durch die Ubiquität und Aeternität der Naturkräfte, welchen die Lebenskraft doch wenigstens beizuzählen ist. Also selbst diese rohen Grundansichten enthalten die Aussage, daß das lebende Wesen durch den Tod keine absolute Vernichtung erleidet, sondern in und mit dem Ganzen der Natur fortbesteht. –

Die Betrachtungen, welche uns bis hieher geführt haben und an welche die ferneren Erörterungen sich knüpften, waren ausgegangen von der auffallenden Todesfurcht, welche alle lebenden Wesen erfüllt. Jetzt aber wollen wir den Standpunkt wechseln und ein Mal betrachten, wie, im Gegensatz der Einzelwesen, das Ganze der Natur sich hinsichtlich des Todes verhält; wobei wir jedoch immer noch auf dem empirischen Grund und Boden stehn bleiben.

Wir freilich kennen kein höheres Würfelspiel, als das um Tod und Leben: jeder Entscheidung über diese sehn wir mit der äußersten Spannung, Theilnahme und Furcht entgegen: denn es gilt, in unsern Augen, Alles in Allem. – Hingegen die Natur, welche doch nie lügt, sondern aufrichtig und offen ist, spricht über dieses Thema ganz anders, nämlich so, wie Krischna im Bhagavad-Gita. Ihre Aussage ist: an Tod oder Leben des Individuums ist gar nichts gelegen. Dieses nämlich drückt sie dadurch aus, daß sie das Leben jedes Thieres, und auch des Menschen, den unbedeutendesten Zufällen Preis giebt, ohne zu seiner Rettung einzutreten. – Betrachtet das Insekt auf eurem Wege: eine kleine, unbewußte Wendung eures Fußtrittes ist über sein Leben oder Tod entscheidend. Seht die Waldschnecke, ohne alle Mittel zur Flucht, zur Wehr, zur Täuschung, zum Verbergen, eine bereite Beute für Jeden. Seht den Fisch sorglos im noch offenen Netze spielen; den Frosch durch seine Trägheit von der Flucht, die ihn retten könnte, abgehalten; den Vogel, der den über ihm schwebenden Falken nicht gewahr wird; die Schaafe, welche der Wolf aus dem Busch ins Auge faßt und mustert. Diese Alle gehn, mit wenig Vorsicht ausgerüstet, arglos unter den Gefahren umher, die jeden Augenblick ihr Daseyn bedrohen. Indem nun also die Natur ihre so unaussprechlich künstlichen Organismen nicht nur der Raublust des Stärkeren, sondern auch dem blindesten Zufall, und der Laune jedes Narren, und dem Muthwillen jedes Kindes, ohne Rückhalt Preis giebt, spricht sie aus, daß die Vernichtung dieser Individuen ihr gleichgültig sei, ihr nicht schade, gar nichts zu bedeuten habe, und daß, in jenen Fällen, die Wirkung so wenig auf sich habe, wie die Ursache. Sie sagt dies sehr deutlich aus, und sie lügt nie: nur kommentirt sie ihre Aussprüche nicht; vielmehr redet sie im lakonischen Stil der Orakel. Wenn nun die Allmutter so sorglos ihre Kinder tausend drohenden Gefahren, ohne Obhut, entgegensendet; so kann es nur seyn, weil sie weiß, daß wenn sie fallen, sie in ihren Schooß zurückfallen, wo sie geborgen sind, daher ihr Fall nur ein Scherz ist. Sie hält es mit dem Menschen nicht anders, als mit den Thieren. Ihre Aussage also erstreckt sich auch auf diesen: Leben oder Tod des Individuums sind ihr gleichgültig. Demzufolge sollten sie es, in gewissem Sinne, auch uns seyn: denn wir selbst sind ja die Natur. Gewiß würden wir, wenn wir nur tief genug sähen, der Natur beistimmen und Tod oder Leben als so gleichgültig ansehn, wie sie. Inzwischen müssen wir, mittelst der Reflexion, jene Sorglosigkeit und Gleichgültigkeit der Natur gegen das Leben der Individuen dahin auslegen, daß die Zerstörung einer solchen Erscheinung das wahre und eigentliche Wesen derselben im Mindesten nicht anficht.

Erwägen wir nun ferner, daß nicht nur, wie soeben in Betrachtung genommen, Leben und Tod von den geringfügigsten Zufällen abhängig sind, sondern daß das Daseyn der organischen Wesen überhaupt ein ephemeres ist, Thier und Pflanze heute entsteht und morgen vergeht, und Geburt und Tod in schnellem Wechsel folgen, während dem so sehr viel tiefer stehenden Unorganischen eine ungleich längere Dauer gesichert ist, eine unendlich lange aber nur der absolut formlosen Materie, welcher wir dieselbe sogar *a priori* zuerkennen; – da muß, denke ich, schon der bloß empirischen, aber objektiven und unbefangenen Auffassung einer solchen Ordnung der Dinge von selbst der Gedanke folgen, daß dieselbe nur ein oberflächliches Phänomen sei, daß ein solches beständiges Entstehn und Vergehn keineswegs an die Wurzel der Dinge greifen, sondern nur ein relatives, ja nur scheinbares seyn könne, von welchem das eigentliche, sich ja ohnehin überall unserm Blick entziehende und durchweg geheimnißvolle, innere Wesen jedes Dinges nicht mitgetroffen werde, vielmehr dabei ungestört fortbestehe; wenn wir gleich die Weise, wie das zugeht, weder wahrnehmen, noch begreifen können, und sie daher nur im Allgemeinen, als eine Art von *tour de passe-passe* [Taschenspielertrick], der dabei vorgienge, uns denken müssen. Denn daß, während das Unvollkommenste, das Niedrigste, das Unorganische, unangefochten fortdauert, gerade die vollkommensten Wesen, die lebenden, mit ihren unendlich komplicirten und unbegreiflich kunstvollen Organisationen, stets von Grund aus neu entstehn und nach einer Spanne Zeit absolut zu nichts werden sollten, um abermals neuen, aus dem Nichts ins Daseyn tretenden, ihres Gleichen, Platz zu machen, – Dies ist etwas so augenscheinlich Absurdes, daß es nimmermehr die wahre Ordnung der Dinge seyn kann, vielmehr bloß eine Hülle, welche diese verbirgt, richtiger, ein durch die Beschaffenheit unsers Intellekts bedingtes Phänomen. Ja, das ganze Seyn und Nichtseyn selbst dieser Einzelwesen, in Beziehung auf welches Tod und Leben Gegensätze sind, kann nur ein relatives seyn: die Sprache der Natur, in welcher es uns als ein absolutes gegeben wird, kann also nicht der wahre und letzte Ausdruck der Beschaffenheit der Dinge und der Ordnung der Welt seyn, sondern wahrlich nur ein *patois du pays* [Provinzialismus], d. h. ein bloß relativ Wahres, ein Sogenanntes, ein *cum grano salis* [mit entsprechender Einschränkung] zu Verstehendes, oder eigentlich zu reden, ein durch unsern Intellekt Bedingtes. – Ich sage, eine unmittelbare, intuitive Ueberzeugung der Art, wie ich sie hier mit Worten zu umschreiben gesucht habe, wird sich Jedem aufdringen: d. h. freilich nur Jedem, dessen Geist nicht von der ganz gemeinen Gattung ist, als welche, schlechterdings nur das Einzelne, ganz und gar als solches, zu erkennen fähig, streng auf Erkenntniß der Individuen beschränkt ist, nach Art des thierischen Intellekts. Wer hingegen, durch eine nur etwas höher potenzirte Fähigkeit, auch bloß anfängt, in den Einzelwesen ihr Allgemeines, ihre Ideen, zu erblicken, der wird auch jener Ueberzeugung in gewissem Grade theilhaft werden, und zwar als einer unmittelbaren und darum gewissen. In der That sind es auch nur die kleinen, beschränkten Köpfe, welche ganz ernstlich den Tod als ihre Vernichtung fürchten: aber vollends von den entschieden Bevorzugten bleiben solche Schrecken gänzlich fern. Plato gründete mit Recht die ganze Philosophie auf die Erkenntniß der Ideenlehre, d. h. auf das Erblicken des Allgemeinen im Einzelnen. Ueberaus lebhaft aber muß die hier beschriebene, unmittelbar aus der Auffassung der Natur hervorgehende Ueberzeugung in jenen erhabenen und kaum als bloße Menschen denkbaren Urhebern des Upanischads der Veden gewesen seyn, da dieselbe aus unzähligen ihrer Aussprüche so sehr eindringlich zu uns redet, daß wir diese unmittelbare Erleuchtung ihres Geistes Dem zuschreiben müssen, daß diese Weisen, als dem Ursprunge unsers Geschlechtes, der Zeit nach, näher stehend, das Wesen der Dinge klarer und tiefer auffaßten, als das schon abgeschwächte Geschlecht, οἱοι νυν βροτοι εισιν [wie die Sterblichen jetzt sind: *Ilias*, v, 304, u. ö.], es vermag. Allerdings aber ist ihrer Auffassung auch die in ganz anderm Grade, als in unserm Norden, belebte Natur Indiens entgegengekommen. – Inzwischen leitet auch die durchgeführte Reflexion, wie Kants großer Geist sie verfolgte, auf anderm Wege, eben dahin, indem sie uns belehrt, daß unser Intellekt, in welchem jene so rasch wechselnde Erscheinungswelt sich darstellt, nicht das wahre, letzte Wesen der Dinge, sondern bloß die Erscheinung desselben auffaßt, und zwar, wie ich hinzusetze, weil er ursprünglich nur bestimmt ist, unserm Willen die Motive vorzuschieben, d. h. ihm beim Verfolgen seiner kleinlichen Zwecke dienstbar zu seyn.

Setzen wir inzwischen unsere objektive und unbefangene Betrachtung der Natur noch weiter fort. – Wenn ich ein Thier, sei es ein Hund, ein Vogel, ein Frosch, ja sei es auch nur ein Insekt, tödte; so ist es eigentlich doch undenkbar, daß dieses Wesen, oder vielmehr die Urkraft, vermöge welcher eine so bewunderungswürdige Erscheinung, noch den Augenblick vorher, sich in ihrer vollen Energie und Lebenslust darstellte, durch meinen boshaften, oder leichtsinnigen Akt zu Nichts geworden seyn sollte. – Und wieder andererseits, die Millionen Thiere jeglicher Art, welche jeden Augenblick, in unendlicher Mannigfaltigkeit, voll Kraft und Strebsamkeit ins Daseyn treten, können nimmermehr vor dem Akt ihrer Zeugung gar nichts gewesen und von nichts zu einem absoluten Anfang gelangt seyn. – Sehe ich nun auf diese Weise Eines sich meinem Blicke entziehn, ohne daß ich je erfahre, wohin es gehe; und ein Anderes hervortreten, ohne daß ich je erfahre, woher es komme; haben dazu noch Beide die selbe Gestalt, das selbe Wesen, den selben Charakter, nur allein nicht die selbe Materie, welche jedoch sie auch während ihres Daseyns fortwährend abwerfen und erneuern; – so liegt doch wahrlich die Annahme, daß Das, was verschwindet, und Das, was an seine Stelle tritt, Eines und das selbe Wesen sei, welches nur eine kleine Veränderung, eine Erneuerung der Form seines Daseyns, erfahren hat, und daß mithin was der Schlaf für das Individuum ist, der Tod für die Gattung sei; – diese Annahme, sage ich, liegt so nahe, daß es unmöglich ist, nicht auf sie zu gerathen, wenn nicht der Kopf, in früher Jugend, durch Einprägung falscher Grundansichten verschroben, ihr, mit abergläubischer Furcht, schon von Weitem aus dem Wege eilt. Die entgegengesetzte Annahme aber, daß die Geburt eines Thieres eine Entstehung aus nichts, und dem entsprechend sein Tod seine absolute Vernichtung sei, und Dies noch mit der Zugabe, daß der Mensch, eben so aus nichts geworden, dennoch eine individuelle, endlose Fortdauer und zwar mit Bewußtseyn habe, während der Hund, der Affe, der Elephant durch den Tod vernichtet würden, – ist denn doch wohl etwas, wogegen der gesunde Sinn sich empören und es für absurd erklären muß. – Wenn, wie zur Genüge wiederholt wird, die Vergleichung der Resultate eines Systems mit den Aussprüchen des gesunden Menschenverstandes ein Probirstein seiner Wahrheit seyn soll; so wünsche ich, daß die Anhänger jener von Cartesius bis auf die vorkantischen Eklektiker herabgeerbten, ja wohl auch jetzt noch bei einer großen Anzahl der Gebildeten in Europa herrschenden Grundansicht, ein Mal hier diesen Probirstein anlegen mögen.

Durchgängig und überall ist das ächte Symbol der Natur der Kreis, weil er das Schema der Wiederkehr ist: diese ist in der That die allgemeinste Form in der Natur, welche sie in Allem durchführt, vom Laufe der Gestirne an, bis zum Tod und der Entstehung organischer Wesen, und wodurch allein in dem rastlosen Strohm der Zeit und ihres Inhalts doch ein bestehendes Daseyn, d. i. eine Natur, möglich wird.

Wenn man im Herbst die kleine Welt der Insekten betrachtet und nun sieht, wie das eine sich sein Bett bereitet, um zu schlafen, den langen, erstarrenden Winterschlaf; das andere sich einspinnt, um als Puppe zu überwintern und einst, im Frühling, verjüngt und vervollkommnet zu erwachen; endlich die meisten, als welche ihre Ruhe in den Armen des Todes zu halten gedenken, bloß ihrem Ei sorgfältig die geeignete Lagerstätte anpassen, um einst aus diesem erneuet hervorzugehn; – so ist dies die große Unsterblichkeitslehre der Natur, welche uns beibringen möchte, daß zwischen Schlaf und Tod kein radikaler Unterschied ist, sondern der Eine so wenig wie der Andere das Daseyn gefährdet. Die Sorgfalt, mit der das Insekt eine Zelle, oder Grube, oder Nest bereitet, sein Ei hineinlegt, nebst Futter für die im kommenden Frühling daraus hervorgehende Larve, und dann ruhig stirbt, – gleicht ganz der Sorgfalt, mit der ein Mensch am Abend sein Kleid und sein Frühstück für den kommenden Morgen bereit legt und dann ruhig schlafen geht, – und könnte im Grunde gar nicht Statt haben, wenn nicht, an sich und seinem wahren Wesen nach, das im Herbste sterbende Insekt mit dem im Frühling auskriechenden eben so wohl identisch wäre, wie der sich schlafen legende Mensch mit dem aufstehenden.

Wenn wir nun, nach diesen Betrachtungen, zu uns selbst und unserm Geschlechte zurückkehren und dann den Blick vorwärts, weit hinaus in die Zukunft werfen, die künftigen Generationen, mit den Millionen ihrer Individuen, in der fremden Gestalt ihrer Sitten und Trachten uns zu vergegenwärtigen suchen, dann aber mit der Frage dazwischenfahren: Woher werden diese Alle kommen? Wo sind sie jetzt? – Wo ist der reiche Schooß des weltenschwangeren Nichts, der sie noch birgt, die kommenden Geschlechter? – Wäre darauf nicht die lächelnde und wahre Antwort: Wo anders sollen sie seyn, als dort, wo allein das Reale stets war und seyn wird, in der Gegenwart und ihrem Inhalt, also bei Dir, dem bethörten Frager, der, in diesem Verkennen seines eigenen Wesens, dem Blatte am Baume gleicht, welches im Herbste welkend und im Begriff abzufallen, jammert über seinen Untergang und sich nicht trösten lassen will durch den Hinblick auf das frische Grün, welches im Frühling den Baum bekleiden wird, sondern klagend spricht: »Das bin ja Ich nicht! Das sind ganz andere Blätter!« – O thörichtes Blatt! Wohin willst du? Und woher sollen andere kommen? Wo ist das Nichts, dessen Schlund du fürchtest? – Erkenne doch dein eigenes Wesen, gerade Das, was vom Durst nach Daseyn so erfüllt ist, erkenne es wieder in der innern, geheimen, treibenden Kraft des Baumes, welche, stets e i n e und die selbe in allen Generationen von Blättern, unberührt bleibt vom Entstehn und Vergehn. Und nun

οἱη περ φυλλων γενεη, τοιηδε και ανδρων.
(Qualis foliorum generatio, talis et hominum.)
[Gleich wie die Blätter am Baume,
so sind die Geschlechter der Menschen:
Ilias, VI, 146.]

Ob die Fliege, die jetzt um mich summt, am Abend einschläft und morgen wieder summt; oder ob sie am Abend stirbt, und im Frühjahr, aus ihrem Ei erstanden, eine andere Fliege summt; das ist an sich die selbe Sache: daher aber ist die Erkenntniß, die solches als zwei grundverschiedene Dinge darstellt, keine unbedingte, sondern eine relative, eine Erkenntniß der Erscheinung, nicht des Dinges an sich. Die Fliege ist am Morgen wieder da; sie ist auch im Frühjahr wieder da. Was unterscheidet für sie den Winter von der Nacht? – In B u r d a c h s Physiologie, Bd. 1, § 275, lesen wir: »Bis Morgens 10 Uhr ist noch keine *Cercaria ephemera* (ein Infusionsthier) zu sehn (in der Infusion): und um 12 wimmelt das ganze Wasser davon. Abends sterben sie, und am andern Morgen entstehn wieder neue. So beobachtete es N i t z s c h sechs Tage hinter einander.«

So weilt Alles nur einen Augenblick und eilt dem Tode zu.

Die Pflanze und das Insekt sterben am Ende des Sommers, das Thier, der Mensch, nach wenig Jahren: der Tod mäht unermüdlich. Desungeachtet aber, ja, als ob dem ganz und gar nicht so wäre, ist jederzeit Alles da und an Ort und Stelle, eben als wenn Alles unvergänglich wäre. Jederzeit grünt und blüht die Pflanze, schwirrt das Insekt, steht Thier und Mensch in unverwüstlicher Jugend da, und die schon tausend Mal genossenen Kirschen haben wir jeden Sommer wieder vor uns. Auch die Völker stehn da, als unsterbliche Individuen; wenn sie gleich bisweilen die Namen wechseln: sogar ist ihr Thun, Treiben und Leiden allezeit das selbe; wenn gleich die Geschichte stets etwas Anderes zu erzählen vorgiebt: denn diese ist wie das Kaleidoskop, welches bei jeder Wendung eine neue Konfiguration zeigt, während wir eigentlich immer das Selbe vor Augen haben. Was also dringt sich unwiderstehlicher auf, als der Gedanke, daß jenes Entstehn und Vergehn nicht das eigentliche Wesen der Dinge treffe, sondern dieses davon unberührt bleibe, also unvergänglich sei, daher denn Alles und Jedes, was daseyn will, wirklich fortwährend und ohne Ende daist. Demgemäß sind in jedem gegebenen Zeitpunkt alle Thiergeschlechter, von der Mücke bis zum Elephanten, vollzählig beisammen. Sie haben sich bereits viel Tausend Mal erneuert und sind dabei die selben geblieben. Sie wissen nicht von Andern ihres Gleichen, die vor ihnen gelebt, oder nach ihnen leben werden: die Gattung ist es, die allezeit lebt, und, im Bewußtseyn der Unvergänglichkeit derselben und ihrer Identität mit ihr, sind die Individuen da und wohlgemuth. Der Wille zum Leben erscheint sich in endloser Gegenwart; weil diese die Form des Lebens der Gattung ist, welche daher nicht altert, sondern immer jung bleibt. Der Tod ist für sie, was der Schlaf für das Individuum, oder was für das Auge das Winken ist, an dessen Abwesenheit die Indischen Götter erkannt werden, wenn sie in Menschengestalt erscheinen. Wie durch den Eintritt der Nacht die Welt verschwindet, dabei jedoch keinen Augenblick zu seyn aufhört; eben so scheinbar vergeht Mensch und Thier durch den Tod, und eben so ungestört besteht dabei ihr wahres Wesen fort. Nun denke man sich jenen Wechsel von Tod und Geburt in unendlich schnellen Vibrationen, und man hat die beharrliche Objektivation des Willens, die bleibenden Ideen der Wesen vor sich, fest stehend, wie der Regenbogen auf dem Wasserfall. Dies ist die zeitliche Unsterblichkeit. In Folge derselben ist, trotz Jahrtausenden des Todes und der Verwesung, noch nichts verloren gegangen, kein Atom der Materie, noch weniger etwas von dem innern Wesen, welches als die Natur sich darstellt. Demnach können wir jeden Augenblick wohlgemuth ausrufen: »Trotz Zeit, Tod und Verwesung, sind wir noch Alle beisammen!«

Etwan Der wäre auszunehmen, der zu diesem Spiele ein Mal aus Herzensgrunde gesagt hätte: »Ich mag nicht mehr.« Aber davon zu reden ist hier noch nicht der Ort.

Wohl aber ist darauf aufmerksam zu machen, daß die Wehen der Geburt und die Bitterkeit des Todes die beiden konstanten Bedingungen sind, unter denen der Wille zum Leben sich in seiner Objektivation erhält, d. h. unser Wesen an sich, unberührt vom Laufe der Zeit und dem Hinsterben der Geschlechter, in immerwährender Gegenwart daist und die Frucht der Bejahung des Willens zum Leben genießt. Dies ist dem analog, daß wir nur unter der Bedingung, allnächtlich zu schlafen, am Tage wach seyn können; sogar ist Letzteres der Kommentar, den die Natur zum Verständniß jenes schwierigen Passus liefert. Denn die Einstellung der animalischen Funktionen ist der Schlaf; die der organischen der Tod.

Das Substrat, oder die Ausfüllung, πληρωμα, oder der Stoff der G e g e n w a r t ist durch alle Zeit eigentlich der selbe. Die Unmöglichkeit, diese Identität unmittelbar zu erkennen, ist eben d i e Z e i t, eine Form und Schranke unsers Intellekts. Daß, vermöge derselben, z. B. das Zukünftige noch nicht ist, beruht auf einer Täuschung, welcher wir inne werden, wann es gekommen ist. Daß die wesentliche Form unsers Intellekts eine solche Täuschung herbeiführt, erklärt und rechtfertigt sich daraus, daß der Intellekt keineswegs zum Auffassen des Wesens der Dinge, sondern bloß zu dem der Motive, also zum Dienst einer individuellen und zeitlichen Willenserscheinung, aus den Händen der Natur hervorgegangen ist†.

Wenn man die uns hier beschäftigenden Betrachtungen zusammenfaßt, wird man auch den wahren Sinn der paradoxen Lehre

† Es giebt nur E i n e G e g e n w a r t, und diese ist immer: denn sie ist die alleinige Form des wirklichen Daseyns. Man muß dahin gelangen einzusehn, daß die V e r g a n g e n h e i t n i c h t a n s i c h von der Gegenwart verschieden ist, sondern nur in unserer Apprehension, als welche d i e Z e i t zur Form hat, vermöge welcher allein sich das Gegenwärtige als verschieden vom Vergangenen darstellt. Zur Beförderung dieser Einsicht denke man sich alle Vorgänge und Scenen des Men-

der Eleaten verstehn, daß es gar kein Entstehn und Vergehn gebe, sondern das Ganze unbeweglich feststehe: Παρμενιδης και Μελισσος ανηρουν γενεσιν και φθοραν, δια το νομιζειν το παν ακινητον. *(Parmenides et Melissus ortum et interitum tollebant, quoniam nihil moveri putabant.* [Parmenides und Melissos leugneten das Entstehen und Vergehen, weil sie das All für unbeweglich hielten] *Stob. Ecl., I, 21 [= 20,1]).* Imgleichen erhält hier auch die schöne Stelle des Empedokles Licht, welche Plutarch uns aufbehalten hat, im Buche *Adversus Coloten, c. 12*:

Νηπιοι· ου γαρ σφιν δολιχοφρονες εισι μεριμναι,
Οἱ δη γινεσθαι παρος ουκ εον ελπιζουσι,
Η τι καταθνησκειν και εξολλυσθαι ἁπαντη.
Ουκ αν ανηρ τοιαυτα σοφος φρεσι μαντευσαιτο,
Ὡς οφρα μεν τε βιωσι (το δη βιοτον καλεουσι),
Τοφρα μεν ουν εισιν, και σφιν παρα δεινα και εσθλα,
Πριν τε παγεν τε βροτοι, και επει λυθεν, ουδεν αρ’ εισιν.

(Stulta, et prolixas non admittentia curas
Pectora: qui sperant, existere posse, quod ante
Non fuit, aut ullam rem pessum protinus ire; –
Non animo prudens homo quod praesentiat ullus,
Dum vivunt (namque hoc vitaï nomine signant),
Sunt, et fortuna tum conflictantur utraque:
Ante ortum nihil est homo, nec post funera quidquam.)

[Toren sind sie, ermangelnd des weitausblickenden Denkens,
Die da wähnen, es könne entstehen, was nicht schon gewesen,
Oder es könne vergehen und gänzlich werden zu nichte.
Niemals wird in den Sinn dergleichen kommen dem Weisen,
Daß wir, solange wir leben, – was man so als Leben
bezeichnet –

---

schenlebens, schlechte und gute, glückliche und unglückliche, erfreuliche und entsetzliche, wie sie im Laufe der Zeiten und Verschiedenheit der Oerter sich successiv in buntester Mannigfaltigkeit und Abwechselung uns darstellen, als auf ein Mal und zugleich und immerdar vorhanden, im *Nunc stans* [beharrenden Jetzt], während nur scheinbar jetzt Dies, jetzt Das ist; – dann wird man verstehn, was die Objektivation des Willens zum Leben eigentlich besagt. – Auch unser Wohlgefallen an Genre-Bildern beruht hauptsächlich darauf, daß sie die flüchtigen Scenen des Lebens fixiren. – Aus dem Gefühl der ausgesprochenen Wahrheit ist das Dogma von der Metempsychose [Seelenwanderung] hervorgegangen.

Nur so lange auch seien behaftet mit Schlimmem und Gutem,
Und daß wir vor der Geburt und nach dem Tode ein Nichts sind.]

Nicht weniger verdient hier erwähnt zu werden die so höchst merkwürdige und an ihrem Ort überraschende Stelle in Diderot's *Jacques le fataliste: un château immense, au frontispice duquel on lisait: »Je n'appartiens à personne, et j'appartiens à tout le monde: vous y étiez avant que d'y entrer, vous y serez encore, quand vous en sortirez.«* [Ein großes Schloß, über dessen Eingangsportal zu lesen stand: »Ich gehöre niemandem, und ich gehöre aller Welt: du warst darin, ehe du es betreten, du bleibst darin, nachdem du es verlassen.« ed. Paris 1796, vol. 1, p. 65.]

In dem Sinne freilich, in welchem der Mensch bei der Zeugung aus nichts entsteht, wird er durch den Tod zu nichts. Dieses Nichts aber so ganz eigentlich kennen zu lernen, wäre sehr interessant; da nur mittelmäßiger Scharfsinn erfordert ist, einzusehn, daß dieses empirische Nichts keineswegs ein absolutes ist, d. h. ein solches, welches in jedem Sinne nichts wäre. Auf diese Einsicht leitet schon die empirische Bemerkung hin, daß alle Eigenschaften der Eltern sich im Erzeugten wiederfinden, also den Tod überstanden haben. Hievon werde ich jedoch in einem eigenen Kapital reden.

Es giebt keinen größern Kontrast, als den zwischen der unaufhaltsamen Flucht der Zeit, die ihren ganzen Inhalt mit sich fortreißt, und der starren Unbeweglichkeit des wirklich Vorhandenen, welches zu allen Zeiten das eine und selbe ist. Und faßt man, von diesem Gesichtspunkt aus, die unmittelbaren Vorgänge des Lebens recht objektiv ins Auge; so wird Einem das *Nunc stans* im Mittelpunkt des Rades der Zeit klar und sichtbar. – Einem unvergleichlich länger lebenden Auge, welches mit einem Blick das Menschengeschlecht, in seiner ganzen Dauer, umfaßte, würde der stete Wechsel von Geburt und Tod sich nur darstellen wie eine anhaltende Vibration, und demnach ihm gar nicht einfallen, darin ein stets neues Werden aus Nichts zu Nichts zu sehn; sondern ihm würde, gleichwie unserm Blick der schnell gedrehte Funke als bleibender Kreis, die schnell vibrirende Feder als beharrendes Dreieck, die schwingende Saite als Spindel erscheint, die Gattung als das Seiende und Bleibende erscheinen, Tod und Geburt als Vibrationen.

Von der Unzerstörbarkeit unsers wahren Wesens durch den Tod werden wir so lange falsche Begriffe haben, als wir uns nicht entschließen, sie zuvörderst an den Thieren zu studiren, sondern eine aparte Art derselben, unter dem prahlerischen Namen der Unsterblichkeit, uns allein anmaaßen. Diese Anmaaßung aber und die Beschränktheit der Ansicht, aus der sie hervorgeht, ist es ganz allein, weswegen die meisten Menschen sich so hartnäckig dagegen sträuben, die am Tage liegende Wahrheit anzuerkennen, daß wir, dem Wesentlichen nach und in der Hauptsache, das Selbe sind wie die Thiere; ja, daß sie vor jeder Andeutung unserer Verwandtschaft mit diesen zurückbeben. Diese Verleugnung der Wahrheit aber ist es, welche mehr als alles Andere ihnen den Weg versperrt zur wirklichen Erkenntniß der Unzerstörbarkeit unsers Wesens. Denn wenn man etwas auf einem falschen Wege sucht; so hat man eben deshalb den rechten verlassen und wird auf jenem am Ende nie etwas Anderes erreichen, als späte Enttäuschung. Also frisch weg, nicht nach vorgefaßten Grillen, sondern an der Hand der Natur, die Wahrheit verfolgt! Zuvörderst lerne man beim Anblick jedes jungen Thieres das nie alternde Daseyn der Gattung erkennen, welche, als einen Abglanz ihrer ewigen Jugend, jedem neuen Individuo eine zeitliche schenkt, und es auftreten läßt, so neu, so frisch, als wäre die Welt von heute. Man frage sich ehrlich, ob die Schwalbe des heurigen Frühlings eine ganz und gar andere, als die des ersten sei, und ob wirklich zwischen beiden das Wunder der Schöpfung aus Nichts sich Millionen Mal erneuert habe, um eben so oft absoluter Vernichtung in die Hände zu arbeiten. – Ich weiß wohl, daß, wenn ich Einen ernsthaft versicherte, die Katze, welche eben jetzt auf dem Hofe spielt, sei noch die selbe, welche dort vor dreihundert Jahren die nämlichen Sprünge und Schliche gemacht hat, er mich für toll halten würde: aber ich weiß auch, daß es sehr viel toller ist, zu glauben, die heutige Katze sei durch und durch und von Grund aus eine ganz andere, als jene vor dreihundert Jahren. – Man braucht sich nur treu und ernst in den Anblick eines dieser obern Wirbelthiere zu vertiefen, um deutlich inne zu werden, daß dieses unergründliche Wesen, wie es daist, im Ganzen genommen, unmöglich zu Nichts werden kann: und doch kennt man andererseits seine Vergänglichkeit. Dies beruht darauf, daß in diesem Thiere die Ewigkeit seiner Idee (Gattung) in der Endlichkeit des Individui ausgeprägt ist. Denn in gewissem Sinne ist es allerdings wahr, daß wir im Individuo stets ein anderes Wesen vor uns haben, nämlich in dem Sinne, der auf dem Satz vom Grunde beruht, unter welchem auch Zeit und Raum begriffen sind, welche das *principium individuationis* ausmachen. In einem andern Sinne aber ist es nicht wahr, nämlich in dem, in welchem die Realität allein den bleibenden Formen der Dinge, den Ideen zukommt, und welcher dem Plato so klar eingeleuchtet hatte, daß derselbe sein Grundgedanke, das Centrum seiner Philosophie, und die Auffassung desselben sein Kriterium der Befähigung zum Philosophiren überhaupt wurde.

Wie die zerstäubenden Tropfen des tobenden Wasserfalls mit Blitzesschnelle wechseln, während der Regenbogen, dessen Träger sie sind, in unbeweglicher Ruhe fest steht, ganz unberührt von jenem rastlosen Wechsel; so bleibt jede I d e e, d. i. jede G a t t u n g lebender Wesen, ganz unberührt vom fortwährenden Wechsel ihrer Individuen. Die I d e e aber, oder die Gattung, ist es, darin der Wille zum Leben eigentlich wurzelt und sich manifestirt: daher auch ist an ihrem Bestand allein ihm wahrhaft gelegen. Z. B. die Löwen, welche geboren werden und sterben, sind wie die Tropfen des Wasserfalls; aber die *leonitas*, die I d e e, oder Gestalt, des Löwen, gleicht dem unerschütterten Regenbogen darauf. Darum also legte P l a t o den I d e e n allein, d. i. den *species*, den Gattungen, ein eigentliches Seyn bei, den Individuen nur ein rastloses Entstehn und Vergehn. Aus dem tiefinnersten Bewußtseyn seiner Unvergänglichkeit entspringt eigentlich auch die Sicherheit und Gemüthsruhe, mit der jedes thierische und auch das menschliche Individuum unbesorgt dahin wandelt zwischen einem Heer von Zufällen, die es jeden Augenblick vernichten können, und überdies dem Tod gerade entgegen: aus seinen Augen blickt inzwischen die Ruhe der Gattung, als welche jener Untergang nicht anficht und nicht angeht. Auch dem Menschen könnten diese Ruhe die unsichern und wechselnden Dogmen nicht verleihen. Aber, wie gesagt, der Anblick jedes Thieres lehrt, daß dem Kern des Lebens, dem Willen, in seiner Manifestation der Tod nicht hinderlich ist. Welch ein unergründliches Mysterium liegt doch in jedem Thiere! Seht das nächste, seht euern Hund an: wie wohlgemuth und ruhig er dasteht! Viele Tausende von Hunden haben sterben müssen, ehe es an diesen kam, zu leben. Aber der Untergang jener Tausende hat die Idee des Hundes nicht angefochten: sie ist durch alles jenes Sterben nicht im Mindesten getrübt worden. Daher steht der Hund so frisch und urkräftig da, als wäre dieser Tag sein erster und könne keiner sein letzter seyn, und aus seinen Augen leuchtet das unzerstörbare Princip in ihm, der Archaeus [die Urkraft]. Was ist denn nun jene Jahrtausende hindurch gestorben? – Nicht der Hund, er steht unversehrt vor uns; bloß sein Schatten, sein Abbild in unserer an die Zeit gebundenen Erkenntnißweise. Wie kann man doch nur glauben, daß Das vergehe, was immer und immer daist und alle Zeit ausfüllt? – Freilich wohl ist die Sache empirisch erklärlich: nämlich in dem Maaße, wie der Tod die Individuen vernichtete, brachte die Zeugung neue hervor. Aber diese empirische Erklärung ist bloß scheinbar eine solche: sie setzt ein Räthsel an die Stelle des andern. Der metaphysische Verstand der Sache ist, wenn auch nicht so wohlfeil zu haben, doch der allein wahre und genügende.

Kant, in seinem subjektiven Verfahren, brachte die große, wiewohl negative Wahrheit zu Tage, daß dem Ding an sich die Zeit nicht zukommen könne; weil sie in unserer Auffassung präformirt liege. Nun ist der Tod das zeitliche Ende der zeitlichen Erscheinung: aber sobald wir die Zeit wegnehmen, giebt es gar kein Ende mehr und hat dies Wort alle Bedeutung verloren. Ich aber, hier auf dem objektiven Wege, bin jetzt bemüht, das Positive der Sache nachzuweisen, daß nämlich das Ding an sich von der Zeit und Dem, was nur durch sie möglich ist, dem Entstehn und Vergehn, unberührt bleibt, und daß die Erscheinungen in der Zeit sogar jenes rastlos flüchtige, dem Nichts zunächst stehende Daseyn nicht haben könnten, wenn nicht in ihnen ein Kern aus der Ewigkeit wäre. Die Ewigkeit ist freilich ein Begriff, dem keine Anschauung zum Grunde liegt: er ist auch deshalb bloß negativen Inhalts, besagt nämlich ein zeitloses Daseyn. Die Zeit ist dennoch ein bloßes Bild der Ewigkeit, ὁ χρονος εἰκων του αἰωνος [Die Zeit ist das Abbild der Ewigkeit], wie es Plotinos [*Enneades*, III, 7, 11] hat: und eben so ist unser zeitliches Daseyn das bloße Bild unsers Wesens an sich. Dieses muß in der Ewigkeit liegen, eben weil die Zeit nur die Form unsers Erkennens ist: vermöge dieser allein aber erkennen wir unser und aller Dinge Wesen als vergänglich, endlich und der Vernichtung anheimgefallen.

Im zweiten Buche habe ich ausgeführt, daß die adäquate Objektität des Willens als Dinges an sich, auf jeder ihrer Stufen die (Platonische) Idee ist; desgleichen im dritten Buche, daß die Ideen der Wesen das reine Subjekt des Erkennens zum Korrelat haben, folglich die Erkenntniß derselben nur ausnahmsweise, unter besondern Begünstigungen und vorübergehend eintritt. Für die individuelle Erkenntniß hingegen, also in der Zeit, stellt die Idee sich dar unter der Form der Species, welches die durch Eingehn in die Zeit auseinandergezogene Idee ist. Daher ist also die Species die unmittelbarste Objektivation des Dinges an sich, d. i. des Willens zum Leben. Das innerste Wesen jedes Thieres, und auch des Menschen, liegt demgemäß in der Species: in dieser also wurzelt der sich so mächtig regende Wille zum Leben, nicht eigentlich im Individuo. Hingegen liegt in diesem allein das unmittelbare Bewußtseyn: deshalb wähnt es sich von der Gattung verschieden, und darum fürchtet es den Tod. Der Wille zum Leben manifestirt sich in Beziehung auf das Individuum als Hunger und Todesfurcht; in Beziehung auf die Species als Geschlechtstrieb und leidenschaftliche Sorge für die Brut. In Uebereinstimmung hiemit finden wir die Natur, als welche von jenem Wahn des Individuums frei ist, so sorgsam für die Erhaltung der Gattung, wie gleichgültig gegen den Untergang der Individuen: diese sind ihr stets nur Mittel, jene ist ihr Zweck. Daher tritt ein greller Kontrast hervor zwischen ihrem Geiz bei Ausstattung der Individuen und ihrer Verschwendung, wo es die Gattung gilt. Hier nämlich werden oft von einem Individuo jährlich hundert Tausend Keime und darüber gewonnen, z. B. von Bäumen, Fischen, Krebsen, Termiten u. a. m. Dort hingegen ist Jedem an Kräften und Organen nur knapp so viel gegeben, daß es bei unausgesetzter Anstrengung sein Leben fristen kann; weshalb ein Thier, wenn es verstümmelt oder geschwächt wird, in der Regel verhungern muß. Und wo eine gelegentliche Ersparniß möglich war, dadurch daß ein Theil zur Noth entbehrt werden konnte, ist er, selbst außer der Ordnung, zurückbehalten worden: daher fehlen z. B. vielen Raupen die Augen: die armen Thiere tappen im Finstern von Blatt zu Blatt, welches beim Mangel der Fühlhörner dadurch geschieht, daß sie sich mit drei Viertel ihres Leibes in der Luft hin und her bewegen, bis sie einen Gegenstand treffen; wobei sie oft ihr dicht daneben anzutreffendes Futter verfehlen. Allein dies geschieht in Folge der *lex parsimoniae naturae* [des Gesetzes der Sparsamkeit der Natur], zu deren Ausdruck *natura nihil facit supervacaneum* [die Natur tut nichts Überflüssiges] man noch fügen kann *et nihil largitur* [und sie schenkt nichts]. – Die selbe Richtung der Natur zeigt sich auch darin, daß je tauglicher das Individuum, vermöge seines Alters, zur Fortpflanzung ist, desto kräftiger in ihm die *vis naturae medicatrix* [Heilkraft der Natur] sich äußert, seine Wunden daher leicht heilen und es von Krankheiten leicht genest. Dieses nimmt ab mit der Zeugungsfähigkeit, und sinkt tief, nachdem sie erloschen ist: denn jetzt ist, in den Augen der Natur, das Individuum werthlos geworden.

Werfen wir jetzt noch einen Blick auf die Stufenleiter der Wesen, mit sammt der sie begleitenden Gradation des Bewußtseyns, vom Polypen bis zum Menschen; so sehn wir diese wundervolle Pyramide zwar durch den steten Tod der Individuen in unausgesetzter Oscillation erhalten, jedoch, mittelst des Bandes der Zeugung, in der Gattung, die Unendlichkeit der Zeit hindurch beharren. Während nun also, wie oben ausgeführt worden, das Objektive, die Gattung, sich als unzerstörbar darstellt, scheint das Subjektive, als welches bloß im Selbstbewußtseyn dieser Wesen besteht, von der kürzesten Dauer zu seyn und unablässig zerstört zu werden, um eben so oft, auf unbegreifliche Weise, wieder aus dem Nichts hervorzugehn. Wahrlich aber muß man sehr kurzsichtig seyn, um sich durch diesen Schein täuschen zu lassen und nicht zu begreifen, daß, wenn gleich die Form der zeitlichen Fortdauer nur dem Objektiven zukommt, das Subjektive, – d. i. der Wille, welcher in dem Allen lebt und erscheint, und mit ihm das Subjekt des Erkennens, in welchem dasselbe sich darstellt, – nicht minder unzerstörbar seyn muß; indem die Fortdauer des Objektiven, oder Aeußern, doch nur die Erscheinung der Unzerstörbarkeit des Subjektiven, oder Innern, seyn kann; da Jenes nichts besitzen kann, was es nicht von Diesem zu Lehn empfangen hätte; nicht aber wesentlich und ursprünglich ein Objektives, eine Erscheinung, und sodann sekundär und accidentell ein Subjektives, ein Ding an sich, ein Selbstbewußtes seyn kann. Denn offenbar setzt Jenes als Erscheinung ein Erscheinendes, als Seyn für Anderes ein Seyn für sich, und als Objekt ein Subjekt voraus; nicht aber umgekehrt: weil überall die Wurzel der Dinge in Dem, was sie für sich selbst sind, also im Subjektiven liegen muß, nicht im Objektiven, d. h. in Dem, was sie erst für Andere, in einem fremden Bewußtseyn sind. Demgemäß fanden wir, im ersten Buch, daß der richtige Ausgangspunkt für die Philosophie wesentlich und nothwendig der subjektive, d. i. der idealistische ist; wie auch, daß der entgegengesetzte, vom Objektiven ausgehende, zum Materialismus führt. – Im Grunde aber sind wir mit der Welt viel mehr Eins, als wir gewöhnlich denken: ihr inneres Wesen ist unser Wille; ihre Erscheinung ist unsere Vorstellung. Wer dieses Einsseyn sich zum deutlichen Bewußtseyn bringen könnte, dem würde der Unterschied zwischen der Fortdauer der Außenwelt, nachdem er gestorben, und seiner eigenen Fortdauer nach dem Tode verschwinden: Beides würde sich ihm als Eines und das Selbe darstellen, ja, er würde über den Wahn lachen, der sie trennen konnte. Denn das Verständniß der Unzerstörbarkeit unsers Wesens fällt mit dem der Identität des Makrokosmos und Mikrokosmos zusammen. Einstweilen kann man das hier Gesagte sich durch ein eigenthümliches, mittelst der Phantasie vorzunehmendes Experiment, welches ein metaphysisches genannt werden könnte, erläutern. Man versuche nämlich, sich die keinen Falls gar ferne Zeit, da man gestorben seyn wird, lebhaft zu vergegenwärtigen. Da denkt man sich weg und läßt die Welt fortbestehn: aber bald wird man, zu eigener Verwunderung, entdecken, daß man dabei doch noch dawar. Denn man hat vermeint, die Welt ohne sich vorzustellen: allein im Bewußtseyn ist das Ich das Unmittelbare, durch welches die Welt erst vermittelt, für welches allein sie vorhanden ist. Dieses Centrum alles Daseyns, diesen Kern aller Realität soll man aufheben und dabei dennoch die Welt fortbestehn lassen: es ist ein Gedanke, der sich wohl *in abstracto* denken, aber nicht realisiren läßt. Das Bemühen, dieses zu leisten, der Versuch, das Sekundäre ohne das Primäre, das Bedingte ohne die Bedingung, das Getragene ohne den Träger zu denken, mißlingt jedesmal, ungefähr so, wie der, sich einen gleichseitigen rechtwinklichten Triangel, oder ein Vergehn oder Entstehn von Materie und ähnliche Unmöglichkeiten mehr zu denken. Statt des Beabsichtigten dringt sich uns dabei das Gefühl auf, daß die Welt nicht weniger in uns ist, als wir in ihr, und daß die Quelle aller Realität in unserm Innern liegt. Das Resultat ist eigentlich dieses: die Zeit, da ich nicht seyn werde, wird objektiv kommen: aber subjektiv kann sie nie kommen. – Es ließe daher sich sogar fragen, wie weit denn Jeder, in seinem Herzen, wirklich an eine Sache glaube, die er sich eigentlich gar nicht denken kann; oder ob nicht vielleicht gar, da sich zu jenem bloß intellektuellen, aber mehr oder minder deutlich von Jedem schon gemachten Experiment, noch das tiefinnere Bewußtseyn der Unzerstörbarkeit unsers Wesens an sich gesellt, der eigene Tod uns im Grunde die fabelhafteste Sache von der Welt sei.

Die tiefe Ueberzeugung von unserer Unvertilgbarkeit durch den Tod, welche, wie auch die unausbleiblichen Gewissenssorgen bei Annäherung desselben bezeugen, Jeder im Grunde seines Herzens trägt, hängt durchaus an dem Bewußtseyn unserer Ursprünglichkeit und Ewigkeit; daher Spinoza sie so ausdrückt: *sentimus, experimurque, nos aeternos esse* [Wir fühlen es, und wir erfahren es, daß wir ewig sind: *Ethica*, v, prop. 23, schol.]. Denn als unvergänglich kann ein vernünftiger Mensch sich nur denken, sofern er sich als anfangslos, als ewig, eigentlich als zeitlos denkt. Wer hingegen sich für aus Nichts geworden hält, muß auch denken, daß er wieder zu Nichts wird: denn daß eine Unendlichkeit verstrichen wäre, ehe er war, dann aber eine zweite angefangen habe, welche hindurch er nie aufhören wird zu seyn, ist ein monstroser Gedanke. Wirklich ist der solideste Grund für unsere Unvergänglichkeit der alte Satz: *Ex nihilo nihil fit, et in nihilum nihil potest reverti* [Aus nichts wird nichts, und nichts kann wieder zu nichts werden: Lucrez I, 149, 205; II, 287; Epikur bei Diogenes Laërtius, 10 und 24, 38; Marc Aurel, *Selbstbetrachtungen*, IV, 4]. Ganz treffend sagt daher Theophrastus Paracelsus (Werke, Strasburg 1603, Bd. 2, S. 6): »Die Seel in mir ist aus Etwas geworden; darum sie nicht zu Nichts kommt: denn aus Etwas kommt sie.« Er giebt den wahren Grund an. Wer aber die Geburt des Menschen für dessen absoluten Anfang hält, dem muß der Tod das absolute Ende desselben seyn. Denn Beide sind was sie sind in gleichem Sinne: folglich kann Jeder sich nur insofern als unsterblich denken, als er sich auch als ungeboren denkt, und in gleichem Sinn. Was die Geburt ist, das ist, dem Wesen und der Bedeutung nach, auch der Tod; es ist die selbe Linie in zwei Richtungen beschrieben. Ist jene ein wirkliche Entstehung aus Nichts; so ist auch dieser eine wirkliche Vernichtung. In Wahrheit aber läßt sich nur mittelst der Ewigkeit unsers eigentlichen Wesens eine Unvergänglichkeit desselben denken, welche mithin keine zeitliche ist. Die Annahme, daß der Mensch aus Nichts geschaffen sei, führt nothwendig zu der, daß der Tod sein absolutes Ende sei. Hierin ist also das Alte Testament völlig konsequent: denn zu einer Schöpfung aus Nichts paßt keine Unsterblichkeitslehre. Das neutestamentliche Christenthum hat eine solche, weil es Indischen Geistes und daher, mehr als wahrscheinlich, auch Indischer Herkunft ist, wenn gleich nur unter Aegyptischer Vermittelung. Allein zu dem Jüdischen Stamm, auf welchen jene Indische Weisheit im gelobten Lande gepfropft werden mußte, paßt solche wie die Freiheit des Willens zum Geschaffenseyn desselben, oder wie

> *Humano capiti cervicem pictor equinam*
> *Jungere si velit.*
> [Wie wenn der Maler einen menschlichen Kopf einem Pferdehals anfügen wollte: Horaz, *de arte poetica*, 1.]

Es ist immer schlimm, wenn man nicht von Grund aus originell seyn und aus ganzem Holze schneiden darf. – Hingegen haben Brahmanismus und Buddhaismus ganz konsequent zur Fortdauer nach dem Tode ein Daseyn vor der Geburt, dessen Verschuldung abzubüßen dieses Leben daist. Wie deutlich sie auch der nothwendigen Konsequenz hierin sich bewußt sind, zeigt folgende Stelle aus Colebrooke's Geschichte der Indischen Philosophie in den *Transact. of the Asiatic London Society, Vol. 1, p. 577: Against the system of the Bhagavatas, which is but partially heretical, the objection upon which the chief stress is laid by Vyasa is, that the soul would not be eternal, if it were a production, and consequently had a beginning**. Ferner in *Upham's Doctrine of Buddhism, p. 110*, heißt es: *The lot in hell of impious persons call'd Deitty is the most severe: these are they, who discrediting the evidence of Buddha, adhere to the heretical doctrine, that all living beings had their beginning in the mother's womb, and will have their end in death***.

---

* »Gegen das System der Bhagavatas, welches nur zum Theil ketzerisch ist, ist die Einwendung, auf welche Vyasa das größte Gewicht legt, diese, daß die Seele nicht ewig seyn würde, wenn sie hervorgebracht wäre und folglich einen Anfang hätte.«

** »In der Hölle ist das härteste Loos das jener Irreligiosen, die Deitty genannt werden: dies sind solche, welche, das Zeugnis Buddha's verwerfend, der ketzerischen Lehre anhängen, daß alle lebenden Wesen ihren Anfang im Mutterleibe nehmen und ihr Ende im Tode erreichen.«

Wer sein Daseyn bloß als ein zufälliges auffaßt, muß allerdings fürchten, es durch den Tod zu verlieren. Hingegen wer auch nur im Allgemeinen einsieht, daß dasselbe auf irgend einer ursprünglichen Nothwendigkeit beruhe, wird nicht glauben, daß diese, die etwas so Wundervolles herbeigeführt hat, auf eine solche Spanne Zeit beschränkt sei, sondern daß sie in jeder wirke. Als ein nothwendiges aber wird sein Daseyn erkennen, wer erwägt, daß bis jetzt, da er existirt, bereits eine unendliche Zeit, also auch eine Unendlichkeit von Veränderungen abgelaufen ist, er aber dieser ungeachtet doch daist: die ganze Möglichkeit aller Zustände hat sich also bereits erschöpft, ohne sein Daseyn aufheben zu können. Könnte er jemals nicht seyn; so wäre er schon jetzt nicht. Denn die Unendlichkeit der bereits abgelaufenen Zeit, mit der darin erschöpften Möglichkeit ihrer Vorgänge, verbürgt, daß was existirt nothwendig existirt. Mithin hat Jeder sich als ein nothwendiges Wesen zu begreifen, d. h. als ein solches, aus dessen wahrer und erschöpfender Definition, wenn man sie nur hätte, das Daseyn desselben folgen würde. In diesem Gedankengange liegt wirklich der allein immanente, d. h. sich im Bereich erfahrungsmäßiger Data haltende Beweis der Unvergänglichkeit unsers eigentlichen Wesens. Diesem nämlich muß die Existenz inhäriren, weil sie sich als von allen durch die Kausalkette möglicherweise herbeiführbaren Zuständen unabhängig erweist: denn diese haben bereits das Ihrige gethan, und dennoch ist unser Daseyn davon so unerschüttert geblieben, wie der Lichtstrahl vom Sturmwind, den er durchschneidet. Könnte die Zeit, aus eigenen Kräften, uns einem glücksäligen Zustande entgegenführen; so wären wir schon lange da: denn eine unendliche Zeit liegt hinter uns. Aber ebenfalls: könnte sie uns dem Untergange entgegenführen; so wären wir schon längst nicht mehr. Daraus, daß wir jetzt dasind, folgt, wohlerwogen, daß wir jederzeit daseyn müssen. Denn wir sind selbst das Wesen, welches die Zeit, um ihre Leere auszufüllen, in sich aufgenommen hat: deshalb füllt es eben die ganze Zeit, Gegenwart, Vergangenheit und Zukunft auf gleiche Weise, und es ist uns so unmöglich, aus dem Daseyn, wie aus dem Raum hinauszufallen. – Genau betrachtet ist es undenkbar, daß Das, was ein Mal in aller Kraft der Wirklichkeit daist, jemals zu nichts werden und dann eine unendliche Zeit hindurch nicht seyn sollte. Hieraus ist die Lehre der Christen von der Wiederbringung aller Dinge, die der Hindu von der sich stets erneuernden Schöpfung der Welt durch Brahma, nebst ähnlichen Dogmen Griechischer Philosophen hervorgegangen. – Das große Geheimniß unsers Seyns und Nichtseyns, welches aufzuklären diese und alle damit verwandten Dogmen erdacht wurden, beruht zuletzt darauf, daß das Selbe, was objektiv eine unendliche Zeitreihe ausmacht, subjektiv ein Punkt, eine untheilbare, allezeit gegenwärtige Gegenwart ist: aber wer faßt es? Am deutlichsten hat es Kant dargelegt, in seiner unsterblichen Lehre von der Idealität der Zeit und der alleinigen Realität des Dinges an sich. Denn aus dieser ergiebt sich, daß das eigentlich Wesentliche der Dinge, des Menschen, der Welt, bleibend und beharrend im *Nunc stans* [der ständigen Gegenwart], liegt, fest und unbeweglich; und daß der Wechsel der Erscheinungen und Begebenheiten eine bloße Folge unserer Auffassung desselben mittelst unserer Anschauungsform der Zeit ist. – Demnach, statt zu den Menschen zu sagen: »Ihr seid durch die Geburt entstanden, aber unsterblich«; sollte man ihnen sagen: »Ihr seid nicht Nichts«, und sie dieses verstehn lehren, im Sinne des dem Hermes Trismegistos beigelegten Ausspruchs: Το γαϱ ὀν αει ἐσται. *(Quod enim est, erit semper.* [Denn was ist, wird immer sein.] *Stob. Ecl., I, 43, 6.)* Wenn es jedoch hiemit nicht gelingt, sondern das beängstigte Herz sein altes Klagelied anstimmt: »Ich sehe alle Wesen durch die Geburt aus dem Nichts entstehn und diesem nach kurzer Frist wieder anheimfallen: auch mein Daseyn, jetzt in der Gegenwart, wird bald in ferner Vergangenheit liegen, und ich werde Nichts seyn!« – so ist die richtige Antwort: »Bist du nicht da? Hast du sie nicht inne, die kostbare Gegenwart, nach der ihr Kinder der Zeit alle so gierig trachtet, jetzt inne, wirklich inne? Und verstehst du, wie du zu ihr gelangt bist? Kennst du die Wege, die dich zu ihr geführt haben, daß du einsehn könntest, sie würden dir durch den Tod versperrt? Ein Daseyn deines Selbst, nach der Zerstörung deines Leibes, ist dir seiner Möglichkeit nach unbegreiflich: aber kann es dir unbegreiflicher seyn, als dir dein jetziges Daseyn ist, und wie du dazu gelangtest? Warum solltest du zweifeln, daß die geheimen Wege, die dir zu dieser Gegenwart offen standen, dir nicht auch zu jeder künftigen offen stehn werden?«

Wenn also Betrachtungen dieser Art allerdings geeignet sind, die Ueberzeugung zu erwecken, daß in uns etwas ist, das der

Tod nicht zerstören kann; so geschieht es doch nur mittelst Erhebung auf einen Standpunkt, von welchem aus die Geburt nicht der Anfang unsers Daseyns ist. Hieraus aber folgt, daß was als durch den Tod unzerstörbar dargethan wird, nicht eigentlich das Individuum ist, welches überdies durch die Zeugung entstanden und die Eigenschaften des Vaters und der Mutter an sich tragend, als eine bloße Differenz der Species sich darstellt, als solche aber nur endlich seyn kann. Wie, Dem entsprechend, das Individuum keine Erinnerung seines Daseyns vor seiner Geburt hat, so kann es von seinem jetzigen keine nach dem Tode haben. In das Bewußtseyn aber setzt Jeder sein Ich: dieses erscheint ihm daher als an die Individualität gebunden, mit welcher ohnehin alles Das untergeht, was ihm, als Diesem, eigenthümlich ist und ihn von den Andern unterscheidet. Seine Fortdauer ohne die Individualität wird ihm daher vom Fortbestehn der übrigen Wesen ununterscheidbar, und er sieht sein Ich versinken. Wer nun aber so sein Daseyn an die Identität des Bewußtseyns knüpft und daher für dieses eine endlose Fortdauer nach dem Tode verlangt, sollte bedenken, daß er eine solche jedenfalls nur um den Preis einer eben so endlosen Vergangenheit vor der Geburt erlangen kann. Denn da er von einem Daseyn vor der Geburt keine Erinnerung hat, sein Bewußtseyn also mit der Geburt anfängt, muß ihm diese für ein Hervorgehn seines Daseyns aus dem Nichts gelten. Dann aber erkauft er die unendliche Zeit seines Daseyns nach dem Tode für eine eben so lange vor der Geburt: wobei die Rechnung, ohne Profit für ihn, aufgeht. Ist hingegen das Daseyn, welches der Tod unberührt läßt, ein anderes, als das des individuellen Bewußtseyns; so muß es, eben so wie vom Tode, auch von der Geburt unabhängig seyn, und demnach in Beziehung auf dasselbe es gleich wahr seyn zu sagen: »Ich werde stets seyn« und »Ich bin stets gewesen«; welches dann doch zwei Unendlichkeiten für eine giebt. – Eigentlich aber liegt im Worte Ich das größte Aequivokum, wie ohne Weiteres Der einsehn wird, dem der Inhalt unsers zweiten Buches und die dort durchgeführte Sonderung des wollenden vom erkennenden Theil unsers Wesens gegenwärtig ist. Je nachdem ich dieses Wort verstehe, kann ich sagen: »Der Tod ist mein gänzliches Ende«; oder aber auch: »Ein so unendlich kleiner Theil der Welt ich bin; ein eben so kleiner Theil meines wahren Wesens ist diese meine persönliche Erscheinung.« Aber das Ich ist der finstere Punkt im

Bewußtseyn, wie auf der Netzhaut gerade der Eintrittspunkt des Sehnerven blind ist, wie das Gehirn selbst völlig unempfindlich, der Sonnenkörper finster ist und das Auge Alles sieht, nur sich selbst nicht. Unser Erkenntnißvermögen ist ganz nach außen gerichtet, Dem entsprechend, daß es das Produkt einer zum Zwecke der bloßen Selbsterhaltung, also des Nahrungssuchens und Beutefangens entstandenen Gehirnfunktion ist. Daher weiß Jeder von sich nur als von diesem Individuo, wie es in der äußeren Anschauung sich darstellt. Könnte er hingegen zum Bewußtseyn bringen was er noch überdies und außerdem ist; so würde er seine Individualität willig fahren lassen, die Tenacität [Zähigkeit] seiner Anhänglichkeit an dieselbe belächeln und sagen: »Was kümmert der Verlust dieser Individualität mich, der ich die Möglichkeit zahlloser Individualitäten in mir trage?« Er würde einsehn, daß, wenn ihm gleich eine Fortdauer seiner Individualität nicht bevorsteht, es doch ganz so gut ist, als hätte er eine solche; weil er einen vollkommenen Ersatz für sie in sich trägt. – Ueberdies ließe sich nun aber noch in Erwägung bringen, daß die Individualität der meisten Menschen eine so elende und nichtswürdige ist, daß sie wahrlich nichts daran verlieren, und daß was an ihnen noch einigen Werth haben mag, das allgemein Menschliche ist: diesem aber kann man die Unvergänglichkeit versprechen. Ja, schon die starre Unveränderlichkeit und wesentliche Beschränkung jeder Individualität, als solcher, müßte, bei einer endlosen Fortdauer derselben, endlich, durch ihre Monotonie, einen so großen Ueberdruß erzeugen, daß man, um ihrer nur entledigt zu seyn, lieber zu Nichts würde. Unsterblichkeit der Individualität verlangen, heißt eigentlich einen Irrthum ins Unendliche perpetuiren [verewigen] wollen. Denn im Grunde ist doch jede Individualität nur ein specieller Irrthum, Fehltritt, etwas das besser nicht wäre, ja, wovon uns zurückzubringen der eigentliche Zweck des Lebens ist. Dies findet seine Bestätigung auch darin, daß die allermeisten, ja, eigentlich alle Menschen so beschaffen sind, daß sie nicht glücklich seyn könnten, in welche Welt auch immer sie versetzt werden möchten. In dem Maaße nämlich, als eine solche Noth und Beschwerde ausschlösse, würden sie der Langenweile anheimfallen, und in dem Maaße, als dieser vorgebeugt wäre, würden sie in Noth, Plage und Leiden gerathen. Zu einem glücksäligen Zustande des Menschen wäre also keineswegs hinreichend, daß man ihn in eine »bessere Welt«

versetzte, sondern auch noch erfordert, daß mit ihm selbst eine Grundveränderung vorgienge, also daß er nicht mehr wäre was er ist, und dagegen würde was er nicht ist. Dazu aber muß er zuvörderst aufhören zu seyn was er ist: dieses Erforderniß erfüllt vorläufig der Tod, dessen moralische Nothwendigkeit sich von diesem Gesichtspunkt aus schon absehn läßt. In eine andere Welt versetzt werden, und sein ganzes Wesen verändern, – ist im Grunde Eins und das Selbe. Hierauf beruht auch zuletzt jene Abhängigkeit des Objektiven vom Subjektiven, welche der Idealismus unsers ersten Buches darlegt: demnach liegt hier der Anknüpfungspunkt der Transscendentalphilosophie an die Ethik. Wenn man dies berücksichtigt, wird man das Erwachen aus dem Traume des Lebens nur dadurch möglich finden, daß mit demselben auch sein ganzes Grundgewebe zerrinnt: dies aber ist sein Organ selbst, der Intellekt, sammt seinen Formen, als mit welchem der Traum sich ins Unendliche fortspinnen würde; so fest ist er mit jenem verwachsen. Das, was ihn eigentlich träumte, ist doch noch davon verschieden und bleibt allein übrig. Hingegen ist die Besorgniß, es möchte mit dem Tode Alles aus seyn, Dem zu vergleichen, daß Einer im Traume dächte, es gäbe bloße Träume, ohne einen Träumenden. – Nachdem nun aber durch den Tod ein individuelles Bewußtseyn ein Mal geendigt hat; wäre es da auch nur wünschenswerth, daß es wieder angefacht würde, um ins Endlose fortzubestehn? Sein Inhalt ist, dem größten Theile nach, ja meistens durchweg, nichts als ein Strohm kleinlicher, irdischer, armsäliger Gedanken und endloser Sorgen: laßt diese doch endlich beruhigt werden! – Mit richtigem Sinne setzten daher die Alten auf ihre Grabsteine: *securitati perpetuae* [Zu ewiger Geborgenheit]; – oder *bonae quieti* [Zu guter Ruhe]. Wollte man aber gar hier, wie so oft geschehn, Fortdauer des individuellen Bewußtseyns verlangen, um eine jenseitige Belohnung oder Bestrafung daran zu knüpfen; so würde es hiemit im Grunde nur auf die Vereinbarkeit der Tugend mit dem Egoismus abgesehn seyn. Diese Beiden aber werden sich nie umarmen: sie sind von Grund aus Entgegengesetzte. Wohlbegründet hingegen ist die unmittelbare Ueberzeugung, welche der Anblick edler Handlungen hervorruft, daß der Geist der Liebe, der Diesen seiner Feinde schonen, Jenen des zuvor nie Gesehenen sich mit Lebensgefahr annehmen heißt, nimmermehr verfliegen und zu Nichts werden kann. –

Die gründlichste Antwort auf die Frage nach der Fortdauer des Individuums nach dem Tode liegt in Kants großer Lehre von der Idealität der Zeit, als welche gerade hier sich besonders folgenreich und fruchtbar erweist, indem sie, durch eine völlig theoretische aber wohlerwiesene Einsicht, Dogmen, die auf dem einen wie auf dem andern Wege zum Absurden führen, ersetzt und so die excitirendeste [aufregendste] aller metaphysischen Fragen mit einem Male beseitigt. Anfangen, Enden und Fortdauern sind Begriffe, welche ihre Bedeutung einzig und allein von der Zeit entlehnen und folglich nur unter Voraussetzung dieser gelten. Allein die Zeit hat kein absolutes Daseyn, ist nicht die Art und Weise des Seyns an sich der Dinge, sondern bloß die Form unserer Erkenntniß von unserm und aller Dinge Daseyn und Wesen, welche eben dadurch sehr unvollkommen und auf bloße Erscheinungen beschränkt ist. In Hinsicht auf diese allein also finden die Begriffe von Aufhören und Fortdauern Anwendung, nicht in Hinsicht auf das in ihnen sich Darstellende, das Wesen an sich der Dinge, auf welches angewandt jene Begriffe daher keinen wahren Sinn mehr haben. Dies zeigt sich denn auch daran, daß eine Beantwortung der von jenen Zeitbegriffen ausgehenden Frage unmöglich wird und jede Behauptung einer solchen, sei sie auf der einen oder der andern Seite, schlagenden Einwürfen unterliegt. Man könnte zwar behaupten, daß unser Wesen an sich nach dem Tode fortdauere, weil es falsch sei, daß es untergienge; aber eben so gut, daß es untergienge, weil es falsch sei, daß es fortdauere: im Grunde ist das Eine so wahr, wie das Andere. Hier ließe sich demnach allerdings so etwas, wie eine Antinomie aufstellen. Allein sie würde auf lauter Negationen beruhen. Man spräche darin dem Subjekt des Urtheils zwei kontradiktorisch entgegengesetzte Prädikate [Merkmale] ab; aber nur weil die ganze Kategorie derselben auf jenes nicht anwendbar wäre. Wenn man nun aber jene beiden Prädikate nicht zusammen, sondern einzeln ihm abspricht, gewinnt es den Schein, als wäre das kontradiktorische Gegentheil des jedesmal abgesprochenen Prädikats dadurch von ihm bewiesen. Dies beruht aber darauf, daß hier inkommensurable Größen verglichen werden, insofern das Problem uns auf einen Schauplatz versetzt, welcher die Zeit aufhebt, dennoch aber nach Zeitbestimmungen frägt, welche folglich dem Subjekt beizulegen und ihm abzusprechen gleich falsch ist: dies eben heißt: das Problem ist transsscendent. In diesem Sinne bleibt der Tod ein Mysterium.

Hingegen kann man, eben jenen Unterschied zwischen Erscheinung und Ding an sich festhaltend, die Behauptung aufstellen, daß der Mensch zwar als Erscheinung vergänglich sei, das Wesen an sich desselben jedoch hievon nicht mitgetroffen werde, dasselbe also, obwohl man, wegen der diesem anhängenden Elimination der Zeitbegriffe, ihm keine Fortdauer beilegen könne, doch unzerstörbar sei. Demnach würden wir hier auf den Begriff einer Unzerstörbarkeit, die jedoch keine Fortdauer wäre, geleitet. Dieser Begriff nun ist ein solcher, der auf dem Wege der Abstraktion gewonnen, sich auch allenfalls *in abstracto* denken läßt, jedoch durch keine Anschauung belegt, mithin nicht eigentlich deutlich werden kann. Andererseits jedoch ist hier festzuhalten, daß wir nicht, mit Kant, die Erkennbarkeit des Dinges an sich schlechthin aufgegeben haben, sondern wissen, daß dasselbe im Willen zu suchen sei. Zwar haben wir eine absolute und erschöpfende Erkenntniß des Dinges an sich nie behauptet, vielmehr sehr wohl eingesehn, daß, Etwas nach dem, was es schlechthin an und für sich sei, zu erkennen, unmöglich ist. Denn sobald ich erkenne, habe ich eine Vorstellung: diese aber kann, eben weil sie meine Vorstellung ist, nicht mit dem Erkannten identisch seyn, sondern giebt es, indem sie es aus einem Seyn für sich zu einem Seyn für Andere macht, in einer ganz andern Form wieder, ist also stets noch als Erscheinung desselben zu betrachten. Für ein erkennendes Bewußtseyn, wie immer solches auch beschaffen seyn möge, kann es daher stets nur Erscheinungen geben. Dies wird selbst dadurch nicht ganz beseitigt, daß mein eigenes Wesen das Erkannte ist: denn sofern es in mein erkennendes Bewußtseyn fällt, ist es schon ein Reflex meines Wesens, ein von diesem selbst Verschiedenes, also schon in gewissem Grad Erscheinung. Sofern ich also ein Erkennendes bin, habe ich selbst an meinem eigenen Wesen eigentlich nur eine Erscheinung: sofern ich hingegen dieses Wesen selbst unmittelbar bin, bin ich nicht erkennend. Denn daß die Erkenntniß nur eine sekundäre Eigenschaft unsers Wesens und durch die animalische Natur desselben herbeigeführt sei, ist im zweiten Buch genugsam bewiesen. Streng genommen erkennen wir also auch unsern Willen immer nur noch als Erscheinung und nicht nach Dem, was er schlechthin an und für sich seyn mag.

Allein eben in jenem zweiten Buch, wie auch in der Schrift vom Willen in der Natur, ist ausführlich dargethan und nachgewiesen, daß, wenn wir, um in das Innere der Dinge zu dringen, das nur mittelbar und von außen Gegebene verlassend, die einzige Erscheinung, in deren Wesen uns eine unmittelbare Einsicht von innen zugänglich ist, festhalten, wir in dieser als das Letzte und den Kern der Realität ganz entschieden den Willen finden, in welchem wir daher das Ding an sich insofern erkennen, als es hier nicht mehr den Raum, aber doch noch die Zeit zur Form hat, mithin eigentlich nur in seiner unmittelbarsten Manifestation und daher mit dem Vorbehalt, daß diese Erkenntniß desselben noch keine erschöpfende und ganz adäquate sei. In diesem Sinne also halten wir auch hier den Begriff des Willens als des Dinges an sich fest.

Auf den Menschen, als Erscheinung in der Zeit, ist der Begriff des Aufhörens allerdings anwendbar und die empirische Erkenntniß legt unverhohlen den Tod als das Ende dieses zeitlichen Daseyns dar. Das Ende der Person ist eben so real, wie es ihr Anfang war, und in eben dem Sinne, wie wir vor der Geburt nicht waren, werden wir nach dem Tode nicht mehr seyn. Jedoch kann durch den Tod nicht mehr aufgehoben werden, als durch die Geburt gesetzt war; also nicht Das, wodurch die Geburt allererst möglich geworden. In diesem Sinne ist *natus et denatus* [geboren und »entboren«] ein schöner Ausdruck. – Nun aber liefert die gesammte empirische Erkenntniß bloße Erscheinungen: nur diese daher werden von den zeitlichen Hergängen des Entstehns und Vergehns getroffen, nicht aber das Erscheinende, das Wesen an sich. Für dieses existirt der durch das Gehirn bedingte Gegensatz von Entstehn und Vergehn gar nicht, sondern hat hier Sinn und Bedeutung verloren. Dasselbe bleibt also unangefochten vom zeitlichen Ende einer zeitlichen Erscheinung und behält stets dasjenige Daseyn, auf welches die Begriffe von Anfang, Ende und Fortdauer nicht anwendbar sind. Dasselbe aber ist, so weit wir es verfolgen können, in jedem erscheinenden Wesen der Wille desselben: so auch im Menschen. Das Bewußtseyn hingegen besteht im Erkennen: dieses aber gehört, wie genugsam nachgewiesen, als Thätigkeit des Gehirns, mithin als Funktion des Organismus, der bloßen Erscheinung an, endigt daher mit dieser: der Wille allein, dessen Werk oder vielmehr Abbild der Leib war, ist das Unzerstörbare. Die strenge Unterscheidung des Willens von der Erkenntniß, nebst dem Primat des erstern, welche den Grundcharakter meiner Philosophie ausmacht, ist daher der alleinige Schlüssel zu dem sich auf mannigfaltige Weise kund gebenden und in jedem, sogar dem ganz rohen Bewußtseyn stets von Neuem aufsteigenden Widerspruch, daß der Tod unser Ende ist, und wir dennoch ewig und unzerstörbar seyn müssen, also dem *sentimus, experimurque nos aeternos esse* [wir fühlen, und wir erfahren, daß wir ewig sind] des Spinoza. Alle Philosophen haben darin geirrt, daß sie das Metaphysische, das Unzerstörbare, das Ewige im Menschen in den Intellekt setzten: es liegt ausschließlich im Willen, der von jenem gänzlich verschieden und allein ursprünglich ist. Der Intellekt ist, wie im zweiten Buche auf das Gründlichste dargethan worden, ein sekundäres Phänomen und durch das Gehirn bedingt, daher mit diesem anfangend und endend. Der Wille allein ist das Bedingende, der Kern der ganzen Erscheinung, von den Formen dieser, zu welchen die Zeit gehört, somit frei, also auch unzerstörbar. Mit dem Tode geht demnach zwar das Bewußtseyn verloren, nicht aber Das, was das Bewußtseyn hervorbrachte und erhielt: das Leben erlischt, nicht aber mit ihm das Princip des Lebens, welches in ihm sich manifestirte. Daher also sagt Jedem ein sicheres Gefühl, daß in ihm etwas schlechthin Unvergängliches und Unzerstörbares sei. Sogar das Frische und Lebhafte der Erinnerungen aus der fernsten Zeit, aus der ersten Kindheit, zeugt davon, daß irgend etwas in uns nicht mit der Zeit sich fortbewegt, nicht altert, sondern unverändert beharrt. Aber was dieses Unvergängliche sei, konnte man sich nicht deutlich machen. Es ist nicht das Bewußtseyn, so wenig wie der Leib, auf welchem offenbar das Bewußtseyn beruht. Es ist vielmehr Das, worauf der Leib, mit sammt dem Bewußtseyn beruht. Dieses aber ist eben Das, was, indem es ins Bewußtseyn fällt, sich als Wille darstellt. Ueber diese unmittelbarste Erscheinung desselben hinaus können wir freilich nicht; weil wir nicht über das Bewußtseyn hinaus können: daher bleibt die Frage, was denn Jenes seyn möge, sofern es nicht ins Bewußtseyn fällt, d. h. was es schlechthin an sich selbst sei, unbeantwortbar.

In der Erscheinung und mittelst deren Formen, Zeit und Raum, als *principium individuationis*, stellt es sich so dar, daß das menschliche Individuum untergeht, hingegen das Menschengeschlecht immerfort bleibt und lebt. Allein im Wesen an sich der Dinge, als welches von diesen Formen frei ist, fällt auch der ganze Unterschied zwischen dem Individuo und dem Geschlechte weg, und sind Beide unmittelbar Eins. Der ganze Wille zum Leben ist im Individuo, wie er im Geschlechte ist, und daher ist die Fortdauer der Gattung bloß das Bild der Unzerstörbarkeit des Individui.

Da nun also das so unendlich wichtige Verständniß der Unzerstörbarkeit unsers wahren Wesens durch den Tod gänzlich auf dem Unterschiede zwischen Erscheinung und Ding an sich beruht, will ich eben diesen jetzt dadurch in das hellste Licht stellen, daß ich ihn am Gegentheil des Todes, also an der Entstehung der animalischen Wesen, d. i. der Zeugung, erläutere. Denn dieser mit dem Tode gleich geheimnißvolle Vorgang stellt uns den fundamentalen Gegensatz zwischen Erscheinung und Wesen an sich der Dinge, d. i. zwischen der Welt als Vorstellung und der Welt als Wille, wie auch die gänzliche Heterogeneität der Gesetze Beider, am unmittelbarsten vor Augen. Der Zeugungsakt nämlich stellt sich uns auf zweifache Weise dar: erstlich für das Selbstbewußtseyn, dessen alleiniger Gegenstand, wie ich oft nachgewiesen habe, der Wille mit allen seinen Affektionen ist; und sodann für das Bewußtseyn anderer Dinge, d. i. der Welt der Vorstellung, oder der empirischen Realität der Dinge. Von der Willensseite nun, also innerlich, subjektiv, für das Selbstbewußtseyn, stellt jener Akt sich dar als die unmittelbarste und vollkommenste Befriedigung des Willens, d. i. als Wollust. Von der Vorstellungsseite hingegen, also äußerlich, objektiv, für das Bewußtseyn von andern Dingen, ist eben dieser Akt der Einschlag zum allerkünstlichsten Gewebe, die Grundlage des unaussprechlich komplicirten animalischen Organismus, der dann nur noch der Entwickelung bedarf, um unsern erstaunten Augen sichtbar zu werden. Dieser Organismus, dessen ins Unendliche gehende Komplikation und Vollendung nur Der kennt, welcher Anatomie studirt hat, ist, von der Vorstellungsseite aus, nicht anders zu begreifen und zu denken, als ein mit der planvollsten Kombination ausgedachtes und mit überschwänglicher Kunst und Genauigkeit ausgeführtes System, als das mühsäligste Werk der tiefsten Ueberlegung: – nun aber von der Willensseite kennen wir, durch das Selbstbewußtseyn, seine Hervorbringung als das Werk eines Aktes, der das gerade Gegentheil aller Ueberlegung ist, eines ungestümen, blinden

Dranges, einer überschwänglich wollüstigen Empfindung. Dieser Gegensatz ist genau verwandt mit dem oben nachgewiesenen unendlichen Kontrast zwischen der absoluten Leichtigkeit, mit der die Natur ihre Werke hervorbringt, nebst der dieser entsprechenden gränzenlosen Sorglosigkeit, mit welcher sie solche der Vernichtung Preis giebt, – und der unberechenbar künstlichen und durchdachten Konstruktion eben dieser Werke, nach welcher zu urtheilen sie unendlich schwer zu machen und daher über ihre Erhaltung mit aller ersinnlichen Sorgfalt zu wachen seyn müßte; während wir das Gegentheil vor Augen haben. – Haben wir nun, durch diese, freilich sehr ungewöhnliche Betrachtung, die beiden heterogenen Seiten der Welt aufs schroffeste an einander gebracht und sie gleichsam mit einer Faust umspannt; so müssen wir sie jetzt festhalten, um uns von der gänzlichen Ungültigkeit der Gesetze der Erscheinung, oder Welt als Vorstellung, für die des Willens, oder der Dinge an sich, zu überzeugen: dann wird es uns faßlicher werden, daß, während auf der Seite der Vorstellung, d. i. in der Erscheinungswelt, sich uns bald ein Entstehn aus Nichts, bald eine gänzliche Vernichtung des Entstandenen darstellt, von jener andern Seite aus, oder an sich, ein Wesen vorliegt, auf welches angewandt die Begriffe von Entstehn und Vergehn gar keinen Sinn haben. Denn wir haben soeben, indem wir auf den Wurzelpunkt zurückgiengen, wo, mittelst des Selbstbewußtseyns, die Erscheinung und das Wesen an sich zusammenstoßen, es gleichsam mit Händen gegriffen, daß Beide schlechthin inkommensurabel sind, und die ganze Weise des Seyns des Einen, nebst allen Grundgesetzen dieses Seyns, im Andern nichts und weniger als nichts bedeutet. – Ich glaube, daß diese letzte Betrachtung nur von Wenigen recht verstanden werden, und daß sie Allen, die sie nicht verstehn, mißfällig und selbst anstößig seyn wird: jedoch werde ich deshalb nie etwas weglassen, was dienen kann, meinen Grundgedanken zu erläutern. –

Am Anfange dieses Kapitels habe ich auseinandergesetzt, daß die große Anhänglichkeit an das Leben, oder vielmehr die Furcht vor dem Tode, keineswegs aus der Erkenntniß entspringt, in welchem Fall sie das Resultat des erkannten Werthes des Lebens seyn würde; sondern daß jene Todesfurcht ihre Wurzel unmittelbar im Willen hat, aus dessen ursprünglichem Wesen, in welchem er ohne alle Erkenntniß, und daher blinder

Wille zum Leben ist, sie hervorgeht. Wie wir in das Leben hineingelockt werden durch den ganz illusorischen Trieb zur Wollust; so werden wir darin festgehalten durch die gewiß eben so illusorische Furcht vor dem Tode. Beides entspringt unmittelbar aus dem Willen, der an sich erkenntnißlos ist. Wäre, umgekehrt, der Mensch ein bloß erkennendes Wesen; so müßte der Tod ihm nicht nur gleichgültig, sondern sogar willkommen seyn. Jetzt lehrt die Betrachtung, zu der wir hier gelangt sind, daß was vom Tode getroffen wird, bloß das erkennende Bewußtseyn ist, hingegen der Wille, sofern er das Ding an sich ist, welches jeder individuellen Erscheinung zum Grunde liegt, von allem auf Zeitbestimmungen Beruhenden frei, also auch unvergänglich ist. Sein Streben nach Daseyn und Manifestation, woraus die Welt hervorgeht, wird stets erfüllt: denn diese begleitet ihn wie den Körper sein Schatten, indem sie bloß die Sichtbarkeit seines Wesens ist. Daß er in uns dennoch den Tod fürchtet, kommt daher, daß hier die Erkenntniß ihm sein Wesen bloß in der individuellen Erscheinung vorhält, woraus ihm die Täuschung entsteht, daß er mit dieser untergehe, etwan wie mein Bild im Spiegel, wenn man diesen zerschlägt, mit vernichtet zu werden scheint: Dieses also, als seinem ursprünglichen Wesen, welches blinder Drang nach Daseyn ist, zuwider, erfüllt ihn mit Abscheu. Hieraus nun folgt, daß Dasjenige in uns, was allein den Tod zu fürchten fähig ist und ihn auch allein fürchtet, der Wille, von ihm nicht getroffen wird; und daß hingegen was von ihm getroffen wird und wirklich untergeht, Das ist, was seiner Natur nach keiner Furcht, wie überhaupt keines Wollens oder Affektes, fähig, daher gegen Seyn und Nichtseyn gleichgültig ist, nämlich das bloße Subjekt der Erkenntniß, der Intellekt, dessen Daseyn in seiner Beziehung zur Welt der Vorstellung, d. h. der objektiven Welt besteht, deren Korrelat er ist und mit deren Daseyn das seinige im Grunde Eins ist. Wenn gleich also nicht das individuelle Bewußtseyn den Tod überlebt; so überlebt ihn doch Das, was allein sich gegen ihn sträubt: der Wille. Hieraus erklärt sich auch der Widerspruch, daß die Philosophen, vom Standpunkt der Erkenntniß aus, allezeit mit treffenden Gründen bewiesen haben, der Tod sei kein Uebel; die Todesfurcht jedoch dem Allen unzugänglich bleibt: weil sie eben nicht in der Erkenntniß, sondern allein im Willen wurzelt. Eben daher, daß nur der Wille, nicht aber der Intellekt das Unzerstörbare ist, kommt es auch, daß alle Religionen und Philosophien allein den Tugenden des Willens, oder Herzens, einen Lohn in der Ewigkeit zuerkennen, nicht denen des Intellekts, oder Kopfes.

Zur Erläuterung dieser Betrachtung diene noch Folgendes. Der Wille, welcher unser Wesen an sich ausmacht, ist einfacher Natur: er will bloß und erkennt nicht. Das Subjekt des Erkennens hingegen ist eine sekundäre, aus der Objektivation des Willens hervorgehende Erscheinung: es ist der Einheitspunkt der Sensibilität des Nervensystems, gleichsam der Fokus, in welchem die Strahlen der Thätigkeit aller Theile des Gehirns zusammenlaufen. Mit diesem muß es daher untergehn. Im Selbstbewußtseyn steht es, als das allein Erkennende, dem Willen als sein Zuschauer gegenüber und erkennt, obgleich aus ihm entsprossen, ihn doch als ein von sich Verschiedenes, ein Fremdes, deshalb auch nur empirisch, in der Zeit, stückweise, in seinen successiven Erregungen und Akten, erfährt auch seine Entschließungen erst *a posteriori* und oft sehr mittelbar. Hieraus erklärt sich, daß unser eigenes Wesen uns, d. h. eben unserm Intellekt, ein Räthsel ist, und daß das Individuum sich als neu entstanden und vergänglich erblickt; obschon sein Wesen an sich ein zeitloses, also ewiges ist. Wie nun der Wille nicht erkennt, so ist umgekehrt der Intellekt, oder das Subjekt der Erkenntniß, einzig und allein erkennend, ohne irgend zu wollen. Dies ist selbst physisch daran nachweisbar, daß, wie schon im zweiten Buch [Bd. III uns. Ausg., S. 306–7] erwähnt, nach Bichat, die verschiedenen Affekte alle Theile des Organismus unmittelbar erschüttern und ihre Funktionen stören, mit Ausnahme des Gehirns, als welches höchstens mittelbar, d. h. in Folge eben jener Störungen, davon afficirt werden kann *(De la vie et de la mort, art. 6, § 2).* Daraus aber folgt, daß das Subjekt des Erkennens, für sich und als solches, an nichts Antheil oder Interesse nehmen kann, sondern ihm das Seyn oder Nichtseyn jedes Dinges, ja sogar seiner selbst, gleichgültig ist. Warum nun sollte dieses antheilslose Wesen unsterblich seyn? Es endet mit der zeitlichen Erscheinung des Willens, d. i. dem Individuo, wie es mit diesem entstanden war. Es ist die Laterne, welche ausgelöscht wird, nachdem sie ihren Dienst geleistet hat. Der Intellekt, wie die in ihm allein vorhandene anschauliche Welt, ist bloße Erscheinung: aber die Endlichkeit Beider ficht nicht Das an, davon sie die Erscheinung sind. Der Intellekt ist Funktion des cerebralen Nervensystems: aber dieses, wie der übrige Leib, ist die Objektität des Willens. Daher beruht der Intellekt auf dem somatischen Leben des Organismus: dieser selbst aber beruht auf dem Willen. Der organische Leib kann also, in gewissem Sinne, angesehn werden als Mittelglied zwischen dem Willen und dem Intellekt; wiewohl er eigentlich nur der in der Anschauung des Intellekts sich räumlich darstellende Wille selbst ist. Tod und Geburt sind die stete Auffrischung des Bewußtseyns des an sich end- und anfangslosen Willens, der allein gleichsam die Substanz des Daseyns ist (jede solche Auffrischung aber bringt eine neue Möglichkeit der Verneinung des Willens zum Leben). Das Bewußtseyn ist das Leben des Subjekts des Erkennens, oder des Gehirns, und der Tod dessen Ende. Daher ist das Bewußtseyn endlich, stets neu, jedesmal von vorne anfangend. Der Wille allein beharrt; aber auch ihm allein ist am Beharren gelegen: denn er ist der Wille zum Leben. Dem erkennenden Subjekt für sich ist an nichts gelegen. Im Ich sind jedoch Beide verbunden. – In jedem animalischen Wesen hat der Wille einen Intellekt errungen, welcher das Licht ist, bei dem er hier seine Zwecke verfolgt. – Beiläufig gesagt, mag die Todesfurcht zum Theil auch darauf beruhen, daß der individuelle Wille so ungern sich von seinem, durch den Naturlauf ihm zugefallenen Intellekt trennt, von seinem Führer und Wächter, ohne den er sich hülflos und blind weiß.

Zu dieser Auseinandersetzung stimmt endlich auch noch jene tägliche moralische Erfahrung, die uns belehrt, daß der Wille allein real ist, hingegen die Objekte desselben, als durch die Erkenntniß bedingt, nur Erscheinungen, nur Schaum und Dunst sind, gleich dem Weine, welchen Mephistopheles in Auerbachs Keller kredenzt: nämlich nach jedem sinnlichen Genuß sagen auch wir: »Mir däuchte doch als tränk' ich Wein« [*Faust* I, 2334].

Die Schrecken des Todes beruhen großentheils auf dem falschen Schein, daß jetzt das Ich verschwinde, und die Welt bleibe. Vielmehr aber ist das Gegentheil wahr: die Welt verschwindet; hingegen der innerste Kern des Ich, der Träger und Hervorbringer jenes Subjekts, in dessen Vorstellung allein die Welt ihr Daseyn hatte, beharrt. Mit dem Gehirn geht der Intellekt und mit diesem die objektive Welt, seine bloße Vorstellung, unter. Daß in andern Gehirnen, nach wie vor, eine ähnliche Welt lebt und schwebt, ist in Beziehung auf den untergehenden Intellekt gleichgültig. – Wenn daher nicht im Willen die eigentliche Realität läge und nicht das moralische Daseyn das sich über den Tod hinaus erstreckende wäre; so würde, da der Intellekt und mit ihm seine Welt erlischt, das Wesen der Dinge überhaupt nichts weiter seyn, als eine endlose Folge kurzer und trüber Träume, ohne Zusammenhang unter einander: denn das Beharren der erkenntnißlosen Natur besteht bloß in der Zeitvorstellung der erkennenden. Also ein, ohne Ziel und Zweck, meistens sehr trübe und schwere Träume träumender Weltgeist wäre dann Alles in Allem.

Wann nun ein Individuum Todesangst empfindet; so hat man eigentlich das seltsame, ja, zu belächelnde Schauspiel, daß der Herr der Welten, welcher Alles mit seinem Wesen erfüllt, und durch welchen allein Alles was ist, sein Daseyn hat, verzagt und unterzugehn befürchtet, zu versinken in den Abgrund des ewigen Nichts; – während, in Wahrheit, Alles von ihm voll ist und es keinen Ort giebt, wo er nicht wäre, kein Wesen, in welchem er nicht lebte; da das Daseyn nicht ihn trägt, sondern er das Daseyn. Dennoch ist er es, der im Todesangst leidenden Individuo verzagt, indem er der, durch das *principium individuationis* hervorgebrachten Täuschung unterliegt, daß seine Existenz auf die des jetzt sterbenden Wesens beschränkt sei: diese Täuschung gehört zu dem schweren Traum, in welchen er als Wille zum Leben verfallen ist. Aber man könnte zu dem Sterbenden sagen: »Du hörst auf, etwas zu seyn, welches du besser gethan hättest, nie zu werden.«

Solange keine Verneinung jenes Willens eingetreten, ist was der Tod von uns übrig läßt der Keim und Kern eines ganz andern Daseyns, in welchem ein neues Individuum sich wiederfindet, so frisch und ursprünglich, daß es über sich selbst verwundert brütet. Daher der schwärmerische und träumerische Hang edler Jünglinge, zur Zeit wo dieses frische Bewußtseyn sich eben ganz entfaltet hat. Was für das Individuum der Schlaf, das ist für den Willen als Ding an sich der Tod. Er würde es nicht aushalten, eine Unendlichkeit hindurch das selbe Treiben und Leiden, ohne wahren Gewinn, fortzusetzen, wenn ihm Erinnerung und Individualität bliebe. Er wirft sie ab, dies ist der Lethe, und tritt, durch diesen Todesschlaf erfrischt und mit einem andern Intellekt ausgestattet, als ein neues Wesen wieder auf: »Zu neuen Ufern lockt ein neuer Tag!« [Goethe, *Faust* I, 701.] –

Als sich bejahender Wille zum Leben hat der Mensch die Wurzel seines Daseyns in der Gattung. Demnach ist sodann der Tod das Verlieren einer Individualität und Empfangen einer andern, folglich ein Verändern der Individualität unter der ausschließlichen Leitung seines eigenen Willens. Denn in diesem allein liegt die ewige Kraft, welche sein Daseyn mit seinem Ich hervorbringen konnte, jedoch, seiner Beschaffenheit wegen, es nicht darin zu erhalten vermag. Denn der Tod ist das *démenti*, welches das Wesen *(essentia)* eines Jeden in seinem Anspruch auf Daseyn *(existentia)* erhält, das Hervortreten eines Widerspruches, der in jedem individuellen Daseyn liegt:

denn Alles was entsteht,
Ist werth, daß es zu Grunde geht.
[*Faust* I, 1339–40.]

Jedoch steht der selben Kraft, also dem Willen, eine unendliche Zahl eben solcher Existenzen, mit ihrem Ich, zu Gebote, welche aber wieder eben so nichtig und vergänglich seyn werden. Da nun jedes Ich sein gesondertes Bewußtseyn hat; so ist, in Hinsicht auf ein solches, jene unendliche Zahl derselben von einem einzigen nicht verschieden. – Von diesem Gesichtspunkt aus erscheint es mir nicht zufällig, daß *aevum*, αἰων, zugleich die einzelne Lebensdauer und die endlose Zeit bedeutet: es läßt sich nämlich von hier aus, wiewohl undeutlich, absehn, daß, an sich und im letzten Grunde, Beide das Selbe sind; wonach eigentlich kein Unterschied wäre, ob ich nur meine Lebensdauer hindurch, oder eine unendliche Zeit existirte.

Allerdings aber können wir die Vorstellung von allem Obigen nicht ganz ohne Zeitbegriffe durchführen: diese sollten jedoch, wo es sich vom Dinge an sich handelt, ausgeschlossen bleiben. Allein es gehört zu den unabänderlichen Gränzen unsers Intellekts, daß er diese erste und unmittelbarste Form aller seiner Vorstellungen nie ganz abstreifen kann, um nun ohne sie zu operiren. Daher gerathen wir hier freilich auf eine Art Metempsychose; wiewohl mit dem bedeutenden Unterschiede, daß solche nicht die ganze ψυχη [Seele], nämlich nicht das erkennende Wesen betrifft, sondern den Willen allein; wodurch so viele Ungereimtheiten wegfallen, welche die

Metempsychosenlehre begleiten; sodann mit dem Bewußtseyn, daß die Form der Zeit hier nur als unvermeidliche Akkommodation zu der Beschränkung unsers Intellekts eintritt. Nehmen wir nun gar die, Kapitel 43 zu erörternde Thatsache zur Hülfe, daß der Charakter, d. i. der Wille, vom Vater erblich ist, der Intellekt hingegen von der Mutter; so tritt es gar wohl in den Zusammenhang unserer Ansicht, daß der Wille des Menschen, an sich individuell, im Tode sich von dem, bei der Zeugung von der Mutter erhaltenen Intellekt trennte und nun seiner jetzt modificirten Beschaffenheit gemäß, am Leitfaden des mit dieser harmonirenden durchweg nothwendigen Weltlaufs, durch eine neue Zeugung, einen neuen Intellekt empfienge, mit welchem er ein neues Wesen würde, welches keine Erinnerung eines frühern Daseyns hätte, da der Intellekt, welcher allein die Fähigkeit der Erinnerung hat, der sterbliche Theil, oder die Form ist, der Wille aber der ewige, die Substanz: demgemäß ist zur Bezeichnung dieser Lehre das Wort Palingenesie [Wiederentstehung] richtiger, als Metempsychose. Diese steten Wiedergeburten machten dann die Succession der Lebensträume eines an sich unzerstörbaren Willens aus, bis er, durch so viele und verschiedenartige, successive Erkenntniß, in stets neuer Form, belehrt und gebessert, sich selbst aufhöbe.

Mit dieser Ansicht stimmt auch die eigentliche, so zu sagen esoterische Lehre des Buddhaismus, wie wir sie durch die neuesten Forschungen kennen gelernt haben, überein, indem sie nicht Metempsychose, sondern eine eigenthümliche, auf moralischer Basis ruhende Palingenesie lehrt, welche sie mit großem Tiefsinn ausführt und darlegt; wie Dies zu ersehn ist aus der, in *Spence Hardy's Manual of Buddhism, p. 394–96,* gegebenen, höchst lesens- und beachtungswerthen Darstellung der Sache (womit zu vergleichen *p. 429, 440* und *445* des selben Buches), deren Bestätigung man findet in *Taylor's Prabodh Chandro Daya, London 1812, p. 35;* desgleichen in *Sangermano's Burmese empire, p. 6;* wie auch in den *Asiat. researches, Vol. 6, p. 179,* und *Vol. 9, p. 256.* Auch das sehr brauchbare Deutsche Kompendium des Buddhaismus von Köppen giebt das Richtige über diesen Punkt. Für den großen Haufen der Buddhaisten jedoch ist diese Lehre zu subtil; daher demselben, als faßliches Surrogat, eben Metempsychose gepredigt wird.

Uebrigens darf nicht außer Acht gelassen werden, daß sogar

empirische Gründe für eine Palingenesie dieser Art sprechen. Thatsächlich ist eine Verbindung vorhanden zwischen der Geburt der neu auftretenden Wesen und dem Tode der abgelebten: sie zeigt sich nämlich an der großen Fruchtbarkeit des Menschengeschlechts, welche als Folge verheerender Seuchen entsteht. Als im 14. Jahrhundert der schwarze Tod die alte Welt größtentheils entvölkert hatte, trat eine ganz ungewöhnliche Fruchtbarkeit unter dem Menschengeschlechte ein, und Zwillingsgeburten waren sehr häufig: höchst seltsam war dabei der Umstand, daß keines der in dieser Zeit geborenen Kinder seine vollständigen Zähne bekam; also die sich anstrengende Natur im Einzelnen geizte. Dies erzählt F. *Schnurrer*, Chronik der Seuchen, 1825. Auch *Casper*, »Die wahrscheinliche Lebensdauer des Menschen«, 1835, bestätigt den Grundsatz, daß den entschiedensten Einfluß auf Lebensdauer und Sterblichkeit, in einer gegebenen Bevölkerung, die Zahl der Zeugungen in derselben habe, als welche mit der Sterblichkeit stets gleichen Schritt halte; so daß die Sterbefälle und die Geburten allemal und allerorten sich in gleichem Verhältniß vermehren und vermindern, welches er durch aufgehäufte Belege aus vielen Ländern und ihren verschiedenen Provinzen außer Zweifel setzt. Und doch kann unmöglich ein *physischer* Kausalnexus seyn zwischen meinem frühern Tode und der Fruchtbarkeit eines fremden Ehebettes, oder umgekehrt. Hier also tritt unleugbar und auf eine stupende Weise das Metaphysische als unmittelbarer Erklärungsgrund des Physischen auf. – Jedes neugeborene Wesen zwar tritt frisch und freudig in das neue Daseyn und genießt es als ein geschenktes: aber es giebt und kann nichts Geschenktes geben. Sein frisches Daseyn ist bezahlt durch das Alter und den Tod eines abgelebten, welches untergegangen ist, aber den unzerstörbaren Keim enthielt, aus dem dieses neue entstanden ist: sie sind *ein* Wesen. Die Brücke zwischen Beiden nachzuweisen, wäre freilich die Lösung eines großen Räthsels.

Die hier ausgesprochene große Wahrheit ist auch nie ganz verkannt worden, wenn sie gleich nicht auf ihren genauen und richtigen Sinn zurückgeführt werden konnte, als welches allein durch die Lehre vom Primat und metaphysischen Wesen des Willens, und der sekundären, bloß organischen Natur des Intellekts möglich wird. Wir finden nämlich die Lehre von der Metempsychose, aus den urältesten und edelsten Zeiten des Menschengeschlechts stammend, stets auf der Erde verbreitet, als den Glauben der großen Majorität des Menschengeschlechts, ja, eigentlich als Lehre aller Religionen, mit Ausnahme der jüdischen und der zwei von dieser ausgegangenen; am subtilsten jedoch und der Wahrheit am nächsten kommend, wie schon erwähnt, im Buddhaismus. Während demgemäß die Christen sich trösten mit dem Wiedersehn in einer andern Welt, in welcher man sich in vollständiger Person wiederfindet und sogleich erkennt, ist in jenen übrigen Religionen das Wiedersehn schon jetzt im Gange, jedoch incognito: nämlich im Kreislauf der Geburten und kraft der Metempsychose, oder Palingenesie, werden die Personen, welche jetzt in naher Verbindung oder Berührung mit uns stehn, auch bei der nächsten Geburt zugleich mit uns geboren, und haben die selben, oder doch analoge Verhältnisse und Gesinnungen zu uns, wie jetzt, diese mögen nun freundlicher, oder feindlicher Art seyn. (Man sehe z. B. *Spence Hardy's Manual of Buddhism, p. 162.)* Das Wiedererkennen beschränkt sich dabei freilich auf eine dunkle Ahndung, eine nicht zum deutlichen Bewußtseyn zu bringende und auf eine unendliche Ferne hindeutende Erinnerung; – mit Ausnahme jedoch des Buddha selbst, der das Vorrecht hat, seine und der Andern frühere Geburten deutlich zu erkennen; – wie Dies in den Jatakas [buddhistischen Erzählungen] beschrieben ist. Aber, in der That, wenn man, in begünstigten Augenblicken, das Thun und Treiben der Menschen, in der Realität, rein objektiv ins Auge faßt; so drängt sich Einem die intuitive Ueberzeugung auf, daß es nicht nur, den (Platonischen) Ideen nach, stets das selbe ist und bleibt, sondern auch, daß die gegenwärtige Generation, ihrem eigentlichen Kern nach, geradezu, und substantiell identisch ist mit jeder vor ihr dagewesenen. Es frägt sich nur, worin dieser Kern besteht: die Antwort, welche meine Lehre darauf giebt, ist bekannt. Die erwähnte intuitive Ueberzeugung kann man sich denken als dadurch entstehend, daß die Vervielfältigungsgläser, Zeit und Raum, momentan eine Intermittenz [zeitweilige Unterbrechung] ihrer Wirksamkeit erlitten. – Hinsichtlich der Allgemeinheit des Glaubens an Metempsychose sagt Obry in seinem vortrefflichen Buche: *Du Nirvana Indien, p. 13,* mit Recht: *Cette vieille croyance a fait le tour du monde, et était tellement répandue dans la haute antiquité, qu'un docte Anglican l'avait jugée sans père, sans mère, et sans généalogie* [Dieser alte Glaube hat die Reise um die Welt gemacht und war im hohen Altertum so weit verbreitet, daß ein gelehrtes Mitglied der anglikanischen Kirche über ihn urteilt: er sei ohne Vater, ohne Mutter, und ohne Stammbaum. – Obry: *Du Nirvana Indien*, p. 13, in: *Académie des sciences Amiens* 1856, vol. x, p. 523] *(Ths. Burnet, dans Beausobre, Hist. du Manichéisme, II, p. 391).* Schon in den Veden, wie in allen heiligen Büchern Indiens, gelehrt, ist bekanntlich die Metempsychose der Kern des Brahmanismus und Buddhaismus, herrscht demnach noch jetzt im ganzen nicht islamisirten Asien, also bei mehr als der Hälfte des ganzen Menschengeschlechts, als die festeste Ueberzeugung und mit unglaublich starkem praktischen Einfluß. Ebenfalls war sie der Glaube der Aegypter (Herod., II, 123), von welchen Orpheus, Pythagoras und Plato sie mit Begeisterung entgegennahmen: besonders aber hielten die Pythagoreer sie fest. Daß sie auch in den Mysterien der Griechen gelehrt wurde, geht unleugbar hervor aus Plato's neuntem Buch von den Gesetzen *(p. 38 et 42, ed. Bip.).* Nemesius *(De nat. hom., c. 2)* sagt sogar: Κοινη μεν ουν παντες Ἑλληνες, οἱ την ψυχην αθανατον αποφηναμενοι, την μετενσωματωσιν δογματιζουσι. *(Communiter igitur omnes Graeci, qui animam immortalem statuerunt, eam de uno corpore in aliud transferri censuerunt.)* [Gemeinsam ist allen Griechen, die die Seele für unsterblich erklärten, die Lehre von der Wanderung aus einem Leib in den anderen.] Auch die Edda, namentlich in der Voluspa, lehrt Metempsychose. Nicht weniger war sie die Grundlage der Religion der Druiden *(Caes. de bello Gall., VI* [14]. – *A. Pictet, Le mystère des Bardes de l'île de Bretagne, 1856).* Sogar eine Mohammedanische Sekte in Hindostan, die Bohrahs, von denen Colebrooke in den *Asiat. res., Vol. 7, p. 336 sqq.* ausführlich berichtet, glaubt an die Metempsychose und enthält demzufolge sich aller Fleischspeise. Selbst bei Amerikanischen und Negervölkern, ja sogar bei den Australiern finden sich Spuren davon, wie hervorgeht aus einer in der Englischen Zeitung, *the Times*, vom 29. Januar 1841, gegebenen genauen Beschreibung der wegen Brandstiftung und Mord erfolgten Hinrichtung zweier Australischer Wilden. Daselbst nämlich heißt es: »Der jüngere von ihnen gieng seinem Schicksal mit verstocktem und entschlossenem Sinn, welcher, wie sich zeigte, auf Rache gerichtet war, entgegen: denn aus dem einzigen verständlichen Ausdruck, dessen er sich bediente, gieng hervor, daß er wieder auferstehn würde, als ›ein weißer Kerl‹, und dies verlieh ihm die Entschlossenheit.« Auch in einem Buche von Ungewitter, »Der Welttheil Australien«, 1853, wird erzählt, daß die Papuas in Neuholland die Weißen für ihre eigenen, auf die Welt zurückgekehrten Anverwandten hielten. – Diesem Allen zufolge stellt der Glaube an Metempsychose sich dar als die natürliche Ueberzeugung des Menschen, sobald er, unbefangen, irgend nachdenkt. Er wäre demnach wirklich Das, was Kant fälschlich von seinen drei vorgeblichen Ideen der Vernunft behauptet, nämlich ein der menschlichen Vernunft natürliches, aus ihren eigenen Formen hervorgehendes Philosophem; und wo er sich nicht findet, wäre er durch positive, anderweitige Religionslehren erst verdrängt. Auch habe ich bemerkt, daß er Jedem, der zum ersten Mal davon hört, sogleich einleuchtet. Man sehe nur, wie ernstlich sogar Lessing ihm das Wort redet in den letzten sieben Paragraphen seiner »Erziehung des Menschengeschlechts«. Auch Lichtenberg sagt, in seiner Selbstcharakteristik: »Ich kann den Gedanken nicht los werden, daß ich gestorben war, ehe ich geboren wurde« [*Vermischte Schriften*, 1844, Bd. 1, S. 32]. Sogar der so übermäßig empirische Hume sagt in seiner skeptischen Abhandlung über die Unsterblichkeit, *p. 23: The metempsychosis is therefore the only system of this kind that philosophy can hearken to**. Was diesem, über das ganze Menschengeschlecht verbreiteten und den Weisen, wie dem Volke einleuchtenden Glauben entgegensteht, ist das Judenthum, nebst den aus diesem entsprossenen zwei Religionen, sofern sie eine Schöpfung des Menschen aus Nichts lehren, an welche er dann den Glauben an eine endlose Fortdauer *a parte post* zu knüpfen die harte Aufgabe hat. Ihnen freilich ist es, mit Feuer und Schwerdt, gelungen, aus Europa und einem Theile Asiens jenen tröstlichen Urglauben der Menschheit zu verdrängen: es steht noch dahin

* »Die Metempsychose ist daher das einzige System dieser Art, auf welches die Philosophie hören kann.« – Diese posthume Abhandlung findet sich in den *Essays on suicide and the immortality of the soul, by the late Dav. Hume, Basil 1799, sold by James Decker.* Durch diesen Baseler Nachdruck nämlich sind jene beiden Werke eines der größten Denker und Schriftsteller Englands vom Untergange gerettet worden, nachdem sie in ihrem Vaterlande, in Folge der daselbst herrschenden stupiden und überaus verächtlichen Bigotterie, durch den Einfluß einer mächtigen und frechen Pfaffenschaft unterdrückt worden waren, zur bleibenden Schande Englands. Es sind ganz leidenschaftslose, kalt vernünftige Untersuchungen der beiden genannten Gegenstände.

auf wie lange. Wie schwer es jedoch gehalten hat, bezeugt die älteste Kirchengeschichte: die meisten Ketzer, z. B. Simonisten, Basilidianer, Valentinianer, Marcioniten, Gnostiker und Manichäer waren eben jenem Urglauben zugethan. Die Juden selbst sind zum Theil hineingerathen, wie Tertullian und Justinus (in seinen Dialogen) berichten. Im Talmud wird erzählt, daß Abel's Seele in den Leib des Seth und dann in den des Moses gewandert sei. Sogar die Bibelstelle, Matth. 16, 13–14, erhält einen vernünftigen Sinn nur dann, wann man sie als unter der Voraussetzung des Dogmas der Metempsychose gesprochen versteht. Lukas freilich, der sie (9, 18–20) auch hat, fügt hinzu ὁτι προφητης τις των αρχαιων ανεστη [daß einer der alten Propheten auferstanden sei], schiebt also den Juden die Voraussetzung unter, daß so ein alter Prophet noch mit Haut und Haar wieder auferstehn könne, welches, da sie doch wissen, daß er schon 6 bis 700 Jahre im Grabe liegt, folglich längst zerstoben ist, eine handgreifliche Absurdität wäre. Im Christenthum ist übrigens an die Stelle der Seelenwanderung und der Abbüßung aller in einem früheren Leben begangenen Sünden durch dieselbe die Lehre von der Erbsünde getreten, d. h. von der Buße für die Sünde eines andern Individuums. Beide nämlich identificiren, und zwar mit moralischer Tendenz, den vorhandenen Menschen mit einem früher dagewesenen: die Seelenwanderung unmittelbar, die Erbsünde mittelbar. –

Der Tod ist die große Zurechtweisung, welche der Wille zum Leben, und näher der diesem wesentliche Egoismus, durch den Lauf der Natur erhält; und er kann aufgefaßt werden als eine Strafe für unser Daseyn†. Er ist die schmerzliche Lösung des Knotens, den die Zeugung mit Wollust geschürzt hatte, und die von außen eindringende, gewaltsame Zerstörung des Grundirrthums unsers Wesens: die große Enttäuschung. Wir sind im Grunde etwas, das nicht seyn sollte: darum hören wir auf zu seyn. – Der Egoismus besteht eigentlich darin, daß der Mensch alle Realität auf seine eigene Person beschränkt, indem er in dieser allein zu existiren wähnt, nicht in den andern. Der Tod belehrt ihn eines Bessern, indem er diese Person aufhebt, so daß das Wesen des Menschen, welches sein Wille ist, fortan nur in

† Der Tod sagt: Du bist das Produkt eines Aktes, der nicht hätte seyn sollen: darum mußt du, ihn auszulöschen, sterben.

andern Individuen leben wird, sein Intellekt aber, als welcher selbst nur der Erscheinung, d. i. der Welt als Vorstellung, angehörte und bloß die Form der Außenwelt war, eben auch im Vorstellungseyn, d. h. im objektiven Seyn der Dinge als solchem, also ebenfalls nur im Daseyn der bisherigen Außenwelt, fortbesteht. Sein ganzes Ich lebt also von jetzt an nur in Dem, was er bisher als Nicht-Ich angesehn hatte: denn der Unterschied zwischen Aeußerem und Innerem hört auf. Wir erinnern uns hier, daß der bessere Mensch der ist, welcher zwischen sich und den Andern den wenigsten Unterschied macht, sie nicht als absolut Nicht-Ich betrachtet, während dem Schlechten dieser Unterschied groß, ja absolut ist; – wie ich dies in der Preisschrift über das Fundament der Moral ausgeführt habe. Diesem Unterschiede gemäß fällt, dem Obigen zufolge, der Grad aus, in welchem der Tod als die Vernichtung des Menschen angesehn werden kann. – Gehn wir aber davon aus, daß der Unterschied von Außer mir und In mir, als ein räumlicher, nur in der Erscheinung, nicht im Dinge an sich gegründet, also kein absolut realer ist; so werden wir in dem Verlieren der eigenen Individualität nur den Verlust einer Erscheinung sehn, also nur scheinbaren Verlust. So viel Realität jener Unterschied auch im empirischen Bewußtseyn hat; so sind doch, vom metaphysischen Standpunkt aus, die Sätze: »Ich gehe unter, aber die Welt dauert fort«, und »Die Welt geht unter, aber ich dauere fort«, im Grunde nicht eigentlich verschieden.

Ueber dies Alles nun aber ist der Tod die große Gelegenheit, nicht mehr Ich zu seyn: wohl Dem, der sie benutzt. Während des Lebens ist der Wille des Menschen ohne Freiheit: auf der Basis seines unveränderlichen Charakters geht sein Handeln, an der Kette der Motive, mit Nothwendigkeit vor sich. Nun trägt aber Jeder in seiner Erinnerung gar Vieles, das er gethan, und worüber er nicht mit sich selbst zufrieden ist. Lebte er nun immerfort; so würde er, vermöge der Unveränderlichkeit des Charakters, auch immerfort auf die selbe Weise handeln. Demnach muß er aufhören zu seyn was er ist, um aus dem Keim seines Wesens als ein neues und anderes hervorgehn zu können. Daher löst der Tod jene Bande: der Wille wird wieder frei: denn im *Esse* [Sein], nicht im *Operari* [Handeln] liegt die Freiheit: *Finditur nodus cordis, dissolvuntur omnes dubitationes, ejusque opera evanescunt* [Zerspalten wird des Herzens Knoten, aufgelöst werden alle Zweifel, und seine Werke werden zu nichts], ist ein sehr berühmter Ausspruch des Veda, den alle Vedantiker [Interpretatoren der Veden] häufig wiederholen*. Das Sterben ist der Augenblick jener Befreiung von der Einseitigkeit einer Individualität, welche nicht den innersten Kern unsers Wesens ausmacht, vielmehr als eine Art Verirrung desselben zu denken ist: die wahre, ursprüngliche Freiheit tritt wieder ein, in diesem Augenblick, welcher, im angegebenen Sinn, als eine *restitutio in integrum* [Wiedereinsetzung in den vorherigen Stand: Ausdruck des römischen Rechts] betrachtet werden kann. Der Friede und die Beruhigung auf dem Gesichte der meisten Todten scheint daher zu stammen. Ruhig und sanft ist, in der Regel, der Tod jedes guten Menschen: aber willig sterben, gern sterben, freudig sterben, ist das Vorrecht des Resignirten, Dessen, der den Willen zum Leben aufgiebt und verneint. Denn nur er will wirklich und nicht bloß scheinbar sterben, folglich braucht und verlangt er keine Fortdauer seiner Person. Das Daseyn, welches wir kennen, giebt er willig auf: was ihm statt dessen wird, ist in unsern Augen nichts; weil unser Daseyn, auf jenes bezogen, nichts ist. Der Buddhaistische Glaube nennt jenes Nirwana, d. h. Erloschen**.

---

* *Sancara, s. de theologumenis Vedanticorum, ed. F. H. H. Windischmann, p. 37. – Oupnekhat, Vol. I, p. 387, et p. 78. – Colebrooke's Miscellaneous essays, Vol. I, p. 363.*

** Die Etymologie des Wortes Nirwana wird verschieden angegeben. Nach Colebrooke *(Transact. of the Roy. Asiat. soc., Vol. I, p. 566)* kommt es von Wa, wehen, wie der Wind, mit vorgesetzter Negation Nir, bedeutet also Windstille, aber als Adjektiv »erloschen«. – Auch *Obry, du Nirvana Indien,* sagt *p. 3: Nirvanam en sanscrit signifie à la lettre extinction, telle que celle d'un feu* [Nirvanam bedeutet im Sanskrit wörtlich Erlöschen, z. B. eines Feuers]. – Nach dem *Asiatic Journal, Vol. 24, p. 735,* heißt es eigentlich Nerawana, von nera, ohne, und wana, Leben, und die Bedeutung wäre *annihilatio* [Vernichtung]. – Im *Eastern Monachism, by Spence Hardy,* wird, S. 295, Nirwana abgeleitet von Wana, sündliche Wünsche, mit der Negation nir. – J. J. Schmidt, in seiner Uebersetzung der Geschichte der Ostmongolen, S. 307, sagt, das Sanskritwort Nirwana werde im Mongolischen übersetzt durch eine Phrase, welche bedeutet: »vom Jammer abgeschieden«, – »dem Jammer entwichen«. – Nach des selben Gelehrten Vorlesungen in der Petersburger Akademie ist Nirwana das Gegentheil von Sansara, welches die Welt der steten Wiedergeburten, des Gelüstes und Verlangens, der Sinnentäuschung und wandelbaren Formen, des Geborenwerdens, Alterns, Erkrankens und Sterbens ist. – In der Burmesischen Sprache wird das Wort Nirwana, nach Analogie der übrigen Sanskritworte, umgestaltet in Nieban und wird übersetzt durch »vollständige Verschwindung«. Siehe *Sangermano's Description of the Burmese empire, transl. by Tandy, Rome 1833, § 27.* In der ersten Auflage von 1819 schrieb auch ich Nieban, weil wir damals den Buddhaismus nur aus dürftigen Nachrichten von den Birmanen kannten.

Kapitel 42.

Leben der Gattung.

Im vorhergehenden Kapitel wurde in Erinnerung gebracht, daß die (Platonischen) Ideen der verschiedenen Stufen der Wesen, welche die adäquate Objektivation des Willens zum Leben sind, in der an die Form der Zeit gebundenen Erkenntniß des Individuums sich als die Gattungen, d. h. als die durch das Band der Zeugung verbundenen, successiven und gleichartigen Individuen darstellen, und daß daher die Gattung die in der Zeit auseinandergezogene Idee (ειδος, *species*) ist. Demzufolge liegt das Wesen an sich jedes Lebenden zunächst in seiner Gattung: diese hat jedoch ihr Daseyn wieder nur in den Individuen. Obgleich nun der Wille nur im Individuo zum Selbstbewußtseyn gelangt, sich also unmittelbar nur als das Individuum erkennt; so tritt das in der Tiefe liegende Bewußtseyn, daß eigentlich die Gattung es ist, in der sein Wesen sich objektivirt, doch darin hervor, daß dem Individuo die Angelegenheiten der Gattung als solcher, also die Geschlechtsverhältnisse, die Zeugung und Ernährung der Brut, ungleich wichtiger und angelegener sind, als alles Andere. Daher also bei den Thieren die Brunst (von deren Vehemenz man eine vortreffliche Schilderung findet in Burdachs Physiologie, Bd. 1, §§ 247, 257), und beim Menschen die sorgfältige und kapriziöse Auswahl des andern Individuums zur Befriedigung des Geschlechtstriebes, welche sich bis zur leidenschaftlichen Liebe steigern kann, deren näherer Untersuchung ich ein eigenes Kapitel widmen werde: eben daher endlich die überschwängliche Liebe der Eltern zu ihrer Brut.

In den Ergänzungen zum zweiten Buch wurde der Wille der Wurzel, der Intellekt der Krone des Baumes verglichen: so ist es innerlich, oder psychologisch. Aeußerlich aber, oder physiologisch, sind die Genitalien die Wurzel, der Kopf die Krone. Das Ernährende sind zwar nicht die Genitalien, sondern die Zotten der Gedärme: dennoch sind nicht diese, sondern jene die Wurzel: weil durch sie das Individuum mit der Gattung zusammenhängt, in welcher es wurzelt. Denn es ist physisch ein Erzeugniß der Gattung, metaphysisch ein mehr oder minder unvollkommenes Bild der Idee, welche, in der Form der Zeit, sich als Gattung darstellt. In Uebereinstimmung mit dem hier ausgesprochenen Verhältniß ist die größte Vitalität, wie auch die Dekrepität [Verfall], des Gehirns und der Genitalien gleichzeitig und steht in Verbindung. Der Geschlechtstrieb ist anzusehn als der innere Zug des Baumes (der Gattung), auf welchem das Leben des Individuums sproßt, wie ein Blatt, das vom Baume genährt wird und ihn zu nähren beiträgt: daher ist jener Trieb so stark und aus der Tiefe unserer Natur. Ein Individuum kastriren, heißt es vom Baum der Gattung, auf welchem es sproßt, abschneiden und so gesondert verdorren lassen: daher die Degradation seiner Geistes- und Leibeskräfte. – Daß auf den Dienst der Gattung, d. i. die Befruchtung, bei jedem thierischen Individuo, augenblickliche Erschöpfung und Abspannung aller Kräfte, bei den meisten Insekten sogar baldiger Tod erfolgt, weshalb Celsus sagte *seminis emissio est partis animae jactura* [Die Ausstoßung des Samens bedeutet den Verlust eines Teils der Seele]; daß beim Menschen das Erlöschen der Zeugungskraft anzeigt, das Individuum gehe nunmehr dem Tode entgegen; daß übertriebener Gebrauch jener Kraft in jedem Alter das Leben verkürzt, Enthaltsamkeit hingegen alle Kräfte, besonders aber die Muskelkraft, erhöht, weshalb sie zur Vorbereitung der Griechischen Athleten gehörte; daß die selbe Enthaltsamkeit das Leben des Insekts sogar bis zum folgenden Frühling verlängert; – alles Dieses deutet darauf hin, daß das Leben des Individuums im Grunde nur ein von der Gattung erborgtes und daß alle Lebenskraft gleichsam durch Abdämmung gehemmte Gattungskraft ist. Dieses aber ist daraus zu erklären, daß das metaphysische Substrat des Lebens sich unmittelbar in der Gattung und erst mittelst dieser im Individuo offenbart. Demgemäß wird in Indien der Lingam [Penis] mit der Yoni [weiblichen Scham] als das Symbol der Gattung und ihrer Unsterblichkeit verehrt und, als das Gegengewicht des Todes, gerade der diesem vorstehenden Gottheit, dem Schiwa, als Attribut beigegeben.

Aber ohne Mythos und Symbol bezeugt die Heftigkeit des Geschlechtstriebes, der rege Eifer und der tiefe Ernst, mit welchem jedes Thier, und eben so der Mensch, die Angelegenheiten desselben betreibt, daß durch die ihm dienende Funktion das Thier Dem angehört, worin eigentlich und hauptsächlich sein wahres Wesen liegt, nämlich der Gattung; während alle andern Funktionen und Organe unmittelbar nur dem Individuo dienen, dessen Daseyn im Grunde nur ein sekundäres ist. In der

Heftigkeit jenes Triebes, welcher die Koncentration des ganzen thierischen Wesens ist, drückt ferner sich das Bewußtseyn aus, daß das Individuum nicht fortdauere und daher Alles an die Erhaltung der G a t t u n g zu setzen habe, als in welcher sein wahres Daseyn liegt.

Vergegenwärtigen wir, zur Erläuterung des Gesagten, uns jetzt ein Thier in seiner Brunst und im Akte der Zeugung. Wir sehn einen an ihm sonst nie gekannten Ernst und Eifer. Was geht dabei in ihm vor? – Weiß es, daß es sterben muß und daß durch sein gegenwärtiges Geschäft ein neues, jedoch ihm völlig ähnliches Individuum entstehn wird, um an seine Stelle zu treten? – Von dem Allen weiß es nicht, da es nicht denkt. Aber es sorgt für die Fortdauer seiner Gattung in der Zeit, so eifrig, als ob es jenes Alles wüßte. Denn es ist sich bewußt, daß es leben und daseyn will, und den höchsten Grad dieses Wollens drückt es aus durch den Akt der Zeugung: dies ist Alles, was dabei in seinem Bewußtseyn vorgeht. Auch ist dies völlig hinreichend zum Bestande der Wesen; eben weil der Wille das Radikale [Wurzelhafte] ist, die Erkenntniß das Adventitium [Hinzukommende]. Dieserhalb eben braucht der Wille nicht durchweg von der Erkenntniß geleitet zu werden; sondern sobald er in seiner Ursprünglichkeit sich entschieden hat, wird schon von selbst dieses Wollen sich in der Welt der Vorstellung objektiviren. Wenn nun solchermaaßen jene bestimmte Thiergestalt, die wir uns gedacht haben, es ist, die das Leben und Daseyn will; so will sie nicht Leben und Daseyn überhaupt, sondern sie will es in eben dieser Gestalt. Darum ist es der Anblick seiner Gestalt im Weibchen seiner Art, der den Willen des Thieres zur Zeugung anreizt. Dieses sein Wollen, angeschaut von außen und unter der Form der Zeit, stellt sich dar als solche Thiergestalt[,] eine endlose Zeit hindurch erhalten durch die immer wiederholte Ersetzung eines Individuums durch ein anderes, also durch das Wechselspiel des Todes und der Zeugung, welche, so betrachtet, nur noch als der Pulsschlag jener durch alle Zeit beharrenden Gestalt (ιδεα, ειδος, *species*) erscheinen. Man kann sie der Attraktions- und Repulsionskraft, durch deren Antagonismus die Materie besteht, vergleichen. – Das hier am Thiere Nachgewiesene gilt auch vom Menschen: denn wenn gleich bei diesem der Zeugungsakt von der vollständigen Erkenntniß seiner Endursache begleitet ist; so ist er doch nicht von ihr geleitet, sondern geht unmittelbar aus dem Willen zum Leben hervor, als dessen Koncentration. Er ist sonach den instinktiven Handlungen beizuzählen. Denn so wenig bei der Zeugung das Thier durch die Erkenntniß des Zweckes geleitet ist, so wenig ist es dieses bei den Kunsttrieben: auch in diesen äußert sich der Wille, in der Hauptsache, ohne die Vermittelung der Erkenntniß, als welcher, hier wie dort, nur das Detail anheimgestellt ist. Die Zeugung ist gewissermaaßen der bewunderungswürdigste der Kunsttriebe und sein Werk das erstaunlichste.

Aus diesen Betrachtungen erklärt es sich, warum die Begierde des Geschlechts einen von jeder andern sehr verschiedenen Charakter trägt; sie ist nicht nur die stärkeste, sondern sogar specifisch von mächtigerer Art als alle andern. Sie wird überall stillschweigend vorausgesetzt, als nothwendig und unausbleiblich, und ist nicht, wie andere Wünsche, Sache des Geschmacks und der Laune. Denn sie ist der Wunsch, welcher selbst das Wesen des Menschen ausmacht. Im Konflikt mit ihr ist kein Motiv so stark, daß es des Sieges gewiß wäre. Sie ist so sehr die Hauptsache, daß für die Entbehrung ihrer Befriedigung keine andern Genüsse entschädigen: auch übernimmt Thier und Mensch ihretwegen jede Gefahr, jeden Kampf. Ein gar naiver Ausdruck dieser natürlichen Sinnesart ist die bekannte Ueberschrift der mit dem Phallus verzierten Thüre der *fornix* [des Bordells] zu Pompeji: *Heic habitat felicitas* [Hier wohnt das Glück]: diese war für den Hineingehenden naiv, für den Herauskommenden ironisch, und an sich selbst humoristisch. – Mit Ernst und Würde hingegen ist die überschwängliche Macht des Zeugungstriebes ausgedrückt in der Inschrift, welche (nach T h e o von Smyrna, *de musica, c. 47*) Osiris auf einer Säule, die er den ewigen Göttern setzte, angebracht hatte: »Dem Geiste, dem Himmel, der Sonne, dem Monde, der Erde, der Nacht, dem Tage, und dem Vater alles Dessen, was ist und was seyn wird, dem Eros« [vgl. Hirt, *Über die Ägypter*, in: *Abhandlungen der Berliner Akademie*, 1820–21]; – ebenfalls in der schönen Apostrophe, mit welcher L u k r e t i u s sein Werk eröffnet:

Aeneadum genetrix, hominum divômque voluptas
Alma Venus etc.
[Mutter der Aeneaden, der Menschen Lust und der Götter,
Segenspendende Venus.

De rerum natura, I, 1]

Dem allen entspricht die wichtige Rolle, welche das Geschlechtsverhältniß in der Menschenwelt spielt, als wo es eigentlich der unsichtbare Mittelpunkt alles Thuns und Treibens ist und trotz allen ihm übergeworfenen Schleiern überall hervorguckt. Es ist die Ursache des Krieges und der Zweck des Friedens, die Grundlage des Ernstes und das Ziel des Scherzes, die unerschöpfliche Quelle des Witzes, der Schlüssel zu allen Anspielungen und der Sinn aller geheimen Winke, aller unausgesprochenen Anträge und aller verstohlenen Blicke, das tägliche Dichten und Trachten der Jungen und oft auch der Alten, der stündliche Gedanke des Unkeuschen und die gegen seinen Willen stets wiederkehrende Träumerei des Keuschen, der allezeit bereite Stoff zum Scherz, eben nur weil ihm der tiefste Ernst zum Grunde liegt. Das aber ist das Pikante und der Spaaß der Welt, daß die Hauptangelegenheit aller Menschen heimlich betrieben und ostensibel möglichst ignorirt wird. In der That aber sieht man dieselbe jeden Augenblick sich als den eigentlichen und erblichen Herrn der Welt, aus eigener Machtvollkommenheit, auf den angestammten Thron setzen und von dort herab mit höhnenden Blicken der Anstalten lachen, die man getroffen hat, sie zu bändigen, einzukerkern, wenigstens einzuschränken und wo möglich ganz verdeckt zu halten, oder doch so zu bemeistern, daß sie nur als eine ganz untergeordnete Nebenangelegenheit des Lebens zum Vorschein komme. – Dies Alles aber stimmt damit überein, daß der Geschlechtstrieb der Kern des Willens zum Leben, mithin die Koncentration alles Wollens ist; daher eben ich im Texte die Genitalien den Brennpunkt des Willens genannt habe. Ja, man kann sagen, der Mensch sei konkreter Geschlechtstrieb; da seine Entstehung ein Kopulationsakt und der Wunsch seiner Wünsche ein Kopulationsakt ist, und dieser Trieb allein seine ganze Erscheinung perpetuirt und zusammenhält. Der Wille zum Leben äußert sich zwar zunächst als Streben zur Erhaltung des Individuums; jedoch ist dies nur die Stufe zum Streben nach Erhaltung der Gattung, welches letztere in dem Grade heftiger seyn muß, als das Leben der Gattung, an Dauer, Ausdehnung und Werth, das des Individuums übertrifft. Daher ist der Geschlechtstrieb die vollkommenste Aeußerung des Willens zum Leben, sein am deutlichsten ausgedrückter Typus: und hiemit ist sowohl das Entstehn der Individuen aus ihm, als sein Primat über alle andern

Wünsche des natürlichen Menschen in vollkommener Uebereinstimmung.

Hieher gehört noch eine physiologische Bemerkung, welche auf meine im zweiten Buche dargelegte Grundlehre Licht zurückwirft. Wie nämlich der Geschlechtstrieb die heftigste der Begierden, der Wunsch der Wünsche, die Koncentration alles unsers Wollens ist, und demnach die dem individuellen, mithin auf ein bestimmtes Individuum gerichteten Wunsche eines Jeden genau entsprechende Befriedigung desselben der Gipfel und die Krone seines Glückes, nämlich das letzte Ziel seiner natürlichen Bestrebungen ist, mit deren Erreichung ihm Alles erreicht und mit deren Verfehlung ihm Alles verfehlt scheint; – so finden wir, als physiologisches Korrelat hievon, im objektivirten Willen, also im menschlichen Organismus, das Sperma als die Sekretion der Sekretionen, die Quintessenz aller Säfte, das letzte Resultat aller organischen Funktionen, und haben hieran einen abermaligen Beleg dazu, daß der Leib nur die Objektität des Willens, d. h. der Wille selbst unter der Form der Vorstellung ist.

An die Erzeugung knüpft sich die Erhaltung der Brut und an den Geschlechtstrieb die Elternliebe; in welchen also sich das Gattungsleben fortsetzt. Demgemäß hat die Liebe des Thieres zu seiner Brut, gleich dem Geschlechtstriebe, eine Stärke, welche die der bloß auf das eigene Individuum gerichteten Bestrebungen weit übertrifft. Dies zeigt sich darin, daß selbst die sanftesten Thiere bereit sind, für ihre Brut auch den ungleichsten Kampf, auf Tod und Leben, zu übernehmen und, bei fast allen Thiergattungen, die Mutter für die Beschützung der Jungen jeder Gefahr, ja in manchen Fällen sogar dem gewissen Tode entgegengeht. Beim Menschen wird diese instinktive Elternliebe durch die Vernunft, d. h. die Ueberlegung, geleitet und vermittelt, bisweilen aber auch gehemmt, welches, bei schlechten Charakteren, bis zur völligen Verleugnung derselben gehn kann: daher können wir ihre Wirkungen am reinsten bei den Thieren beobachten. An sich selbst ist sie jedoch im Menschen nicht weniger stark: auch hier sehn wir sie, in einzelnen Fällen, die Selbstliebe gänzlich überwinden und sogar bis zur Aufopferung des eigenen Lebens gehn. So z. B. berichten noch soeben die Zeitungen aus Frankreich, daß zu Chahars, im Departement *du Lot*, ein Vater sich das Leben genommen hat, damit sein Sohn, den das Loos zum Kriegsdienst getroffen hatte, der älteste einer Witwe und als solcher davon befreit seyn sollte. *(Galignani's Messenger* vom 22. Juni 1843). Bei den Thieren jedoch, da sie keiner Ueberlegung fähig sind, zeigt die instinktive Mutterliebe (das Männchen ist sich seiner Vaterschaft meistens nicht bewußt) sich unvermittelt und unverfälscht, daher mit voller Deutlichkeit und in ihrer ganzen Stärke. Im Grunde ist sie der Ausdruck des Bewußtseyns im Thiere, daß sein wahres Wesen unmittelbarer in der Gattung, als im Individuo liegt, daher es nöthigenfalls sein Leben opfert, damit, in den Jungen, die Gattung erhalten werde. Also wird hier, wie auch im Geschlechtstriebe, der Wille zum Leben gewissermaaßen transscendent, indem sein Bewußtseyn sich über das Individuum, welchem es inhärirt, hinaus, auf die Gattung erstreckt. Um diese zweite Aeußerung des Gattungslebens nicht bloß abstrakt auszusprechen, sondern sie dem Leser in ihrer Größe und Wirklichkeit zu vergegenwärtigen, will ich von der überschwänglichen Stärke der instinktiven Mutterliebe einige Beispiele anführen.

Die Seeotter, wenn verfolgt, ergreift ihr Junges und taucht damit unter: wann sie, um zu athmen, wieder auftaucht, deckt sie dasselbe mit ihrem Leibe und empfängt, während es sich rettet, die Pfeile des Jägers. – Einen jungen Wallfisch erlegt man bloß, um die Mutter herbeizulocken, welche zu ihm eilt und ihn selten verläßt, so lange er noch lebt, wenn sie auch von mehreren Harpunen getroffen wird. (Scoresby's Tagebuch einer Reise auf den Wallfischfang; aus dem Englischen von Kries, S. 196.) – An der Drei-Königs-Insel, bei Neuseeland, leben kolossale Phoken, See-Elephanten genannt *(Phoca proboscidea).* In geordneter Schaar um die Insel schwimmend nähren sie sich von Fischen, haben jedoch unter dem Wasser gewisse, uns unbekannte, grausame Feinde, von denen sie oft schwer verwundet werden: daher verlangt ihr gemeinsames Schwimmen eine eigene Taktik. Die Weibchen werfen auf dem Ufer: während sie dann säugen, welches sieben bis acht Wochen dauert, schließen alle Männchen einen Kreis um sie, um zu verhindern, daß sie nicht, vom Hunger getrieben, in die See gehn, und wenn dies versucht wird, wehren sie es durch Beißen. So hungern sie alle mit einander sieben bis acht Wochen hindurch und werden sämmtlich sehr mager, bloß damit die Jungen nicht in See gehn, bevor sie im Stande sind, wohl zu schwimmen und die gehörige Taktik, welche ihnen dann durch Stoßen und Beißen beigebracht wird, zu beobachten. *(Freycinet, Voy. aux terres australes, 1826.)* Hier zeigt sich auch, wie die Elternliebe, gleich jeder starken Bestrebung des Willens (siehe Kap. 19, 6), die Intelligenz steigert. – Wilde Enten, Grasmücken und viele andere Vögel fliegen, wann der Jäger sich dem Neste nähert, mit lautem Geschrei ihm vor die Füße und flattern hin und her, als wären ihre Flügel gelähmt, um die Aufmerksamkeit von der Brut ab auf sich zu lenken. – Die Lerche sucht den Hund von ihrem Neste abzulocken, indem sie sich selbst preisgiebt. Eben so locken weibliche Hirsche und Rehe an, sie selbst zu jagen, damit ihre Jungen nicht angegriffen werden. – Schwalben sind in brennende Häuser geflogen, um ihre Jungen zu retten, oder mit ihnen unterzugehn. In Delfft ließ sich, bei einer heftigen Feuersbrunst, ein Storch im Neste verbrennen, um seine zarten Jungen, die noch nicht fliegen konnten, nicht zu verlassen. *(Hadr. Junius, Descriptio Hollandiae.)* Auerhahn und Waldschnepfe lassen sich brütend auf dem Neste fangen. *Muscicapa tyrannus* [der Fliegenschnäpper] vertheidigt ihr Nest mit besonderm Muthe und setzt sich selbst gegen Adler zur Wehr. – Eine Ameise hat man queer durchgeschnitten, und sah die vordere Hälfte noch ihre Puppen in Sicherheit bringen. – Eine Hündin, der man die Jungen aus dem Leibe geschnitten hatte, kroch sterbend zu ihnen hin, liebkoste sie und fieng erst dann heftig zu winseln an, als man sie ihr nahm. (B u r d a c h , Physiologie als Erfahrungswissenschaft, Bd. 2 und 3.)

Kapitel 43.

Erblichkeit der Eigenschaften.

Daß, bei der Zeugung, die von den Eltern zusammengebrachten Keime nicht nur die Eigenthümlichkeiten der Gattung, sondern auch die der Individuen fortpflanzen, lehrt, hinsichtlich der leiblichen (objektiven, äußern) Eigenschaften, die alltäglichste Erfahrung, auch ist es von jeher anerkannt worden:

Naturae sequitur semina quisque suae.

[Jeder den Anlagen folgt, wie sie Natur ihm verliehn.]
[Nicht] Catull [sondern Propertius, *Elegiae* IV, 8, 20].

Ob dies nun ebenfalls von den geistigen (subjektiven, innern) Eigenschaften gelte, so daß auch diese sich von den Eltern auf die Kinder vererbten, ist eine schon öfter aufgeworfene und fast allgemein bejahte Frage. Schwieriger aber ist das Problem, ob sich hiebei sondern lasse, was dem Vater und was der Mutter angehört, welches also das geistige Erbtheil sei, das wir von jedem der Eltern überkommen. Beleuchten wir nun dieses Problem mit unserer Grunderkenntniß, daß der Wille das Wesen an sich, der Kern, das Radikale im Menschen; der Intellekt hingegen das Sekundäre, das Adventitium, das Accidenz jener Substanz sei; so werden wir, vor Befragung der Erfahrung, es wenigstens als wahrscheinlich annehmen, daß, bei der Zeugung, der Vater, als *sexus potior* [höherwertiges Geschlecht] und zeugendes Princip, die Basis, das Radikale des neuen Lebens, also den Willen verleihe, die Mutter aber, als *sexus sequior* [minderwertiges Geschlecht] und bloß empfangendes Princip, das Sekundäre, den Intellekt; daß also der Mensch sein Moralisches, seinen Charakter, seine Neigungen, sein Herz, vom Vater erbe, hingegen den Grad, die Beschaffenheit und Richtung seiner Intelligenz von der Mutter. Diese Annahme nun findet wirklich ihre Bestätigung in der Erfahrung; nur daß diese hier nicht durch ein physikalisches Experiment auf dem Tisch entschieden werden kann, sondern theils aus vieljähriger, sorgfältiger und feiner Beobachtung und theils aus der Geschichte hervorgeht.

Die eigene Erfahrung hat den Vorzug völliger Gewißheit und größter Specialität, wodurch der Nachtheil, der ihr daraus erwächst, daß ihre Sphäre beschränkt und ihre Beispiele nicht allbekannt sind, überwogen wird. An sie zunächst weise ich daher einen Jeden. Zuvörderst betrachte er sich selbst, gestehe sich seine Neigungen und Leidenschaften, seine Charakterfehler und Schwächen, seine Laster, wie auch seine Vorzüge und Tugenden, wenn er deren hat, ein: dann aber denke er zurück an seinen Vater, und es wird nicht fehlen, daß er jene sämmtlichen Charakterzüge auch an ihm gewahr werde. Hingegen wird er die Mutter oft von einem ganz verschiedenen Charakter finden, und eine moralische Uebereinstimmung mit dieser wird höchst selten, nämlich nur durch den besondern Zufall der Gleichheit des Charakters beider Eltern, Statt finden. Er stelle diese Prüfung an z. B. in Hinsicht auf Jähzornigkeit, oder

Geduld, Geiz, oder Verschwendung, Neigung zur Wollust, oder zur Völlerei, oder zum Spiel, Hartherzigkeit, oder Güte, Redlichkeit, oder Falschheit, Stolz, oder Leutsäligkeit, Muth, oder Feigheit, Friedfertigkeit, oder Zanksucht, Versöhnlichkeit, oder Groll u. s. f. Danach stelle er die selbe Untersuchung an, an allen Denen, deren Charakter und deren Eltern ihm genau bekannt geworden sind. Wenn er aufmerksam, mit richtigem Urtheil und aufrichtig verfährt, wird die Bestätigung unsers Satzes nicht ausbleiben. So z. B. wird er den, manchen Menschen eigenen, speciellen Hang zum Lügen in zwei Brüdern gleichmäßig vorhanden finden; weil sie ihn vom Vater geerbt haben: dieserhalb ist auch die Komödie »Der Lügner und sein Sohn« [Posse in einem Akt von Colin d'Harville, freie deutsche Bearbeitung] psychologisch richtig. – Inzwischen sind hier zwei unvermeidliche Beschränkungen zu berücksichtigen, welche nur offenbare Ungerechtigkeit als Ausflüchte deuten könnte. Nämlich erstlich: *pater semper incertus* [der Vater ist immer ungewiß]. Nur eine entschiedene körperliche Aehnlichkeit mit dem Vater beseitigt diese Beschränkung; hingegen ist eine oberflächliche hiezu nicht hinreichend: denn es giebt eine Nachwirkung früherer Befruchtung, vermöge welcher bisweilen die Kinder zweiter Ehe noch eine leichte Aehnlichkeit mit dem ersten Gatten haben, und die im Ehebruch erzeugten mit dem legitimen Vater. Noch deutlicher ist solche Nachwirkung bei Thieren beobachtet worden. Die zweite Beschränkung ist, daß im Sohn zwar der moralische Charakter des Vaters auftritt, jedoch unter der Modifikation, die er durch einen andern, oft sehr verschiedenen Intellekt (dem Erbtheil von der Mutter) erhalten hat, wodurch eine Korrektion der Beobachtung nöthig wird. Diese Modifikation kann, nach Maaßgabe jenes Unterschiedes, bedeutend oder gering seyn, jedoch nie so groß, daß nicht auch unter ihr die Grundzüge des väterlichen Charakters noch immer kenntlich genug aufträten; etwan wie ein Mensch, der sich durch eine ganz fremdartige Kleidung, Perücke und Bart entstellt hätte. Ist z. B., vermöge des Erbtheils von der Mutter, ein Mensch mit überwiegender Vernunft, also der Fähigkeit zum Nachdenken, zur Ueberlegung, ausgestattet; so werden durch diese seine vom Vater ererbten Leidenschaften theils gezügelt, theils versteckt werden und demnach nur zu methodischer und planmäßiger, oder heimlicher Aeußerung gelangen, woraus dann eine von der des Vaters, welcher etwan nur einen ganz beschränkten Kopf hatte, sehr verschiedene Erscheinung hervorgehn wird: und eben so kann der umgekehrte Fall eintreten. – Die Neigungen und Leidenschaften der Mutter hingegen finden sich in den Kindern durchaus nicht wieder, oft sogar ihr Gegentheil.

Die historischen Beispiele haben vor denen des Privatlebens den Vorzug, allgemein bekannt zu seyn; wogegen sie freilich durch die Unsicherheit und häufige Verfälschung aller Ueberlieferung, zudem auch dadurch beeinträchtigt werden, daß sie in der Regel nur das öffentliche, nicht das Privatleben und demnach nur die Staatshandlungen, nicht die feineren Aeußerungen des Charakters enthalten. Inzwischen will ich die in Rede stehende Wahrheit durch einige historische Beispiele belegen, zu denen Die, welche aus der Geschichte ein Hauptstudium gemacht haben, ohne Zweifel noch eine viel größere Anzahl eben so treffender werden hinzufügen können.

Bekanntlich brachte P. Decius Mus, mit heroischem Edelmuth, sein Leben dem Vaterlande zum Opfer, indem er, sich und die Feinde feierlich den unterirdischen Göttern weihend, mit verhülltem Haupte, in das Heer der Lateiner sprengte. Ungefähr vierzig Jahre später that sein Sohn, gleiches Namens, genau das Selbe, im Kriege gegen die Gallier *(Liv[ius].,* *VIII, 6; X, 28).* Also ein rechter Beleg zu dem Horazischen: *fortes creantur fortibus et bonis* [Starke werden von Starken und Guten gezeugt: *Carmina*, IV, 4, 29]; – dessen Kehrseite Shakespeare liefert:

> *Cowards father cowards, and base things sire base*.*
> *Cymb.*, IV, 2.

Die ältere Römische Geschichte führt uns ganze Familien vor, deren Glieder, in zahlreicher Succession, sich durch hingebende Vaterlandsliebe und Tapferkeit auszeichnen: so die *gens Fabia* und die *gens Fabricia.* – Wiederum Alexander der Große war herrsch- und eroberungssüchtig, wie sein Vater Philipp. – Sehr beachtenswerth ist der Stammbaum des Nero, welchen Suetonius *(c. 4 et 5)*, in moralischer Absicht, der Schilderung dieses Ungeheuers voransetzt. Es ist die

* Memmen zeugen Memmen, und Niederträchtiges Niederträchtiges.

gens Claudia, die er beschreibt, welche sechs Jahrhunderte hindurch in Rom geblüht und lauter thätige, aber übermüthige und grausame Männer hervorgebracht hat. Ihr ist Tiberius, Caligula und endlich Nero entsprossen. Schon in seinem Großvater und noch stärker im Vater zeigen sich alle die entsetzlichen Eigenschaften, welche ihre völlige Entwickelung erst im Nero erhalten konnten, theils weil sein hoher Standplatz ihnen freiern Spielraum gestattete, theils weil er noch dazu die unvernünftige Mänade Agrippina zur Mutter hatte, welche ihm keinen Intellekt verleihen konnte, seine Leidenschaften zu zügeln. Ganz in unserm Sinn erzählt daher Suetonius, daß bei seiner Geburt *praesagio fuit etiam Domitii, patris, vox, inter gratulationes amicorum, negantis, quidquam ex se et Agrippina, nisi detestabile et malo publico nasci potuisse* [zur Weissagung der Ausspruch des Vaters, Domitius, wurde, der auf die Glückwünsche seiner Freunde hin erklärte, aus ihm und Agrippina habe nichts anderes als ein Scheusal und öffentliches Übel entstehen können: Sueton, *Nero*, c. 6]. – Hingegen war Kimon der Sohn des Miltiades, und Hannibal des Hamilkars, und die Scipionen bilden eine ganze Familie von Helden und edlen Vertheidigern des Vaterlandes. – Aber des Papstes Alexanders VI. Sohn war sein scheußliches Ebenbild Cäsar Borgia. Der Sohn des berüchtigten Herzogs von Alba ist ein eben so grausamer und böser Mensch gewesen, wie sein Vater. – Der tückische, ungerechte, zumal durch die grausame Folterung und Hinrichtung der Tempelherren bekannte Philipp IV. von Frankreich hatte zur Tochter Isabella, Gemahlin Eduards II. von England, welche gegen diesen feindlich auftrat, ihn gefangen nahm und, nachdem er die Abdankungsakte unterschrieben hatte, ihn im Gefängniß, da der Versuch ihn durch Mißhandlungen zu tödten erfolglos blieb, auf eine Weise umbringen ließ, die zu schauderhaft ist, als daß ich sie wiedererzählen möchte. – Der blutdürstige Tyrann und *defensor fidei* [Verteidiger des Glaubens] Heinrich VIII. von England hatte zur Tochter erster Ehe die durch Bigotterie und Grausamkeit gleich ausgezeichnete Königin Maria, welche durch ihre zahlreichen Ketzerverbrennungen sich die Bezeichnung *bloody Mary* [Maria die Blutige] erworben hat. Seine Tochter zweiter Ehe, Elisabeth, hatte von ihrer Mutter, Anna Bullen, einen ausgezeichneten Verstand überkommen, welcher die Bigotterie nicht zuließ und den väterlichen Charakter in ihr zügelte, jedoch nicht aufhob; so daß er immer noch gelegentlich durchschimmerte und in dem grausamen Verfahren gegen die Maria von Schottland deutlich hervortrat. – Van Geuns* erzählt, nach Markus Donatus, von einem Schottischen Mädchen, deren Vater, als sie erst ein Jahr alt gewesen, als Straßenräuber und Menschenfresser verbrannt worden war: obwohl sie unter ganz andern Leuten aufwuchs, entwickelte sich, bei zunehmendem Alter, in ihr die selbe Gier nach Menschenfleisch, und bei deren Befriedigung ertappt, wurde sie lebendig begraben. – Im »Freimüthigen«, vom 13. Juli 1821, lesen wir die Nachricht, daß im Departement de l'Aube die Polizei ein Mädchen verfolgt habe, weil sie zwei Kinder, die sie ins Findelhaus bringen sollte, gemordet hatte, um das wenige, den Kindern beigelegte Geld zu behalten. Endlich fand die Polizei das Mädchen, auf dem Wege nach Paris, bei Romilly ersäuft, und als ihr Mörder ergab sich ihr eigener Vater. – Endlich seien hier noch ein Paar Fälle aus der neueren Zeit erwähnt, welche demgemäß nur die Zeitungen zu Gewährsmännern haben. Im Oktober 1836 wurde in Ungarn ein Graf Belecznai zum Tode verurtheilt, weil er einen Beamten gemordet und seine eigenen Verwandten schwer verwundet hatte: sein älterer Bruder war früher als Vatermörder hingerichtet worden und sein Vater ebenfalls ein Mörder gewesen. (Frankfurter Postzeitung, den 26. Okt. 1836.) Ein Jahr später hat der jüngste Bruder jenes Grafen auf eben der Straße, wo dieser den Beamten ermordet hatte, auf den Fiskalagenten [Verwalter] seiner Güter ein Pistol abgeschossen, jedoch ihn verfehlt. (Frankfurter Journal, den 16. Sept. 1837.) In der Frankfurter Postzeitung vom 19. Nov. 1857 meldet ein Schreiben aus Paris die Verurtheilung eines sehr gefährlichen Straßenräubers Lemaire und seiner Gesellen zum Tode, und fügt hinzu: »Der verbrecherische Hang erscheint als erblich in seiner und seiner Genossen Familie, indem mehrere ihres Geschlechts auf dem Schafott gestorben sind.« – Daß schon den Griechen ähnliche Fälle bekannt waren, geht hervor aus einer Stelle in den Gesetzen des Plato. *(Stob. Flor., Vol. 2, p. 213.)* – Die Annalen der Kriminalistik werden gewiß manche

* *Disputatio de corporum habitudine, animae, hujusque virium indice. Harderov. 1789, § 9.*

ähnliche Stammbäume aufzuweisen haben. – Vorzüglich erblich ist der Hang zum Selbstmord.

Sehn wir nun aber andererseits den vortrefflichen Mark Aurel den schlechten Kommodus zum Sohne haben; so macht uns Dies nicht irre; da wir wissen, daß die *Diva Faustina* [göttliche Faustina] eine *uxor infamis* [verrufene Ehefrau] war. Im Gegentheil, wir merken uns diesen Fall, um bei analogen einen analogen Grund zu vermuthen: z. B. daß Domitian der vollständige Bruder des Titus gewesen sei, glaube ich nimmermehr, sondern daß auch Vespasian ein betrogener Ehemann gewesen. –

Was nun den zweiten Theil des aufgestellten Grundsatzes, also die Erblichkeit des Intellekts von der Mutter, betrifft; so genießt dieser einer viel allgemeineren Anerkennung als der erste, als welchem an sich selbst das *liberum arbitrium indifferentiae* [die freie Willensentscheidung], seiner gesonderten Auffassung aber die Einfachheit und Untheilbarkeit der Seele entgegensteht. Schon der alte und populäre Ausdruck »Mutterwitz« bezeugt die frühe Anerkennung dieser zweiten Wahrheit, welche auf der an kleinen, wie an großen intellektuellen Vorzügen gemachten Erfahrung beruht, daß sie die Begabung Derjenigen sind, deren Mütter sich verhältnißmäßig durch ihre Intelligenz auszeichneten. Daß hingegen die intellektuellen Eigenschaften des Vaters nicht auf den Sohn übergehn, beweisen sowohl die Väter als die Söhne der durch die eminentesten Fähigkeiten ausgezeichneten Männer, indem sie, in der Regel, ganz gewöhnliche Köpfe und ohne eine Spur der väterlichen Geistesgaben sind. Wenn nun aber gegen diese vielfach bestätigte Erfahrung ein Mal eine vereinzelte Ausnahme auftritt, wie z. B. Pitt und sein Vater Lord Chatham eine darbieten; so sind wir befugt, ja genöthigt, sie dem Zufall zuzuschreiben, obgleich derselbe, wegen der ungemeinen Seltenheit großer Talente, gewiß zu den außerordentlichsten gehört. Hier gilt jedoch die Regel: es ist unwahrscheinlich, daß das Unwahrscheinliche nie geschehe. Zudem sind große Staatsmänner (wie schon Kap. 22 erwähnt) es eben so sehr durch Eigenschaften ihres Charakters, also durch das väterliche Erbtheil, wie durch die Vorzüge ihres Kopfes. Hingegen von Künstlern, Dichtern und Philosophen, deren Leistungen allein es sind, die man dem eigentlichen Genie zuschreibt, ist mir kein jenem analoger Fall bekannt. Zwar war Raphaels Vater ein Maler, aber kein großer; Mozarts Vater, wie auch sein Sohn, waren Musiker, jedoch nicht große. Wohl aber müssen wir es bewundern, daß das Schicksal, welches jenen beiden größten Männern ihrer Fächer nur eine sehr kurze Lebensdauer bestimmt hatte, gleichsam zur Kompensation, dafür sorgte, daß sie, ohne den bei andern Genies meistens eintretenden Zeitverlust in der Jugend zu erleiden, schon von Kindheit auf, durch väterliches Beispiel und Unterweisung, die nöthige Anleitung in der Kunst, zu welcher sie ausschließlich bestimmt waren, erhielten, indem es sie schon in ihrer Werkstätte geboren werden ließ. Diese geheime und räthselhafte Macht, welche das individuelle Leben zu lenken scheint, ist mir der Gegenstand besonderer Betrachtungen gewesen, welche ich in dem Aufsatze »Ueber die anscheinende Absichtlichkeit im Schicksale des Einzelnen« (Parerga, Bd. 1) mitgetheilt habe. – Noch ist hier zu bemerken, daß es gewisse wissenschaftliche Beschäftigungen giebt, welche zwar gute, angeborene Fähigkeiten voraussetzen, jedoch nicht die eigentlich seltenen und überschwänglichen, während eifriges Bestreben, Fleiß, Geduld, frühzeitige und gute Unterweisung, anhaltendes Studium und vielfache Uebung die Haupterfordernisse sind. Hieraus, und nicht aus der Erblichkeit des Intellekts vom Vater, ist es erklärlich, daß, da überall gern der Sohn den vom Vater gebahnten Weg betritt und fast alle Gewerbe in gewissen Familien erblich sind, auch in einigen Wissenschaften, welche vor Allem Fleiß und Beharrlichkeit erfordern, einzelne Familien eine Succession von verdienten Männern aufzuweisen haben: dahin gehören die Scaliger, die Bernoullis, die Cassinis, die Herschel.

Für die wirkliche Erblichkeit des Intellekts von der Mutter würde die Zahl der Belege viel größer seyn, als sie vorliegt, wenn nicht der Charakter und die Bestimmung des weiblichen Geschlechts es mit sich brächte, daß die Frauen von ihren Geistesfähigkeiten selten öffentliche Proben ablegen, daher solche nicht geschichtlich werden und zur Kunde der Nachwelt gelangen. Ueberdies können, wegen der durchweg schwächeren Beschaffenheit des weiblichen Geschlechts, diese Fähigkeiten selbst nie bei ihnen den Grad erreichen, bis zu welchem sie, unter günstigen Umständen, nachmals im Sohne gehn: in Hinsicht auf sie selbst aber haben wir ihre Leistungen in eben diesem Verhältniß höher anzuschlagen. Demgemäß nun bieten sich mir vor der Hand nur folgende Beispiele als Belege unserer Wahrheit dar.

Joseph II. war Sohn der Maria Theresia. – Cardanus sagt, im dritten Kapitel *De vita propria: mater mea fuit memoria et ingenio pollens* [Meine Mutter zeichnete sich durch ihr Gedächtnis und ihren Geist mächtig aus]. – J. J. Rousseau sagt, im ersten Buche [p. 2] der *Confessions: la beauté de ma mère, son esprit, ses talents, – elle en avait de trop brillans pour son état* [die Schönheit meiner Mutter, ihr Geist, ihre Gaben – sie waren allzu glänzend für ihren Stand] u. s. w., und bringt dann ein allerliebstes Couplet von ihr bei. – D'Alembert war der uneheliche Sohn der Claudine v. Tencin, einer Frau von überlegenem Geiste und Verfasserin mehrerer Romane und ähnlicher Schriften, welche zu ihrer Zeit großen Beifall fanden und auch noch genießbar seyn sollen. (Siehe ihre Biographie in den »Blättern für litterarische Unterhaltung«, März 1845, Nr. 71–73.) – Daß Büffons Mutter eine ausgezeichnete Frau gewesen ist, bezeugt folgende Stelle aus dem *Voyage à Montbar, par Hérault de Séchelles,* welche Flourens beibringt, in seiner *Histoire des travaux de Buffon,* S. 288 [= 286, Anm. 3]: *Buffon avait ce principe qu'en général les enfants tenaient de leur mère leurs qualités intellectuelles et morales: et lorsqu'il l'avait développé dans la conversation, il en faisait sur-le-champ l'application à lui-même, en faisant un éloge pompeux de sa mère, qui avait en effet, beaucoup d'esprit, des connaissances étendues, et une tête très bien organisée.* [Buffon huldigte der Überzeugung, daß die Kinder im allgemeinen von der Mutter die geistigen und sittlichen Anlagen erbten: und wenn er dies in der Unterhaltung entwickelt hatte, machte er sofort die Anwendung auf sich selbst, wobei er sich in überschwenglichen Lobreden auf seine Mutter erging, welche in der Tat viel Geist, umfassende Kenntnisse und einen sehr wohl organisierten Verstand besaß.] Daß er die moralischen Eigenschaften mitnennt, ist ein Irrthum, den entweder der Berichterstatter begeht, oder der darauf beruht, daß seine Mutter zufällig den selben Charakter hatte, wie er und sein Vater. Das Gegentheil hievon bieten uns unzählige Fälle dar, wo Mutter und Sohn den entgegengesetzten Charakter haben: daher konnten, im Orest und Hamlet, die größten Dramatiker Mutter und Sohn in feindlichem Widerstreit darstellen, wobei der Sohn als moralischer Stellvertreter und Rächer des Vaters auftritt. Hingegen würde der umgekehrte Fall, daß der Sohn als moralischer Stellvertreter und Rächer der

Mutter gegen seinen Vater aufträte, empörend und zugleich fast lächerlich seyn. Dies beruht darauf, daß zwischen Vater und Sohn wirkliche Identität des Wesens, welches der Wille ist, besteht, zwischen Mutter und Sohn aber bloße Identität des Intellekts, und selbst diese noch bedingterweise. Zwischen Mutter und Sohn kann der größte moralische Gegensatz bestehn, zwischen Vater und Sohn nur ein intellektueller. Auch von diesem Gesichtspunkt aus soll man die Nothwendigkeit des Salischen Gesetzes erkennen: das Weib kann den Stamm nicht fortführen. – Hume, in seiner kurzen Selbstbiographie, sagt: *Our mother was a woman of singular merit**. – Ueber Kants Mutter heißt es in der neuesten Biographie von F. W. Schubert [Leipzig 1842, S. 14 f.]: »Nach dem eigenen Urtheil ihres Sohnes war sie eine Frau von großem natürlichen Verstande. Für die damalige Zeit, bei der so seltenen Gelegenheit zur Ausbildung der Mädchen, war sie vorzugsweise gut unterrichtet und sorgte auch späterhin durch sich selbst für ihre weitere Ausbildung fort. – – Auf Spaziergängen machte sie ihren Sohn auf allerlei Erscheinungen der Natur aufmerksam und versuchte sie durch die Macht Gottes zu erklären.« – Welche ungemein verständige, geistreiche und überlegene Frau Goethes Mutter gewesen, ist jetzt allbekannt. Wie viel ist nicht in der Litteratur von ihr geredet worden! von seinem Vater aber gar nicht: er selbst schildert ihn als einen Mann von untergeordneten Fähigkeiten. – Schillers Mutter war für Poesie empfänglich und machte selbst Verse, von denen ein Bruchstück zu finden ist in seiner Biographie von Schwab. – Bürger, dieses ächte Dichtergenie, dem vielleicht die erste Stelle nach Goethen unter den Deutschen Dichtern gebührt, da, gegen seine Balladen gehalten, die Schillerschen kalt und gemacht erscheinen, hat über seine Eltern einen für uns bedeutsamen Bericht erstattet, welchen sein Freund und Arzt Althof, in seiner 1798 erschienenen Biographie, mit diesen Worten wiedergiebt: »Bürgers Vater war zwar mit mancherlei Kenntnissen, nach der damaligen Studierart, versehn, und dabei ein guter, ehrlicher Mann: aber er liebte eine ruhige Bequemlichkeit und seine Pfeife Tabak so sehr, daß er, wie mein Freund zu sagen pflegte, immer erst einen Anlauf

* Unsere Mutter war eine Frau von ausgezeichneten Vorzügen.

nehmen mußte, wenn er ein Mal ein Viertelstündchen auf den Unterricht seines Sohnes verwenden sollte. Seine Gattin war eine Frau von den außerordentlichsten Geistesanlagen, die aber so wenig angebaut waren, daß sie kaum leserlich schreiben gelernt hatte. Bürger meinte, seine Mutter würde, bei gehöriger Kultur, die Berühmteste ihres Geschlechts geworden seyn; ob er gleich mehrmals eine starke Mißbilligung verschiedener Züge ihres moralischen Charakters äußerte. Indessen glaubte er, von seiner Mutter einige Anlagen des Geistes, von seinem Vater aber eine Uebereinstimmung mit dessen moralischem Charakter geerbt zu haben.« – Walter Scotts Mutter war eine Dichterin und stand mit den schönen Geistern ihrer Zeit in Verbindung, wie uns der Nekrolog W. Scotts im Englischen *Globe*, vom 24. Sept. 1832, berichtet. Daß Gedichte von ihr 1789 im Druck erschienen sind, finde ich in einem »Mutterwitz« überschriebenen Aufsatz, in den von Brockhaus herausgegebenen »Blättern für litterarische Unterhaltung«, vom 4. Okt. 1841, welcher eine lange Liste geistreicher Mütter berühmter Männer liefert, aus der ich nur zwei entnehmen will: »Bako's Mutter war eine ausgezeichnete Sprachkennerin, schrieb und übersetzte mehrere Werke und bewies in jedem Gelehrsamkeit, Scharfsinn und Geschmack. – Boerhave's Mutter zeichnete sich durch medicinische Kenntnisse aus.« – Andererseits hat uns für die Erblichkeit der Geistesschwäche von den Müttern einen starken Beleg Haller aufbewahrt, indem er anführt: *E duabus patriciis sororibus, ob divitias maritos nactis, quum tamen fatuis essent proximae, novimus in nobilissimas gentes nunc a seculo retro ejus morbi manasse seminia, ut etiam in quarta generatione, quintave, omnium posterorum aliqui fatui supersint.* [Von zwei Schwestern aus einer Patrizierfamilie, die wegen ihres Reichtums Gatten gefunden hatten, obgleich sie nahezu blödsinnig waren, sind, wie wir wissen, die Keime dieser Krankheit seit einem Jahrhundert in die vornehmsten Familien eingedrungen, sodaß von allen ihren Nachkommen selbst noch in der vierten, ja der fünften Generation einige blödsinnig sind.] *(Elementa physiol., lib. XXIX,* [sect. 2,] *§ 8.)* – Auch nach Esquirol vererbt der Wahnsinn sich häufiger von der Mutter, als vom Vater. Wenn er jedoch von diesem sich vererbt, schreibe ich es den Gemüthsanlagen zu, deren Wirkung ihn veranlaßt.

Aus unserm Grundsatz scheint zu folgen, daß Söhne der selben Mutter gleiche Geisteskräfte haben und, wenn Einer hochbegabt wäre, auch der andere es seyn müßte. Mitunter ist es so: Beispiele sind die Carracci, Joseph und Michael Haydn, Bernhard und Andreas Romberg, Georg und Friedrich Cuvier: ich würde auch hinzusetzen, die Gebrüder Schlegel; wenn nicht der jüngere, Friedrich, durch den in seinem letzten Lebensviertel, im Verein mit Adam Müller getriebenen, schimpflichen Obskurantismus [Dunkelmännertum], sich der Ehre, neben seinem vortrefflichen, untadelhaften und so höchst ausgezeichneten Bruder, August Wilhelm, genannt zu werden, unwürdig gemacht hätte. Denn Obskurantismus ist eine Sünde, vielleicht nicht gegen den heiligen, doch gegen den menschlichen Geist, die man daher nie verzeihen, sondern Dem, der sich ihrer schuldig gemacht, Dies, unversöhnlich, stets und überall nachtragen und bei jeder Gelegenheit ihm Verachtung bezeugen soll, so lange er lebt, ja, noch nach dem Tode. – Aber eben so oft trifft die obige Folgerung nicht zu; wie denn z. B. Kants Bruder ein ganz gewöhnlicher Mann war. Um dies zu erklären, erinnere ich an das im 31. Kapitel über die physiologischen Bedingungen des Genies Gesagte. Nicht nur ein außerordentlich entwickeltes, durchaus zweckmäßig gebildetes Gehirn (der Antheil der Mutter) ist erfordert, sondern auch ein sehr energischer Herzschlag, es zu animiren, d. h. subjektiv ein leidenschaftlicher Wille, ein lebhaftes Temperament: dies ist das Erbtheil vom Vater. Allein eben Dieses steht nur in dessen kräftigsten Jahren auf seiner Höhe, und noch schneller altert die Mutter. Demgemäß werden die hochbegabten Söhne, in der Regel, die ältesten, bei voller Kraft beider Eltern gezeugten seyn: so war auch Kants Bruder elf Jahre jünger als er. Sogar von zwei ausgezeichneten Brüdern wird, in der Regel, der ältere der vorzüglichere seyn. Aber nicht nur das Alter, sondern jede vorübergehende Ebbe der Lebenskraft, oder sonstige Gesundheitsstörung, in den Eltern, zur Zeit der Zeugung, vermag den Antheil des Einen oder des Andern zu verkümmern und die eben daher so überaus seltene Erscheinung eines eminenten Talents zu hintertreiben. – Beiläufig gesagt, ist das Wegfallen aller soeben berührten Unterschiede bei Zwillingen die Ursache der Quasi-Identität ihres Wesens.

Wenn einzelne Fälle sich finden sollten, wo ein hochbegabter Sohn keine geistig ausgezeichnete Mutter gehabt hätte; so ließe

Dies sich daraus erklären, daß diese Mutter selbst einen phlegmatischen Vater gehabt hätte, weshalb ihr ungewöhnlich entwickeltes Gehirn nicht durch die entsprechende Energie des Blutumlaufs gehörig excitirt gewesen wäre; – ein Erforderniß, welches ich oben, Kapitel 31, erörtert habe. Nichtsdestoweniger hätte ihr höchst vollkommenes Nerven- und Cerebralsystem sich auf den Sohn vererbt, bei welchem nun aber ein lebhafter und leidenschaftlicher Vater, von energischem Herzschlag, hinzugekommen wäre, wodurch dann erst hier die andere somatische Bedingung großer Geisteskraft eingetreten sei. Vielleicht ist dies Byron's Fall gewesen; da wir die geistigen Vorzüge seiner Mutter nirgends erwähnt finden. – Die selbe Erklärung ist auch auf den Fall anzuwenden, daß die durch Geistesgaben ausgezeichnete Mutter eines genialen Sohnes selbst keine geistreiche Mutter gehabt hätte; indem der Vater dieser ein Phlegmatikus gewesen.

Das Disharmonische, Ungleiche, Schwankende im Charakter der meisten Menschen möchte vielleicht daraus abzuleiten seyn, daß das Individuum keinen einfachen Ursprung hat, sondern den Willen vom Vater, den Intellekt von der Mutter überkommt. Je heterogener, unangemessener zu einander beide Eltern waren, desto größer wird jene Disharmonie, jener innere Zwiespalt seyn. Während Einige durch ihr Herz, Andere durch ihren Kopf excelliren, giebt es noch Andere, deren Vorzug bloß in einer gewissen Harmonie und Einheit des ganzen Wesens liegt, welche daraus entsteht, daß bei ihnen Herz und Kopf einander so überaus angemessen sind, daß sie sich wechselseitig unterstützen und hervorheben; welches vermuthen läßt, daß ihre Eltern eine besondere Angemessenheit und Uebereinstimmung zu einander hatten.

Das Physiologische der dargelegten Theorie betreffend, will ich nur anführen, daß Burdach, welcher irrig annimmt, die selbe psychische Eigenschaft könne bald vom Vater, bald von der Mutter vererbt werden, dennoch (Physiologie als Erfahrungswissenschaft, Bd. 1, § 306) hinzusetzt: »Im Ganzen genommen, hat das Männliche mehr Einfluß auf Bestimmung des irritabeln Lebens, das Weibliche hingegen mehr auf die Sensibilität.« – Auch gehört hieher was Linné sagt, im *Systema naturae* [ed. 1766,] *Tom. I, p. 8: Mater prolifera promit, ante generationem, vivum compendium medullare novi animalis, suique simillimi, carinam Malpighianam dictum, tanquam plumulam vegetabilium: hoc ex genitura* C o r *adsociat ramificandum in corpus. Punctum enim saliens ovi incubantis avis ostendit primum cor micans, cerebrumque cum medulla: corculum hoc, cessans a frigore, excitatur calido halitu, premitque bulla aërea, sensim dilatata, liquores, secundum canales fluxiles. Punctum vitalitatis itaque in viventibus est tanquam a prima creatione continuata medullaris vitae ramificatio, cum ovum sit* g e m m a m e d u l l a r i s m a t r i s *a primordio viva, licet, non sua ante proprium* c o r p a t e r n u m. [Eine fruchtbare Mutter bringt vor der Zeugung einen lebenden, markartigen Grundriß des neuen Tieres hervor, welcher ihr durchaus gleicht und *carina Malpighiana* heißt, dem Federflaum der Pflanzen ähnlich: diesen gliedert nach der Zeugung das Herz sich an, um ihn in den Körper zu verzweigen. Denn der springende Punkt im Ei, welches der Vogel bebrütet, zeigt zu Anfang ein zuckendes Herz und das Gehirn nebst Mark: dieses kleine Herz steht unter dem Einfluß der Kälte still, wird aber durch den warmen Hauch zur Bewegung angeregt und übt, mittelst einer Luftblase, die sich allmählich ausdehnt, auf die Flüssigkeiten einen Druck längs den Flüssigkeitskanälen aus. Der Punkt der Lebensfähigkeit in den lebenden Wesen ist gleichsam eine von der ersten Zeugung an fortgesetzte markartige Verzweigung des Lebens; denn das Ei ist eine markartige Knospe in der Mutter, welche von Anbeginn an lebt, wenn auch das Eigenleben erst mit dem vom Vater stammenden Herzen beginnt.]

Wenn wir nun die hier gewonnene Ueberzeugung von der Erblichkeit des Charakters vom Vater und des Intellekts von der Mutter in Verbindung setzen mit unserer frühern Betrachtung des weiten Abstandes, den die Natur, in moralischer, wie in intellektueller Hinsicht, zwischen Mensch und Mensch gesetzt hat, wie auch mit unserer Erkenntniß der völligen Unveränderlichkeit sowohl des Charakters, als der Geistesfähigkeiten; so werden wir zu der Ansicht hingeleitet, daß eine wirkliche und gründliche Veredelung des Menschengeschlechts, nicht sowohl von außen als von innen, also nicht sowohl durch Lehre und Bildung, als vielmehr auf dem Wege der Generation zu erlangen seyn möchte. Schon Plato hat so etwas im Sinne gehabt, als er, im fünften Buche seiner Republik, den wunderlichen Plan zur Vermehrung und Veredelung seiner Kriegerkaste darlegte.

Könnte man alle Schurken kastriren und alle dummen Gänse ins Kloster stecken, den Leuten von edelem Charakter ein ganzes Harem beigeben, und allen Mädchen von Geist und Verstand Männer, und zwar ganze Männer, verschaffen; so würde bald eine Generation erstehn, die ein mehr als Perikleisches Zeitalter darstellte. – Ohne jedoch auf solche Utopische Pläne einzugehn, ließe sich in Erwägung nehmen, daß wenn, wie es, irre ich mich nicht, bei einigen alten Völkern wirklich gewesen ist, nach der Todesstrafe die Kastration als die schwerste Strafe bestände, ganze Stammbäume von Schurken der Welt erlassen seyn würden; um so gewisser, als bekanntlich die meisten Verbrechen schon in dem Alter zwischen zwanzig und dreißig Jahren begangen werden†. Imgleichen ließe sich überlegen, ob es nicht, in Betracht der Folgen, ersprießlicher seyn würde, die bei gewissen Gelegenheiten auszutheilenden öffentlichen Aussteuern nicht, wie jetzt üblich, den angeblich tugendhaftesten, sondern den verständigsten und geistreichsten Mädchen zuzuerkennen; zumal da über die Tugend das Urtheil gar schwierig ist: denn nur Gott, sagt man, sieht die Herzen; die Gelegenheiten, einen edlen Charakter an den Tag zu legen, sind selten und dem Zufall anheimgestellt; zudem hat die Tugend manches Mädchens eine kräftige Stütze an der Häßlichkeit desselben: hingegen über den Verstand können Die, welche selbst damit begabt sind, nach einiger Prüfung, mit vieler Sicherheit urtheilen. – Eine andere praktische Anwendung ist folgende. In vielen Ländern, auch im südlichen Deutschland, herrscht die schlimme Sitte, daß Weiber Lasten, und oft sehr beträchtliche, auf dem Kopfe tragen. Dies muß nachtheilig auf das Gehirn wirken; wodurch dasselbe, beim weiblichen Geschlechte im Volke, sich allmälig deteriorirt, und da von ihm das männliche das seinige empfängt, das ganze Volk immer dümmer wird; welches bei vielen gar nicht nöthig ist. Durch Abstellung dieser Sitte würde man demnach das Quan-

† Lichtenberg sagt in seinen vermischten Schriften (Göttingen 1801, Bd. 2, *pag.* 447): »In England ward vorgeschlagen, die Diebe zu kastriren. Der Vorschlag ist nicht übel: die Strafe ist sehr hart, sie macht die Leute verächtlich, und doch noch zu Geschäften fähig; und wenn Stehlen erblich ist, so erbt es sich nicht fort. Auch legt der Muth sich, und da der Geschlechtstrieb so häufig zu Diebereyen verleitet, so fällt auch diese Veranlassung weg. Muthwillig bloß ist die Bemerkung, daß die Weiber ihre Männer desto eifriger vom Stehlen abhalten würden; denn so wie die Sachen jetzt stehn, riskiren sie ja sie ganz zu verlieren.«

tum der Intelligenz im Ganzen des Volkes vermehren; welches zuverlässig die größte Vermehrung des Nationalreichthums wäre.

Wenn wir aber jetzt, dergleichen praktische Anwendungen Andern überlassend, auf unsern eigenthümlichen, also den ethisch-metaphysischen Standpunkt zurückkehren; so wird sich uns, indem wir den Inhalt des 41. Kapitels mit dem des gegenwärtigen verbinden, folgendes Ergebniß darstellen, welches, bei aller seiner Transscendenz, doch eine unmittelbare, empirische Stütze hat. – Es ist der selbe Charakter, also der selbe individuell bestimmte Wille, welcher in allen Descendenten eines Stammes, vom Ahnherrn bis zum gegenwärtigen Stammhalter, lebt. Allein in jedem derselben ist ihm ein anderer Intellekt, also ein anderer Grad und eine andere Weise der Erkenntniß beigegeben. Dadurch nun stellt sich ihm, in jedem derselben, das Leben von einer andern Seite und in einem verschiedenen Lichte dar: er erhält eine neue Grundansicht davon, eine neue Belehrung. Zwar kann, da der Intellekt mit dem Individuo erlischt, jener Wille nicht die Einsicht des einen Lebenslaufes durch die des andern unmittelbar ergänzen. Allein in Folge jeder neuen Grundansicht des Lebens, wie nur eine erneuete Persönlichkeit sie ihm verleihen kann, erhält sein Wollen selbst eine andere Richtung, erfährt also eine Modifikation dadurch, und was die Hauptsache ist, er hat, auf dieselbe, von Neuem das Leben zu bejahen, oder zu verneinen. Solchermaaßen wird die, aus der Nothwendigkeit zweier Geschlechter zur Zeugung entspringende Naturanstalt der immer wechselnden Verbindung eines Willens mit einem Intellekt zur Basis einer Heilsordnung. Denn vermöge derselben kehrt das Leben dem Willen (dessen Abbild und Spiegel es ist) unaufhörlich neue Seiten zu, dreht sich gleichsam ohne Unterlaß vor seinem Blicke herum, läßt andere und immer andere Anschauungsweisen sich an ihm versuchen, damit er, auf jede derselben, sich zur Bejahung oder Verneinung entscheide, welche Beide ihm beständig offen stehn; nur daß, wenn Ein Mal die Verneinung ergriffen wird, das ganze Phänomen für ihn, mit dem Tode, aufhört. Weil nun hienach dem selben Willen gerade die beständige Erneuerung und völlige Veränderung des Intellekts, als eine neue Weltansicht verleihend, den Weg des Heils offen hält, der Intellekt aber von der Mutter kommt; so möchte hier der tiefe Grund liegen, aus welchem alle Völker (mit sehr wenigen ja schwankenden Ausnahmen) die Geschwisterehe verabscheuen und verbieten, ja sogar eine Geschlechtsliebe zwischen Geschwistern gar nicht entsteht, es sei denn in höchst seltenen, auf einer naturwidrigen Perversität der Triebe, wo nicht auf der Unächtheit des Einen von ihnen, beruhenden Ausnahmen. Denn aus einer Geschwisterehe könnte nichts Anderes hervorgehn, als stets nur der selbe Wille mit dem selben Intellekt, wie beide schon vereint in beiden Eltern existiren, also die hoffnungslose Wiederholung der schon vorhandenen Erscheinung.

Wenn wir aber nun, im Einzelnen und in der Nähe, die unglaublich große und doch so augenfällige Verschiedenheit der Charaktere ins Auge fassen, den Einen so gut und menschenfreundlich, den Andern so boshaft, ja, grausam vorfinden, wieder Einen gerecht, redlich und aufrichtig, einen Andern voller Falsch, als einen Schleicher, Betrüger, Verräther, inkorrigibeln Schurken erblicken; da eröffnet sich uns ein Abgrund der Betrachtung, indem wir, über den Ursprung einer solchen Verschiedenheit nachsinnend, vergeblich brüten. Hindu und Budhaisten lösen das Problem dadurch, daß sie sagen: »Es ist die Folge der Thaten des vorhergegangenen Lebenslaufes«. Diese Lösung ist zwar die älteste, auch die faßlichste und von den Weisesten der Menschheit ausgegangen: sie schiebt jedoch nur die Frage weiter zurück. Eine befriedigendere wird dennoch schwerlich gefunden werden. Vom Standpunkt meiner ganzen Lehre aus bleibt mir zu sagen übrig, daß hier, wo der Wille als Ding an sich zur Sprache kommt, der Satz vom Grunde, als bloße Form der Erscheinung, keine Anwendung mehr findet, mit ihm aber alles Warum und Woher wegfällt. Die absolute Freiheit besteht eben darin, daß Etwas dem Satz vom Grunde, als dem Princip aller Nothwendigkeit, gar nicht unterworfen ist: eine solche kommt daher nur dem Dinge an sich zu, dieses aber ist gerade der Wille. Er ist demnach in seiner Erscheinung, mithin im *Operari* [Handeln], der Nothwendigkeit unterworfen: im *Esse* [Sein] aber, wo er sich als Ding an sich entschieden hat, ist er f r e i. Sobald wir daher, wie hier geschieht, an dieses kommen, hört alle Erklärung mittelst Gründen und Folgen auf, und uns bleibt nichts übrig, als zu sagen: hier äußert sich die wahre Freiheit des Willens, die ihm zukommt, sofern er das Ding an sich ist, welches aber eben als solches grundlos ist, d. h. kein Warum kennt. Eben dadurch aber hört für uns hier alles Verständniß auf; weil all unser Verstehn auf dem Satz vom Grunde beruht, indem es in der bloßen Anwendung desselben besteht.

Kapitel 44.

Metaphysik der Geschlechtsliebe.

Ihr Weisen, hoch und tief gelahrt,
Die ihr's ersinnt und wißt,
Wie, wo und wann sich Alles paart?
Warum sich's liebt und küßt?
Ihr hohen Weisen, sagt mir's an!
Ergrübelt, was mir da,
Ergrübelt mir, wo, wie und wann,
Warum mir so geschah?

Bürger [»Schön Suschen«]

Dieses Kapitel ist das letzte von vieren, deren mannigfaltige gegenseitige Beziehungen zu einander, vermöge welcher sie gewissermaaßen ein untergeordnetes Ganzes bilden, der aufmerksame Leser erkennen wird, ohne daß ich nöthig hätte, durch Berufungen und Zurückweisungen meinen Vortrag zu unterbrechen.

Die Dichter ist man gewohnt hauptsächlich mit der Schilderung der Geschlechtsliebe beschäftigt zu sehn. Diese ist in der Regel das Hauptthema aller dramatischen Werke, der tragischen, wie der komischen, der romantischen, wie der klassischen, der Indischen, wie der Europäischen: nicht weniger ist sie der Stoff des bei Weitem größten Theils der lyrischen Poesie, und ebenfalls der epischen; zumal wenn wir dieser die hohen Stöße von Romanen beizählen wollen, welche, in allen civilisirten Ländern Europas, jedes Jahr so regelmäßig wie die Früchte des Bodens erzeugt, schon seit Jahrhunderten. Alle diese Werke sind, ihrem Hauptinhalte nach, nichts Anderes, als vielseitige, kurze oder ausführliche Beschreibungen der in Rede stehenden Leidenschaft. Auch haben die gelungensten Schilderungen derselben, wie z. B. Romeo und Julie, die neue Heloise, der Werther, unsterblichen Ruhm erlangt. Wenn dennoch Rochefoucauld meint, es sei mit der leidenschaftlichen Liebe wie mit den Gespenstern, Alle redeten davon, aber Keiner hätte sie gesehn; und ebenfalls Lichtenberg in seinem Aufsatze »Ueber die Macht der Liebe« [*Verm. Schriften*, 1844, II, 234 f.] die Wirklichkeit und Naturgemäßheit jener Leidenschaft bestreitet und ableugnet; so ist dies ein großer Irrthum. Denn es ist unmöglich, daß ein der menschlichen Natur Fremdes und ihr Widersprechendes, also eine bloß aus der Luft gegriffene Fratze, zu allen Zeiten vom Dichtergenie unermüdlich dargestellt und von der Menschheit mit unveränderter Theilnahme aufgenommen werden könne; da ohne Wahrheit kein Kunstschönes seyn kann:

> *Rien n'est beau que le vrai; le vrai seul est aimable.*
> [Die Wahrheit nur ist schön; nur sie ist liebenswert.
> *Boil[eau, Epîtres, IX, 23]*

Allerdings aber bestätigt es auch die Erfahrung, wenn gleich nicht die alltägliche, daß Das, was in der Regel nur als eine lebhafte, jedoch noch bezwingbare Neigung vorkommt, unter gewissen Umständen anwachsen kann zu einer Leidenschaft, die an Heftigkeit jede andere übertrifft, und dann alle Rücksichten beseitigt, alle Hindernisse mit unglaublicher Kraft und Ausdauer überwindet, so daß für ihre Befriedigung unbedenklich das Leben gewagt, ja, wenn solche schlechterdings versagt bleibt, in den Kauf gegeben wird. Die Werther und Jacopo Ortis existiren nicht bloß im Romane; sondern jedes Jahr hat deren in Europa wenigstens ein halbes Dutzend aufzuweisen: *sed ignotis perierunt mortibus illi* [jedoch vom Tod, den sie starben, ward keinerlei Kunde: Horaz, *Serm.*, I, 3, 108]: denn ihre Leiden finden keinen andern Chronisten, als den Schreiber amtlicher Protokolle, oder den Berichterstatter der Zeitungen. Doch werden die Leser der polizeigerichtlichen Aufnahmen in Englischen und Französischen Tagesblättern die Richtigkeit meiner Angabe bezeugen. Noch größer aber ist die Zahl Derer, welche die selbe Leidenschaft ins Irrenhaus bringt. Endlich hat jedes Jahr auch einen und den andern Fall von gemeinschaftlichem Selbstmord eines liebenden, aber durch äußere Umstände verhinderten Paares aufzuweisen; wobei mir inzwischen unerklärlich bleibt, wie Die, welche, gegenseitiger Liebe gewiß, im Genusse dieser die höchste

Säligkeit zu finden erwarten, nicht lieber durch die äußersten Schritte sich allen Verhältnissen entziehn und jedes Ungemach erdulden, als daß sie mit dem Leben ein Glück aufgeben, über welches hinaus ihnen kein größeres denkbar ist. – Was aber die niedern Grade und die bloßen Anflüge jener Leidenschaft anlangt, so hat Jeder sie täglich vor Augen und, so lange er nicht alt ist, meistens auch im Herzen.

Also kann man, nach dem hier in Erinnerung Gebrachten, weder an der Realität, noch an der Wichtigkeit der Sache zweifeln, und sollte daher, statt sich zu wundern, daß auch ein Philosoph dieses beständige Thema aller Dichter ein Mal zu dem seinigen macht, sich darüber wundern, daß eine Sache, welche im Menschenleben durchweg eine so bedeutende Rolle spielt, von den Philosophen bisher so gut wie gar nicht in Betrachtung genommen ist und als ein unbearbeiteter Stoff vorliegt. Wer sich noch am meisten damit abgegeben hat, ist Plato, besonders im »Gastmahl« und im »Phädrus«: was er jedoch darüber vorbringt, hält sich im Gebiete der Mythen, Fabeln und Scherze, betrifft auch größtentheils nur die Griechische Knabenliebe. Das Wenige, was Rousseau im *Discours sur l'inégalité (p. 96, ed. Bip.)* über unser Thema sagt, ist falsch und ungenügend. Kants Erörterung des Gegenstandes, im dritten Abschnitt der Abhandlung »Ueber das Gefühl des Schönen und Erhabenen« (S. 435 fg. der Rosenkranzischen Ausgabe), ist sehr oberflächlich und ohne Sachkenntniß, daher zum Theil auch unrichtig. Endlich Platners Behandlung der Sache in seiner Anthropologie, §§ 1347 fg., wird Jeder platt und seicht finden. Hingegen verdient Spinoza's Definition, wegen ihrer überschwänglichen Naivetät, zur Aufheiterung, angeführt zu werden: *Amor est titillatio, concomitante idea causae externae* [Die Liebe ist ein von der Vorstellung einer äußeren Ursache begleiteter Kitzel] *(Eth., IV, prop. 44, dem.)*. Vorgänger habe ich demnach weder zu benutzen, noch zu widerlegen: die Sache hat sich mir objektiv aufgedrungen und ist von selbst in den Zusammenhang meiner Weltbetrachtung getreten. – Den wenigsten Beifall habe ich übrigens von Denen zu hoffen, welche gerade selbst von dieser Leidenschaft beherrscht sind, und demnach in den sublimsten und ätherischesten Bildern ihre überschwänglichen Gefühle auszudrücken suchen: ihnen wird meine Ansicht zu physisch, zu materiell erscheinen; so metaphysisch, ja transscendent, sie auch im Grunde ist. Mögen sie vorläufig erwägen, daß der Gegenstand, welcher sie heute zu Madrigalen und Sonetten begeistert, wenn er 18 Jahre früher geboren wäre, ihnen kaum einen Blick abgewonnen hätte.

Denn alle Verliebtheit, wie ätherisch sie sich auch geberden mag, wurzelt allein im Geschlechtstriebe, ja, ist durchaus nur ein näher bestimmter, specialisirter, wohl gar im strengsten Sinn individualisirter Geschlechtstrieb. Wenn man nun, dieses fest haltend, die wichtige Rolle betrachtet, welche die Geschlechtsliebe in allen ihren Abstufungen und Nüancen, nicht bloß in Schauspielen und Romanen, sondern auch in der wirklichen Welt spielt, wo sie, nächst der Liebe zum Leben, sich als die stärkste und thätigste aller Triebfedern erweist, die Hälfte der Kräfte und Gedanken des jüngern Theiles der Menschheit fortwährend in Anspruch nimmt, das letzte Ziel fast jedes menschlichen Bestrebens ist, auf die wichtigsten Angelegenheiten nachtheiligen Einfluß erlangt, die ernsthaftesten Beschäftigungen zu jeder Stunde unterbricht, bisweilen selbst die größten Köpfe auf eine Weile in Verwirrung setzt, sich nicht scheut, zwischen die Verhandlungen der Staatsmänner und die Forschungen der Gelehrten, störend, mit ihrem Plunder einzutreten, ihre Liebesbriefchen und Haarlöckchen sogar in ministerielle Portefeuilles und philosophische Manuskripte einzuschieben versteht, nicht minder täglich die verworrensten und schlimmsten Händel anzettelt, die werthvollsten Verhältnisse auflöst, die festesten Bande zerreißt, bisweilen Leben, oder Gesundheit, bisweilen Reichthum, Rang und Glück zu ihrem Opfer nimmt, ja, den sonst Redlichen gewissenlos, den bisher Treuen zum Verräther macht, demnach im Ganzen auftritt als ein feindsäliger Dämon, der Alles zu verkehren, zu verwirren und umzuwerfen bemüht ist; – da wird man veranlaßt auszurufen: Wozu der Lerm? Wozu das Drängen, Toben, die Angst und die Noth? Es handelt sich ja bloß darum, daß jeder Hans seine Grethe* finde: weshalb sollte eine solche Kleinigkeit eine so wichtige Rolle spielen und unaufhörlich Störung und Verwirrung in das wohlgeregelte Menschenleben bringen? – Aber dem ernsten Forscher enthüllt allmälig der Geist der Wahrheit die Antwort: Es ist keine Kleinigkeit,

* Ich habe mich hier nicht eigentlich ausdrücken dürfen: der geneigte Leser hat daher die Phrase in eine Aristophanische Sprache zu übersetzen.

worum es sich hier handelt; vielmehr ist die Wichtigkeit der Sache dem Ernst und Eifer des Treibens vollkommen angemessen. Der Endzweck aller Liebeshändel, sie mögen auf dem Sockus [Niederschuh], oder dem Kothurn [Stelzschuh] gespielt werden, ist wirklich wichtiger, als alle andern Zwecke im Menschenleben, und daher des tiefen Ernstes, womit Jeder ihn verfolgt, völlig werth. Das nämlich, was dadurch entschieden wird, ist nichts Geringeres, als die Zusammensetzung der nächsten Generation. Die *dramatis personae* [Gestalten des Dramas], welche auftreten werden, wann wir abgetreten sind, werden hier, ihrem Daseyn und ihrer Beschaffenheit nach, bestimmt, durch diese so frivolen Liebeshändel. Wie das Seyn, die *Existentia,* jener künftigen Personen durch unsern Geschlechtstrieb überhaupt, so ist das Wesen, die *Essentia* derselben durch die individuelle Auswahl bei seiner Befriedigung, d. i. die Geschlechtsliebe, durchweg bedingt, und wird dadurch, in jeder Rücksicht, unwiderruflich festgestellt. Dies ist der Schlüssel des Problems: wir werden ihn, bei der Anwendung, genauer kennen lernen, wann wir die Grade der Verliebtheit, von der flüchtigsten Neigung bis zur heftigsten Leidenschaft, durchgehn, wobei wir erkennen werden, daß die Verschiedenheit derselben aus dem Grade der Individualisation der Wahl entspringt.

Die sämmtlichen Liebeshändel der gegenwärtigen Generation zusammengenommen sind demnach des ganzen Menschengeschlechts ernstliche *meditatio compositionis generationis futurae, e qua iterum pendent innumerae generationes* [Überlegung hinsichtlich der Zusammensetzung der künftigen Generation, von der wiederum zahllose Generationen abhängen]. Diese hohe Wichtigkeit der Angelegenheit, als in welcher es sich nicht, wie in allen übrigen, um individuelles Wohl und Wehe, sondern um das Daseyn und die specielle Beschaffenheit des Menschengeschlechts in künftigen Zeiten handelt und daher der Wille des Einzelnen in erhöhter Potenz, als Wille der Gattung, auftritt, diese ist es, worauf das Pathetische und Erhabene der Liebesangelegenheiten, das Transscendente ihrer Entzückungen und Schmerzen beruht, welches in zahllosen Beispielen darzustellen die Dichter seit Jahrtausenden nicht müde werden; weil kein Thema es an Interesse diesem gleich thun kann, als welches, indem es das Wohl und Wehe der Gattung betrifft, zu allen übrigen, die nur das Wohl der Einzelnen betreffen, sich verhält wie Körper zu Fläche. Daher eben ist es so schwer, einem Drama ohne Liebeshändel Interesse zu ertheilen, und wird andererseits, selbst durch den täglichen Gebrauch, dies Thema niemals abgenutzt.

Was im individuellen Bewußtseyn sich kund giebt als Geschlechtstrieb überhaupt und ohne die Richtung auf ein bestimmtes Individuum des andern Geschlechts, das ist an sich selbst und außer der Erscheinung der Wille zum Leben schlechthin. Was aber im Bewußtseyn erscheint als auf ein bestimmtes Individuum gerichteter Geschlechtstrieb, das ist an sich selbst der Wille, als ein genau bestimmtes Individuum zu leben. In diesem Falle nun weiß der Geschlechtstrieb, obwohl an sich ein subjektives Bedürfniß, sehr geschickt die Maske einer objektiven Bewunderung anzunehmen und so das Bewußtseyn zu täuschen: denn die Natur bedarf dieses Stratagems [Kriegslist] zu ihren Zwecken. Daß es aber, so objektiv und von erhabenem Anstrich jene Bewunderung auch erscheinen mag, bei jedem Verliebtseyn doch allein abgesehn ist auf die Erzeugung eines Individuums von bestimmter Beschaffenheit, wird zunächst dadurch bestätigt, daß nicht etwan die Gegenliebe, sondern der Besitz, d. h. der physische Genuß, das Wesentliche ist. Die Gewißheit jener kann daher über den Mangel dieses keineswegs trösten: vielmehr hat in solcher Lage schon Mancher sich erschossen. Hingegen nehmen stark Verliebte, wenn sie keine Gegenliebe erlangen können, mit dem Besitz, d. i. dem physischen Genuß, vorlieb. Dies belegen alle gezwungenen Heirathen, imgleichen die so oft, ihrer Abneigung zum Trotz, mit großen Geschenken, oder sonstigen Opfern, erkaufte Gunst eines Weibes, ja auch die Fälle der Nothzucht. Daß dieses bestimmte Kind erzeugt werde, ist der wahre, wenn gleich den Theilnehmern unbewußte Zweck des ganzen Liebesromans: die Art und Weise, wie er erreicht wird, ist Nebensache. – Wie laut auch hier die hohen und empfindsamen, zumal aber die verliebten Seelen aufschreien mögen, über den derben Realismus meiner Ansicht; so sind sie doch im Irrthum. Denn, ist nicht die genaue Bestimmung der Individualitäten der nächsten Generation ein viel höherer und würdigerer Zweck, als Jener ihre überschwänglichen Gefühle und übersinnlichen Seifenblasen? Ja, kann es, unter irdischen Zwecken, einen wichtigeren und größeren geben? Er allein entspricht der Tiefe, mit welcher die leidenschaftliche Liebe gefühlt wird, dem Ernst, mit welchem sie auftritt, und der Wichtigkeit, die sie sogar den Kleinigkeiten ihres Bereiches und ihres Anlasses beilegt. Nur sofern man d i e s e n Zweck als den wahren unterlegt, erscheinen die Weitläuftigkeiten, die endlosen Bemühungen und Plagen zur Erlangung des geliebten Gegenstandes, der Sache angemessen. Denn die künftige Generation, in ihrer ganzen individuellen Bestimmtheit, ist es, die sich mittelst jenes Treibens und Mühens ins Daseyn drängt. Ja, sie selbst regt sich schon in der so umsichtigen, bestimmten und eigensinnigen Auswahl zur Befriedigung des Geschlechtstriebes, die man Liebe nennt. Die wachsende Zuneigung zweier Liebenden ist eigentlich schon der Lebenswille des neuen Individuums, welches sie zeugen können und möchten; ja, schon im Zusammentreffen ihrer sehnsuchtsvollen Blicke entzündet sich sein neues Leben, und giebt sich kund als eine künftig harmonische, wohl zusammengesetzte Individualität. Sie fühlen die Sehnsucht nach einer wirklichen Vereinigung und Verschmelzung zu einem einzigen Wesen, um alsdann nur noch als dieses fortzuleben; und diese erhält ihre Erfüllung in dem von ihnen Erzeugten, als in welchem die sich vererbenden Eigenschaften Beider, zu Einem Wesen verschmolzen und vereinigt, fortleben. Umgekehrt, ist die gegenseitige, entschiedene und beharrliche Abneigung zwischen einem Mann und einem Mädchen die Anzeige, daß was sie zeugen könnten nur ein übel organisirtes, in sich disharmonisches, unglückliches Wesen seyn würde. Deshalb liegt ein tiefer Sinn darin, daß Calderon die entsetzliche Semiramis zwar die Tochter der Luft benennt, sie jedoch als die Tochter der Nothzucht, auf welche der Gattenmord folgte, einführt.

Was nun aber zuletzt zwei Individuen verschiedenen Geschlechts mit solcher Gewalt ausschließlich zu einander zieht, ist der in der ganzen Gattung sich darstellende Wille zum Leben, der hier eine seinen Zwecken entsprechende Objektivation seines Wesens anticipirt in dem Individuo, welches jene Beiden zeugen können. Dieses nämlich wird vom Vater den Willen, oder Charakter, von der Mutter den Intellekt haben, die Korporisation von Beiden: jedoch wird meistens die Gestalt sich mehr nach dem Vater, die Größe mehr nach der Mutter richten, – dem Gesetze gemäß, welches in den Bastarderzeugungen der Thiere an den Tag tritt und hauptsächlich darauf beruht, daß die Größe des Fötus sich nach der Größe des Uterus richten muß. So unerklärlich die ganz besondere und ihm ausschließlich eigenthümliche Individualität eines jeden Menschen ist; so ist es eben auch die ganz besondere und individuelle Leidenschaft zweier Liebenden; – ja, im tiefsten Grunde ist Beides Eines und das Selbe: die Erstere ist *explicite* was die Letztere *implicite* war. Als die allererste Entstehung eines neuen Individuums und das wahre *punctum saliens* seines Lebens ist wirklich der Augenblick zu betrachten, da die Eltern anfangen einander zu lieben, – *to fancy each other* [einander ›einbilden‹] nennt es ein sehr treffender Englischer Ausdruck, – und, wie gesagt, im Begegnen und Heften ihrer sehnsüchtigen Blicke entsteht der erste Keim des neuen Wesens, der freilich, wie alle Keime, meistens zertreten wird. Dies neue Individuum ist gewissermaaßen eine neue (Platonische) Idee: wie nun alle Ideen mit der größten Heftigkeit in die Erscheinung zu treten streben, mit Gier die Materie hiezu ergreifend, welche das Gesetz der Kausalität unter sie alle austheilt; so strebt eben auch diese besondere Idee einer menschlichen Individualität mit der größten Gier und Heftigkeit nach ihrer Realisation in der Erscheinung. Diese Gier und Heftigkeit eben ist die Leidenschaft der beiden künftigen Eltern zu einander. Sie hat unzählige Grade, deren beide Extreme man immerhin als Αφροδιτη πανδημος [sinnliche Liebe] und ουρανια [himmlische] bezeichnen mag: – dem Wesen nach ist sie jedoch überall die selbe. Hingegen dem Grade nach wird sie um so mächtiger seyn, je individualisirter sie ist, d. h. je mehr das geliebte Individuum, vermöge aller seiner Theile und Eigenschaften, ausschließlich geeignet ist, den Wunsch und das durch seine eigene Individualität festgestellte Bedürfniß des liebenden zu befriedigen. Worauf es nun aber hiebei ankommt, wird uns im weiteren Verfolge deutlich werden. Zunächst und wesentlich ist die verliebte Neigung gerichtet auf Gesundheit, Kraft und Schönheit, folglich auch auf Jugend; weil der Wille zuvörderst den Gattungscharakter der Menschenspecies, als die Basis aller Individualität, darzustellen verlangt: die alltägliche Liebelei (Αφροδιτη πανδημος) geht nicht viel weiter. Daran knüpfen sich sodann speciellere Anforderungen, die wir weiterhin im Einzelnen untersuchen werden, und mit denen, wo sie Befriedigung vor sich sehn, die Leidenschaft steigt. Die höchsten Grade dieser aber entspringen aus derjenigen Angemessenheit beider Individualitäten zu einander, vermöge welcher der Wille, d. i.

der Charakter, des Vaters und der Intellekt der Mutter, in ihrer Verbindung, gerade dasjenige Individuum vollenden, nach welchem der Wille zum Leben überhaupt, welcher in der ganzen Gattung sich darstellt, eine dieser seiner Größe angemessene, daher das Maaß eines sterblichen Herzens übersteigende Sehnsucht empfindet, deren Motive eben so über den Bereich des individuellen Intellekts hinausliegen. Dies also ist die Seele einer eigentlichen, großen Leidenschaft. – Je vollkommener nun die gegenseitige Angemessenheit zweier Individuen zu einander, in jeder der so mannigfachen, weiterhin zu betrachtenden Rücksichten ist, desto stärker wird ihre gegenseitige Leidenschaft ausfallen. Da es nicht zwei ganz gleiche Individuen giebt, muß jedem bestimmten Mann ein bestimmtes Weib, – stets in Hinsicht auf das zu Erzeugende, – am vollkommensten entsprechen. So selten, wie der Zufall ihres Zusammentreffens, ist die eigentlich leidenschaftliche Liebe. Weil inzwischen die Möglichkeit einer solchen in Jedem vorhanden ist, sind uns die Darstellungen derselben in den Dichterwerken verständlich. – Eben weil die verliebte Leidenschaft sich eigentlich um das zu Erzeugende und dessen Eigenschaften dreht und hier ihr Kern liegt, kann zwischen zwei jungen und wohlgebildeten Leuten verschiedenen Geschlechts, vermöge der Uebereinstimmung ihrer Gesinnung, ihres Charakters, ihrer Geistesrichtung, Freundschaft bestehn, ohne daß Geschlechtsliebe sich einmischte; ja sogar kann in dieser Hinsicht eine gewisse Abneigung zwischen ihnen vorhanden seyn. Der Grund hievon ist darin zu suchen, daß ein von ihnen erzeugtes Kind körperlich oder geistig disharmonirende Eigenschaften haben, kurz, seine Existenz und Beschaffenheit den Zwecken des Willens zum Leben, wie er sich in der Gattung darstellt, nicht entsprechen würde. Im entgegengesetzten Fall kann, bei Heterogeneität der Gesinnung, des Charakters und der Geistesrichtung, und bei der daraus hervorgehenden Abneigung, ja Feindsäligkeit, doch die Geschlechtsliebe aufkommen und bestehn; wo sie dann über jenes Alles verblendet: verleitet sie hier zur Ehe, so wird es eine sehr unglückliche. –

Jetzt zur gründlicheren Untersuchung der Sache. – Der Egoismus ist eine so tief wurzelnde Eigenschaft aller Individualität überhaupt, daß, um die Thätigkeit eines individuellen Wesens zu erregen, egoistische Zwecke die einzigen sind, auf welche man mit Sicherheit rechnen kann. Zwar hat die Gattung auf das

Individuum ein früheres, näheres und größeres Recht, als die hinfällige Individualität selbst: jedoch kann, wann das Individuum für den Bestand und die Beschaffenheit der Gattung thätig seyn und sogar Opfer bringen soll, seinem Intellekt, als welcher bloß auf individuelle Zwecke berechnet ist, die Wichtigkeit der Angelegenheit nicht so faßlich gemacht werden, daß sie derselben gemäß wirkte. Daher kann, in solchem Fall, die Natur ihren Zweck nur dadurch erreichen, daß sie dem Individuo einen gewissen Wahn einpflanzt, vermöge dessen ihm als ein Gut für sich selbst erscheint, was in Wahrheit bloß eines für die Gattung ist, so daß dasselbe dieser dient, während es sich selber zu dienen wähnt; bei welchem Hergang eine bloße, gleich darauf verschwindende Chimäre ihm vorschwebt und als Motiv die Stelle einer Wirklichkeit vertritt. Dieser Wahn ist der Instinkt. Derselbe ist, in den allermeisten Fällen, anzusehn als der Sinn der Gattung, welcher das ihr Frommende dem Willen darstellt. Weil aber der Wille hier individuell geworden; so muß er dergestalt getäuscht werden, daß er Das, was der Sinn der Gattung ihm vorhält, durch den Sinn des Individui wahrnimmt, also individuellen Zwecken nachzugehn wähnt, während er in Wahrheit bloß generelle (dies Wort hier im eigentlichsten Sinn genommen) verfolgt. Die äußere Erscheinung des Instinkts beobachten wir am besten an den Thieren, als wo seine Rolle am bedeutendesten ist; aber den innern Hergang dabei können wir, wie alles Innere, allein an uns selbst kennen lernen. Nun meint man zwar, der Mensch habe fast gar keinen Instinkt, allenfalls bloß den, daß das Neugeborene die Mutterbrust sucht und ergreift. Aber in der That haben wir einen sehr bestimmten, deutlichen, ja komplicirten Instinkt, nämlich den der so feinen, ernstlichen und eigensinnigen Auswahl des andern Individuums zur Geschlechtsbefriedigung. Mit dieser Befriedigung an sich selbst, d. h. sofern sie ein auf dringendem Bedürfniß des Individuums beruhender sinnlicher Genuß ist, hat die Schönheit oder Häßlichkeit des andern Individuums gar nichts zu schaffen. Die dennoch so eifrig verfolgte Rücksicht auf diese, nebst der daraus entspringenden sorgsamen Auswahl, bezieht sich also offenbar nicht auf den Wählenden selbst, obschon er es wähnt, sondern auf den wahren Zweck, auf das zu Erzeugende, als in welchem der Typus der Gattung möglichst rein und richtig erhalten werden soll. Nämlich durch tausend physische Zufälle und moralische Widerwärtigkeiten entstehn gar vielerlei Ausartungen der menschlichen Gestalt: dennoch wird der ächte Typus derselben, in allen seinen Theilen, immer wieder hergestellt; welches geschieht unter der Leitung des Schönheitssinnes, der durchgängig dem Geschlechtstriebe vorsteht, und ohne welchen dieser zum ekelhaften Bedürfniß herabsinkt. Demgemäß wird Jeder, erstlich, die schönsten Individuen, d. h. solche, in welchen der Gattungscharakter am reinsten ausgeprägt ist, entschieden vorziehn und heftig begehren; zweitens aber wird er am andern Individuo besonders die Vollkommenheiten verlangen, welche ihm selbst abgehn, ja sogar die Unvollkommenheiten, welche das Gegentheil seiner eigenen sind, schön finden: daher suchen z. B. kleine Männer große Frauen, die Blonden lieben die Schwarzen u. s. w. – Das schwindelnde Entzücken, welches den Mann beim Anblick eines Weibes von ihm angemessener Schönheit ergreift und ihm die Vereinigung mit ihr als das höchste Gut vorspiegelt, ist eben der Sinn der Gattung, welcher den deutlich ausgedrückten Stämpel derselben erkennend, sie mit diesem perpetuiren möchte. Auf diesem entschiedenen Hange zur Schönheit beruht die Erhaltung des Typus der Gattung: daher wirkt derselbe mit so großer Macht. Wir werden die Rücksichten, welche er befolgt, weiter unten speciell betrachten. Was also den Menschen hiebei leitet, ist wirklich ein Instinkt, der auf das Beste der Gattung gerichtet ist, während der Mensch selbst bloß den erhöhten eigenen Genuß zu suchen wähnt. – In der That haben wir hieran einen lehrreichen Aufschluß über das innere Wesen alles Instinkts, als welcher fast durchgängig, wie hier, das Individuum für das Wohl der Gattung in Bewegung setzt. Denn offenbar ist die Sorgfalt, mit der ein Insekt eine bestimmte Blume, oder Frucht, oder Mist, oder Fleisch, oder, wie die Ichneumonien [Schlupfwespen], eine fremde Insektenlarve aufsucht, um seine Eier nur dort zu legen, und um dieses zu erreichen weder Mühe noch Gefahr scheut, derjenigen sehr analog, mit welcher ein Mann zur Geschlechtsbefriedigung ein Weib von bestimmter, ihm individuell zusagender Beschaffenheit sorgsam auswählt und so eifrig nach ihr strebt, daß er oft, um diesen Zweck zu erreichen, aller Vernunft zum Trotz, sein eigenes Lebensglück opfert, durch thörichte Heirath, durch Liebeshändel, die ihm Vermögen, Ehre und Leben kosten, selbst durch Verbrechen, wie Ehebruch, oder Nothzucht; Alles nur, um, dem überall souveränen Willen der Natur gemäß, der Gattung auf das Zweckmäßigste zu dienen, wenn gleich auf Kosten des Individuums. Ueberall nämlich ist der Instinkt ein Wirken wie nach einem Zweckbegriff, und doch ganz ohne denselben. Die Natur pflanzt ihn da ein, wo das handelnde Individuum den Zweck zu verstehn unfähig, oder ihn zu verfolgen unwillig seyn würde: daher ist er, in der Regel, nur den Thieren, und zwar vorzüglich den untersten, als welche den wenigsten Verstand haben, beigegeben, aber fast allein in dem hier betrachteten Fall auch dem Menschen, als welcher den Zweck zwar verstehn könnte, ihn aber nicht mit dem nöthigen Eifer, nämlich sogar auf Kosten seines individuellen Wohls, verfolgen würde. Also nimmt hier, wie bei allem Instinkt, die Wahrheit die Gestalt des Wahnes an, um auf den Willen zu wirken. Ein wollüstiger Wahn ist es, der dem Manne vorgaukelt, er werde in den Armen eines Weibes von der ihm zusagenden Schönheit einen größern Genuß finden, als in denen eines jeden andern; oder der gar, ausschließlich auf ein e i n z i g e s Individuum gerichtet, ihn fest überzeugt, daß dessen Besitz ihm ein überschwängliches Glück gewähren werde. Demnach wähnt er, für seinen eigenen Genuß Mühe und Opfer zu verwenden, während es bloß für die Erhaltung des regelrechten Typus der Gattung geschieht, oder gar eine ganz bestimmte Individualität, die nur von diesen Eltern kommen kann, zum Daseyn gelangen soll. So völlig ist hier der Charakter des Instinkts, also ein Handeln wie nach einem Zweckbegriff und doch ganz ohne denselben, vorhanden, daß der von jenem Wahn Getriebene den Zweck, welcher allein ihn leitet, die Zeugung, oft sogar verabscheut und verhindern möchte: nämlich bei fast allen unehelichen Liebschaften. Dem dargelegten Charakter der Sache gemäß wird, nach dem endlich erlangten Genuß, jeder Verliebte eine wundersame Enttäuschung erfahren, und darüber erstaunen, daß das so sehnsuchtsvoll Begehrte nichts mehr leistet, als jede andere Geschlechtsbefriedigung; so daß er sich nicht sehr dadurch gefördert sieht. Jener Wunsch nämlich verhielt sich zu allen seinen übrigen Wünschen, wie sich die Gattung verhält zum Individuo, also wie ein Unendliches zu einem Endlichen. Die Befriedigung hingegen kommt eigentlich nur der Gattung zu Gute und fällt deshalb nicht in das Bewußtseyn des Individuums, welches hier, vom Willen der Gattung beseelt, mit jeglicher

Aufopferung, einem Zwecke diente, der gar nicht sein eigener war. Daher also findet jeder Verliebte, nach endlicher Vollbringung des großen Werkes, sich angeführt: denn der Wahn ist verschwunden, mittelst dessen hier das Individuum der Betrogene der Gattung war. Demgemäß sagt Plato sehr treffend: ἥδονη ἁπαντων αλαζονεστατον *(voluptas omnium maxime vaniloqua)* [Nichts prahlt so sehr wie die Lust]. *Phileb* [ed. Bip.] *319*.

Dies Alles aber wirft seinerseits wieder Licht zurück auf die Instinkte und Kunsttriebe der Thiere. Ohne Zweifel sind auch diese von einer Art Wahn, der ihnen den eigenen Genuß vorgaukelt, befangen, während sie so emsig und mit Selbstverleugnung für die Gattung arbeiten, der Vogel sein Nest baut, das Insekt den allein passenden Ort für die Eier sucht, oder gar Jagd auf Raub macht, der, ihm selber ungenießbar, als Futter für die künftigen Larven neben die Eier gelegt werden muß, die Biene, die Wespe, die Ameise ihrem künstlichen Bau und ihrer höchst komplicirten Oekonomie obliegen. Sie Alle leitet sicherlich ein Wahn, welcher dem Dienste der Gattung die Maske eines egoistischen Zweckes vorsteckt. Um uns den innern oder subjektiven Vorgang, der den Aeußerungen des Instinkts zum Grunde liegt, faßlich zu machen, ist dies wahrscheinlich der einzige Weg. Aeußerlich aber, oder objektiv, stellt sich uns, bei den vom Instinkt stark beherrschten Thieren, namentlich den Insekten, ein Ueberwiegen des Ganglien- d. i. des subjektiven Nervensystems über das objektive oder Cerebral-System dar; woraus zu schließen ist, daß sie nicht sowohl von der objektiven, richtigen Auffassung, als von subjektiven, Wunsch erregenden Vorstellungen, welche durch die Einwirkung des Gangliensystems auf das Gehirn entstehn, und demzufolge von einem gewissen Wahn getrieben werden: und dies wird der physiologische Hergang bei allem Instinkt seyn. – Zur Erläuterung erwähne ich noch, als ein anderes, wiewohl schwächeres Beispiel vom Instinkt im Menschen, den kapriziösen Appetit der Schwangeren: er scheint daraus zu entspringen, daß die Ernährung des Embryo bisweilen eine besondere oder bestimmte Modifikation des ihm zufließenden Blutes verlangt; worauf die solche bewirkende Speise sich sofort der Schwangeren als Gegenstand heißer Sehnsucht darstellt, also auch hier ein Wahn entsteht. Demnach hat das Weib einen Instinkt mehr als der Mann: auch ist das Gangliensystem beim Weibe viel entwickelter. – Aus dem großen Uebergewicht des Gehirns beim Menschen erklärt sich, daß er wenigere Instinkte hat, als die Thiere, und daß selbst diese wenigen leicht irre geleitet werden können. Nämlich der die Auswahl zur Geschlechtsbefriedigung instinktiv leitende Schönheitssinn wird irre geführt, wenn er in Hang zur Päderastie ausartet; Dem analog, wie die Schmeißfliege *(Musca vomitoria)*, statt ihre Eier, ihrem Instinkt gemäß, in faulendes Fleisch zu legen, sie in die Blüthe des *Arum dracunculus* [Aronsstabs] legt, verleitet durch den kadaverosen [Leichen-]Geruch dieser Pflanze.

Daß nun aller Geschlechtsliebe ein durchaus auf das zu Erzeugende gerichteter Instinkt zum Grunde liegt, wird seine volle Gewißheit durch genauere Zergliederung desselben erhalten, der wir uns deshalb nicht entziehn können. – Zuvörderst gehört hieher, daß der Mann von Natur zur Unbeständigkeit in der Liebe, das Weib zur Beständigkeit geneigt ist. Die Liebe des Mannes sinkt merklich, von dem Augenblick an, wo sie Befriedigung erhalten hat: fast jedes andere Weib reizt ihn mehr als das, welches er schon besitzt: er sehnt sich nach Abwechselung. Die Liebe des Weibes hingegen steigt von eben jenem Augenblick an. Dies ist eine Folge des Zwecks der Natur, welche auf Erhaltung und daher auf möglichst starke Vermehrung der Gattung gerichtet ist. Der Mann nämlich kann, bequem, über hundert Kinder im Jahre zeugen, wenn ihm eben so viele Weiber zu Gebote stehn; das Weib hingegen könnte, mit noch so vielen Männern, doch nur e i n Kind im Jahr (von Zwillingsgeburten abgesehn) zur Welt bringen. Daher sieht e r sich stets nach andern Weibern um; s i e hingegen hängt fest dem Einen an: denn die Natur treibt sie, instinktmäßig und ohne Reflexion, sich den Ernährer und Beschützer der künftigen Brut zu erhalten. Demzufolge ist die eheliche Treue dem Manne künstlich, dem Weibe natürlich, und also Ehebruch des Weibes, wie objektiv, wegen der Folgen, so auch subjektiv, wegen der Naturwidrigkeit, viel unverzeihlicher als der des Mannes.

Aber um gründlich zu seyn und die volle Ueberzeugung zu gewinnen, daß das Wohlgefallen am andern Geschlecht, so objektiv es uns dünken mag, doch bloß verlarvter Instinkt, d. i. Sinn der Gattung, welche ihren Typus zu erhalten strebt, ist, müssen wir sogar die bei diesem Wohlgefallen uns leitenden Rücksichten näher untersuchen und auf das Specielle derselben einzeln, so seltsam auch die hier zu erwähnenden Specialitäten in einem philosophischen Werke figuriren mögen. Diese Rücksichten zerfallen in solche, welche unmittelbar den Typus der Gattung, d. i. die Schönheit, betreffen, in solche, welche auf psychische Eigenschaften gerichtet sind, und endlich in bloß relative, welche aus der erforderten Korrektion oder Neutralisation der Einseitigkeiten und Abnormitäten der beiden Individuen durch einander hervorgehn. Wir wollen sie einzeln durchgehn.

Die oberste, unsere Wahl und Neigung leitende Rücksicht ist das Alter. Im Ganzen lassen wir es gelten von den Jahren der eintretenden bis zu denen der aufhörenden Menstruation, geben jedoch der Periode vom achtzehnten bis achtundzwanzigsten Jahre entschieden den Vorzug. Außerhalb jener Jahre hingegen kann kein Weib uns reizen: ein altes, d. h. nicht mehr menstruirtes Weib erregt unsern Abscheu. Jugend ohne Schönheit hat immer noch Reiz; Schönheit ohne Jugend keinen. – Offenbar ist die hiebei uns unbewußt leitende Absicht die Möglichkeit der Zeugung überhaupt: daher verliert jedes Individuum an Reiz für das andere Geschlecht in dem Maaße, als es sich von der zur Zeugung oder zur Empfängniß tauglichsten Periode entfernt. – Die zweite Rücksicht ist die der Gesundheit: akute Krankheiten stören nur vorübergehend, chronische, oder gar Kachexien [Kräfteverfall], schrecken ab; – weil sie auf das Kind übergehn. – Die dritte Rücksicht ist das Skelett: weil es die Grundlage des Typus der Gattung ist. Nächst Alter und Krankheit stößt nichts uns so sehr ab, wie eine verwachsene Gestalt: sogar das schönste Gesicht kann nicht dafür entschädigen; vielmehr wird selbst das häßlichste, bei geradem Wuchse, unbedingt vorgezogen. Ferner empfinden wir jedes Mißverhältniß des Skeletts am stärksten, z. B. eine verkürzte, gestauchte, kurzbeinige Figur u. dgl. m., auch hinkenden Gang, wo er nicht Folge eines äußern Zufalls ist. Hingegen kann ein auffallend schöner Wuchs alle Mängel ersetzen: er bezaubert uns. Hieher gehört auch der hohe Werth, den Alle auf die Kleinheit der Füße legen: er beruht darauf, daß diese ein wesentlicher Charakter der Gattung sind, indem kein Thier Tarsus und Metatarsus [Fuß- und Zwischenfußwurzel] zusammengenommen so klein hat, wie der Mensch, welches mit dem aufrechten Gange zusammenhängt: er ist ein Plantigrade [Sohlengänger]. Demgemäß sagt auch Jesus Sirach (26, 23: nach der verbesserten Uebersetzung von Kraus): »Ein Weib, das gerade gebaut ist und schöne Füße hat, ist wie die goldenen Säulen auf den silbernen Stühlen.« Auch die Zähne sind uns wichtig; weil sie für die Ernährung wesentlich und ganz besonders erblich sind. – Die vierte Rücksicht ist eine gewisse Fülle des Fleisches, also ein Vorherrschen der vegetativen Funktion, der Plasticität [Körperlichkeit]; weil diese dem Fötus reichliche Nahrung verspricht: daher stößt große Magerkeit uns auffallend ab. Ein voller weiblicher Busen übt einen ungemeinen Reiz auf das männliche Geschlecht aus: weil er, mit den Propagations[Fortpflanzungs-]funktionen des Weibes in direktem Zusammenhange stehend, dem Neugeborenen reichliche Nahrung verspricht. Hingegen erregen übermäßig fette Weiber unsern Widerwillen: die Ursache ist, daß diese Beschaffenheit auf Atrophie des Uterus, also auf Unfruchtbarkeit deutet; welches nicht der Kopf, aber der Instinkt weiß. – Erst die letzte Rücksicht ist die auf die Schönheit des Gesichts. Auch hier kommen vor Allem die Knochentheile in Betracht; daher hauptsächlich auf eine schöne Nase gesehn wird, und eine kurze, aufgestülpte Nase Alles verdirbt. Ueber das Lebensglück unzähliger Mädchen hat eine kleine Biegung der Nase, nach unten oder nach oben, entschieden, und mit Recht: denn es gilt den Typus der Gattung. Ein kleiner Mund, mittelst kleiner Maxillen [Oberkiefer], ist sehr wesentlich, als specifischer Charakter des Menschenantlitzes, im Gegensatz der Thiermäuler. Ein zurückliegendes, gleichsam weggeschnittenes Kinn ist besonders widerlich; weil *mentum prominulum* [ein hervorstehendes Kinn] ein ausschließlicher Charakterzug unserer Species ist. Endlich kommt die Rücksicht auf schöne Augen und Stirn: sie hängt mit den psychischen Eigenschaften zusammen, zumal mit den intellektuellen, welche von der Mutter erben.

Die unbewußten Rücksichten, welche andererseits die Neigung der Weiber befolgt, können wir natürlich nicht so genau angeben. Im Ganzen läßt sich Folgendes behaupten. Sie geben dem Alter von 30 bis 35 Jahren den Vorzug, namentlich auch vor dem der Jünglinge, die doch eigentlich die höchste menschliche Schönheit darbieten. Der Grund ist, daß sie nicht vom Geschmack, sondern vom Instinkt geleitet werden, welcher im besagten Alter die Akme [Spitze] der Zeugungskraft erkennt. Ueberhaupt sehn sie wenig auf Schönheit, namentlich des

Gesichts: es ist als ob sie diese dem Kinde zu geben allein auf sich nähmen. Hauptsächlich gewinnt sie die Kraft und der damit zusammenhängende Muth des Mannes: denn diese versprechen die Zeugung kräftiger Kinder und zugleich einen tapfern Beschützer derselben. Jeden körperlichen Fehler des Mannes, jede Abweichung vom Typus, kann, in Hinsicht auf das Kind, das Weib bei der Zeugung aufheben, dadurch daß sie selbst in den nämlichen Stücken untadelhaft ist, oder gar auf der entgegengesetzten Seite excedirt [zu weit geht]. Hievon ausgenommen sind allein d i e Eigenschaften des Mannes, welche seinem Geschlecht eigenthümlich sind und welche daher die Mutter dem Kinde nicht geben kann: dahin gehört der männliche Bau des Skeletts, breite Schultern, schmale Hüften, gerade Beine, Muskelkraft, Muth, Bart u. s. w. Daher kommt es, daß Weiber oft häßliche Männer lieben, aber nie einen unmännlichen Mann: weil sie dessen Mängel nicht neutralisiren können.

Die zweite Art der Rücksichten, welche der Geschlechtsliebe zum Grunde liegen, ist die auf die psychischen Eigenschaften. Hier werden wir finden, daß das Weib durchgängig von den Eigenschaften des Herzens oder Charakters im Manne angezogen wird, – als welche vom Vater erben. Vorzüglich ist es Festigkeit des Willens, Entschlossenheit und Muth, vielleicht auch Redlichkeit und Herzensgüte, wodurch das Weib gewonnen wird. Hingegen üben intellektuelle Vorzüge keine direkte und instinktmäßige Gewalt über sie aus; eben weil sie n i c h t vom Vater erben. Unverstand schadet bei Weibern nicht: eher noch könnte überwiegende Geisteskraft, oder gar Genie, als eine Abnormität, ungünstig wirken. Daher sieht man oft einen häßlichen, dummen und rohen Menschen einen wohlgebildeten, geistreichen und liebenswürdigen Mann bei Weibern ausstechen. Auch werden Ehen aus Liebe bisweilen geschlossen zwischen geistig höchst heterogenen Wesen: z. B. e r roh, kräftig und beschränkt, s i e zart empfindend, fein denkend, gebildet, ästhetisch u. s. w.; oder e r gar genial und gelehrt, s i e eine Gans:

Sic visum Veneri; cui placet impares
Formas atque animos sub juga aënea
Saevo mittere cum joco.

[Venus treibt es nun so! Grade was sich nicht schickt,
Nicht an Seele und Leib, spannt sie ins gleiche Joch,

In das eh'rne, und lacht dazu: Horaz,
Carmina I, 33, 10.]

Der Grund ist, daß hier ganz andere Rücksichten vorwalten, als die intellektuellen: – die des Instinkts. Bei der Ehe ist es nicht auf geistreiche Unterhaltung, sondern auf die Erzeugung der Kinder abgesehn: sie ist ein Bund der Herzen, nicht der Köpfe. Es ist ein eiteles und lächerliches Vorgeben, wenn Weiber behaupten, in den Geist eines Mannes sich verliebt zu haben, oder es ist die Ueberspannung eines entarteten Wesens. – Männer hingegen werden in der instinktiven Liebe nicht durch die Charakter-Eigenschaften des Weibes bestimmt; daher so viele Sokratesse ihre Xanthippen gefunden haben, z. B. Shakespeare, Albrecht Dürer, Byron u. s. w. Wohl aber wirken hier die intellektuellen Eigenschaften ein; weil sie von der Mutter erben: jedoch wird ihr Einfluß von dem der körperlichen Schönheit, als welche, wesentlichere Punkte betreffend, unmittelbarer wirkt, leicht überwogen. Inzwischen geschieht es, im Gefühl oder nach der Erfahrung jenes Einflusses, daß Mütter ihre Töchter schöne Künste, Sprachen u. dgl. erlernen lassen, um sie für Männer anziehend zu machen; wobei sie dem Intellekt durch künstliche Mittel nachhelfen wollen, eben wie vorkommenden Falls den Hüften und Busen. – Wohl zu merken, daß hier überall die Rede allein ist von der ganz unmittelbaren, instinktartigen Anziehung, aus welcher allein die eigentliche Verliebtheit erwächst. Daß ein verständiges und gebildetes Weib, Verstand und Geist an einem Manne schätzt, daß ein Mann, aus vernünftiger Ueberlegung, den Charakter seiner Braut prüft und berücksichtigt, thut nichts zu der Sache, wovon es sich hier handelt: dergleichen begründet eine vernünftige Wahl bei der Ehe, aber nicht die leidenschaftliche Liebe, welche unser Thema ist.

Bis hieher habe ich bloß die absoluten Rücksichten, d. h. solche, die für Jeden gelten, in Betracht genommen: ich komme jetzt zu den relativen, welche individuell sind; weil bei ihnen es darauf abgesehn ist, den bereits sich mangelhaft darstellenden Typus der Gattung zu rektificiren [richtigzustellen], die Abweichungen von demselben, welche die eigene Person des Wählenden schon an sich trägt, zu korrigiren und so zur reinen Darstellung des Typus zurückzuführen. Hier liebt daher

Jeder, was ihm abgeht. Von der individuellen Beschaffenheit ausgehend und auf die individuelle Beschaffenheit gerichtet, ist die auf solchen r e l a t i v e n Rücksichten beruhende Wahl viel bestimmter, entschiedener und exklusiver, als die bloß von den absoluten ausgehende; daher der Ursprung der eigentlich leidenschaftlichen Liebe, in der Regel, in diesen relativen Rücksichten liegen wird, und nur der der gewöhnlichen, leichteren Neigung in den absoluten. Demgemäß pflegen es nicht gerade die regelmäßigen, vollkommenen Schönheiten zu seyn, welche die großen Leidenschaften entzünden. Damit eine solche wirklich leidenschaftliche Neigung entstehe, ist etwas erfordert, welches sich nur durch eine chemische Metapher ausdrücken läßt: beide Personen müssen einander neutralisiren, wie Säure und Alkali zu einem Mittelsalz. Die hiezu erforderlichen Bestimmungen sind im Wesentlichen folgende. Erstlich: alle Geschlechtlichkeit ist Einseitigkeit. Diese Einseitigkeit ist in Einem Individuo entschiedener ausgesprochen und in höherm Grade vorhanden, als im Andern: daher kann sie in jedem Individuo besser durch Eines als das Andere vom andern Geschlecht ergänzt und neutralisirt werden, indem es einer der seinigen individuell entgegengesetzten Einseitigkeit bedarf, zur Ergänzung des Typus der Menschheit im neu zu erzeugenden Individuo, als auf dessen Beschaffenheit immer Alles hinausläuft. Die Physiologen wissen, daß Mannheit und Weiblichkeit unzählige Grade zulassen, durch welche jene bis zum widerlichen Gynander [Scheinzwitter] und Hypospad[i]äus [Mißgebildeten] sinkt, diese bis zur anmuthigen Androgyne steigt: von beiden Seiten aus kann der vollkommene Hermaphroditismus erreicht werden, auf welchem Individuen stehn, welche, die gerade Mitte zwischen beiden Geschlechtern haltend, keinem beizuzählen, folglich zur Fortpflanzung untauglich sind. Zur in Rede stehenden Neutralisation zweier Individualitäten durch einander ist dem zu Folge erfordert, daß der bestimmte Grad s e i n e r Mannheit dem bestimmten Grad i h r e r Weiblichkeit genau entspreche; damit beide Einseitigkeiten einander gerade aufheben. Demnach wird der männlichste Mann das weiblichste Weib suchen und *vice versa,* und eben so jedes Individuum das ihm im Grade der Geschlechtlichkeit entsprechende. Inwiefern nun hierin zwischen Zweien das erforderliche Verhältniß Statt habe, wird instinktmäßig von ihnen gefühlt, und liegt, nebst den andern r e l a t i v e n Rücksichten, den höhern Graden der Verliebtheit zum Grunde. Während daher die Liebenden pathetisch von der Harmonie ihrer Seelen reden, ist meistens die hier nachgewiesene, das zu erzeugende Wesen und seine Vollkommenheit betreffende Zusammenstimmung der Kern der Sache, und an derselben auch offenbar viel mehr gelegen, als an der Harmonie ihrer Seelen, – welche oft, nicht lange nach der Hochzeit, sich in eine schreiende Disharmonie auflöst. Hieran schließen sich nun die ferneren relativen Rücksichten, welche darauf beruhen, daß Jedes seine Schwächen, Mängel und Abweichungen vom Typus durch das Andere aufzuheben trachtet, damit sie nicht im zu erzeugenden Kinde sich perpetuiren, oder gar zu völligen Abnormitäten anwachsen. Je schwächer in Hinsicht auf Muskelkraft ein Mann ist, desto mehr wird er kräftige Weiber suchen: eben so das Weib ihrerseits. Da nun aber dem Weibe eine schwächere Muskelkraft naturgemäß und in der Regel ist; so werden auch in der Regel die Weiber den kräftigeren Männern den Vorzug geben. – Ferner ist eine wichtige Rücksicht die Größe. Kleine Männer haben einen entschiedenen Hang zu großen Weibern, und *vice versa:* und zwar wird in einem kleinen Manne die Vorliebe für große Weiber um so leidenschaftlicher seyn, als er selbst von einem großen Vater gezeugt und nur durch den Einfluß der Mutter klein geblieben ist; weil er vom Vater das Gefäßsystem und die Energie desselben, die einen großen Körper mit Blut zu versehn vermag, überkommen hat: waren hingegen sein Vater und Großvater schon klein; so wird jener Hang sich weniger fühlbar machen. Der Abneigung eines großen Weibes gegen große Männer liegt die Absicht der Natur zum Grunde, eine zu große Rasse zu vermeiden, wenn sie, mit den von diesem Weibe zu ertheilenden Kräften, zu schwach ausfallen würde, um lange zu leben. Wählt dennoch ein solches Weib einen großen Gatten, etwan um sich in der Gesellschaft besser zu präsentiren; so wird, in der Regel, die Nachkommenschaft die Thorheit büßen. – Sehr entschieden ist ferner die Rücksicht auf die Komplexion [Haar- und Hautfarbe]. Blonde verlangen durchaus Schwarze oder Braune; aber nur selten diese jene. Der Grund hievon ist, daß blondes Haar und blaue Augen schon eine Spielart, fast eine Abnormität ausmachen: den weißen Mäusen, oder wenigstens den Schimmeln analog. In keinem andern Welttheil sind sie, selbst nicht in der Nähe der Pole, einheimisch, sondern allein in Europa, und offenbar von Skandinavien ausgegangen. Beiläufig sei hier meine Meinung ausgesprochen, daß dem Menschen die weiße Hautfarbe nicht natürlich ist, sondern er von Natur schwarze, oder braune Haut hat, wie unsere Stammväter die Hindu; daß folglich nie ein weißer Mensch ursprünglich aus dem Schooße der Natur hervorgegangen ist, und es also keine weiße Rasse giebt, so viel auch von ihr geredet wird, sondern jeder weiße Mensch ein abgeblichener ist. In den ihm fremden Norden gedrängt, wo er nur so besteht, wie die exotischen Pflanzen, und, wie diese, im Winter des Treibhauses bedarf, wurde der Mensch, im Laufe der Jahrtausende, weiß. Die Zigeuner, ein Indischer, erst seit ungefähr vier Jahrhunderten eingewanderter Stamm, zeigen den Uebergang von der Komplexion der Hindu zur unserigen*. In der Geschlechtsliebe strebt daher die Natur zum dunkeln Haar und braunen Auge, als zum Urtypus, zurück: die weiße Hautfarbe aber ist zur zweiten Natur geworden; wiewohl nicht so, daß die braune der Hindu uns abstieße. – Endlich sucht auch in den einzelnen Körpertheilen Jedes das Korrektiv seiner Mängel und Abweichungen, und um so entschiedener, je wichtiger der Theil ist. Daher haben stumpfnäsige Individuen ein unaussprechliches Wohlgefallen an Habichtsnasen, an Papagaiengesichtern: eben so ist es rücksichtlich aller übrigen Theile. Menschen von übermäßig schlankem, lang gestreckten Körper- und Gliederbau können sogar einen über die Gebühr gedrungenen und verkürzten schön finden. – Analog walten die Rücksichten auf das Temperament: Jeder wird das entgegengesetzte vorziehn; jedoch nur in dem Maaß als das seinige ein entschiedenes ist. – Wer selbst, in irgend einer Rücksicht, sehr vollkommen ist, sucht und liebt zwar nicht die Unvollkommenheit in eben dieser Rücksicht, söhnt sich aber leichter als Andere damit aus; weil er selbst die Kinder vor großer Unvollkommenheit in diesem Stücke sichert. Z. B. wer selbst sehr weiß ist, wird sich an einer gelblichen Gesichtsfarbe nicht stoßen: wer aber diese hat, wird die blendende Weiße göttlich schön finden. – Der seltene Fall, daß ein Mann sich in ein entschieden häßliches Weib verliebt, tritt ein, wann, bei der oben erörterten genauen Harmonie des Grades der Geschlechtlichkeit, ihre sämmtlichen Abnormitäten gerade die entgegengesetzten, also das Korrektiv, der seinigen

* Das Ausführlichere hierüber findet man in Parerga, Bd. 2, § 92 der ersten Auflage.

sind. Die Verliebtheit pflegt alsdann einen hohen Grad zu erreichen.

Der tiefe Ernst, mit welchem wir jeden Körpertheil des Weibes prüfend betrachten, und sie ihrerseits das Selbe thut, die kritische Skrupulosität, mit der wir ein Weib, das uns zu gefallen anfängt, mustern, der Eigensinn unserer Wahl, die gespannte Aufmerksamkeit, womit der Bräutigam die Braut beobachtet, seine Behutsamkeit, um in keinem Theile getäuscht zu werden, und der große Werth, den er auf jedes Mehr oder Weniger, in den wesentlichen Theilen, legt, – Alles dieses ist der Wichtigkeit des Zweckes ganz angemessen. Denn das Neuzuerzeugende wird, ein ganzes Leben hindurch, einen ähnlichen Theil zu tragen haben: ist z. B. das Weib nur ein wenig schief; so kann dies leicht ihrem Sohn einen Puckel aufladen, und so in allem Uebrigen. – Bewußtseyn von dem Allen ist freilich nicht vorhanden; vielmehr wähnt Jeder nur im Interesse seiner eigenen Wollust (die im Grunde gar nicht dabei betheiligt seyn kann) jene schwierige Wahl zu treffen: aber er trifft sie genau so, wie es, unter Voraussetzung seiner eigenen Korporisation, dem Interesse der Gattung gemäß ist, deren Typus möglichst rein zu erhalten die geheime Aufgabe ist. Das Individuum handelt hier, ohne es zu wissen, im Auftrage eines Höheren, der Gattung: daher die Wichtigkeit, welche es Dingen beilegt, die ihm, als solchem, gleichgültig seyn könnten, ja müßten. – Es liegt etwas ganz Eigenes in dem tiefen, unbewußten Ernst, mit welchem zwei junge Leute verschiedenen Geschlechts, die sich zum ersten Male sehn, einander betrachten; dem forschenden und durchdringenden Blick, den sie auf einander werfen; der sorgfältigen Musterung, die alle Züge und Theile ihrer beiderseitigen Personen zu erleiden haben. Dieses Forschen und Prüfen nämlich ist die Meditation des Genius der Gattung über das durch sie Beide mögliche Individuum und die Kombination seiner Eigenschaften. Nach dem Resultat derselben fällt der Grad ihres Wohlgefallens an einander und ihres Begehrens nach einander aus. Dieses kann, nachdem es schon einen bedeutenden Grad erreicht hatte, plötzlich wieder erlöschen, durch die Entdeckung von Etwas, das vorhin unbemerkt geblieben war. – Dergestalt also meditirt in Allen, die zeugungsfähig sind, der Genius der Gattung das kommende Geschlecht. Die Beschaffenheit desselben ist das große Werk, womit Kupido, unablässig thätig, spekulirend und sinnend, beschäftigt ist. Gegen die Wichtigkeit seiner großen Angelegenheit, als welche die Gattung und alle kommenden Geschlechter betrifft, sind die Angelegenheiten der Individuen, in ihrer ganzen ephemeren Gesammtheit, sehr geringfügig: daher ist er stets bereit, diese rücksichtslos zu opfern. Denn er verhält sich zu ihnen wie ein Unsterblicher zu Sterblichen, und seine Interessen zu den ihren wie unendliche zu endlichen. Im Bewußtseyn also, Angelegenheiten höherer Art, als alle solche, welche nur individuelles Wohl und Wehe betreffen, zu verwalten, betreibt er dieselben, mit erhabener Ungestörtheit, mitten im Getümmel des Krieges, oder im Gewühl des Geschäftslebens, oder zwischen dem Wüthen einer Pest, und geht ihnen nach bis in die Abgeschiedenheit des Klosters.

Wir haben im Obigen gesehn, daß die Intensität der Verliebtheit mit ihrer Individualisirung wächst, indem wir nachwiesen, wie die körperliche Beschaffenheit zweier Individuen eine solche seyn kann, daß, zum Behuf möglichster Herstellung des Typus der Gattung, das eine die ganz specielle und vollkommene Ergänzung des andern ist, welches daher seiner ausschließlich begehrt. In diesem Fall tritt schon eine bedeutende Leidenschaft ein, welche eben dadurch, daß sie auf einen einzigen Gegenstand und nur auf diesen gerichtet ist, also gleichsam im s p e c i e l l e n Auftrag der Gattung auftritt, sogleich einen edleren und erhabeneren Anstrich gewinnt. Aus dem entgegengesetzten Grunde ist der bloße Geschlechtstrieb, weil er, ohne Individualisirung, auf Alle gerichtet ist und die Gattung bloß der Quantität nach, mit wenig Rücksicht auf die Qualität, zu erhalten strebt, gemein. Nun aber kann die Individualisirung, und mit ihr die Intensität der Verliebtheit, einen so hohen Grad erreichen, daß, ohne ihre Befriedigung, alle Güter der Welt, ja, das Leben selbst seinen Werth verliert. Sie ist alsdann ein Wunsch, welcher zu einer Heftigkeit anwächst, wie durchaus kein anderer, daher zu jedem Opfer bereit macht und, im Fall die Erfüllung unabänderlich versagt bleibt, zum Wahnsinn, oder zum Selbstmord führen kann. Die einer solchen überschwänglichen Leidenschaft zum Grunde liegenden unbewußten Rücksichten müssen, außer den oben nachgewiesenen, noch andere seyn, welche wir nicht so vor Augen haben. Wir müssen daher annehmen, daß hier nicht nur die Korporisation, sondern auch der W i l l e des Mannes und der I n t e l l e k t des Weibes eine specielle Angemessenheit zu einander haben, in Folge welcher von ihnen allein ein ganz bestimmtes Individuum erzeugt werden kann, dessen Existenz der Genius der Gattung hier beabsichtigt, aus Gründen, die, als im Wesen des Dinges an sich liegend, uns unzugänglich sind. Oder, eigentlich zu reden: der Wille zum Leben verlangt hier, sich in einem genau bestimmten Individuo zu objektiviren, welches nur von diesem Vater mit dieser Mutter gezeugt werden kann. Dieses metaphysische Begehr des Willens an sich hat zunächst keine andere Wirkungssphäre in der Reihe der Wesen, als die Herzen der künftigen Eltern, welche demnach von diesem Drange ergriffen werden und nun ihrer selbst wegen zu wünschen wähnen, was bloß einen für jetzt noch rein metaphysischen, d. h. außerhalb der Reihe wirklich vorhandener Dinge liegenden Zweck hat. Also der aus der Urquelle aller Wesen hervorgehende Drang des künftigen, hier erst möglich gewordenen Individuums, ins Daseyn zu treten, ist es, was sich in der Erscheinung darstellt als die hohe, Alles außer sich gering achtende Leidenschaft der künftigen Eltern für einander, in der That als ein Wahn ohne Gleichen, vermöge dessen ein solcher Verliebter alle Güter der Welt hingeben würde, für den Beischlaf mit diesem Weibe, – der ihm doch in Wahrheit nicht mehr leistet, als jeder andere. Daß es dennoch bloß hierauf abgesehn sei, geht daraus hervor, daß auch diese hohe Leidenschaft, so gut wie jede andere, im Genuß erlischt, – zur großen Verwunderung der Theilnehmer. Sie erlischt auch dann, wann, durch etwanige Unfruchtbarkeit des Weibes (welche, nach Hufeland, aus 19 zufälligen Konstitutionsfehlern entspringen kann), der eigentliche metaphysische Zweck vereitelt wird; eben so, wie er es täglich wird in Millionen zertretener Keime, in denen doch auch das selbe metaphysische Lebensprincip zum Daseyn strebt; wobei kein anderer Trost ist, als daß dem Willen zum Leben eine Unendlichkeit von Raum, Zeit, Materie und folglich unerschöpfliche Gelegenheit zur Wiederkehr offen steht.

Dem Theophrastus Paracelsus, der dieses Thema nicht behandelt hat und dem mein ganzer Gedankengang fremd ist, muß doch ein Mal die hier dargelegte Einsicht, wenn auch nur flüchtig, vorgeschwebt haben, indem er, in ganz anderm Kontext und in seiner desultorischen Manier, folgende merkwürdige Aeußerung hinschrieb: *Hi sunt, quos Deus copulavit, ut eam, quae fuit Uriae et David; quamvis ex diametro (sic enim sibi humana mens persuadebat) cum justo et legitimo matrimonio pugnaret hoc. --- sed propter Salomonem, q u i a l i u n d e n a s c i n o n p o t u i t , nisi ex Bathsebea, conjuncto David semine, quamvis meretrice, conjunxit eos Deus* [Diese sind es, die Gott verbunden hat, wie z. B. die Frau, welche dem Urias angehörte, und den David; obwohl dieses Verhältnis (so wenigstens glaubte der menschliche Geist überzeugt zu sein) diametral einer gerechten und gesetzmäßigen Ehe widerstritt. – Aber um des Salomo willen, d e r v o n a n d e r e n n i c h t g e b o r e n w e r d e n k o n n t e , als von der Bathseba und dem Samen Davids, obgleich im Ehebruch, hat sie doch Gott verbunden] *(De vita longa, I, 5).*

Die Sehnsucht der Liebe, der ἵμερος, welchen in zahllosen Wendungen auszudrücken die Dichter aller Zeiten unablässig beschäftigt sind und den Gegenstand nicht erschöpfen, ja, ihm nicht genug thun können, diese Sehnsucht, welche an den Besitz eines bestimmten Weibes die Vorstellung einer unendlichen Säligkeit knüpft und einen unaussprechlichen Schmerz an den Gedanken, daß er nicht zu erlangen sei, – diese Sehnsucht und dieser Schmerz der Liebe können nicht ihren Stoff entnehmen aus den Bedürfnissen eines ephemeren Individuums; sondern sie sind der Seufzer des Geistes der Gattung, welcher hier ein unersetzliches Mittel zu seinen Zwecken zu gewinnen, oder zu verlieren sieht und daher tief aufstöhnt. Die Gattung allein hat unendliches Leben und ist daher unendlicher Wünsche, unendlicher Befriedigung und unendlicher Schmerzen fähig. Diese aber sind hier in der engen Brust eines Sterblichen eingekerkert: kein Wunder daher, wenn eine solche bersten zu wollen scheint und keinen Ausdruck finden kann für die sie erfüllende Ahndung unendlicher Wonne oder unendlichen Wehes. Dies also giebt den Stoff zu aller erotischen Poesie erhabener Gattung, die sich demgemäß in transscendente, alles Irdische überfliegende Metaphern versteigt. Dies ist das Thema des P e t r a r k a , der Stoff zu den St. Preuxs, Werthern und Jacopo Ortis, die außerdem nicht zu verstehn, noch zu erklären seyn würden. Denn auf etwanigen geistigen, überhaupt auf objektiven, realen Vorzügen der Geliebten kann jene unendliche Werthschätzung derselben nicht beruhen; schon weil sie dazu dem Liebenden oft nicht genau genug bekannt ist; wie dies Petrarka's Fall war. Der Geist der Gattung allein vermag mit Einem Blicke zu sehn, welchen Werth sie für ihn, zu seinen Zwecken hat. Auch entstehn die großen Leidenschaften in der Regel beim ersten Anblick:

> *Who ever lov'd, that lov'd not at first sight?**
> Shakespeare, *As you like it, III, 5.*

Merkwürdig ist in dieser Hinsicht eine Stelle in dem seit 250 Jahren berühmten Roman *Guzman de Alfarache*, von Mateo Aleman: *No es necesario, para que uno ame, que pase distancia de tiempo, que siga discurso, ni haga eleccion, sino que con aquella primera y sola vista, concurran juntamente cierta correspondencia ó consonancia, ó lo que acá solemos vulgarmente decir, una confrontacion de sangre, à que por particular influxo suelen mover las estrellas.* (Damit Einer liebe, ist es nicht nöthig, daß viel Zeit verstreiche, daß er Ueberlegung anstelle und eine Wahl treffe; sondern nur, daß bei jenem ersten und alleinigen Anblick eine gewisse Angemessenheit und Uebereinstimmung gegenseitig zusammentreffe, oder Das, was wir hier im gemeinen Leben eine Sympathie des Blutes zu nennen pflegen, und wozu ein besonderer Einfluß der Gestirne anzutreiben pflegt.) *P. II, L. III, c. 5.* Demgemäß ist auch der Verlust der Geliebten, durch einen Nebenbuhler, oder durch den Tod, für den leidenschaftlich Liebenden ein Schmerz, der jeden andern übersteigt; eben weil er transscendenter Art ist, indem er ihn nicht bloß als Individuum trifft, sondern ihn in seiner *essentia aeterna* [ewigen Wesenheit], im Leben der Gattung angreift, in deren speciellem Willen und Auftrage er hier berufen war. Daher ist Eifersucht so quaalvoll und so grimmig, und ist die Abtretung der Geliebten das größte aller Opfer. – Ein Held schämt sich aller Klagen, nur nicht der Liebesklagen; weil in diesen nicht er, sondern die Gattung winselt. – In der »großen Zenobia« des Calderon ist im zweiten Akt eine Scene zwischen der Zenobia und dem Decius, wo dieser sagt:

> *Cielos, luego tu me quieres?*
> *Perdiera cien mil victorias,*
> *Volviérame, etc.***

* Wer liebte je, der nicht beim ersten Anblick liebte?

** Himmel! also Du liebst mich?! Dafür würde ich hunderttausend Siege aufgeben, würde umkehren, u. s. w.

Hier wird die Ehre, welche bisher jedes Interesse überwog, aus dem Felde geschlagen, sobald die Geschlechtsliebe, d. i. das Interesse der Gattung, ins Spiel kommt und einen entschiedenen Vortheil vor sich sieht: denn dieses ist gegen jedes, auch noch so wichtige Interesse bloßer Individuen unendlich überwiegend. Ihm allein weichen daher Ehre, Pflicht und Treue, nachdem sie jeder andern Versuchung, selbst der Drohung des Todes, widerstanden haben. – Eben so finden wir im Privatleben, daß in keinem Punkte Gewissenhaftigkeit so selten ist, wie in diesem: sie wird hier bisweilen sogar von sonst redlichen und gerechten Leuten bei Seite gesetzt, und der Ehebruch rücksichtslos begangen, wann die leidenschaftliche Liebe, d. h. das Interesse der Gattung, sich ihrer bemächtigt hat. Es scheint sogar, als ob sie dabei einer höheren Berechtigung sich bewußt zu seyn glaubten, als die Interessen der Individuen je verleihen können; eben weil sie im Interesse der Gattung handeln. Merkwürdig ist in dieser Hinsicht Chamfort's Aeußerung: *Quand un homme et une femme ont l'un pour l'autre une passion violente, il me semble toujours que, quelque[s] soient les obstacles qui les séparent, un mari, des parens etc., les deux amans sont l'un à l'autre, de par la Nature, qu'ils s'appartiennent de droit divin, malgré les lois et les conventions humaines.* [Wenn ein Mann und ein Weib für einander heftige Leidenschaft haben, so kommt es mir immer vor, als ob die beiden Liebenden, welche Hindernisse auch immer sie trennen mögen, ein Gatte, Eltern u. s. w., durch die Natur und nach göttlichem Rechte einander angehören, was auch immer Gesetze und Menschensatzungen dazu sagen mögen: *Maximes, chap. VI.*]. Wer sich hierüber ereifern wollte, wäre auf die auffallende Nachsicht zu verweisen, welche der Heiland im Evangelio der Ehebrecherin widerfahren läßt, indem er zugleich die selbe Schuld bei allen Anwesenden voraussetzt. – Der größte Theil des Dekameron erscheint, von diesem Gesichtspunkt aus, als bloßer Spott und Hohn des Genius der Gattung über die von ihm mit Füßen getretenen Rechte und Interessen der Individuen. – Mit gleicher Leichtigkeit werden Standesunterschiede und alle ähnlichen Verhältnisse, wann sie der Verbindung leidenschaftlich Liebender entgegenstehn, beseitigt und für nichtig erklärt vom Genius der Gattung, der seine, endlosen Generationen angehörenden Zwecke verfolgend solche Menschensatzungen und

Bedenken wie Spreu wegbläst. Aus dem selben tief liegenden Grunde wird, wo es die Zwecke verliebter Leidenschaft gilt, jede Gefahr willig übernommen und selbst der sonst Zaghafte wird hier muthig. – Auch im Schauspiele und im Roman sehn wir, mit freudigem Antheil, die jungen Leute, welche ihre Liebeshändel, d. i. das Interesse der Gattung, verfechten, den Sieg davontragen über die Alten, welche nur auf das Wohl der Individuen bedacht sind. Denn das Streben der Liebenden scheint uns um so viel wichtiger, erhabener und deshalb gerechter, als jedes ihm etwan entgegenstehende, wie die Gattung bedeutender ist, als das Individuum. Demgemäß ist das Grundthema fast aller Komödien das Auftreten des Genius der Gattung mit seinen Zwecken, welche dem persönlichen Interesse der dargestellten Individuen zuwiderlaufen und daher das Glück derselben zu untergraben drohen. In der Regel setzt er es durch, welches, als der poetischen Gerechtigkeit gemäß, den Zuschauer befriedigt; weil dieser fühlt, daß die Zwecke der Gattung denen der Individuen weit vorgehn. Daher verläßt er, am Schluß, die sieggekrönten Liebenden ganz getrost, indem er mit ihnen den Wahn theilt, sie hätten ihr eigenes Glück gegründet, welches sie vielmehr dem Wohl der Gattung zum Opfer gebracht haben, dem Willen der vorsorglichen Alten entgegen. In einzelnen, abnormen Lustspielen hat man versucht, die Sache umzukehren und das Glück der Individuen, auf Kosten der Zwecke der Gattung, durchzusetzen: allein da empfindet der Zuschauer den Schmerz, den der Genius der Gattung erleidet, und wird durch die dadurch gesicherten Vortheile der Individuen nicht getröstet. Als Beispiele dieser Art fallen mir ein Paar sehr bekannte kleine Stücke bei: *La reine de 16 ans,* und *Le mariage de raison.* In Trauerspielen mit Liebeshändeln gehn meistens, indem die Zwecke der Gattung vereitelt werden, die Liebenden, welche deren Werkzeug waren, zugleich unter: z. B. in Romeo und Julia, Tankred, Don Karlos, Wallenstein, Braut von Messina u. a. m.

Das Verliebtseyn eines Menschen liefert oft komische, mitunter auch tragische Phänomene; Beides, weil er, vom Geiste der Gattung in Besitz genommen, jetzt von diesem beherrscht wird und nicht mehr sich selber angehört: dadurch wird sein Handeln dem Individuo unangemessen. Was, bei den höhern Graden des Verliebtseyns, seinen Gedanken einen so poetischen und erhabenen Anstrich, sogar eine transscendente und hyperphysische [übernatürliche] Richtung giebt, vermöge welcher er seinen eigentlichen, sehr physischen Zweck ganz aus den Augen zu verlieren scheint, ist im Grunde Dieses, daß er jetzt vom Geiste der Gattung, dessen Angelegenheiten unendlich wichtiger, als alle, bloße Individuen betreffenden sind, beseelt ist, um, in dessen speciellem Auftrag, die ganze Existenz einer indefinit langen Nachkommenschaft, von d i e s e r individuell und genau bestimmten Beschaffenheit, welche sie ganz allein von i h m als Vater und seiner Geliebten als Mutter erhalten kann, zu begründen, und die außerdem, als eine s o l c h e, nie zum Daseyn gelangt, während die Objektivation des Willens zum Leben dieses Daseyn ausdrücklich erfordert. Das Gefühl, in Angelegenheiten von so transscendenter Wichtigkeit zu handeln, ist es, was den Verliebten so hoch über alles Irdische, ja über sich selbst emporhebt und seinen sehr physischen Wünschen eine so hyperphysische Einkleidung giebt, daß die Liebe eine poetische Episode sogar im Leben des prosaischesten Menschen wird; in welchem letzteren Fall die Sache bisweilen einen komischen Anstrich gewinnt. – Jener Auftrag des in der Gattung sich objektivirenden Willens stellt, im Bewußtseyn des Verliebten, sich dar unter der Maske der Anticipation einer unendlichen Säligkeit, welche für ihn in der Vereinigung mit diesem weiblichen Individuo zu finden wäre. In den höchsten Graden der Verliebtheit wird nun diese Chimäre so strahlend, daß, wenn sie nicht erlangt werden kann, das Leben selbst allen Reiz verliert und nunmehr so freudenleer, schaal und ungenießbar erscheint, daß der Ekel davor sogar die Schrecken des Todes überwindet; daher es dann bisweilen freiwillig abgekürzt wird. Der Wille eines solchen Menschen ist in den Strudel des Willens der Gattung gerathen, oder dieser hat so sehr das Uebergewicht über den individuellen Willen erhalten, daß, wenn solcher in ersterer Eigenschaft nicht wirksam seyn kann, er verschmäht, es in letzterer zu seyn. Das Individuum ist hier ein zu schwaches Gefäß, als daß es die, auf ein bestimmtes Objekt koncentrirte, unendliche Sehnsucht des Willens der Gattung ertragen könnte. In diesem Fall ist daher der Ausgang Selbstmord, bisweilen doppelter Selbstmord beider Liebenden; es sei denn, daß die Natur, zur Rettung des Lebens, Wahnsinn eintreten ließe, welcher dann mit seinem Schleier das Bewußtseyn jenes hoffnungslosen Zustandes umhüllt. – Kein Jahr geht hin, ohne durch mehrere Fälle aller dieser Arten die Realität des Dargestellten zu belegen.

Aber nicht allein hat die unbefriedigte verliebte Leidenschaft bisweilen einen tragischen Ausgang, sondern auch die befriedigte führt öfter zum Unglück, als zum Glück. Denn ihre Anforderungen kollidiren oft so sehr mit der persönlichen Wohlfahrt des Betheiligten, daß sie solche untergraben, indem sie mit seinen übrigen Verhältnissen unvereinbar sind und den darauf gebauten Lebensplan zerstören. Ja, nicht allein mit den äußern Verhältnissen ist die Liebe oft im Widerspruch, sondern sogar mit der eigenen Individualität, indem sie sich auf Personen wirft, welche, abgesehn vom Geschlechtsverhältniß, dem Liebenden verhaßt, verächtlich, ja zum Abscheu seyn würden. Aber so sehr viel mächtiger ist der Wille der Gattung als der des Individuums, daß der Liebende über alle jene ihm widerlichen Eigenschaften die Augen schließt, Alles übersieht, Alles verkennt und sich mit dem Gegenstande seiner Leidenschaft auf immer verbindet: so gänzlich verblendet ihn jener Wahn, welcher, sobald der Wille der Gattung erfüllt ist, verschwindet und eine verhaßte Lebensgefährtin übrig läßt. Nur hieraus ist es erklärlich, daß wir oft sehr vernünftige, ja ausgezeichnete Männer mit Drachen und Eheteufeln verbunden sehn, und nicht begreifen, wie sie eine solche Wahl haben treffen können. Dieserhalb stellten die Alten den Amor blind dar. Ja, ein Verliebter kann sogar die unerträglichen Temperaments- und Charakterfehler seiner Braut, welche ihm ein gequältes Leben verheißen, deutlich erkennen und bitter empfinden, und doch nicht abgeschreckt werden:

I ask not, I care not,
If guilt's in thy heart;
I know that I love thee,
*Whatever thou art**.

Denn im Grunde sucht er nicht s e i n e Sache, sondern die eines Dritten, der erst entstehn soll; wiewohl ihn der Wahn umfängt, als wäre was er sucht seine Sache. Aber gerade dieses Nicht-s e i n e -Sache-suchen, welches überall der Stämpel der Größe

* Ich frag' nicht, ich sorg' nicht,
Ob Schuld in dir ist:
Ich lieb' dich, das weiß ich,
Was immer du bist.
[Thomas Moore, *Irish Melodies*;
›Come, rest in this bosom‹, nicht wörtlich.]

ist, giebt auch der leidenschaftlichen Liebe den Anstrich des Erhabenen und macht sie zum würdigen Gegenstande der Dichtung. – Endlich verträgt sich die Geschlechtsliebe sogar mit dem äußersten Haß gegen ihren Gegenstand; daher schon Plato sie der Liebe der Wölfe zu den Schaafen verglichen hat [*Phaidros* 241 D]. Dieser Fall tritt nämlich ein, wann ein leidenschaftlich Liebender, trotz allem Bemühen und Flehen, unter keiner Bedingung Erhörung finden kann:

> *I love and hate her*.*
>
> Shakespeare, *Cymb., III, 5.*

Der Haß gegen die Geliebte, welcher sich dann entzündet, geht bisweilen so weit, daß er sie ermordet und darauf sich selbst. Ein Paar Beispiele dieser Art pflegen sich jährlich zu ereignen: man wird sie in den Englischen und Französischen Zeitungen finden. Ganz richtig ist daher der Goethe'sche Vers:

> Bei aller verschmähten Liebe! beim höllischen Elemente!
> Ich wollt', ich wüßt' was ärger's, daß ich's fluchen könnte!
>
> [*Faust I*, 2805.]

Es ist wirklich keine Hyperbel [Übertreibung], wenn ein Liebender die Kälte der Geliebten und die Freude ihrer Eitelkeit, die sich an seinem Leiden weidet, als Grausamkeit bezeichnet. Denn er steht unter dem Einfluß eines Triebes, der, dem Instinkt der Insekten verwandt, ihn zwingt, allen Gründen der Vernunft zum Trotz, seinen Zweck unbedingt zu verfolgen, und alles Andere hintanzusetzen: er kann nicht davon lassen. Nicht Einen, sondern schon manchen Petrarka hat es gegeben, der unerfüllten Liebesdrang, wie eine Fessel, wie einen Eisenblock am Fuß, sein Leben hindurch schleppen mußte und in einsamen Wäldern seine Seufzer aushauchte: aber nur dem einen Petrarka wohnte zugleich die Dichtergabe ein; so daß von ihm Goethes schöner Vers gilt:

---

* Ich liebe und hasse sie.

Und wenn der Mensch in seiner Quaal verstummt,
Gab mir ein Gott, zu sagen, wie ich leide.
[*Tasso*, V, 5.]

In der That führt der Genius der Gattung durchgängig Krieg mit den schützenden Genien der Individuen, ist ihr Verfolger und Feind, stets bereit das persönliche Glück schonungslos zu zerstören, um seine Zwecke durchzusetzen; ja, das Wohl ganzer Nationen ist bisweilen das Opfer seiner Launen geworden: ein Beispiel dieser Art führt uns Shakespeare vor in Heinrich VI., Th. 3, A. 3, Sc. 2 und 3. Dies Alles beruht darauf, daß die Gattung, als in welcher die Wurzel unsers Wesens liegt, ein näheres und früheres Recht auf uns hat, als das Individuum; daher ihre Angelegenheiten vorgehn. Im Gefühl hievon haben die Alten den Genius der Gattung im Kupido personificirt, einem, seines kindischen Aussehns ungeachtet, feindsäligen, grausamen und daher verschrienen Gott, einem kapriziosen, despotischen Dämon, aber dennoch Herrn der Götter und Menschen:

συ δ'ω θεων τυραννε κ'ανθρωπων, Ερως!
(Tu, deorum hominumque tyranne, Amor!)
[Der du, Eros, tyrannisch Gott und Menschen beherrschst!
Euripides, *Andromeda.*]

Mörderisches Geschoß, Blindheit und Flügel sind seine Attribute. Die letzteren deuten auf den Unbestand: dieser tritt, in der Regel, erst mit der Enttäuschung ein, welche die Folge der Befriedigung ist.

Weil nämlich die Leidenschaft auf einem Wahn beruhte, der Das, was nur für die Gattung Werth hat, vorspiegelte als für das Individuum werthvoll, muß, nach erlangtem Zwecke der Gattung, die Täuschung verschwinden. Der Geist der Gattung, welcher das Individuum in Besitz genommen hatte, läßt es wieder frei. Von ihm verlassen fällt es zurück in seine ursprüngliche Beschränkung und Armuth, und sieht mit Verwunderung, daß nach so hohem, heroischen und unendlichen Streben, für seinen Genuß nichts abgefallen ist, als was jede Geschlechtsbefriedigung leistet: es findet sich, wider Erwarten, nicht glücklicher als zuvor. Es merkt, daß es der Betrogene des Willens der Gattung gewesen ist. Daher wird, in der Regel, ein beglückter Theseus seine

Ariadne verlassen. Wäre Petrarka's Leidenschaft befriedigt worden; so wäre, von Dem an, sein Gesang verstummt, wie der des Vogels, sobald die Eier gelegt sind.

Hier sei es beiläufig bemerkt, daß, so sehr auch meine Metaphysik der Liebe gerade den in dieser Leidenschaft Verstrickten mißfallen wird, dennoch, wenn gegen dieselbe Vernunftbetrachtungen überhaupt etwas vermöchten, die von mir aufgedeckte Grundwahrheit, vor allem Andern, zur Ueberwältigung derselben befähigen müßte. Allein es wird wohl beim Ausspruch des alten Komikers bleiben: *Quae res in se neque consilium, neque modum habet ullum, eam consilio regere non potes.* [Was in sich weder Vernunft noch Maß besitzt, das kannst du nicht mit Vernunft lenken: Terenz, *Eunuchus*, v. 57–58.]

Ehen aus Liebe werden im Interesse der Gattung, nicht der Individuen, geschlossen. Zwar wähnen die Betheiligten ihr eigenes Glück zu fördern: allein ihr wirklicher Zweck ist ein ihnen selbst fremder, indem er in der Hervorbringung eines nur durch sie möglichen Individuums liegt. Durch diesen Zweck zusammengeführt sollen sie fortan suchen, so gut als möglich mit einander auszukommen. Aber sehr oft wird das durch jenen instinktiven Wahn, welcher das Wesen der leidenschaftlichen Liebe ist, zusammengebrachte Paar im Uebrigen von der heterogensten Beschaffenheit seyn. Dies kommt an den Tag, wann der Wahn, wie er nothwendig muß, verschwindet. Demgemäß fallen die aus Liebe geschlossenen Ehen in der Regel unglücklich aus: denn durch sie wird für die kommende Generation auf Kosten der gegenwärtigen gesorgt. *Quien se casa por amores, ha de vivir con dolores* (Wer aus Liebe heirathet, hat unter Schmerzen zu leben) sagt das Spanische Sprichwort. – Umgekehrt verhält es sich mit den aus Konvenienz meistens nach Wahl der Eltern, geschlossenen Ehen. Die hier waltenden Rücksichten, welcher Art sie auch seyn mögen, sind wenigstens reale, die nicht von selbst verschwinden können. Durch sie wird für das Glück der Vorhandenen, aber freilich zum Nachtheil der Kommenden, gesorgt; und jenes bleibt doch problematisch. Der Mann, welcher, bei seiner Verheirathung, auf Geld, statt auf Befriedigung seiner Neigung sieht, lebt mehr im Individuo, als in der Gattung; welches der Wahrheit gerade entgegengesetzt ist, daher es sich als naturwidrig darstellt und eine gewisse Verachtung erregt. Ein Mädchen, welches, dem Rath seiner Eltern entgegen, den Antrag eines reichen und nicht alten Mannes ausschlägt, um, mit Hintansetzung aller Konvenienzrücksichten, allein nach seinem instinktiven Hange zu wählen, bringt sein individuelles Wohl dem der Gattung zum Opfer. Aber eben deswegen kann man ihm einen gewissen Beifall nicht versagen: denn es hat das Wichtigere vorgezogen und im Sinne der Natur (näher, der Gattung) gehandelt; während die Eltern im Sinne des individuellen Egoismus riethen. – Dem Allen zufolge gewinnt es den Anschein, als müßte, bei Abschließung einer Ehe, entweder das Individuum oder das Interesse der Gattung zu kurz kommen. Meistens steht es auch so: denn daß Konvenienz und leidenschaftliche Liebe Hand in Hand giengen, ist der seltenste Glücksfall. Die physisch, moralisch, oder intellektuell elende Beschaffenheit der meisten Menschen mag zum Theil ihren Grund darin haben, daß die Ehen gewöhnlich nicht aus reiner Wahl und Neigung, sondern aus allerlei äußern Rücksichten und nach zufälligen Umständen geschlossen werden. Wird jedoch neben der Konvenienz auch die Neigung in gewissem Grade berücksichtigt; so ist dies gleichsam eine Abfindung mit dem Genius der Gattung. Glückliche Ehen sind bekanntlich selten; eben weil es im Wesen der Ehe liegt, daß ihr Hauptzweck nicht die gegenwärtige, sondern die kommende Generation ist. Indessen sei zum Troste zarter und liebender Gemüther noch hinzugefügt, daß bisweilen der leidenschaftlichen Geschlechtsliebe sich ein Gefühl ganz andern Ursprungs zugesellt, nämlich wirkliche, auf Uebereinstimmung der Gesinnung gegründete Freundschaft, welche jedoch meistens erst dann hervortritt, wann die eigentliche Geschlechtsliebe in der Befriedigung erloschen ist. Jene wird alsdann meistens daraus entspringen, daß die einander ergänzenden und entsprechenden physischen, moralischen und intellektuellen Eigenschaften beider Individuen, aus welchen, in Rücksicht auf das zu Erzeugende, die Geschlechtsliebe entstand, eben auch in Beziehung auf die Individuen selbst, als entgegengesetzte Temperamentseigenschaften und geistige Vorzüge sich zu einander ergänzend verhalten und dadurch eine Harmonie der Gemüther begründen. –

Die ganze hier abgehandelte Metaphysik der Liebe steht mit meiner Metaphysik überhaupt in genauer Verbindung, und das Licht, welches sie auf diese zurückwirft, läßt sich in Folgendem resumiren.

Es hat sich ergeben, daß die sorgfältige und durch unzählige Stufen bis zur leidenschaftlichen Liebe steigende Auswahl bei der Befriedigung des Geschlechtstriebes auf dem höchst ernsten Antheil beruht, welchen der Mensch an der speciellen persönlichen Beschaffenheit des kommenden Geschlechts nimmt. Dieser überaus merkwürdige Antheil nun bestätigt zwei in den vorhergegangenen Kapiteln dargethane Wahrheiten: 1) Die Unzerstörbarkeit des Wesens an sich des Menschen, als welches in jenem kommenden Geschlechte fortlebt. Denn jener so lebhafte und eifrige, nicht aus Reflexion und Vorsatz, sondern aus dem innersten Zuge und Triebe unsers Wesens entspringende Antheil könnte nicht so unvertilgbar vorhanden seyn und so große Macht über den Menschen ausüben, wenn dieser absolut vergänglich wäre und ein von ihm wirklich und durchaus verschiedenes Geschlecht bloß der Zeit nach auf ihn folgte. 2) Daß sein Wesen an sich mehr in der Gattung als im Individuo liegt. Denn jenes Interesse an der speciellen Beschaffenheit der Gattung, welches die Wurzel aller Liebeshändel, von der flüchtigsten Neigung bis zur ernstlichsten Leidenschaft, ausmacht, ist Jedem eigentlich die höchste Angelegenheit, nämlich die, deren Gelingen oder Mißlingen ihn am empfindlichsten berührt; daher sie vorzugsweise die Herzensangelegenheit genannt wird: auch wird diesem Interesse, wann es sich stark und entschieden ausgesprochen hat, jedes bloß die eigene Person betreffende nachgesetzt und nöthigenfalls aufgeopfert. Dadurch also bezeugt der Mensch, daß ihm die Gattung näher liegt, als das Individuum, und er unmittelbarer in Jener, als in Diesem lebt. – Warum demnach hängt der Verliebte, mit gänzlicher Hingebung, an den Augen seiner Auserkorenen und ist bereit, ihr jedes Opfer zu bringen? – Weil sein unsterblicher Theil es ist, der nach ihr verlangt; nach allem Sonstigen immer nur der sterbliche. – Jenes lebhafte, oder gar inbrünstige, auf ein bestimmtes Weib gerichtete Verlangen ist sonach ein unmittelbares Unterpfand der Unzerstörbarkeit des Kerns unsers Wesens und seines Fortbestandes in der Gattung. Diesen Fortbestand nun aber für etwas Geringfügiges und Ungenügendes zu halten, ist ein Irrthum, der daraus entspringt, daß man unter dem Fortleben der Gattung sich nichts weiter denkt, als das künftige Daseyn uns ähnlicher, jedoch in keinem Betracht mit uns identischer Wesen, und dies wieder, weil man, von der nach außen gerichteten Erkenntniß ausgehend, nur die äußere Gestalt der Gattung, wie wir diese anschaulich auffassen, und nicht ihr inneres Wesen in Betracht zieht. Dieses innere Wesen aber gerade ist es, was unserm eigenen Bewußtseyn, als dessen Kern, zum Grunde liegt, daher sogar unmittelbarer, als dieses selbst ist und, als Ding an sich, frei vom *principio individuationis*, eigentlich das Selbe und Identische ist in allen Individuen, sie mögen neben, oder nach einander daseyn. Dieses nun ist der Wille zum Leben, also gerade Das, was Leben und Fortdauer so dringend verlangt. Dies eben bleibt demnach vom Tode verschont und unangefochten. Aber auch: es kann es zu keinem bessern Zustande bringen, als sein gegenwärtiger ist: mithin ist ihm, mit dem Leben, das beständige Leiden und Sterben der Individuen gewiß. Von diesem es zu befreien, ist der Verneinung des Willens zum Leben vorbehalten, als durch welche der individuelle Wille sich vom Stamm der Gattung losreißt und jenes Daseyn in derselben aufgiebt. Für Das, was er sodann ist, fehlt es uns an Begriffen, ja, an allen Datis zu solchen. Wir können es nur bezeichnen als Dasjenige, welches die Freiheit hat, Wille zum Leben zu seyn, oder nicht. Für den letztern Fall bezeichnet der Buddhaismus es mit dem Worte Nirwana, dessen Etymologie in der Anmerkung zum Schlusse des 41. Kapitels gegeben worden. Es ist der Punkt, welcher aller menschlichen Erkenntniß, eben als solcher, auf immer unzugänglich bleibt. –

Wenn wir nun, vom Standpunkte dieser letzten Betrachtung aus, in das Gewühl des Lebens hineinschauen, erblicken wir Alle mit der Noth und Plage desselben beschäftigt, alle Kräfte anstrengend, die endlosen Bedürfnisse zu befriedigen und das vielgestaltete Leiden abzuwehren, ohne jedoch etwas Anderes dafür hoffen zu dürfen, als eben die Erhaltung dieses geplagten, individuellen Daseyns, eine kurze Spanne Zeit hindurch. Dazwischen aber, mitten in dem Getümmel, sehn wir die Blicke zweier Liebenden sich sehnsüchtig begegnen: – jedoch warum so heimlich, furchtsam und verstohlen? – Weil diese Liebenden die Verräther sind, welche heimlich danach trachten, die ganze Noth und Plackerei zu perpetuiren, die sonst ein baldiges Ende erreichen würde, welches sie vereiteln wollen, wie ihres Gleichen es früher vereitelt haben. – Diese Betrachtung greift nun schon in das folgende Kapitel hinüber.

Anhang zum vorstehenden Kapitel.

Οὕτως ἀναιδῶς ἐξεκίνησας τόδε
τὸ ῥῆμα· καὶ ποῦ τοῦτο φεύξεσθαι δοκεῖς;
Πεφευγα· τ'ἀληθὲς γὰρ ἰσχυρον τρέφω.

»So schamlos hast du auszusprechen dich erkühnt
Ein solches Wort und glaubst der Strafe zu entgehn?«
– »Entgangen bin ich; denn die Wahrheit zeugt für mich.«
Soph[okles, Oedipus rex, 354]

Auf Seite 618 [hier 642] habe ich der Päderastie beiläufig erwähnt und sie als einen irre geleiteten Instinkt bezeichnet. Dies schien mir, als ich die zweite Auflage bearbeitete, genügend. Seitdem hat weiteres Nachdenken über diese Verirrung mich in derselben ein merkwürdiges Problem, jedoch auch dessen Lösung entdecken lassen. Diese setzt das vorstehende Kapitel voraus, wirft aber auch wieder Licht auf dasselbe zurück, gehört also zur Vervollständigung, wie zum Beleg der dort dargelegten Grundansicht.

An sich selbst betrachtet nämlich stellt die Päderastie sich dar als eine nicht bloß widernatürliche, sondern auch im höchsten Grade widerwärtige und Abscheu erregende Monstrosität, eine Handlung, auf welche allein eine völlig perverse, verschrobene und entartete Menschennatur irgend ein Mal hätte gerathen können, und die sich höchstens in ganz vereinzelten Fällen wiederholt hätte. Wenden wir nun aber uns an die Erfahrung; so finden wir das Gegentheil hievon: wir sehn nämlich dieses Laster, trotz seiner Abscheulichkeit, zu allen Zeiten und in allen Ländern der Welt, völlig im Schwange und in häufiger Ausübung. Allbekannt ist, daß dasselbe bei Griechen und Römern allgemein verbreitet war, und ohne Scheu und Schaam öffentlich eingestanden und getrieben wurde. Hievon zeugen alle alten Schriftsteller, mehr als zur Genüge. Zumal sind die Dichter sammt und sonders voll davon: nicht ein Mal der keusche Virgil ist auszunehmen *(Ecl. 2)*. Sogar den Dichtern der Urzeit, dem Orpheus (den deshalb die Mänaden zerrissen) und dem Thamyris, ja, den Göttern selbst, wird es angedichtet. Ebenfalls reden die Philosophen viel mehr von dieser, als von der Weiberliebe: besonders scheint Plato fast keine andere zu kennen, und eben so die Stoiker, welche sie als des Weisen würdig erwähnen *(Stob.*

ecl. eth., L. II, c. 7). Sogar dem Sokrates rühmt Plato, im Symposion, es als eine beispiellose Heldenthat nach, daß er den, sich ihm dazu anbietenden Alkibiades verschmäht habe. In Xenophons Memorabilien spricht Sokrates von der Päderastie als einer untadelhaften, sogar lobenswerthen Sache. *(Stob. Flor., Vol. 1, p. 57.)* Eben so in den Memorabilien *(Lib. I, cap. 3, § 8)*, woselbst Sokrates vor den Gefahren der Liebe warnt, spricht er so ausschließlich von der Knabenliebe, daß man denken sollte, es gäbe gar keine Weiber. Auch Aristoteles *(Pol. II, 9)* spricht von der Päderastie als etwas Gewöhnlichem, ohne sie zu tadeln, führt an, daß sie bei den Kelten in öffentlichen Ehren gestanden habe, und bei den Kretern die Gesetze sie begünstigt hätten, als Mittel gegen Uebervölkerung, erzählt *(c. 10)* die Männerliebschaft des Gesetzgebers Philolaos u. s. w. Cicero sagt sogar: *Apud Graecos opprobrio fuit adolescentibus, si amatores non haberent.* [Bei den Griechen galt es für die Jünglinge als schimpflich, keine Liebhaber zu haben: *De republica*, IV, 3, 3.] Für gelehrte Leser bedarf es hier überhaupt keiner Belege: sie erinnern sich deren zu Hunderten: denn bei den Alten ist Alles voll davon. Aber selbst bei den roheren Völkern, namentlich bei den Galliern, war das Laster sehr im Schwange. Wenden wir uns nach Asien, so sehn wir alle Länder dieses Welttheils, und zwar von den frühesten Zeiten an, bis zur gegenwärtigen herab, von dem Laster erfüllt, und zwar ebenfalls ohne es sonderlich zu verhehlen: Hindu und Chinesen nicht weniger, als die Islamitischen Völker, deren Dichter wir ebenfalls viel mehr mit der Knaben-, als mit der Weiberliebe beschäftigt finden; wie denn z. B. im Gulistan des Sadi das Buch »von der Liebe« ausschließlich von jener redet. Auch den Hebräern war dies Laster nicht unbekannt; da Altes und Neues Testament desselben als strafbar erwähnen. Im Christlichen Europa endlich hat Religion, Gesetzgebung und öffentliche Meinung ihm mit aller Macht entgegenarbeiten müssen: im Mittelalter stand überall Todesstrafe darauf, in Frankreich noch im 16. Jahrhundert der Feuertod, und in England wurde noch während des ersten Drittels dieses Jahrhunderts die Todesstrafe dafür unnachläßlich vollzogen; jetzt ist es Deportation auf Lebenszeit. So gewaltiger Maaßregeln also bedurfte es, um dem Laster Einhalt zu thun; was denn zwar in bedeutendem Maaße gelungen ist, jedoch keineswegs bis zur Ausrottung desselben; sondern es schleicht, unter dem

Schleier des tiefsten Geheimnisses, allezeit und überall umher, in allen Ländern und unter allen Ständen, und kommt, oft wo man es am wenigsten erwartet, plötzlich zu Tage. Auch ist es in den früheren Jahrhunderten, trotz allen Todesstrafen, nicht anders damit gewesen: dies bezeugen die Erwähnungen desselben und Anspielungen darauf in den Schriften aus allen jenen Zeiten. – Wenn wir nun alles Dieses uns vergegenwärtigen und wohl erwägen; so sehn wir die Päderastie zu allen Zeiten und in allen Ländern auf eine Weise auftreten, die gar weit entfernt ist von der, welche wir zuerst, als wir sie bloß an sich selbst betrachteten, also *a priori*, vorausgesetzt hatten. Nämlich die gänzliche Allgemeinheit und beharrliche Unausrottbarkeit der Sache beweist, daß sie irgendwie aus der menschlichen Natur selbst hervorgeht; da sie nur aus diesem Grunde jederzeit und überall unausbleiblich auftreten kann als ein Beleg zu dem

> *Naturam expellas furca, tamen usque recurret.*
> [Treib die Natur mit der Heugabel aus – sie kehret doch wieder.
> Horaz, *Epistulae*, I, 10, 24]

Dieser Folgerung können wir daher uns schlechterdings nicht entziehn, wenn wir redlich verfahren wollen. Ueber diesen Thatbestand aber hinwegzugehn und es beim Schelten und Schimpfen auf das Laster bewenden zu lassen, wäre freilich leicht, ist jedoch nicht meine Art mit den Problemen fertig zu werden; sondern, meinem angeborenen Beruf, überall der Wahrheit nachzuforschen und den Dingen auf den Grund zu kommen, auch hier getreu, erkenne ich zunächst das sich darstellende und zu erklärende Phänomen, nebst der unvermeidlichen Folgerung daraus, an. Daß nun aber etwas so von Grund aus Naturwidriges, ja, der Natur gerade in ihrem wichtigsten und angelegensten Zweck Entgegentretendes aus der Natur selbst hervorgehn sollte, ist ein so unerhörtes Paradoxon, daß dessen Erklärung sich als ein schweres Problem darstellt, welches ich jedoch jetzt, durch Aufdeckung des ihm zum Grunde liegenden Naturgeheimnisses lösen werde.

Zum Ausgangspunkt diene mir eine Stelle des Aristoteles in *Polit., VII, 16.* – Daselbst setzt er auseinander, erstlich: daß zu junge Leute schlechte, schwache, mangelhafte und klein bleibende Kinder zeugen; und weiterhin, daß das Selbe von den Erzeugnissen der zu alten gilt: τα γαρ των πρεσβυτερων εκγονα, καθαπερ τα των νεωτερων, ατελη γιγνεται, και τοις σωμασι, και ταις διανοιαις, τα δε των γεγηρακοτων ασθενη *(nam, ut juniorum, ita et grandiorum natu foetus inchoatis atque imperfectis corporibus mentibusque nascuntur: eorum vero, qui senio confecti sunt, suboles infirma et imbecilla est).* [Denn die Kinder zu alter wie die zu junger Eltern geraten unvollkommen an Leib und Geist, Kinder von Greisen aber sind Schwächlinge.] Was nun dieserhalb Aristoteles als Regel für den Einzelnen, das stellt Stobäos als Gesetz für die Gemeinschaft auf, am Schlusse seiner Darlegung der peripatetischen Philosophie *(Ecl. eth., L. II, c. 7 in fine)*: προς την ρωμην των σωματων και τελειοτητα δειν μητε νεωτερων αγαν, μητε πρεσβυτερων τους γαμους ποιεισθαι, ατελη γαρ γιγνεσθαι, κατ' αμφοτερας τας ἡλικιας, και τελειως ασθενη τα εκγονα *(oportet, corporum roboris et perfectionis causa, nec juniores justo, nec seniores matrimonio jungi, quia circa utramque aetatem proles fieret imbecillis et imperfecta)* [Um Kraft und Vollkommenheit des Körpers zu erzielen, dürften weder zu junge noch zu alte Leute die Ehe eingehen, denn in beiden Lebensaltern werde nur Unvollkommenes erzeugt, und schließlich würden nur noch Schwächlinge geboren]. Aristoteles schreibt daher vor, daß, wer 54 Jahre alt ist, keine Kinder mehr in die Welt setzen soll; wiewohl er den Beischlaf noch immer, seiner Gesundheit, oder sonst einer Ursache halber, ausüben mag. Wie Dies zu bewerkstelligen sei, sagt er nicht: seine Meinung geht aber offenbar dahin, daß die in solchem Alter erzeugten Kinder durch Abortus wegzuschaffen sind; da er diesen, wenige Zeilen vorher, anempfohlen hat. – Die Natur nun ihrerseits kann die der Vorschrift des Aristoteles zum Grunde liegende Thatsache nicht leugnen, aber auch nicht aufheben. Denn, ihrem Grundsatz *natura non facit saltus* [die Natur macht keine Sprünge] zufolge, konnte sie die Saamenabsonderung des Mannes nicht plötzlich einstellen; sondern auch hier, wie bei jedem Absterben, mußte eine allmälige Deterioration [Verschlechterung] vorhergehn. Die Zeugung während dieser nun aber würde schwache, stumpfe, sieche, elende und kurzlebende Menschen in die Welt setzen. Ja, sie thut es nur zu oft: die in späterm Alter gezeugten Kinder sterben meistens früh weg, erreichen wenigstens nie das hohe Alter, sind, mehr oder weniger, hinfällig, kränklich, schwach, und die von ihnen Erzeugten sind von ähnlicher Beschaffenheit. Was hier von der Zeugung im deklinirenden [sich neigenden] Alter gesagt ist, gilt eben so von der im unreifen. Nun aber liegt der Natur nichts so sehr am Herzen, wie die Erhaltung der Species und ihres ächten Typus; wozu wohlbeschaffene, tüchtige, kräftige Individuen das Mittel sind: nur solche will sie. Ja, sie betrachtet und behandelt (wie Kapitel 41 gezeigt worden) im Grunde die Individuen nur als Mittel; als Zweck bloß die Species. Demnach sehn wir hier die Natur, in Folge ihrer eigenen Gesetze und Zwecke, auf einen mißlichen Punkt gerathen und wirklich in der Bedrängniß. Auf gewaltsame und von fremder Willkür abhängige Auskunftsmittel, wie das von Aristoteles angedeutete, konnte sie, ihrem Wesen zufolge, unmöglich rechnen, und eben so wenig darauf, daß die Menschen, durch Erfahrung belehrt, die Nachtheile zu früher und zu später Zeugung erkennen und demgemäß ihre Gelüste zügeln würden, in Folge vernünftiger, kalter Ueberlegung. Auf Beides also konnte, in einer so wichtigen Sache, die Natur es nicht ankommen lassen. Jetzt blieb ihr nichts Anderes übrig, als von zwei Uebeln das kleinere zu wählen. Zu diesem Zweck nun aber mußte sie ihr beliebtes Werkzeug, den Instinkt, welcher, wie in vorstehendem Kapitel gezeigt, das so wichtige Geschäft der Zeugung überall leitet und dabei so seltsame Illusionen schafft, auch hier in ihr Interesse ziehn; welches nun aber hier nur dadurch geschehn konnte, daß sie ihn irre leitete *(lui donna le change)*. Die Natur kennt nämlich nur das Physische, nicht das Moralische: sogar ist zwischen ihr und der Moral entschiedener Antagonismus. Erhaltung des Individui, besonders aber der Species, in möglichster Vollkommenheit, ist ihr alleiniger Zweck. Zwar ist nun auch physisch die Päderastie den dazu verführten Jünglingen nachtheilig; jedoch nicht in so hohem Grade, daß es nicht von zweien Uebeln das kleinere wäre, welches sie demnach wählt, um dem sehr viel größern, der Depravation [Entartung] der Species, schon von Weitem auszuweichen und so das bleibende und zunehmende Unglück zu verhüten.

Dieser Vorsicht der Natur zufolge stellt, ungefähr in dem von Aristoteles angegebenen Alter, in der Regel, eine päderastische Neigung sich leise und allmälig ein, wird immer deutlicher und entschiedener, in dem Maaße, wie die Fähigkeit, starke und gesunde Kinder zu zeugen, abnimmt. So veranstaltet es die

Natur. Wohl zu merken jedoch, daß von diesem eintretenden Hange bis zum Laster selbst noch ein sehr weiter Weg ist. Zwar wenn, wie im alten Griechenland und Rom, oder zu allen Zeiten in Asien, ihm kein Damm entgegengesetzt ist, kann er, vom Beispiel ermuthigt, leicht zum Laster führen, welches dann, in Folge hievon, große Verbreitung erhält. In Europa hingegen stehn demselben so überaus mächtige Motive der Religion, der Moral, der Gesetze und der Ehre entgegen, daß fast Jeder schon vor dem bloßen Gedanken zurückbebt, und wir demgemäß annehmen dürfen, daß unter etwan drei Hundert, welche jenen Hang spüren, höchstens Einer so schwach und hirnlos seyn wird, ihm nachzugeben; um so gewisser, als dieser Hang erst in dem Alter eintritt, wo das Blut abgekühlt und der Geschlechtstrieb überhaupt gesunken ist, und er andererseits an der gereiften Vernunft, an der durch Erfahrung erlangten Umsicht und der vielfach geübten Festigkeit so starke Gegner findet, daß nur eine von Haus aus schlechte Natur ihm unterliegen wird.

Inzwischen wird der Zweck, den die Natur dabei hat, dadurch erreicht, daß jene Neigung Gleichgültigkeit gegen die Weiber mit sich führt, welche mehr und mehr zunimmt, zur Abneigung wird und endlich bis zum Widerwillen anwächst. Hierin erreicht die Natur ihren eigentlichen Zweck um so sicherer, als, je mehr im Manne die Zeugungskraft abnimmt, desto entschiedener ihre widernatürliche Richtung wird. – Diesem entsprechend finden wir die Päderastie durchgängig als ein Laster alter Männer. Nur solche sind es, welche dann und wann, zum öffentlichen Skandal, darauf betroffen werden. Dem eigentlich männlichen Alter ist sie fremd, ja, unbegreiflich. Wenn ein Mal eine Ausnahme hievon vorkommt; so glaube ich, daß es nur in Folge einer zufälligen und vorzeitigen Depravation der Zeugungskraft seyn kann, welche nur schlechte Zeugungen liefern könnte, denen vorzubeugen, die Natur sie ablenkt. Daher auch richten die in großen Städten leider nicht seltenen Kinäden [Homosexuellen] ihre Winke und Anträge stets an ältere Herren, niemals an die im Alter der Kraft stehenden, oder gar an junge Leute. Auch bei den Griechen, wo Beispiel und Gewohnheit hin und wieder eine Ausnahme von dieser Regel herbeigeführt haben mag, finden wir von den Schriftstellern, zumal den Philosophen, namentlich Plato und Aristoteles, in der Regel, den Liebhaber ausdrücklich als ältlich dargestellt. Insbesondere ist in dieser Hinsicht eine Stelle des Plutarch bemerkenswerth im *Liber amatorius, c. 5*: Ὁ παιδικος ερως, οψε γεγονως, και παρ' ὡραν τῳ βιῳ, νοθος και σκοτιος, εξελαυνει τον γνησιον ερωτα και πρεσβυτερον. *(Puerorum amor, qui, quum tarde in vita et intempestive, quasi spurius et occultus, exstitisset, germanum et natu majorem amorem expellit.)* [Die Knabenliebe stellt sich spät ein, nach der Blüte des Lebens, eine unechte und dunkle Liebe, und vertreibt die echte und ursprüngliche.] Sogar unter den Göttern finden wir nur die ältlichen, den Zeus und den Herakles, mit männlichen Geliebten versehn, nicht den Mars, Apollo, Bakchus, Merkur. – Inzwischen kann im Orient der in Folge der Polygamie entstehende Mangel an Weibern hin und wieder gezwungene Ausnahmen zu dieser Regel veranlassen: eben so in noch neuen und daher weiberlosen Kolonien, wie Kalifornien u. s. w. – Dem entsprechend nun ferner, daß das unreife Sperma, eben so wohl wie das durch Alter depravirte, nur schwache, schlechte und unglückliche Zeugungen liefern kann, ist, wie im Alter, so auch in der Jugend eine erotische Neigung solcher Art zwischen Jünglingen oft vorhanden, führt aber wohl nur höchst selten zum wirklichen Laster, indem ihr, außer den oben genannten Motiven, die Unschuld, Reinheit, Gewissenhaftigkeit und Verschämtheit des jugendlichen Alters entgegensteht.

Aus dieser Darstellung ergiebt sich, daß, während das in Betracht genommene Laster den Zwecken der Natur, und zwar im Allerwichtigsten und ihr Angelegensten, gerade entgegenzuarbeiten scheint, es in Wahrheit eben diesen Zwecken, wiewohl nur mittelbar, dienen muß, als Abwendungsmittel größerer Uebel. Es ist nämlich ein Phänomen der absterbenden und dann wieder der unreifen Zeugungskraft, welche der Species Gefahr drohen: und wiewohl sie alle Beide aus moralischen Gründen pausiren sollten; so war hierauf doch nicht zu rechnen; da überhaupt die Natur das eigentlich Moralische bei ihrem Treiben nicht in Anschlag bringt. Demnach griff die, in Folge ihrer eigenen Gesetze, in die Enge getriebene Natur, mittelst Verkehrung des Instinkts, zu einem Nothbehelf, einem Stratagem, ja, man möchte sagen, sie bauete sich eine Eselsbrücke, um, wie oben dargelegt, von zweien Uebeln dem größern zu entgehn. Sie hat nämlich den wichtigen Zweck im Auge, unglücklichen Zeugungen vorzubeugen, welche allmälig die ganze Species depraviren könnten, und da ist sie, wie wir gesehn haben, nicht skrupulös in der Wahl der Mittel. Der Geist, in welchem sie hier verfährt, ist der selbe, in welchem sie, wie oben, Kapitel 27, angeführt, die Wespen antreibt, ihre Jungen zu erstechen: denn in beiden Fällen greift sie zum Schlimmen, um Schlimmerem zu entgehn: sie führt den Geschlechtstrieb irre, um seine verderblichsten Folgen zu vereiteln.

Meine Absicht bei dieser Darstellung ist zunächst die Lösung des oben dargelegten auffallenden Problems gewesen; sodann aber auch die Bestätigung meiner, im vorstehenden Kapitel ausgeführten Lehre, daß bei aller Geschlechtsliebe der Instinkt die Zügel führt und Illusionen schafft, weil der Natur das Interesse der Gattung allen andern vorgeht, und daß Dies sogar bei der hier in Rede stehenden, widerwärtigen Verirrung und Ausartung des Geschlechtstriebes gültig bleibt; indem auch hier, als letzter Grund, die Zwecke der Gattung sich ergeben, wiewohl sie, in diesem Fall, bloß negativer Art sind, indem die Natur dabei prophylaktisch verfährt. Diese Betrachtung wirft daher auf meine gesammte Metaphysik der Geschlechtsliebe Licht zurück. Ueberhaupt aber ist durch diese Darstellung eine bisher verborgene Wahrheit zu Tage gebracht, welche, bei aller ihrer Seltsamkeit, doch neues Licht auf das innere Wesen, den Geist und das Treiben der Natur wirft. Demgemäß hat es sich dabei nicht um moralische Verwarnung gegen das Laster, sondern um das Verständniß des Wesens der Sache gehandelt. Uebrigens ist der wahre, letzte, tief metaphysische Grund der Verwerflichkeit der Päderastie dieser, daß, während der Wille zum Leben sich darin bejaht, die Folge solcher Bejahung, welche den Weg zur Erlösung offen hält, also die Erneuerung des Lebens, gänzlich abgeschnitten ist. – Endlich habe ich auch, durch Darlegung dieser paradoxen Gedanken, den durch das immer weitere Bekanntwerden meiner von ihnen so sorgfältig verhehlten Philosophie jetzt sehr deconcertirten [aus der Fassung gebrachten] Philosophieprofessoren eine kleine Wohlthat zufließen lassen wollen, indem ich ihnen Gelegenheit eröffnete zu der Verläumdung, daß ich die Päderastie in Schutz genommen und anempfohlen hätte.

Kapitel 45*.

Von der Bejahung des Willens zum Leben.

Wenn der Wille zum Leben sich bloß darstellte als Trieb zur Selbsterhaltung; so würde dies nur eine Bejahung der individuellen Erscheinung, auf die Spanne Zeit ihrer natürlichen Dauer seyn. Die Mühen und Sorgen eines solchen Lebens würden nicht groß, mithin das Daseyn leicht und heiter ausfallen. Weil hingegen der Wille das Leben schlechthin und auf alle Zeit will, stellt er sich zugleich dar als Geschlechtstrieb, der es auf eine endlose Reihe von Generationen abgesehn hat. Dieser Trieb hebt jene Sorglosigkeit, Heiterkeit und Unschuld, die ein bloß individuelles Daseyn begleiten würden, auf, indem er in das Bewußtseyn Unruhe und Melancholie, in den Lebenslauf Unfälle, Sorge und Noth bringt. – Wenn er hingegen, wie wir es an seltenen Ausnahmen sehn, freiwillig unterdrückt wird; so ist dies die Wendung des Willens, als welcher umkehrt. Er geht alsdann im Individuo auf, und nicht über dasselbe hinaus. Dies kann jedoch nur durch eine schmerzliche Gewalt geschehn, die jenes sich selber anthut. Ist es aber geschehn; so wird dem Bewußtseyn jene Sorglosigkeit und Heiterkeit des bloß individuellen Daseyns wiedergegeben, und zwar auf einer erhöhten Potenz. – Hingegen an die Befriedigung jenes heftigsten aller Triebe und Wünsche knüpft sich der Ursprung eines neuen Daseyns, also die Durchführung des Lebens, mit allen seinen Lasten, Sorgen, Nöthen und Schmerzen, von Neuem; zwar in einem a n d e r n Individuo: jedoch wenn Beide, wie sie in der Erscheinung verschieden sind, es auch schlechthin und an sich wären, wo bliebe dann die ewige Gerechtigkeit? – Das Leben stellt sich dar als eine Aufgabe, ein Pensum zum Abarbeiten, und daher, in der Regel, als ein steter Kampf gegen die Noth. Demnach sucht Jeder durch und davon zu kommen, so gut es gehn will: er thut das Leben ab, wie einen Frohndienst, welchen er schuldig war. Wer aber hat diese Schuld kontrahirt [auf sich geladen]? – Sein Erzeuger, im Genuß der Wollust. Also dafür, daß der Eine diese genossen hat, muß der Andere leben, leiden und sterben. Inzwischen wissen wir und sehn hier darauf zurück, daß die Verschie-

* Dieses Kapitel bezieht sich auf § 60 des ersten Bandes.

denheit des Gleichartigen durch Raum und Zeit bedingt ist, welche ich in diesem Sinne das *principium individuationis* genannt habe. Sonst wäre die ewige Gerechtigkeit nicht zu retten. Eben darauf, daß der Erzeuger im Erzeugten sich selbst wiedererkennt, beruht die Vaterliebe, vermöge welcher der Vater bereit ist, für sein Kind mehr zu thun, zu leiden und zu wagen, als für sich selbst, und zugleich dies als seine Schuldigkeit erkennt.

Das Leben eines Menschen, mit seiner endlosen Mühe, Noth und Leiden, ist anzusehn als die Erklärung und Paraphrase des Zeugungsaktes, d. i. der entschiedenen Bejahung des Willens zum Leben: zu derselben gehört auch noch, daß er der Natur einen Tod schuldig ist, und er denkt mit Beklemmung an diese Schuld. – Zeugt dies nicht davon, daß unser Daseyn eine Verschuldung enthält? – Allerdings aber sind wir, gegen den periodisch zu entrichtenden Zoll, Geburt und Tod, immerwährend da, und genießen successiv alle Leiden und Freuden des Lebens; so daß uns keine entgehn kann: dies eben ist die Frucht der Bejahung des Willens zum Leben. Dabei ist also die Furcht vor dem Tode, welche uns, trotz allen Plagen des Lebens, darin festhält, eigentlich illusorisch: aber eben so illusorisch ist der Trieb, der uns hineingelockt hat. Diese Lockung selbst kann man objektiv anschauen in den sich sehnsüchtig begegnenden Blicken zweier Liebenden: sie sind der reinste Ausdruck des Willens zum Leben in seiner Bejahung. Wie ist er hier so sanft und zärtlich! Wohlseyn will er, und ruhigen Genuß und sanfte Freude, für sich, für Andere, für Alle. Es ist das Thema des Anakreon. So lockt und schmeichelt er sich selbst ins Leben hinein. Ist er aber darin, dann zieht die Quaal das Verbrechen, und das Verbrechen die Quaal herbei: Gräuel und Verwüstung füllen den Schauplatz. Es ist das Thema des Aeschylos.

Der Akt nun aber, durch welchen der Wille sich bejaht und der Mensch entsteht, ist eine Handlung, deren Alle sich im Innersten schämen, die sie daher sorgfältig verbergen, ja, auf welcher betroffen sie erschrecken, als wären sie bei einem Verbrechen ertappt worden. Es ist eine Handlung, deren man bei kalter Ueberlegung meistens mit Widerwillen, in erhöhter Stimmung mit Abscheu gedenkt. Näher auf dieselbe in diesem Sinne eingehende Betrachtungen liefert Montaigne, im 5. Kapitel des dritten Buches, unter der Randglosse: *ce que c'est que l'amour* [was die Liebe ist]. Eine eigenthümliche Betrübniß und Reue folgt ihr auf dem Fuße, ist jedoch am fühlbarsten nach der erstmaligen Vollziehung derselben, überhaupt aber um so deutlicher, je edler der Charakter ist. Selbst Plinius, der Heide, sagt daher: *Homini tantum primi coitus poenitentia: augurium scilicet vitae, a poenitenda origine* [Nur der Mensch empfindet nach dem ersten Koitus Reue: es ist allerdings bezeichnend für das Leben, daß man über seinen Ursprung Reue empfindet] *(Hist. nat., X, 83).* Und andererseits, was treiben und singen, in Goethes »Faust«, Teufel und Hexen auf ihrem Sabbath? Unzucht und Zoten. Was docirt eben daselbst (in den vortrefflichen Paralipomenis zum Faust), vor der versammelten Menge, der leibhaftige Satan? – Unzucht und Zoten; nichts weiter. – Aber einzig und allein mittelst der fortwährenden Ausübung einer so beschaffenen Handlung besteht das Menschengeschlecht. – Hätte nun der Optimismus Recht, wäre unser Daseyn das dankbar zu erkennende Geschenk höchster, von Weisheit geleiteter Güte, und demnach an sich selbst preiswürdig, rühmlich und erfreulich; da müßte doch wahrlich der Akt, welcher es perpetuirt, eine ganz andere Physiognomie tragen. Ist hingegen dieses Daseyn eine Art Fehltritt, oder Irrweg; ist es das Werk eines ursprünglich blinden Willens, dessen glücklichste Entwickelung die ist, daß er zu sich selbst komme, um sich selbst aufzuheben; so muß der jenes Daseyn perpetuirende Akt gerade so aussehn, wie er aussieht.

Hinsichtlich auf die erste Grundwahrheit meiner Lehre verdient hier die Bemerkung eine Stelle, daß die oben berührte Schaam über das Zeugungsgeschäft sich sogar auf die demselben dienenden Theile erstreckt, obschon diese, gleich allen übrigen, angeboren sind. Dies ist abermals ein schlagender Beweis davon, daß nicht bloß die Handlungen, sondern schon der Leib des Menschen die Erscheinung, Objektivation seines Willens und als das Werk desselben zu betrachten ist. Denn einer Sache, die ohne seinen Willen dawäre, könnte er sich nicht schämen.

Der Zeugungsakt verhält sich ferner zur Welt, wie das Wort zum Räthsel. Nämlich, die Welt ist weit im Raume und alt in der Zeit und von unerschöpflicher Mannigfaltigkeit der Gestalten. Jedoch ist dies Alles nur die Erscheinung des Willens zum Leben; und die Koncentration, der Brennpunkt dieses Willens, ist der Generationsakt. In diesem Akt also spricht das innere

Wesen der Welt sich am deutlichsten aus. Es ist, in dieser Hinsicht, sogar beachtenswerth, daß er selbst auch schlechthin »der Wille« genannt wird, in der sehr bezeichnenden Redensart: »Er verlangte von ihr, sie sollte ihm zu Willen seyn.« Als der deutlichste Ausdruck des Willens also ist jener Akt der Kern, das Kompendium, die Quintessenz der Welt. Daher geht uns durch ihn ein Licht auf über ihr Wesen und Treiben: er ist das Wort zum Räthsel. Demgemäß ist er verstanden unter dem »Baum der Erkenntniß«: denn nach der Bekanntschaft mit ihm gehn Jedem über das Leben die Augen auf, wie es auch Byron sagt:

*The tree of knowledge has been pluck'd, – all's known**.
D. Juan, I, 128 [127,4].

Nicht weniger entspricht dieser Eigenschaft, daß er das große αρρητον [worüber man nicht sprechen darf], das öffentliche Geheimniß ist, welches nie und nirgends deutlich erwähnt werden darf, aber immer und überall sich, als die Hauptsache, von selbst versteht und daher den Gedanken Aller stets gegenwärtig ist, weshalb auch die leiseste Anspielung darauf augenblicklich verstanden wird. Die Hauptrolle, die jener Akt und was ihm anhängt in der Welt spielt, indem überall Liebesintriguen einerseits betrieben und andererseits vorausgesetzt werden, ist der Wichtigkeit dieses *punctum saliens* des Welteies ganz angemessen. Das Belustigende liegt nur in der steten Verheimlichung der Hauptsache.

Aber nun seht, wie der junge, unschuldige, menschliche Intellekt, wann ihm jenes große Geheimniß der Welt zuerst bekannt wird, erschrickt über die Enormität! Der Grund hievon ist, daß auf dem weiten Wege, den der ursprünglich erkenntnißlose Wille zu durchlaufen hatte, ehe er sich zum Intellekt, zumal zum menschlichen, vernünftigen, Intellekt steigerte, er sich selber so entfremdet wurde, daß er seinen Ursprung, jene *poenitenda origo* [jenen zu bereuenden Ursprung], nicht mehr kennt und nun vom Standpunkt des lauteren, daher unschuldigen Erkennens aus, sich darüber entsetzt.

Da nun also der Brennpunkt des Willens, d. h. die Koncentration und der höchste Ausdruck desselben, der Geschlechtstrieb

---

* Vom Baum der Erkenntniß ist gepflückt worden: – Alles ist bekannt.

und seine Befriedigung ist; so ist es sehr bezeichnend und in der symbolischen Sprache der Natur naiv ausgedrückt, daß der individualisirte Wille, also der Mensch und das Thier, seinen Eintritt in die Welt durch die Pforte der Geschlechtstheile macht. –

Die Bejahung des Willens zum Leben, welche demnach ihr Centrum im Generationsakt hat, ist beim Thiere unausbleiblich. Denn allererst im Menschen kommt der Wille, welcher die *natura naturans* [schaffende Natur] ist, zur Besinnung. Zur Besinnung kommen heißt: nicht bloß zur augenblicklichen Nothdurft des individuellen Willens, zu seinem Dienst in der dringenden Gegenwart, erkennen; – wie dies im Thiere, nach Maaßgabe seiner Vollkommenheit und seiner Bedürfnisse, welche Hand in Hand gehn, der Fall ist; sondern eine größere Breite der Erkenntniß erlangt haben, vermöge einer deutlichen Erinnerung des Vergangenen, ungefähren Anticipation des Zukünftigen und eben dadurch allseitigen Uebersicht des individuellen Lebens, des eigenen, des fremden, ja des Daseyns überhaupt. Wirklich ist das Leben jeder Thierspecies, die Jahrtausende ihrer Existenz hindurch, gewissermaaßen einem einzigen Augenblicke gleich: denn es ist bloßes Bewußtseyn der Gegenwart, ohne das der Vergangenheit und der Zukunft, mithin des Todes. In diesem Sinne ist es anzusehn als ein beharrender Augenblick, ein *Nunc stans.* – Hier sehn wir, beiläufig, am deutlichsten, daß überhaupt die Form des Lebens, oder der Erscheinung des Willens mit Bewußtseyn, zunächst und unmittelbar bloß die Gegenwart ist: Vergangenheit und Zukunft kommen allein beim Menschen und zwar bloß im Begriff hinzu, werden *in abstracto* erkannt und allenfalls durch Bilder der Phantasie erläutert. – Nachdem also der Wille zum Leben, d. i. das innere Wesen der Natur, in rastlosem Streben nach vollkommener Objektivation und vollkommenem Genuß, die ganze Reihe der Thiere durchlaufen hat, – welches oft in den mehrfachen Absätzen successiver, stets von Neuem anhebender Thierreihen auf dem selben Planeten geschieht; – kommt er zuletzt in dem mit Vernunft ausgestatteten Wesen, im Menschen, zur Besinnung. Hier nun fängt die Sache an ihm bedenklich zu werden, die Frage dringt sich ihm auf, woher und wozu das Alles sei, und hauptsächlich, ob die Mühe und Noth seines Lebens und Strebens wohl durch den Gewinn belohnt werde? *le jeu vaut-il bien la chandelle?* [Deckt das Geschäft die Kosten?] –

Demnach ist hier der Punkt, wo er, beim Lichte deutlicher Erkenntniß, sich zur Bejahung oder Verneinung des Willens zum Leben entscheidet; wiewohl er sich Letztere, in der Regel, nur in einem mythischen Gewande zum Bewußtseyn bringen kann. – Wir haben demzufolge keinen Grund, anzunehmen, daß es irgendwo noch zu höher gesteigerten Objektivationen des Willens komme; da er hier schon an seinem Wendepunkte angelangt ist.

Kapitel 46*.

Von der Nichtigkeit und dem Leiden des Lebens.

Aus der Nacht der Bewußtlosigkeit zum Leben erwacht findet der Wille sich als Individuum, in einer end- und gränzenlosen Welt, unter zahllosen Individuen, alle strebend, leidend, irrend; und wie durch einen bangen Traum eilt er zurück zur alten Bewußtlosigkeit. – Bis dahin jedoch sind seine Wünsche gränzenlos, seine Ansprüche unerschöpflich, und jeder befriedigte Wunsch gebiert einen neuen. Keine auf der Welt mögliche Befriedigung könnte hinreichen, sein Verlangen zu stillen, seinem Begehren ein endliches Ziel zu setzen und den bodenlosen Abgrund seines Herzens auszufüllen. Daneben nun betrachte man, was dem Menschen, an Befriedigungen jeder Art, in der Regel, wird: es ist meistens nicht mehr, als die, mit unablässiger Mühe und steter Sorge, im Kampf mit der Noth, täglich errungene, kärgliche Erhaltung dieses Daseyns selbst, den Tod im Prospekt. – Alles im Leben giebt kund, daß das irdische Glück bestimmt ist, vereitelt oder als eine Illusion erkannt zu werden. Hiezu liegen tief im Wesen der Dinge die Anlagen. Demgemäß fällt das Leben der meisten Menschen trübsälig und kurz aus. Die komparativ Glücklichen sind es meistens nur scheinbar, oder aber sie sind, wie die Langlebenden, seltene Ausnahmen, zu denen eine Möglichkeit übrig bleiben mußte, – als Lockvogel. Das Leben stellt sich dar als ein fortgesetzter Betrug, im Klei-

* Dieses Kapitel bezieht sich auf §§ 56–59 des ersten Bandes. Auch ist damit zu vergleichen Kapitel 11 und 12 des zweiten Bandes der Parerga und Paralipomena.

nen, wie im Großen. Hat es versprochen, so hält es nicht; es sei denn, um zu zeigen, wie wenig wünschenswerth das Gewünschte war: so täuscht uns also bald die Hoffnung, bald das Gehoffte. Hat es gegeben; so war es, um zu nehmen. Der Zauber der Entfernung zeigt uns Paradiese, welche wie optische Täuschungen verschwinden, wann wir uns haben hinäffen lassen. Das Glück liegt demgemäß stets in der Zukunft, oder auch in der Vergangenheit, und die Gegenwart ist einer kleinen dunkeln Wolke zu vergleichen, welche der Wind über die besonnte Fläche treibt: vor ihr und hinter ihr ist Alles hell, nur sie selbst wirft stets einen Schatten. Sie ist demnach allezeit ungenügend, die Zukunft aber ungewiß, die Vergangenheit unwiederbringlich. Das Leben, mit seinen stündlichen, täglichen, wöchentlichen und jährlichen, kleinen, größern und großen Widerwärtigkeiten, mit seinen getäuschten Hoffnungen und seinen alle Berechnung vereitelnden Unfällen, trägt so deutlich das Gepräge von etwas, das uns verleidet werden soll, daß es schwer zu begreifen ist, wie man dies hat verkennen können und sich überreden lassen, es sei da, um dankbar genossen zu werden, und der Mensch, um glücklich zu seyn. Stellt doch vielmehr jene fortwährende Täuschung und Enttäuschung, wie auch die durchgängige Beschaffenheit des Lebens, sich dar als darauf abgesehn und berechnet, die Ueberzeugung zu erwecken, daß gar nichts unsers Strebens, Treibens und Ringens werth sei, daß alle Güter nichtig seien, die Welt an allen Enden bankrott, und das Leben ein Geschäft, das nicht die Kosten deckt; – auf daß unser Wille sich davon abwende.

Die Art, wie diese Nichtigkeit aller Objekte des Willens sich dem im Individuo wurzelnden Intellekt kund giebt und faßlich macht, ist zunächst die Zeit. Sie ist die Form, mittelst derer jene Nichtigkeit der Dinge als Vergänglichkeit derselben erscheint; indem, vermöge dieser, alle unsere Genüsse und Freuden unter unsern Händen zu Nichts werden und wir nachher verwundert fragen, wo sie geblieben seien. Jene Nichtigkeit selbst ist daher das alleinige Objektive der Zeit, d. h. das ihr im Wesen an sich der Dinge Entsprechende, also Das, dessen Ausdruck sie ist. Deshalb eben ist die Zeit die *a priori* nothwendige Form aller unserer Anschauungen: in ihr muß sich Alles darstellen, auch wir selbst. Demzufolge gleicht nun zunächst unser Leben einer Zahlung, die man in lauter Kupferpfennigen zugezählt erhält und dann doch quittiren muß: es sind die Tage;

die Quittung ist der Tod. Denn zuletzt verkündigt die Zeit den Urtheilsspruch der Natur über den Werth aller in ihr erscheinenden Wesen, indem sie sie vernichtet:

Und das mit Recht: denn Alles was entsteht,
Ist werth, daß es zu Grunde geht.
Drum besser wär's, daß nichts entstünde.
[Goethe, *Faust* I, 1339.]

So sind denn Alter und Tod, zu denen jedes Leben nothwendig hineilt, das aus den Händen der Natur selbst erfolgende Verdammungsurtheil über den Willen zum Leben, welches aussagt, daß dieser Wille ein Streben ist, das sich selbst vereiteln muß. »Was du gewollt hast«, spricht es, »endigt so: wolle etwas Besseres.« – Also die Belehrung, welche Jedem sein Leben giebt, besteht im Ganzen darin, daß die Gegenstände seiner Wünsche beständig täuschen, wanken und fallen, sonach mehr Quaal als Freude bringen, bis endlich sogar der ganze Grund und Boden, auf dem sie sämmtlich stehn, einstürzt, indem sein Leben selbst vernichtet wird und er so die letzte Bekräftigung erhält, daß all sein Streben und Wollen eine Verkehrtheit, ein Irrweg war:

Then old age and experience, hand in hand,
Lead him to death, and make him understand,
After a search so painful and so long,
*That all his life he has been in the wrong**.

Wir wollen aber noch auf das Specielle der Sache eingehn; da diese Ansichten es sind, in denen ich den meisten Widerspruch erfahren habe. – Zuvörderst habe ich die im Texte gegebene Nachweisung der Negativität aller Befriedigung, also alles Genusses und alles Glückes, im Gegensatz der Positivität des Schmerzes noch durch Folgendes zu bekräftigen.

---

* Bis Alter und Erfahrung, Hand in Hand,
Zum Tod' ihn führen und er hat erkannt,
Daß, nach so langem, mühevollen Streben,
Er Unrecht hatte, durch sein ganzes Leben.
[Schlußverse eines z. Zt. Karls I. erschienenen, später Rochester zugeschriebenen Gedichts *A satyr against mankind*; zitiert in S. Johnsons Werken, *English Poets*, 1779, x, p. 318 ff.]

Wir fühlen den Schmerz, aber nicht die Schmerzlosigkeit; wir fühlen die Sorge, aber nicht die Sorglosigkeit; die Furcht, aber nicht die Sicherheit. Wir fühlen den Wunsch, wie wir Hunger und Durst fühlen; sobald er aber erfüllt worden, ist es damit, wie mit dem genossenen Bissen, der in dem Augenblick, da er verschluckt wird, für unser Gefühl dazuseyn aufhört. Genüsse und Freuden vermissen wir schmerzlich, sobald sie ausbleiben: aber Schmerzen, selbst wenn sie nach langer Anwesenheit ausbleiben, werden nicht unmittelbar vermißt, sondern höchstens wird absichtlich, mittelst der Reflexion, ihrer gedacht. Denn nur Schmerz und Mangel können positiv empfunden werden und kündigen daher sich selbst an: das Wohlseyn hingegen ist bloß negativ. Daher eben werden wir der drei größten Güter des Lebens, Gesundheit, Jugend und Freiheit, nicht als solcher inne, so lange wir sie besitzen; sondern erst nachdem wir sie verloren haben: denn auch sie sind Negationen. Daß Tage unsers Lebens glücklich waren, merken wir erst, nachdem sie unglücklichen Platz gemacht haben. – In dem Maaße, als die Genüsse zunehmen, nimmt die Empfänglichkeit für sie ab: das Gewohnte wird nicht mehr als Genuß empfunden. Eben dadurch aber nimmt die Empfänglichkeit für das Leiden zu: denn das Wegfallen des Gewohnten wird schmerzlich gefühlt. Also wächst durch den Besitz das Maaß des Nothwendigen, und dadurch die Fähigkeit Schmerz zu empfinden. – Die Stunden gehn desto schneller hin, je angenehmer; desto langsamer, je peinlicher sie zugebracht werden: weil der Schmerz, nicht der Genuß das Positive ist, dessen Gegenwart sich fühlbar macht. Eben so werden wir bei der Langeweile der Zeit inne, bei der Kurzweil nicht. Beides beweist, daß unser Daseyn dann am glücklichsten ist, wann wir es am wenigsten spüren: woraus folgt, daß es besser wäre, es nicht zu haben. – Große, lebhafte Freude läßt sich schlechterdings nur denken als Folge großer, vorhergegangener Noth: denn zu einem Zustande dauernder Zufriedenheit kann nichts hinzukommen, als etwas Kurzweil, oder auch Befriedigung der Eitelkeit. Darum sind alle Dichter genöthigt, ihre Helden in ängstliche und peinliche Lagen zu bringen, um sie daraus wieder befreien zu können: Drama und Epos schildern demnach durchgängig nur kämpfende, leidende, gequälte Menschen, und jeder Roman ist ein Guckkasten, darin man die Spasmen und Konvulsionen des geängstigten menschlichen Herzens betrachtet. Diese ästhetische Nothwendigkeit hat Walter Scott naiv dargelegt in der »Konklusion« [Schluß] zu seiner Novelle *Old mortality*. – Ganz in Uebereinstimmung mit der von mir bewiesenen Wahrheit sagt auch der von Natur und Glück so begünstigte Voltaire: *le bonheur n'est qu'un rêve, et la douleur est réelle* [Das Glück ist nur ein Traum, und wirklich ist der Schmerz]; und setzt hinzu: *il y a quatre-vingts ans que je l'éprouve. Je n'y sais autre chose que me résigner, et me dire que les mouches sont nées pour être mangées par les araignées, et les hommes pour être dévorés par les chagrins.* [Seit achtzig Jahren mache ich diese Erfahrung. Ich weiß nichts Besseres als mich darein zu ergeben und mir zu sagen, daß die Fliegen dazu da sind, um von den Spinnen, und die Menschen, um von ihren Kümmernissen aufgefressen zu werden: Lettre à M. le Marquis de Florian, Ferney, le 16 mars 1774.]

Ehe man so zuversichtlich ausspricht, daß das Leben ein wünschenswerthes, oder dankenswerthes Gut sei, vergleiche man ein Mal gelassen die Summe der nur irgend möglichen Freuden, welche ein Mensch in seinem Leben genießen kann, mit der Summe der nur irgend möglichen Leiden, die ihn in seinem Leben treffen können. Ich glaube, die Bilanz wird nicht schwer zu ziehn seyn. Im Grunde aber ist es ganz überflüssig, zu streiten, ob des Guten oder des Uebeln mehr auf der Welt sei: denn schon das bloße Daseyn des Uebels entscheidet die Sache; da dasselbe nie durch das daneben oder danach vorhandene Gute getilgt, mithin auch nicht ausgeglichen werden kann:

Mille piacer' non vagliono un tormento.*
Petr[arca, Il Canzoniere, sonetto 195].

Denn, daß Tausende in Glück und Wonne gelebt hätten, höbe ja nie die Angst und Todesmarter eines Einzigen auf: und eben so wenig macht mein gegenwärtiges Wohlseyn meine früheren Leiden ungeschehn. Wenn daher des Uebeln auch hundert Mal weniger auf der Welt wäre, als der Fall ist; so wäre dennoch das bloße Daseyn desselben hinreichend, eine Wahrheit zu begründen, welche sich auf verschiedene Weise, wiewohl immer nur etwas indirekt ausdrücken läßt, nämlich, daß wir über das

* Tausend Genüsse sind nicht eine Quaal werth.

Daseyn der Welt uns nicht zu freuen, vielmehr zu betrüben haben; – daß ihr Nichtseyn ihrem Daseyn vorzuziehn wäre; – daß sie etwas ist, das im Grunde nicht seyn sollte; u. s. f. Ueberaus schön ist Byron's Ausdruck der Sache:

> *Our life is a false nature, – 'tis not in*
> *The harmony of things, this hard decree,*
> *This uneradicable taint of sin,*
> *This boundless Upas, this all-blasting tree*
> *Whose root is earth, whose leaves and branches be*
> *The skies, which rain their plagues on men like dew –*
> *Disease, death, bondage – all the woes we see –*
> *And worse, the woes we see not – which throb through*
> *The immedicable soul, with heart-aches ever new*.*

Wenn die Welt und das Leben Selbstzweck seyn und demnach theoretisch keiner Rechtfertigung, praktisch keiner Entschädigung oder Gutmachung bedürfen sollten, sondern dawären, etwan wie Spinoza und die heutigen Spinozisten es darstellen, als die einzige Manifestation eines Gottes, der *animi causa* [zum Vergnügen], oder auch um sich zu spiegeln, eine solche Evolution mit sich selber vornähme, mithin ihr Daseyn weder durch Gründe gerechtfertigt, noch durch Folgen ausgelöst zu werden brauchte; – dann müßten nicht etwan die Leiden und Plagen des Lebens durch die Genüsse und das Wohlseyn in demselben völlig ausgeglichen werden; – da dies, wie gesagt, unmöglich ist, weil mein gegenwärtiger Schmerz durch künftige Freuden nie aufgehoben wird, indem diese ihre Zeit füllen, wie er seine; – sondern es müßte ganz und gar keine Leiden geben und auch der Tod nicht seyn, oder nichts Schreckliches für uns haben. Nur so würde das Leben für sich selbst bezahlen.

Weil nun aber unser Zustand vielmehr etwas ist, das besser nicht wäre; so trägt Alles, was uns umgiebt, die Spur hievon – gleich wie in der Hölle Alles nach Schwefel riecht, – indem Jeg-

---

* Unser Leben ist falscher Art: in der Harmonie der Dinge kann es nicht liegen, dieses harte Verhängniß, diese unausrottbare Seuche der Sünde, dieser gränzenlose Upas, dieser Alles vergiftende Baum, dessen Wurzel die Erde ist, dessen Blätter und Zweige die Wolken sind, welche ihre Plagen auf die Menschen herabregnen, wie Thau, – Krankheit, Tod, Knechtschaft, – all das Wehe, welches wir sehn, – und, was schlimmer, das Wehe, welches wir nicht sehn, – und welches die unheilbare Seele durchwallt, mit immer neuem Gram. [*Childe Harold*, IV, 126.]

liches stets unvollkommen und trüglich, jedes Angenehme mit Unangenehmem versetzt, jeder Genuß immer nur ein halber ist, jedes Vergnügen seine eigene Störung, jede Erleichterung neue Beschwerde herbeiführt, jedes Hülfsmittel unserer täglichen und stündlichen Noth uns alle Augenblicke im Stich läßt und seinen Dienst versagt, die Stufe, auf welche wir treten, so oft unter uns bricht, ja, Unfälle, große und kleine, das Element unsers Lebens sind, und wir, mit Einem Wort, dem Phineus gleichen, dem die Harpyen alle Speisen besudelten und ungenießbar machten. Alles was wir anfassen, widersetzt sich, weil es seinen eigenen Willen hat, der überwunden werden muß. Zwei Mittel werden dagegen versucht: erstlich die ευλαβεια, d. i. Klugheit, Vorsicht, Schlauheit: sie lernt nicht aus und reicht nicht aus und wird zu Schanden. Zweitens, der Stoische Gleichmuth, welcher jeden Unfall entwaffnen will, durch Gefaßtseyn auf alle und Verschmähen von Allem: praktisch wird er zur kynischen Entsagung, die lieber, ein für alle Mal, alle Hülfsmittel und Erleichterungen von sich wirft: sie macht uns zu Hunden: wie den Diogenes in der Tonne. Die Wahrheit ist: wir sollen elend seyn, und sind's. Dabei ist die Hauptquelle der ernstlichsten Uebel, die den Menschen treffen, der Mensch selbst: *homo homini lupus* [der Mensch ist dem Menschen ein Wolf: Plautus, *Asinaria*, II, 495]. Wer dies Letztere recht ins Auge faßt, erblickt die Welt als eine Hölle, welche die des Dante dadurch übertrifft, daß Einer der Teufel des Andern seyn muß; wozu denn freilich Einer vor dem Andern geeignet ist, vor Allen wohl ein Erzteufel, in Gestalt eines Eroberers auftretend, der einige Hundert Tausend Menschen einander gegenüberstellt und ihnen zuruft: »Leiden und Sterben ist euere Bestimmung: jetzt schießt mit Flinten und Kanonen auf einander los!« und sie thun es. – Ueberhaupt aber bezeichnen, in der Regel, Ungerechtigkeit, äußerste Unbilligkeit, Härte, ja Grausamkeit, die Handlungsweise der Menschen gegen einander: eine entgegengesetzte tritt nur ausnahmsweise ein. Hierauf beruht die Nothwendigkeit des Staates und der Gesetzgebung, und nicht auf euern Flausen. Aber in allen Fällen, die nicht im Bereich der Gesetze liegen, zeigt sich sogleich die dem Menschen eigene Rücksichtslosigkeit gegen seines Gleichen, welche aus seinem gränzenlosen Egoismus, mitunter auch aus Bosheit entspringt. Wie der Mensch mit dem Menschen verfährt, zeigt z. B. die Negersklaverei, deren Endzweck Zucker und Kaffee ist. Aber man braucht nicht so weit zu gehn: im Alter von fünf Jahren eintreten in die Garnspinnerei, oder sonstige Fabrik, und von Dem an erst 10, dann 12, endlich 14 Stunden täglich darin sitzen und die selbe mechanische Arbeit verrichten, heißt das Vergnügen, Athem zu holen, theuer erkaufen. Dies aber ist das Schicksal von Millionen, und viele andere Millionen haben ein analoges.

Uns Andere inzwischen vermögen geringe Zufälle vollkommen unglücklich zu machen; vollkommen glücklich, nichts auf der Welt. – Was man auch sagen mag, der glücklichste Augenblick des Glücklichen ist doch der seines Einschlafens, wie der unglücklichste des Unglücklichen der seines Erwachens. – Einen indirekten, aber sichern Beweis davon, daß die Menschen sich unglücklich fühlen, folglich es sind, liefert, zum Ueberfluß, auch noch der Allen einwohnende, grimmige Neid, der, in allen Lebensverhältnissen, auf Anlaß jedes Vorzugs, welcher Art er auch seyn mag, rege wird und sein Gift nicht zu halten vermag. Weil sie sich unglücklich fühlen, können die Menschen den Anblick eines vermeinten Glücklichen nicht ertragen: wer sich momentan glücklich fühlt, möchte sogleich Alles um sich herum beglücken, und sagt:

> *Que tout le monde ici soit heureux de ma joie.*
> [Durch meine Freude hier sei alle Welt beglückt!
> Helvétius, *De l'Esprit*, Discours III, chap. XII, Anm.]

Wenn das Leben an sich selbst ein schätzbares Gut und dem Nichtseyn entschieden vorzuziehn wäre; so brauchte die Ausgangspforte nicht von so entsetzlichen Wächtern, wie der Tod mit seinen Schrecken ist, besetzt zu seyn. Aber wer würde im Leben, wie es ist, ausharren, wenn der Tod minder schrecklich wäre? – Und wer könnte auch nur den Gedanken des Todes ertragen, wenn das Leben eine Freude wäre! So aber hat jener immer noch das Gute, das Ende des Lebens zu seyn, und wir trösten uns über die Leiden des Lebens mit dem Tode, und über den Tod mit den Leiden des Lebens. Die Wahrheit ist, daß Beide unzertrennlich zusammengehören, indem sie ein Irrsal ausmachen, von welchem zurückzukommen so schwer, wie wünschenswerth ist.

Wenn die Welt nicht etwas wäre, das, praktisch ausgedrückt, nicht seyn sollte; so würde sie auch nicht theoretisch ein Problem seyn: vielmehr würde ihr Daseyn entweder gar keiner Erklärung bedürfen, indem es sich so gänzlich von selbst verstände, daß eine Verwunderung darüber und Frage danach in keinem Kopfe aufsteigen könnte; oder der Zweck desselben würde sich unverkennbar darbieten. Statt dessen aber ist sie sogar ein unauflösliches Problem; indem selbst die vollkommenste Philosophie stets noch ein unerklärtes Element enthalten wird, gleich einem unauflöslichen Niederschlag, oder dem Rest, welchen das irrationale Verhältniß zweier Größen stets übrig läßt. Daher, wenn Einer wagt, die Frage aufzuwerfen, warum nicht lieber gar nichts sei, als diese Welt; so läßt die Welt sich nicht aus sich selbst rechtfertigen, kein Grund, keine Endursache ihres Daseyns in ihr selbst finden, nicht nachweisen, daß sie ihrer selbst wegen, d. h. zu ihrem eigenen Vortheil dasei. – Dies ist, meiner Lehre zufolge, freilich daraus erklärlich, daß das Princip ihres Daseyns ausdrücklich ein grundloses ist, nämlich blinder Wille zum Leben, welcher, als Ding an sich, dem Satz vom Grunde, der bloß die Form der Erscheinungen ist und durch den allein jedes Warum berechtigt ist, nicht unterworfen seyn kann. Dies stimmt aber auch zur Beschaffenheit der Welt: denn nur ein blinder, kein sehender Wille konnte sich selbst in die Lage versetzen, in der wir uns erblicken. Ein sehender Wille würde vielmehr bald den Ueberschlag gemacht haben, daß das Geschäft die Kosten nicht deckt, indem ein so gewaltiges Streben und Ringen, mit Anstrengung aller Kräfte, unter steter Sorge, Angst und Noth, und bei unvermeidlicher Zerstörung jedes individuellen Lebens, keine Entschädigung findet in dem so errungenen, ephemeren, unter unsern Händen zu nichts werdenden Daseyn selbst. Daher eben verlangt die Erklärung der Welt aus einem Anaxagorischen νοῦς, d. h. aus einem von Erkenntniß geleiteten Willen, zu ihrer Beschönigung, nothwendig den Optimismus, der alsdann, dem laut schreienden Zeugniß einer ganzen Welt voll Elend zum Trotz, aufgestellt und verfochten wird. Da wird denn das Leben für ein Geschenk ausgegeben, während am Tage liegt, daß Jeder, wenn er zum voraus das Geschenk hätte besehn und prüfen dürfen, sich dafür bedankt haben würde; wie denn auch Lessing den Verstand seines Sohnes bewunderte, der, weil er durchaus nicht in die Welt hineingewollt hätte, mit der Geburtszange gewaltsam hineingezogen werden mußte, kaum aber darin, sich eilig wieder davonmachte. Dagegen wird dann wohl gesagt, das Leben solle, von einem Ende zum andern, auch nur eine Lektion seyn; worauf aber Jeder antworten könnte: »So wollte ich eben deshalb, daß man mich in der Ruhe des allgenugsamen Nichts gelassen hätte, als wo ich weder Lektionen, noch sonst etwas nöthig hatte.« Würde nun aber gar noch hinzugefügt, er solle einst von jeder Stunde seines Lebens Rechenschaft ablegen; so wäre er vielmehr berechtigt, selbst erst Rechenschaft zu fordern darüber, daß man ihn, aus jener Ruhe weg, in eine so mißliche, dunkele, geängstete und peinliche Lage versetzt hat. – Dahin also führen falsche Grundansichten. Denn das menschliche Daseyn, weit entfernt den Charakter eines G e s c h e n k s zu tragen, hat ganz und gar den einer kontrahirten S c h u l d. Die Einforderung derselben erscheint in Gestalt der, durch jenes Daseyn gesetzten, dringenden Bedürfnisse, quälenden Wünsche und endlosen Noth. Auf Abzahlung dieser Schuld wird, in der Regel, die ganze Lebenszeit verwendet: doch sind damit erst die Zinsen getilgt. Die Kapitalabzahlung geschieht durch den Tod. – Und wann wurde diese Schuld kontrahirt? – Bei der Zeugung. –

Wenn man demgemäß den Menschen ansieht als ein Wesen, dessen Daseyn eine Strafe und Buße ist; – so erblickt man ihn in einem schon richtigeren Lichte. Der Mythos vom Sündenfall (obwohl wahrscheinlich, wie das ganze Judenthum, dem Zend-Avesta entlehnt: Bun-Dehesch, 15) ist das Einzige im Alten Testament, dem ich eine metaphysische, wenn gleich nur allegorische Wahrheit zugestehn kann; ja, er ist es allein, was mich mit dem Alten Testament aussöhnt. Nichts Anderm nämlich sieht unser Daseyn so ähnlich, wie der Folge eines Fehltritts und eines strafbaren Gelüstens. Das neutestamentliche Christenthum, dessen ethischer Geist der des Brahmanismus und Buddhaismus, daher dem übrigens [sonst] optimistischen des Alten Testaments sehr fremd ist, hat auch, höchst weise, gleich an jenen Mythos angeknüpft: ja, ohne diesen hätte es im Judenthum gar keinen Anhaltspunkt gefunden. – Will man den Grad von Schuld, mit dem unser Daseyn selbst behaftet ist, ermessen; so blicke man auf das Leiden, welches mit demselben verknüpft ist. Jeder große Schmerz, sei er leiblich oder geistig, sagt aus, was wir verdienen: denn er könnte nicht an uns kommen, wenn wir ihn nicht verdienten. Daß auch das Christenthum unser Daseyn in diesem Lichte erblickt, bezeugt eine Stelle aus Luthers Kommentar zu Galat., c. 3, die mir nur lateinisch vorliegt: *Sumus autem nos omnes corporibus et rebus subjecti Diabolo, et hospites sumus in mundo, cujus ipse princeps et Deus est. Ideo panis, quem edimus, potus, quem bibimus, vestes, quibus utimur, imo aër et totum quo vivimus in carne, sub ipsius imperio est.* [Wir alle aber sind mit unseren Körpern und unseren Dingen dem Teufel unterworfen und sind Fremdlinge auf der Welt, deren Fürst und Gott er ist. Darum steht alles unter seiner Herrschaft, das Brot, das wir essen, das Getränk, das wir trinken, die Kleider, die wir anziehen, ja sogar die Luft und alles, wodurch wir im Fleische leben.] – Man hat geschrieen über das Melancholische und Trostlose meiner Philosophie: es liegt jedoch bloß darin, daß ich, statt als Aequivalent der Sünden eine künftige Hölle zu fabeln, nachwies, daß wo die Schuld liegt, in der Welt, auch schon etwas Höllenartiges sei: wer aber dieses leugnen wollte, – kann es leicht ein Mal erfahren.

Und dieser Welt, diesem Tummelplatz gequälter und geängstigter Wesen, welche nur dadurch bestehn, daß eines das andere verzehrt, wo daher jedes reißende Thier das lebendige Grab tausend anderer und seine Selbsterhaltung eine Kette von Martertoden ist, wo sodann mit der Erkenntniß die Fähigkeit Schmerz zu empfinden wächst, welche daher im Menschen ihren höchsten Grad erreicht und einen um so höheren, je intelligenter er ist, – dieser Welt hat man das System des Optimismus anpassen und sie uns als die beste unter den möglichen andemonstriren wollen. Die Absurdität ist schreiend. – Inzwischen heißt ein Optimist mich die Augen öffnen und hineinsehn in die Welt, wie sie so schön sei, im Sonnenschein, mit ihren Bergen, Thälern, Ströhmen, Pflanzen, Thieren u. s. f. – Aber ist denn die Welt ein Guckkasten? Zu sehn sind diese Dinge freilich schön; aber sie zu seyn ist ganz etwas Anderes. – Dann kommt ein Teleolog und preist mir die weise Einrichtung an, vermöge welcher dafür gesorgt sei, daß die Planeten nicht mit den Köpfen gegen einander rennen, Land und Meer nicht zum Brei gemischt, sondern hübsch auseinandergehalten seien, auch nicht Alles in beständigem Froste starre, noch von Hitze geröstet werde, imgleichen, in Folge der Schiefe der Ekliptik kein ewiger Frühling sei, als in welchem nichts zur Reife gelangen könnte, u. dgl. m. – Aber Dieses und alles Aehnliche sind ja bloße *condi-*

tiones sine quibus non [unerläßliche Bedingungen]. Wenn es nämlich überhaupt eine Welt geben soll, wenn ihre Planeten wenigstens so lange, wie der Lichtstrahl eines entlegenen Fixsterns braucht, um zu ihnen zu gelangen, bestehn und nicht, wie Lessings Sohn, gleich nach der Geburt wieder abfahren sollen; – da durfte sie freilich nicht so ungeschickt gezimmert seyn, daß schon ihr Grundgerüst den Einsturz drohte. Aber wenn man zu den Resultaten des gepriesenen Werkes fortschreitet, die Spieler betrachtet, die auf der so dauerhaft gezimmerten Bühne agiren, und nun sieht, wie mit der Sensibilität der Schmerz sich einfindet und in dem Maaße, wie jene sich zur Intelligenz entwickelt, steigt, wie sodann, mit dieser gleichen Schritt haltend, Gier und Leiden immer stärker hervortreten und sich steigern, bis zuletzt das Menschenleben keinen andern Stoff darbietet, als den zu Tragödien und Komödien, – da wird, wer nicht heuchelt, schwerlich disponirt seyn, Hallelujahs anzustimmen. Den eigentlichen, aber verheimlichten Ursprung dieser letzteren hat übrigens, schonungslos, aber mit siegender Wahrheit, David Hume aufgedeckt, in seiner *Natural history of religion, Sect. 6, 7, 8 and 13.* Derselbe legt auch im zehnten und elften Buch seiner *Dialogues on natural religion,* unverhohlen, mit sehr triftigen und dennoch ganz anderartigen Argumenten als die meinigen, die trübsälige Beschaffenheit dieser Welt und die Unhaltbarkeit alles Optimismus dar; wobei er diesen zugleich in seinem Ursprung angreift. Beide Werke Hume's sind so lesenswerth, wie sie in Deutschland heut zu Tage unbekannt sind, wo man dagegen, patriotisch, am ekelhaften Gefasel einheimischer, sich spreizender Alltagsköpfe unglaubliches Genügen findet und sie als große Männer ausschreit. Jene *Dialogues* aber hat Hamann übersetzt, Kant hat die Uebersetzung durchgesehn und noch im späten Alter Hamanns Sohn zur Herausgabe derselben bewegen wollen, weil die von Platner ihm nicht genügte (siehe Kants Biographie von F. W. Schubert, S. 81 und 165). – Aus jeder Seite von David Hume ist mehr zu lernen, als aus Hegels, Herbarts und Schleiermachers sämmtlichen philosophischen Werken zusammengenommen.

Der Begründer des systematischen Optimismus hingegen ist Leibnitz, dessen Verdienste um die Philosophie zu leugnen ich nicht gesonnen bin, wiewohl mich in die Monadologie, prästabilirte Harmonie [von Gott im vorhinein geordnetes

Verhältnis aller Dinge] und *identitas indiscernibilium* [die Identität der nicht unterscheidbaren Dinge] eigentlich hineinzudenken, mir nie hat gelingen wollen. Seine *Nouveaux essays sur l'entendement* aber sind bloß ein Excerpt, mit ausführlicher, auf Berichtigung abgesehener, jedoch schwacher Kritik des mit Recht weltberühmten Werkes Locke's, welchem er hier mit eben so wenig Glück sich entgegenstellt, wie, durch sein gegen das Gravitationssystem gerichtetes *Tentamen de motuum coelestium causis,* dem Neuton. Gegen diese Leibnitz-Wolfische Philosophie ist die Kritik der reinen Vernunft ganz speciell gerichtet und hat zu ihr ein polemisches, ja, vernichtendes Verhältniß; wie zu Locke und Hume das der Fortsetzung und Weiterbildung. Daß heut zu Tage die Philosophieprofessoren allseitig bemüht sind, den Leibnitz, mit seinen Flausen, wieder auf die Beine zu bringen, ja, zu verherrlichen, und andererseits Kanten möglichst gering zu schätzen und bei Seite zu schieben, hat seinen guten Grund im *primum vivere* [zuerst leben]: die Kritik der reinen Vernunft läßt nämlich nicht zu, daß man Jüdische Mythologie für Philosophie ausgebe, noch auch, daß man, ohne Umstände, von der »Seele« als einer gegebenen Realität, einer wohlbekannten und gut ackreditirten Person, rede, ohne Rechenschaft zu geben, wie man denn zu diesem Begriff gekommen sei und welche Berechtigung man habe, ihn wissenschaftlich zu gebrauchen. Aber *primum vivere, deinde philosophari* [zuerst leben, dann philosophieren]! Herunter mit dem Kant, *vivat* unser Leibnitz! – Auf diesen also zurückzukommen, kann ich der Theodicee, dieser methodischen und breiten Entfaltung des Optimismus, in solcher Eigenschaft, kein anderes Verdienst zugestehn, als dieses, daß sie später Anlaß gegeben hat zum unsterblichen Candide des großen Voltaire; wodurch freilich Leibnitzens so oft wiederholte, lahme Exküse [Entschuldigung] für die Uebel der Welt, daß nämlich das Schlechte bisweilen das Gute herbeiführt, einen ihm unerwarteten Beleg erhalten hat. Schon durch den Namen seines Helden deutete Voltaire an, daß es nur der Aufrichtigkeit bedarf, um das Gegentheil des Optimismus zu erkennen. Wirklich macht auf diesem Schauplatz der Sünde, des Leidens und des Todes der Optimismus eine so seltsame Figur, daß man ihn für Ironie halten müßte, hätte man nicht an der von Hume, wie oben erwähnt, so ergötzlich aufgedeckten geheimen Quelle desselben (nämlich heuchelnde Schmeichelei, mit beleidigendem Vertrauen auf ihren Erfolg) eine hinreichende Erklärung seines Ursprungs.

Sogar aber läßt sich den handgreiflich sophistischen Beweisen Leibnitzens, daß diese Welt die beste unter den möglichen sei, ernstlich und ehrlich der Beweis entgegenstellen, daß sie die schlechteste unter den möglichen sei. Denn Möglich heißt nicht was Einer etwan sich vorphantasiren mag, sondern was wirklich existiren und bestehn kann. Nun ist diese Welt so eingerichtet, wie sie seyn mußte, um mit genauer Noth bestehn zu können: wäre sie aber noch ein wenig schlechter, so könnte sie schon nicht mehr bestehn. Folglich ist eine schlechtere, da sie nicht bestehn könnte, gar nicht möglich, sie selbst also unter den möglichen die schlechteste. Denn nicht bloß wenn die Planeten mit den Köpfen gegen einander rennten, sondern auch wenn von den wirklich eintretenden Perturbationen [Verwirrungen] ihres Laufes irgend eine, statt sich durch andere allmälig wieder auszugleichen, in der Zunahme beharrte, würde die Welt bald ihr Ende erreichen: die Astronomen wissen, von wie zufälligen Umständen, nämlich zumeist vom irrationalen Verhältniß der Umlaufszeiten zu einander, Dieses abhängt, und haben mühsam herausgerechnet, daß es immer noch gut abgehn wird, mithin die Welt so eben stehn und gehn kann. Wir wollen, wiewohl Neuton entgegengesetzter Meinung war, hoffen, daß sie sich nicht verrechnet haben, und mithin das in so einem Planetensystem verwirklichte mechanische *perpetuum mobile* nicht auch, wie die übrigen, zuletzt in Stillstand gerathen werde. – Unter der festen Rinde des Planeten nun wieder hausen die gewaltigen Naturkräfte, welche, sobald ein Zufall ihnen Spielraum gestattet, jene, mit allem Lebenden darauf, zerstören müssen; wie dies auf dem unserigen wenigstens schon drei Mal eingetreten ist und wahrscheinlich noch öfter eintreten wird. Ein Erdbeben von Lissabon, von Haity, eine Verschüttung von Pompeji sind nur kleine, schalkhafte Anspielungen auf die Möglichkeit. – Eine geringe, chemisch gar nicht ein Mal nachweisbare Alteration [Änderung] der Atmosphäre verursacht Cholera, gelbes Fieber, schwarzen Tod u. s. w., welche Millionen Menschen wegraffen; eine etwas größere würde alles Leben auslöschen. Eine sehr mäßige Erhöhung der Wärme würde alle Flüsse und Quellen austrocknen. – Die Thiere haben an Organen und Kräften genau und knapp so viel erhalten, wie zur Herbeischaffung ihres Lebensunterhalts und Aufffütterung der Brut, unter äußerster Anstrengung, ausreicht; daher ein Thier, wenn es ein Glied, oder auch nur den vollkommenen Gebrauch desselben, verliert, meistens umkommen muß. Selbst vom Menschengeschlecht, so mächtige Werkzeuge es an Verstand und Vernunft auch hat, leben neun Zehntel in beständigem Kampfe mit dem Mangel, stets am Rand des Untergangs, sich mit Noth und Anstrengung über demselben balancirend. Also durchweg, wie zum Bestande des Ganzen, so auch zu dem jedes Einzelwesens sind die Bedingungen knapp und kärglich gegeben, aber nichts darüber: daher geht das individuelle Leben in unaufhörlichem Kampfe um die Existenz selbst hin; während bei jedem Schritt ihm Untergang droht. Eben weil diese Drohung so oft vollzogen wird, mußte, durch den unglaublich großen Ueberschuß der Keime, dafür gesorgt seyn, daß der Untergang der Individuen nicht den der Geschlechter herbeiführe, als an welchen allein der Natur ernstlich gelegen ist. – Die Welt ist folglich so schlecht, wie sie möglicherweise seyn kann, wenn sie überhaupt noch seyn soll. W. z. b. w. [was zu beweisen war] – Die Versteinerungen der den Planeten ehemals bewohnenden, ganz anderartigen Thiergeschlechter liefern uns, als Rechnungsprobe, die Dokumente von Welten, deren Bestand nicht mehr möglich war, die mithin noch etwas schlechter waren, als die schlechteste unter den möglichen.

Der Optimismus ist im Grunde das unberechtigte Selbstlob des eigentlichen Urhebers der Welt, des Willens zum Leben, der sich wohlgefällig in seinem Werke spiegelt: und demgemäß ist er nicht nur eine falsche, sondern auch eine verderbliche Lehre. Denn er stellt uns das Leben als einen wünschenswerthen Zustand, und als Zweck desselben das Glück des Menschen dar. Davon ausgehend glaubt dann Jeder den gerechtesten Anspruch auf Glück und Genuß zu haben: werden nun diese, wie es zu geschehn pflegt, ihm nicht zu Theil; so glaubt er, ihm geschehe Unrecht, ja, er verfehle den Zweck seines Daseyns; – während es viel richtiger ist, Arbeit, Entbehrung, Noth und Leiden, gekrönt durch den Tod, als Zweck unsers Lebens zu betrachten (wie dies Brahmanismus und Buddhaismus, und auch das ächte Christenthum thun); weil diese es sind, die zur Verneinung des Willens zum Leben leiten. Im Neuen Testamente ist die Welt dargestellt als ein Jammerthal, das Leben als ein Läuterungsproceß, und ein

Marterinstrument ist das Symbol des Christenthums. Daher beruhte, als Leibnitz, Shaftesbury, Bolingbroke und Pope mit dem Optimismus hervortraten, der Anstoß, den man allgemein daran nahm, hauptsächlich darauf, daß der Optimismus mit dem Christenthum unvereinbar sei; wie dies Voltaire, in der Vorrede zu seinem vortrefflichen Gedichte *Le désastre de Lisbonne,* welches ebenfalls ausdrücklich gegen den Optimismus gerichtet ist, berichtet und erläutert. Was diesen großen Mann, den ich, den Schmähungen feiler Deutscher Tintenklexer gegenüber, so gern lobe, entschieden höher als Rousseau stellt, indem es die größere Tiefe seines Denkens bezeugt, sind drei Einsichten, zu denen er gelangt war: 1) die von der überwiegenden Größe des Uebels und vom Jammer des Daseyns, davon er tief durchdrungen ist; 2) die von der strengen Necessitation der Willensakte; 3) die von der Wahrheit des Locke'schen Satzes, daß möglicherweise das Denkende auch materiell seyn könne; während Rousseau alles Dieses durch Deklamationen bestreitet, in seiner *Profession de foi du vicaire Savoyard,* einer flachen, protestantischen Pastorenphilosophie; wie er denn auch, in eben diesem Geiste, gegen das soeben erwähnte, schöne Gedicht Voltaire's mit einem schiefen, seichten und logisch falschen Räsonnement, zu Gunsten des Optimismus, polemisirt, in seinem, bloß diesem Zweck gewidmeten, langen Briefe an Voltaire, vom 18. August 1756. Ja, der Grundzug und das πρωτον ψευδος [der erste falsche Schritt] der ganzen Philosophie Rousseau's ist Dieses, daß er an die Stelle der christlichen Lehre von der Erbsünde und der ursprünglichen Verderbtheit des Menschengeschlechts, eine ursprüngliche Güte und unbegränzte Perfektibilität desselben setzt, welche bloß durch die Civilisation und deren Folgen auf Abwege gerathen wäre, und nun darauf seinen Optimismus und Humanismus gründet.

Wie gegen den Optimismus Voltaire, im Candide, den Krieg in seiner scherzhaften Manier führt, so hat es in seiner ernsten und tragischen Byron gethan, in seinem unsterblichen Meisterwerke Kain, weshalb er auch durch die Invektiven [Schmähreden] des Obskuranten [Dunkelmanns] Friedrich Schlegel verherrlicht worden ist. – Wollte ich nun schließlich, zur Bekräftigung meiner Ansicht, die Aussprüche großer Geister aller Zeiten in diesem, dem Optimismus entgegengesetzten

Sinne, hersetzen; so würde der Anführungen kein Ende seyn; da fast jeder derselben seine Erkenntniß des Jammers dieser Welt in starken Worten ausgesprochen hat. Also nicht zur Bestätigung, sondern bloß zur Verzierung dieses Kapitels mögen am Schlusse desselben einige Aussprüche dieser Art Platz finden.

Zuvörderst sei hier erwähnt, daß die Griechen, so weit sie auch von der Christlichen und Hochasiatischen Weltansicht entfernt waren und entschieden auf dem Standpunkt der Bejahung des Willens standen, dennoch von dem Elend des Daseyns tief ergriffen waren. Dies bezeugt schon die Erfindung des Trauerspiels, welche ihnen angehört. Einen andern Beleg dazu giebt uns die, nachmals oft erwähnte, zuerst von Herodot (v, 4) erzählte Sitte der Thrakier, den Neugeborenen mit Wehklagen zu bewillkommnen, und alle Uebel, denen er jetzt entgegengehe, herzuzählen; dagegen den Todten mit Freude und Scherz zu bestatten, weil er so vielen und großen Leiden nunmehr entgangen sei; welches in einem schönen, von Plutarch *(De audiend. poët. in fine* [zu Ende, cap. 14]*)* uns aufbehaltenen Verse, so lautet:

Τον φυντα θρηνειν, εις ὁσ' ερχεται κακα·
Τον δ' αυ θανοντα και πονων πεπαυμενον
Χαιροντας ευφημουντας εκπεμπειν δομων.

(Lugere genitum, tanta qui intrarit mala:
At morte si quis finiisset miserias,
Hunc laude amicos atque laetitia exsequi.)

[Geborne zu beklagen, weil viel Schlimmem sie
Entgegengehen, aber die Gestorbenen
Mit Freude zu geleiten und mit Segnungen,
Weil sie so vielen Leiden jetzt entronnen sind.]

Nicht historischer Verwandtschaft, sondern moralischer Identität der Sache ist es beizumessen, daß die Mexikaner das Neugeborene mit den Worten bewillkommneten: »Mein Kind, du bist zum Dulden geboren: also dulde, leide und schweig« [Bibliothèque universelle de Genève, No. 81, 1842, p. 6]. Und dem selben Gefühle folgend hat Swift (wie Walter Scott in dessen Leben berichtet) schon früh die Gewohnheit angenommen, seinen Geburtstag nicht als einen Zeitpunkt der Freude, sondern der Betrübniß zu begehn, und an demselben die Bibelstelle zu lesen, in welcher Hiob den Tag bejammert und verflucht, an welchem es in seines Vaters Hause hieß: es sei ein Sohn geboren.

Bekannt und zum Abschreiben zu lang ist die Stelle in der Apologie des Sokrates, wo Plato diesen weisesten der Sterblichen sagen läßt, daß der Tod, selbst wenn er uns auf immer das Bewußtseyn raubte, ein wundervoller Gewinn seyn würde, da ein tiefer, traumloser Schlaf jedem Tage, auch des beglücktesten Lebens, vorzuziehn sei.

Ein Spruch des Herakleitos lautete:

Τῳ ουν βιῳ ονομα μεν βιος, εϱγον δε ϑανατος.
(Vitae nomen quidem est vita, opus autem mors.
[Des Lebens Name ist zwar Leben, sein Werk aber ist Tod.]

Etymologicum magnum, voce βιος; *auch Eustath. ad Iliad., I, p. 31.)*

Berühmt ist der schöne Vers des Theognis [425 ff.]:

Αϱχην μεν μη φυναι επιχϑονιοισιν αϱιστον,
Μηδ' εισιδειν αυγας οξεος ηελιου·
Φυντα δ' ὁπως ωκιστα πυλας Αΐδαο πεϱησαι,
Και κεισϑαι πολλην γην επαμησαμενον.

(Optima sors homini natum non esse, nec unquam
Adspexisse diem, flammiferumque jubar.
Altera jam genitum demitti protinus Orco,
Et pressum multa mergere corpus humo.)

[Gar nicht geboren zu werden, das wäre für Menschen das Beste,
Nimmer des Sonnengotts sengende Strahlen zu schaun;
Ist man aber geboren, so schnell, wie es geht, in des Hades
Pforten zu dringen und dort unter der Erde zu ruhn.]

Sophokles, im Oedipus zu Kolona (1225), hat folgende Abkürzung desselben:

Μη φυναι τον ἁπαντα νι-
κᾳ λογον· το δ' επει φανῃ,
βηναι κειϑεν, ὁϑεν πεϱ ἡκει,
πολυ δευτεϱον, ὡς ταχιστα.

(Natum non esse sortes vincit alias omnes: proxima autem

est, ubi quis in lucem editus fuerit, eodem redire, unde venit, quam ocissime.)

[Nie geboren zu sein, das ist
Weit das Beste; doch wenn man lebt,
Ist das Zweite, woher man kam,
Dorthin zu kehren, so schnell wie möglich.]

Euripides sagt:

Πας δ' οδυνηρος βιος ανθρωπων,
Κ' ουκ εστι πονων αναπαυσις.

(Omnis hominum vita est plena dolore,
Nec datur laborum remissio.

[Voll Elend ist der Menschen Leben
und kein Ende des Jammers.]

Hippol. 189.)

Und hat es doch schon Homer gesagt:

Ου μεν γαρ τι που εστιν οϊζυρωτερον ανδρος
Παντων, ὁσσα δε γαιαν επι πνεει τε και ἑρπει.

(Non enim quidquam alicubi est calamitosius homine
Omnium, quotquot super terram spirantque et moventur.

[Denn nicht ist auf der Welt ein jammervolleres Wesen
Als der Mensch, unter allem, was atmet und kriecht auf der Erde.]

Il[ias]. XVII, 446.)

Selbst Plinius sagt: *Quapropter hoc primum quisque in remediis animi sui habeat, ex omnibus bonis, quae homini natura tribuit, nullum melius esse tempestiva morte.* [Deshalb möge jeder als Heilmittel seines Gemütes zu allererst den Gedanken anerkennen, daß unter allen Gütern, welche die Natur dem Menschen beschert hat, keines wertvoller ist als ein zeitiger Tod.] *(Hist. nat. 28, 2.)*

Shakespeare legt dem alten König Heinrich IV. die Worte in den Mund:

O heaven! that one might read the book of fate,
And see the revolution of the times,

– – – – – – – – how chances mock,
And changes fill the cup of alteration
With divers liquors! O, if this were seen,
The happiest youth, – viewing his progress through,
What perils past, what crosses to ensue, –
*Would shut the book, and sit him down and die.**
[*König Heinrich IV.*, 2. Teil, III, 1; verkürzt.]

Endlich Byron:

Count o'er the joys thine hours have seen,
Count o'er thy days from anguish free,
And know, whatever thou hast been,
*'Tis something better not to be.***

Auch Balthasar Gracian bringt den Jammer unsers Daseyns uns mit den schwärzesten Farben vor die Augen im *Criticon, Parte I, Crisi 5*, gleich im Anfang, und *Crisi 7*, am Schluß, wo er das Leben als eine tragische Farce ausführlich darstellt.

Keiner jedoch hat diesen Gegenstand so gründlich und erschöpfend behandelt, wie, in unsern Tagen, Leopardi. Er ist von demselben ganz erfüllt und durchdrungen: überall ist der Spott und Jammer dieser Existenz sein Thema, auf jeder Seite seiner Werke stellt er ihn dar, jedoch in einer solchen Mannigfaltigkeit von Formen und Wendungen, mit solchem Reichthum an Bildern, daß er nie Ueberdruß erweckt, vielmehr durchweg unterhaltend und erregend wirkt.

* O, könnte man im Schicksalsbuche lesen,
Der Zeiten Umwälzung, des Zufalls Hohn
Darin ersehn, und wie Veränderung
Bald diesen Trank, bald jenen uns kredenzet, –
O, wer es säh! und wär's der frohste Jüngling,
Der, seines Lebens Lauf durchmusternd,
Das Ueberstandene, das Drohende erblickte, –
Er schlüg' es zu, und setzt' sich hin, und stürbe.

** Ueberzähle die Freuden, welche deine Stunden gesehn haben; überzähle die Tage, die von Angst frei gewesen; und wisse, daß, was immer du gewesen seyn magst, es etwas Besseres ist, nicht zu seyn. [›Euthanasia‹, Str. 9.]

Kapitel 47*.

Zur Ethik.

Hier ist nun die große Lücke, welche in diesen Ergänzungen dadurch entsteht, daß ich die Moral im engern Sinne bereits abgehandelt habe in den unter dem Titel: »Die Grundprobleme der Ethik« herausgegebenen zwei Preisschriften, die Bekanntschaft mit welchen ich, wie gesagt, voraussetze, um unnütze Wiederholungen zu vermeiden. Daher bleibt mir hier nur eine kleine Nachlese vereinzelter Betrachtungen, die dort, wo der Inhalt, der Hauptsache nach, von den Akademien vorgeschrieben war, nicht zur Sprache kommen konnten, und zwar am wenigsten die, welche einen höhern Standpunkt erfordern, als den Allen gemeinsamen, auf welchem ich dort stehn zu bleiben genöthigt war. Demzufolge wird es den Leser nicht befremden, dieselben hier in einer sehr fragmentarischen Zusammenstellung zu finden. Diese nun wieder hat ihre Fortsetzung erhalten im achten und neunten Kapitel des zweiten Bandes der Parerga. –

Daß moralische Untersuchungen ungleich wichtiger sind, als physikalische, und überhaupt als alle andern, folgt daraus, daß sie fast unmittelbar das Ding an sich betreffen, nämlich diejenige Erscheinung desselben, an der es, vom Lichte der Erkenntniß unmittelbar getroffen, sein Wesen offenbart als Wille. Physikalische Wahrheiten hingegen bleiben ganz auf dem Gebiete der Vorstellung, d. i. der Erscheinung, und zeigen bloß, wie die niedrigsten Erscheinungen des Willens sich in der Vorstellung gesetzmäßig darstellen. – Ferner bleibt die Betrachtung der Welt von der physischen Seite, so weit und so glücklich man sie auch verfolgen mag, in ihren Resultaten für uns trostlos: auf der moralischen Seite allein ist Trost zu finden; indem hier die Tiefen unsers eigenen Innern sich der Betrachtung aufthun.

Meine Philosophie ist aber die einzige, welche der Moral ihr volles und ganzes Recht angedeihen läßt: denn nur wenn das Wesen des Menschen sein eigener Wille, mithin er, im strengsten Sinne, sein eigenes Werk ist, sind seine Thaten wirklich ganz sein und ihm zuzurechnen. Sobald er hingegen einen

* Dieses Kapitel bezieht sich auf §§ 55, 62, 67 des ersten Bandes.

andern Ursprung hat, oder das Werk eines von ihm verschiedenen Wesens ist, fällt alle seine Schuld zurück auf diesen Ursprung, oder Urheber. Denn *operari sequitur esse* [Handeln folgt aus Sein: Pomponatius, *De animi immortalitate*, p. 76].

Die Kraft, welche das Phänomen der Welt hervorbringt, mithin die Beschaffenheit derselben bestimmt, in Verbindung zu setzen mit der Moralität der Gesinnung, und dadurch eine moralische Weltordnung als Grundlage der physischen nachzuweisen, – dies ist seit Sokrates das Problem der Philosophie gewesen. Der Theismus leistete es auf eine kindliche Weise, welche der herangereiften Menschheit nicht genügen konnte. Daher stellte sich ihm der Pantheismus, sobald er irgend es wagen durfte, entgegen, und wies nach, daß die Natur die Kraft, vermöge welcher sie hervortritt, in sich selbst trägt. Dabei mußte nun aber die Ethik verloren gehn. Spinoza versucht zwar, stellenweise, sie durch Sophismen zu retten, meistens aber giebt er sie geradezu auf und erklärt, mit einer Dreistigkeit, die Erstaunen und Unwillen hervorruft, den Unterschied zwischen Recht und Unrecht, und überhaupt zwischen Gutem und Bösem, für bloß konventionell, also an sich selbst nichtig (z. B. *Eth., IV, prop. 37, schol. 2*). Ueberhaupt ist Spinoza, nachdem ihn, über hundert Jahre hindurch, unverdiente Geringschätzung getroffen hatte, durch die Reaktion im Pendelschwung der Meinung, in diesem Jahrhundert wieder überschätzt worden. – Aller Pantheismus nämlich muß an den unabweisbaren Forderungen der Ethik, und nächst dem am Uebel und dem Leiden der Welt, zuletzt scheitern. Ist die Welt eine Theophanie; so ist Alles, was der Mensch, ja, auch das Thier thut, gleich göttlich und vortrefflich: nichts kann zu tadeln und nichts vor dem Andern zu loben seyn: also keine Ethik. Daher eben ist man in Folge des erneuerten Spinozismus unserer Tage, also des Pantheismus, in der Ethik so tief herabgesunken und so platt geworden, daß man aus ihr eine bloße Anleitung zu einem gehörigen Staats- und Familienleben machte, als in welchem, also im methodischen, vollendeten, genießenden und behaglichen Philisterthum, der letzte Zweck des menschlichen Daseyns bestehn sollte. Zu dergleichen Plattheiten hat der Pantheismus freilich erst dadurch geführt, daß man (das *e quovis ligno fit Mercurius* [aus jedem Holze läßt ein Gott sich schnitzen: vgl. Apuleius, *de magia*, XLVIII; Jesaia, c. 44, 14–17] arg mißbrauchend) einen gemeinen Kopf, Hegel, durch die allbekannten Mittel, zu einem großen Philosophen falschmünzte und eine Schaar Anfangs subornirter [zum Bösen verleiteter], dann bloß bornirter Jünger desselben das große Wort erhielt. Dergleichen Attentate gegen den menschlichen Geist bleiben nicht ungestraft: die Saat ist aufgegangen. Im gleichen Sinne wurde dann behauptet, die Ethik solle nicht das Thun der Einzelnen, sondern das der Volksmassen zum Stoff haben, nur dieses sei ein Thema ihrer würdig. Nichts kann verkehrter seyn, als diese auf dem plattesten Realismus beruhende Ansicht. Denn in jedem Einzelnen erscheint der ganze ungetheilte Wille zum Leben, das Wesen an sich, und der Mikrokosmos ist dem Makrokosmos gleich. Die Massen haben nicht mehr Inhalt als jeder Einzelne. Nicht vom Thun und Erfolg, sondern vom Wollen handelt es sich in der Ethik, und das Wollen selbst geht stets nur im Individuo vor. Nicht das Schicksal der Völker, welches nur in der Erscheinung daist, sondern das des Einzelnen entscheidet sich moralisch. Die Völker sind eigentlich bloße Abstraktionen: die Individuen allein existiren wirklich. – So also verhält sich der Pantheismus zur Ethik. – Die Uebel aber und die Quaal der Welt stimmten schon nicht zum Theismus: daher dieser durch allerlei Ausreden, Theodiceen, sich zu helfen suchte, welche jedoch den Argumenten Hume's und Voltaire's unrettbar unterlagen. Der Pantheismus nun aber ist jenen schlimmen Seiten der Welt gegenüber vollends unhaltbar. Nur dann nämlich, wann man die Welt ganz von außen und allein von der physikalischen Seite betrachtet und nichts Anderes, als die sich immer wieder herstellende Ordnung und dadurch komparative [vergleichsweise zutreffende] Unvergänglichkeit des Ganzen im Auge behält, geht es allenfalls, doch immer nur sinnbildlich an, sie für einen Gott zu erklären. Tritt man aber ins Innere, nimmt also die subjektive und die moralische Seite hinzu, mit ihrem Uebergewicht von Noth, Leiden und Quaal, von Zwiespalt, Bosheit, Verruchtheit und Verkehrtheit; da wird man bald mit Schrecken inne, daß man nichts weniger, als eine Theophanie vor sich hat. – Ich nun aber habe gezeigt und habe es zumal in der Schrift »Vom Willen in der Natur« bewiesen, daß die in der Natur treibende und wirkende Kraft identisch ist mit dem Willen in uns. Dadurch tritt nun wirklich die moralische Weltordnung in unmittelbaren Zusammenhang mit der das Phänomen der Welt hervorbringenden Kraft. Denn der Beschaffenheit des Willens muß seine Erscheinung genau entsprechen: hierauf beruht die, §§ 63, 64 des ersten Bandes, gegebene Darstellung der ewigen Gerechtigkeit, und die Welt, obgleich aus eigener Kraft bestehend, erhält durchweg eine moralische Tendenz. Sonach ist jetzt allererst das seit Sokrates angeregte Problem wirklich gelöst und die Forderung der denkenden, auf das Moralische gerichteten Vernunft befriedigt. – Nie jedoch habe ich mich vermessen, eine Philosophie aufzustellen, die keine Fragen mehr übrig ließe. In diesem Sinne ist Philosophie wirklich unmöglich: sie wäre Allwissenheitslehre. Aber *est quadam prodire tenus, si non datur ultra* [Recht ist's, bis zur Grenze zu gehn, wenn weiter kein Weg ist: Horaz, *epistulae*, 1, 1, 32]: es giebt eine Gränze, bis zu welcher das Nachdenken vordringen und so weit die Nacht unsers Daseyns erhellen kann, wenn gleich der Horizont stets dunkel bleibt. Diese Gränze erreicht meine Lehre im Willen zum Leben, der, auf seine eigene Erscheinung, sich bejaht oder verneint. Darüber aber noch hinausgehn wollen ist, in meinen Augen, wie über die Atmosphäre hinausfliegen wollen. Wir müssen dabei stehn bleiben; wenn gleich aus gelösten Problemen neue hervorgehn. Zudem aber ist darauf zu verweisen, daß die Gültigkeit des Satzes vom Grunde sich auf die Erscheinung beschränkt: dies war das Thema meiner ersten, schon 1813 herausgegebenen Abhandlung über jenen Satz. –

Jetzt gehe ich an die Ergänzungen einzelner Betrachtungen, und will damit anfangen, meine § 67 des ersten Bandes gegebene Erklärung des Weinens, daß es nämlich aus dem Mitleid, dessen Gegenstand man selbst ist, entspringt, durch ein Paar klassischer Dichterstellen zu belegen. – Am Schlusse des achten Gesanges der Odyssee bricht Odysseus, der bei seinen vielen Leiden nie weinend dargestellt wird, in Thränen aus, als er, noch ungekannt, beim Phäaken-König vom Sänger Demodokos sein früheres Heldenleben und Thaten besingen hört, indem dieses Andenken an seine glänzende Lebenszeit in Kontrast tritt mit seinem gegenwärtigen Elend. Also nicht dieses selbst unmittelbar, sondern die objektive Betrachtung desselben, das Bild seiner Gegenwart, hervorgehoben durch die Vergangenheit, ruft seine Thränen hervor: er fühlt Mitleid mit sich selbst. – Die selbe

Empfindung läßt E u r i p i d e s den unschuldig verdammten und sein eigenes Schicksal beweinenden Hippolytos aussprechen:

Φευ· ειϑ' ην εμαυτον προσβλεπειν εναντιον
σταντϑ', ὡς εδακρυσ', οἱα πασχομεν κακα. (1084.)

(Heu, si liceret mihi, me ipsum extrinsecus spectare, quantopere deflerem mala, quae patior.)

[Weh! Ach wär' es mir vergönnt, mich selber doch zu sehn,
Wie ich da steh und weine über meine Not!]

Endlich mag, als Beleg zu meiner Erklärung, hier noch eine Anekdote Platz finden, die ich der Englischen Zeitung »*Herald*« vom 16. Juli 1836 entnehme. Ein Klient, als er vor Gericht die Darlegung seines Falls durch seinen Advokaten angehört hatte, brach in einen Strohm von Thränen aus und rief: »Nicht halb so viel glaubte ich gelitten zu haben, bis ich es heute hier angehört habe!« –

Wie, bei der Unveränderlichkeit des Charakters, d. h. des eigentlichen Grundwollens des Menschen, eine wirklich moralische R e u e dennoch möglich sei, habe ich zwar § 55 des ersten Bandes dargelegt, will jedoch noch die folgende Erläuterung hinzufügen, der ich ein Paar Definitionen voranschicken muß. – N e i g u n g ist jede stärkere Empfänglichkeit des Willens für Motive einer gewissen Art. L e i d e n s c h a f t ist eine so starke Neigung, daß die sie anregenden Motive eine Gewalt über den Willen ausüben, welche stärker ist, als die jedes möglichen, ihnen entgegenwirkenden Motivs, wodurch ihre Herrschaft über den Willen eine absolute wird, dieser folglich gegen sie sich p a s s i v , l e i d e n d verhält. Hiebei ist jedoch zu bemerken, daß Leidenschaften den Grad, wo sie der Definition vollkommen entsprechen, selten erreichen, vielmehr als bloße Approximationen zu demselben ihren Namen führen; daher es alsdann doch noch Gegenmotive giebt, die ihre Wirkung allenfalls zu hemmen vermögen, wenn sie nur deutlich ins Bewußtseyn treten. Der A f f e k t ist eine eben so unwiderstehliche, jedoch nur vorübergehende Erregung des Willens, durch ein Motiv, welches seine Gewalt nicht durch eine tief wurzelnde Neigung, sondern bloß dadurch erhält, daß es, plötzlich eintretend, die Gegenwirkung aller andern Motive, für den Augenblick, ausschließt, indem es in einer Vorstellung besteht, die, durch ihre übermäßige Lebhaftigkeit, die andern völlig verdunkelt, oder gleichsam durch ihre zu große Nähe sie ganz verdeckt, so daß sie nicht ins Bewußtseyn treten und auf den Willen wirken können, wodurch daher die Fähigkeit der Ueberlegung und damit die intellektuelle Freiheit* in gewissem Grade aufgehoben wird. Demnach verhält sich der Affekt zur Leidenschaft wie die Fieberphantasie zum Wahnsinn.

Eine moralische Reue ist nun dadurch bedingt, daß, vor der That, die Neigung zu dieser dem Intellekt nicht freien Spielraum ließ, indem sie ihm nicht gestattete, die ihr entgegenstehenden Motive deutlich und vollständig ins Auge zu fassen, vielmehr ihn immer wieder auf die zu ihr auffordernden hinlenkte. Diese nun aber sind, nach vollbrachter That, durch diese selbst neutralisirt, mithin unwirksam geworden. Jetzt bringt die Wirklichkeit die entgegenstehenden Motive, als bereits eingetretene Folgen der That, vor den Intellekt, der nunmehr erkennt, daß sie die stärkern gewesen wären, wenn er sie nur gehörig ins Auge gefaßt und erwogen hätte. Der Mensch wird also inne, daß er gethan hat, was seinem Willen eigentlich nicht gemäß war: diese Erkenntniß ist die Reue. Denn er hat nicht mit völliger intellektueller Freiheit gehandelt, indem nicht alle Motive zur Wirksamkeit gelangten. Was die der That entgegenstehenden ausschloß, war, bei der übereilten, der Affekt, bei der überlegten, die Leidenschaft. Oft hat es auch daran gelegen, daß seine Vernunft ihm die Gegenmotive zwar *in abstracto* vorhielt, aber nicht von einer hinlänglich starken Phantasie unterstützt wurde, die ihm den vollen Gehalt und die wahre Bedeutung derselben in Bildern vorgehalten hätte. Beispiele zu dem Gesagten sind die Fälle, wo Rachsucht, Eifersucht, Habsucht zum Morde riethen: nachdem er vollbracht ist, sind diese erloschen, und jetzt erheben Gerechtigkeit, Mitleid, Erinnerung früherer Freundschaft, ihre Stimme und sagen Alles, was sie vorhin gesagt haben würden, wenn man sie hätte zum Worte kommen lassen. Da tritt die bittere Reue ein, welche spricht: »Wär' es nicht geschehn, es geschähe nimmermehr.« Eine unvergleichliche Darstellung derselben liefert die berühmte, alte Schottische, auch von Herder übersetzte Ballade: »Edward, Edward!« [in

* Diese ist erörtert im Anhang zu meiner Preisschrift über die Freiheit des Willens.

Stimmen der Völker, 3. Buch, Nr. 16.] – Auf analoge Art kann die Vernachlässigung des eigenen Wohls eine egoistische Reue herbeiführen: z. B. wann eine übrigens unrathsame Ehe geschlossen ist, in Folge verliebter Leidenschaft, welche jetzt eben dadurch erlischt, wonach nun erst die Gegenmotive des persönlichen Interesses, der verlorenen Unabhängigkeit u. s. w. ins Bewußtseyn treten und so reden, wie sie vorher geredet haben würden, wenn man sie hätte zum Worte kommen lassen. – Alle dergleichen Handlungen entspringen demnach im Grunde aus einer relativen Schwäche des Intellekts, sofern nämlich dieser sich vom Willen da übermeistern läßt, wo er, ohne sich von ihm stören zu lassen, seine Funktion des Vorhaltens der Motive hätte unerbittlich vollziehn sollen. Die Vehemenz des Willens ist dabei nur mittelbar die Ursache, sofern sie nämlich den Intellekt hemmt und dadurch sich Reue bereitet. – Die der Leidenschaftlichkeit entgegengesetzte Vernünftigkeit des Charakters, σωφροσυνη, besteht eigentlich darin, daß der Wille nie den Intellekt dermaaßen überwältigt, daß er ihn verhindere, seine Funktion der deutlichen, vollständigen und klaren Darlegung der Motive, *in abstracto* für die Vernunft, *in concreto* für die Phantasie, richtig auszuüben. Dies kann nun sowohl auf der Mäßigkeit und Gelindigkeit des Willens, als auf der Stärke des Intellekts beruhen. Es ist nur erfordert, daß der letztere relativ, für den vorhandenen Willen, stark genug sei, also Beide im angemessenen Verhältniß zu einander stehn. –

Den, § 62 des ersten Bandes, wie auch in der Preisschrift über die Grundlage der Moral, § 17, dargelegten Grundzügen der Rechtslehre sind noch folgende Erläuterungen beizufügen.

Die, welche, mit Spinoza, leugnen, daß es außer dem Staat ein Recht gebe, verwechseln die Mittel, das Recht geltend zu machen, mit dem Rechte. Des Schutzes ist das Recht freilich nur im Staate versichert, aber es selbst ist von diesem unabhängig vorhanden. Denn durch Gewalt kann es bloß unterdrückt, nie aufgehoben werden. Demgemäß ist der Staat nichts weiter als eine Schutzanstalt, nothwendig geworden durch die mannigfachen Angriffe, welchen der Mensch ausgesetzt ist und die er nicht einzeln, sondern nur im Verein mit Andern abzuwehren vermag. Sonach bezweckt der Staat:

1) Zuvörderst Schutz nach außen, welcher nöthig werden

kann sowohl gegen leblose Naturkräfte, oder auch wilde Thiere, als gegen Menschen, mithin gegen andere Völkerschaften; wiewohl dieser Fall der häufigste und wichtigste ist: denn der schlimmste Feind des Menschen ist der Mensch: *homo homini lupus* [Der Mensch ist für den Menschen ein Wolf: Hobbes]. Indem, in Folge dieses Zwecks, die Völker den Grundsatz, stets nur defensiv, nie aggressiv gegen einander sich verhalten zu wollen, mit Worten, wenn auch nicht mit der That, aufstellen, erkennen sie das Völkerrecht. Dieses ist im Grunde nichts Anderes, als das Naturrecht, auf dem ihm allein gebliebenen Gebiet seiner praktischen Wirksamkeit, nämlich zwischen Volk und Volk, als wo es allein walten muß, weil sein stärkerer Sohn, das positive Recht, da es eines Richters und Vollstreckers bedarf, nicht sich geltend machen kann. Demgemäß besteht dasselbe in einem gewissen Grad von Moralität im Verkehr der Völker mit einander, dessen Aufrechthaltung Ehrensache der Menschheit ist. Der Richterstuhl der Processe auf Grund desselben ist die öffentliche Meinung.

2) Schutz nach innen, also Schutz der Mitglieder eines Staates gegen einander, mithin Sicherung des Privatrechts, mittelst Aufrechthaltung eines rechtlichen Zustandes, welcher darin besteht, daß die koncentrirten Kräfte Aller jeden Einzelnen schützen, woraus ein Phänomen hervorgeht, als ob Alle rechtlich, d. h. gerecht wären, also Keiner den Andern verletzen wollte.

Aber, wie durchgängig in menschlichen Dingen die Beseitigung eines Uebels einem neuen den Weg zu eröffnen pflegt; so führt die Gewährung jenes zwiefachen Schutzes das Bedürfniß eines dritten herbei, nämlich:

3) Schutz gegen den Beschützer, d. h. gegen Den, oder Die, welchen die Gesellschaft die Handhabung des Schutzes übertragen hat, also Sicherstellung des öffentlichen Rechtes. Diese scheint am vollkommensten dadurch erreichbar, daß man die Dreieinigkeit der schützenden Macht, also die Legislative, die Judikative und die Exekutive von einander sondert und trennt, so daß jede von Andern und unabhängig von den übrigen verwaltet wird. – Der große Werth, ja die Grundidee des Königthums scheint mir darin zu liegen, daß, weil Menschen Menschen bleiben, Einer so hoch gestellt, ihm so viel Macht, Reichthum, Sicherheit und absolute Unverletzlichkeit gegeben werden muß,

daß ihm für sich nichts zu wünschen, zu hoffen und zu fürchten bleibt; wodurch der ihm, wie Jedem, einwohnende Egoismus, gleichsam durch Neutralisation, vernichtet wird, und er nun, gleich als wäre er kein Mensch, befähigt ist, Gerechtigkeit zu üben und nicht mehr sein, sondern allein das öffentliche Wohl im Auge zu haben. Dies ist der Ursprung des gleichsam übermenschlichen Wesens, welches überall die Königswürde begleitet und sie so himmelweit von der bloßen Präsidentur unterscheidet. Daher muß sie auch erblich, nicht wählbar seyn: theils damit Keiner im König seines Gleichen sehn könne; theils damit dieser für seine Nachkommen nur dadurch sorgen kann, daß er für das Wohl des Staates sorgt, als welches mit dem seiner Familie ganz Eines ist.

Wenn man dem Staat, außer dem hier dargelegten Zweck des Schutzes, noch andere andichtet; so kann dies leicht den wahren in Gefahr setzen.

Das Eigenthumsrecht entsteht, nach meiner Darstellung, allein durch die Bearbeitung der Dinge. Diese schon oft ausgesprochene Wahrheit findet eine beachtenswerthe Bestätigung darin, daß sie sogar in praktischer Hinsicht geltend gemacht wird, in einer Aeußerung des Nordamerikanischen Ex-Präsidenten Quincy Adams, welche zu finden ist in der *Quarterly Review* von 1840, Nr. 130, wie auch, Französisch, in der *Bibliothèque universelle de Genève 1840, Juillet, No. 55.* Ich will sie hier Deutsch wiedergeben: »Einige Moralisten haben das Recht der Europäer, in den Landstrichen der Amerikanischen Urvölker sich niederzulassen, in Zweifel gezogen. Aber haben sie die Frage reiflich erwogen? In Bezug auf den größten Theil des Landes, beruht das Eigenthumsrecht der Indianer selbst auf einer zweifelhaften Grundlage. Allerdings würde das Naturrecht ihnen ihre angebauten Felder, ihre Wohngebäude, hinreichendes Land für ihren Unterhalt und Alles, was persönliche Arbeit einem Jeden noch außerdem verschafft hätte, zusichern. Aber welches Recht hat der Jäger auf den weiten Wald, den er, seine Beute verfolgend, zufällig durchlaufen hat?« u. s. f. – Eben so haben Die, welche in unsern Tagen sich veranlaßt sahen, den Kommunismus mit Gründen zu bekämpfen (z. B. der Erzbischof von Paris, in einem Hirtenbriefe, im Juni 1851), stets das Argument vorangestellt, daß das Eigenthum der Ertrag der Arbeit, gleichsam nur die verkörperte Arbeit sei. – Dies beweist abermals, daß das Eigenthumsrecht allein durch die auf die Dinge verwendete Arbeit zu begründen ist, indem es nur in dieser Eigenschaft freie Anerkennung findet und sich moralisch geltend macht.

Einen ganz anderartigen Beleg der selben Wahrheit liefert die moralische Thatsache, daß, während das Gesetz die Wilddieberei eben so schwer, in manchen Ländern sogar noch schwerer, als den Gelddiebstahl bestraft, dennoch die bürgerliche Ehre, welche durch diesen unwiederbringlich verloren geht, durch jene eigentlich nicht verwirkt wird, sondern der »Wilderer«, sofern er nichts Anderes sich hat zu Schulden kommen lassen, zwar mit einem Makel behaftet ist, aber doch nicht, wie der Dieb, als unehrlich betrachtet und von Allen gemieden wird. Denn die Grundsätze der bürgerlichen Ehre beruhen auf dem moralischen und nicht auf dem bloß positiven Recht: das Wild aber ist kein Gegenstand der Bearbeitung, also auch nicht des moralisch gültigen Besitzes: das Recht darauf ist daher gänzlich ein positives und wird moralisch nicht anerkannt.

Dem Strafrecht sollte, nach meiner Ansicht, das Princip zum Grunde liegen, daß eigentlich nicht der Mensch, sondern nur die That gestraft wird, damit sie nicht wiederkehre: der Verbrecher ist bloß der Stoff, an dem die That gestraft wird; damit dem Gesetze, welchem zu Folge die Strafe eintritt, die Kraft abzuschrecken bleibe. Dies bedeutet der Ausdruck: »Er ist dem Gesetze verfallen.« Nach Kants Darstellung, die auf ein *jus talionis* [Wiedervergeltungsrecht] hinausläuft, ist es nicht die That, sondern der Mensch, welcher gestraft wird. – Auch das Pönitentiarsystem [Strafsystem in USA] will nicht sowohl die That, als den Menschen strafen, damit er nämlich sich bessere: dadurch setzt es den eigentlichen Zweck der Strafe, Abschreckung von der That, zurück, um den sehr problematischen der Besserung zu erreichen. Ueberall aber ist es eine mißliche Sache, durch ein Mittel zwei verschiedene Zwecke erreichen zu wollen; wie viel mehr, wenn beide, in irgend einem Sinne, entgegengesetzte sind. Erziehung ist eine Wohlthat, Strafe soll ein Uebel seyn: das Pönitentiargefängniß soll Beides zugleich leisten. – So groß ferner auch der Antheil seyn mag, den Rohheit und Unwissenheit, im Verein mit der äußern Bedrängniß, an vielen Verbrechen haben; so darf man jene doch nicht als die Hauptursache derselben betrachten; indem Unzählige in der selben Rohheit und unter ganz ähnlichen Umständen lebend, keine Verbrechen begehn. Die Hauptsache fällt also doch auf den persönlichen, moralischen Charakter zurück: dieser aber ist, wie ich in der Preisschrift über die Freiheit des Willens dargethan habe, schlechterdings unveränderlich. Daher ist eigentliche moralische Besserung gar nicht möglich; sondern nur Abschreckung von der That. Daneben läßt sich Berichtigung der Erkenntniß und Erweckung der Arbeitslust allerdings erreichen: es wird sich zeigen, wie weit dies wirken kann. Ueberdies erhellt aus dem von mir im Text aufgestellten Zweck der Strafe, daß, wo möglich, das scheinbare Leiden derselben das wirkliche übersteigen solle: die einsame Einsperrung leistet aber das Umgekehrte. Die große Pein derselben hat keine Zeugen und wird von Dem, der sie noch nicht erfahren hat, keineswegs anticipirt, schreckt also nicht ab. Sie bedroht den durch Mangel und Noth zum Verbrechen Versuchten mit dem entgegengesetzten Pol des menschlichen Elends, mit der Langenweile: aber, wie Goethe richtig bemerkt:

Wird uns eine rechte Quaal zu Theil,
Dann wünschen wir uns Langeweil.
[»Sprichwörtlich«]

Die Aussicht darauf wird ihn daher so wenig abschrecken, wie der Anblick der palastartigen Gefängnisse, welche von den ehrlichen Leuten für die Spitzbuben erbaut werden. Will man aber diese Pönitentiargefängnisse als Erziehungsanstalten betrachten; so ist zu bedauern, daß der Eintritt dazu nur durch Verbrechen erlangt wird; statt daß sie hätten diesen zuvorkommen sollen. –

Daß, wie Beccaria gelehrt hat, die Strafe ein richtiges Verhältniß zum Verbrechen haben soll, beruht nicht darauf, daß sie eine Buße für dasselbe wäre; sondern darauf, daß das Pfand dem Werthe Dessen, wofür es haftet, angemessen seyn muß. Daher ist Jeder berechtigt, als Garantie der Sicherheit seines Lebens fremdes Leben zum Pfande zu fordern; nicht aber eben so für die Sicherheit seines Eigenthums, als für welches fremde Freiheit u. s. w. Pfand genug ist. Zur Sicherstellung des Lebens der Bürger ist daher die Todesstrafe schlechterdings nothwendig. Denen, welche sie aufheben möchten, ist zu antworten: »Schafft erst den Mord aus der Welt: dann soll die Todesstrafe nachfolgen«. Auch sollte sie den entschiedenen Mordversuch eben so wie den Mord selbst treffen: denn das Gesetz will die That strafen, nicht den Erfolg rächen. Ueberhaupt giebt der zu verhütende Schaden den richtigen Maaßstab für die anzudrohende Strafe, nicht aber giebt ihn der moralische Unwerth der verbotenen Handlung. Daher kann das Gesetz, mit Recht, auf das Fallenlassen eines Blumentopfes vom Fenster Zuchthausstrafe, auf das Tabakrauchen im Walde, während des Sommers, Karrenstrafe setzen, dasselbe jedoch im Winter erlaubt seyn lassen. Aber, wie in Polen, auf das Schießen eines Auerochsen den Tod zu setzen, ist zu viel, da die Erhaltung des Geschlechts der Auerochsen nicht mit Menschenleben erkauft werden darf. Neben der Größe des zu verhütenden Schadens kommt, bei Bestimmung des Maaßes der Strafe, die Stärke der zur verbotenen Handlung antreibenden Motive in Betracht. Ein ganz anderer Maaßstab würde für die Strafe gelten, wenn Buße, Vergeltung, *jus talionis*, der wahre Grund derselben wäre. Aber der Kriminalkodex soll nichts Anderes seyn, als ein Verzeichniß von Gegenmotiven zu möglichen verbrecherischen Handlungen: daher muß jedes derselben die Motive zu diesen letzteren entschieden überwiegen, und zwar um so mehr, je größer der Nachtheil ist, welcher aus der zu verhütenden Handlung entspringen würde, je stärker die Versuchung dazu und je schwieriger die Ueberführung des Thäters; – stets unter der richtigen Voraussetzung, daß der Wille nicht frei, sondern durch Motive bestimmbar ist; – außerdem ihm gar nicht beizukommen wäre. – Soviel zur Rechtslehre. –

In meiner Preisschrift über die Freiheit des Willens habe ich (S. 50 ff. [Bd. VI uns. Ausg. S. 439]) die Ursprünglichkeit und Unveränderlichkeit des angeborenen Charakters, aus welchem der moralische Gehalt des Lebenswandels hervorgeht, nachgewiesen. Sie steht als Thatsache fest. Aber um die Probleme in ihrer Größe zu erfassen, ist es nöthig, die Gegensätze bisweilen hart an einander zu stellen. An diesen also vergegenwärtige man sich, wie unglaublich groß der angeborene Unterschied zwischen Mensch und Mensch ausfällt, im Moralischen und im Intellektuellen. Hier Edelmuth und Weisheit; dort Bosheit und Dummheit. Dem Einen leuchtet die Güte des Herzens aus den Augen, oder auch der Stämpel des Genies thront auf seinem Antlitz. Der niederträchtigen Physiognomie eines Andern ist das Gepräge moralischer Nichtswürdigkeit und intellektueller Stumpfheit, von den

Händen der Natur selbst, unverkennbar und unauslöschlich aufgedrückt: er sieht darein, als müßte er sich seines Daseyns schämen. Diesem Aeußern aber entspricht wirklich das Innere. Unmöglich können wir annehmen, daß solche Unterschiede, die das ganze Wesen des Menschen umgestalten und durch nichts aufzuheben sind, welche ferner, im Konflikt mit den Umständen, seinen Lebenslauf bestimmen, ohne Schuld oder Verdienst der damit Behafteten vorhanden seyn könnten und das bloße Werk des Zufalls wären. Schon hieraus ist evident, daß der Mensch, in gewissem Sinne, sein eigenes Werk seyn muß. Nun aber können wir andererseits den Ursprung jener Unterschiede empirisch nachweisen in der Beschaffenheit der Eltern; und noch dazu ist das Zusammentreffen und die Verbindung dieser Eltern offenbar das Werk höchst zufälliger Umstände gewesen. – Durch solche Betrachtungen nun werden wir mächtig hingewiesen auf den Unterschied zwischen der Erscheinung und dem Wesen an sich der Dinge, als welcher allein die Lösung jenes Problems enthalten kann. Nur mittelst der Formen der Erscheinung offenbart sich das Ding an sich: was daher aus diesem selbst hervorgeht, muß dennoch in jenen Formen, also auch am Bande der Ursächlichkeit auftreten: demzufolge wird es hier sich uns darstellen als das Werk einer geheimen, uns unbegreiflichen Leitung der Dinge, deren bloßes Werkzeug der äußere, erfahrungsmäßige Zusammenhang wäre, in welchem inzwischen Alles was geschieht durch Ursachen herbeigeführt, also nothwendig und von außen bestimmt eintritt, während der wahre Grund davon im Innern des also erscheinenden Wesens liegt. Freilich können wir hier die Lösung des Problems nur ganz von Weitem absehn, und gerathen, indem wir ihm nachdenken, in einen Abgrund von Gedanken, recht eigentlich, wie Hamlet sagt, *thoughts beyond the reaches of our souls* [Gedanken, die unsre Seele nicht erreichen kann: I, 4]. Ueber diese geheime, ja selbst nur gleichnißweise zu denkende Leitung der Dinge habe ich meine Gedanken dargelegt in dem Aufsatz »Ueber die anscheinende Absichtlichkeit im Schicksale des Einzelnen«, im ersten Bande der Parerga. –

Im § 14 meiner Preisschrift über die Grundlage der Moral findet man eine Darstellung des E g o i s m u s, seinem Wesen nach, als deren Ergänzung folgender Versuch, seine Wurzel aufzudecken, zu betrachten ist. – Die Natur selbst widerspricht sich geradezu, je nachdem sie vom Einzelnen oder vom Allgemeinen aus, von innen oder von außen, vom Centro oder von der Peripherie aus redet. Ihr Centrum nämlich hat sie in jedem Individuo: denn jedes ist der ganze Wille zum Leben. Daher, sei dasselbe auch nur ein Insekt, oder ein Wurm, die Natur selbst aus ihm also redet: »Ich allein bin Alles in Allem: an meiner Erhaltung ist Alles gelegen, das Uebrige mag zu Grunde gehn, es ist eigentlich nichts.« So redet die Natur vom besondern Standpunkte, also von dem des Selbstbewußtseyns aus, und hierauf beruht der Egoismus jedes Lebenden. Hingegen vom allgemeinen Standpunkt aus, – welches der des Bewußtseyns von andern Dingen, also der des objektiven Erkennens ist, das für den Augenblick absieht von dem Individuo, an dem die Erkenntniß haftet, – also von außen, von der Peripherie aus, redet die Natur so: »Das Individuum ist nichts und weniger als nichts. Millionen Individuen zerstöre ich tagtäglich, zum Spiel und Zeitvertreib: ich gebe ihr Geschick dem launigsten und muthwilligsten meiner Kinder preis, dem Zufall, der nach Belieben auf sie Jagd macht. Millionen neuer Individuen schaffe ich jeden Tag, ohne alle Verminderung meiner hervorbringenden Kraft; so wenig, wie die Kraft eines Spiegels erschöpft wird, durch die Zahl der Sonnenbilder, die er nach einander auf die Wand wirft. Das Individuum ist nichts.« – Nur wer diesen offenbaren Widerspruch der Natur wirklich zu vereinen und auszugleichen weiß, hat eine wahre Antwort auf die Frage nach der Vergänglichkeit oder Unvergänglichkeit seines eigenen Selbst. Ich glaube in den ersten vier Kapiteln dieses vierten Buches der Ergänzungen eine förderliche Anleitung zu solcher Erkenntniß gegeben zu haben. Das Obige läßt übrigens sich auch folgendermaaßen erläutern. Jedes Individuum, indem es nach innen blickt, erkennt in seinem Wesen, welches sein Wille ist, das Ding an sich, daher das überall allein Reale. Demnach erfaßt es sich als den Kern und Mittelpunkt der Welt, und findet sich unendlich wichtig. Blickt es hingegen nach außen; so ist es auf dem Gebiete der Vorstellung, der bloßen Erscheinung, wo es sich sieht als ein Individuum unter unendlich vielen Individuen, sonach als ein höchst Unbedeutendes, ja gänzlich Verschwindendes. Folglich ist jedes, auch das unbedeutendeste Individuum, jedes Ich, von innen gesehn, Alles in Allem; von außen gesehn hingegen, ist es nichts, oder doch so viel wie nichts.

Hierauf also beruht der große Unterschied zwischen Dem, was nothwendig Jeder in seinen eigenen Augen, und Dem, was er in den Augen aller Andern ist, mithin der Egoismus, den Jeder Jedem vorwirft. –

In Folge dieses Egoismus ist unser Aller Grundirrthum dieser, daß wir einander gegenseitig Nicht-Ich sind. Hingegen ist gerecht, edel, menschenfreundlich seyn, nichts Anderes, als meine Metaphysik in Handlungen übersetzen. – Sagen, daß Zeit und Raum bloße Formen unserer Erkenntniß, nicht Bestimmungen der Dinge an sich sind, ist das Selbe, wie sagen, daß die Metempsychosenlehre, »Du wirst einst als Der, den du jetzt verletzest, wiedergeboren werden und die gleiche Verletzung erleiden«, identisch ist mit der oft erwähnten Brahmanenformel *Tat twam asi,* »Dies bist Du«. – Aus der unmittelbaren und intuitiven Erkenntniß der metaphysischen Identität aller Wesen geht, wie ich öfter, besonders § 22 der Preisschrift über die Grundlage der Moral, gezeigt habe, alle ächte Tugend hervor. Sie ist aber deswegen nicht die Folge einer besondern Ueberlegenheit des Intellekts; vielmehr ist selbst der schwächste hinreichend, das *principium individuationis* zu durchschauen, als worauf es dabei ankommt. Demgemäß kann man den vortrefflichsten Charakter sogar bei einem schwachen Verstande finden, und ist ferner die Erregung unsers Mitleids von keiner Anstrengung unsers Intellekts begleitet. Es scheint vielmehr, daß die erforderte Durchschauung des *principii individuationis* in Jedem vorhanden seyn würde, wenn nicht sein Wille sich ihr widersetzte, als welcher, vermöge seines unmittelbaren, geheimen und despotischen Einflusses auf den Intellekt, sie meistens nicht aufkommen läßt; so daß alle Schuld zuletzt doch auf den Willen zurückfällt; wie es auch der Sache angemessen ist.

Die oben berührte Lehre von der Metempsychose entfernt sich bloß dadurch von der Wahrheit, daß sie in die Zukunft verlegt, was schon jetzt ist. Sie läßt nämlich mein inneres Wesen an sich selbst erst nach meinem Tode in Andern daseyn, während, der Wahrheit nach, es schon jetzt auch in ihnen lebt, und der Tod bloß die Täuschung, vermöge deren ich dessen nicht inne werde, aufhebt; gleichwie das zahllose Heer der Sterne allezeit über unserm Haupte leuchtet, aber uns erst sichtbar wird, wann die eine nahe Erdensonne untergegangen ist. Von diesem Standpunkt aus erscheint meine individuelle Existenz, so sehr sie auch, jener Sonne gleich, mir Alles überstrahlt, im Grunde doch nur als ein Hinderniß, welches zwischen mir und der Erkenntniß des wahren Umfangs meines Wesens steht. Und weil jedes Individuum, in seiner Erkenntniß, diesem Hindernisse unterliegt; so ist es eben die Individuation, welche den Willen zum Leben über sein eigenes Wesen im Irrthum erhält: sie ist die Maja des Brahmanismus. Der Tod ist eine Widerlegung dieses Irrthums und hebt ihn auf. Ich glaube, wir werden im Augenblicke des Sterbens inne, daß eine bloße Täuschung unser Daseyn auf unsere Person beschränkt hatte. Sogar empirische Spuren hievon lassen sich nachweisen in manchen dem Tode, durch Aufhebung der Koncentration des Bewußtseyns im Gehirn, verwandten Zuständen, unter denen der magnetische Schlaf der hervorstechendeste ist, als in welchem, wenn er die höheren Grade erreicht, unser Daseyn, über unsere Person hinaus und in andern Wesen, sich durch mancherlei Symptome kund giebt, am auffallendesten durch unmittelbare Theilnahme an den Gedanken eines andern Individuums, zuletzt sogar durch die Fähigkeit, das Abwesende, Entfernte, ja, das Zukünftige zu erkennen, also durch eine Art von Allgegenwart.

Auf dieser metaphysischen Identität des Willens, als des Dinges an sich, bei der zahllosen Vielheit seiner Erscheinungen, beruhen überhaupt drei Phänomene, welche man unter den gemeinsamen Begriff der Sympathie bringen kann: 1) das Mitleid, welches, wie ich dargethan habe, die Basis der Gerechtigkeit und Menschenliebe, *caritas,* ist; 2) die Geschlechtsliebe mit eigensinniger Auswahl, *amor,* welche das Leben der Gattung ist, das seinen Vorrang vor dem der Individuen geltend macht; 3) die Magie, zu welcher auch der animalische Magnetismus und die sympathetischen Kuren gehören. Demnach ist Sympathie zu definiren: das empirische Hervortreten der metaphysischen Identität des Willens, durch die physische Vielheit seiner Erscheinungen hindurch, wodurch sich ein Zusammenhang kund giebt, der gänzlich verschieden ist von dem durch die Formen der Erscheinung vermittelten, den wir unter dem Satze vom Grunde begreifen.

Kapitel 48*.

Zur Lehre von der Verneinung des Willens zum Leben.

Der Mensch hat sein Daseyn und Wesen entweder mit seinem Willen, d. h. seiner Einwilligung, oder ohne diese: im letztern Falle wäre eine solche, durch vielfache und unausbleibliche Leiden verbitterte Existenz eine schreiende Ungerechtigkeit. – Die Alten, namentlich die Stoiker, auch die Peripatetiker und Akademiker, bemühten sich vergeblich, zu beweisen, daß die Tugend hinreiche, das Leben glücklich zu machen: die Erfahrung schrie laut dagegen. Was dem Bemühen jener Philosophen, wenn gleich ihnen nicht deutlich bewußt, eigentlich zum Grunde lag, war die vorausgesetzte Gerechtigkeit der Sache: wer schuldlos war, sollte auch frei von Leiden, also glücklich seyn. Allein die ernstliche und tiefe Lösung des Problems liegt in der Christlichen Lehre, daß die Werke nicht rechtfertigen; demnach ein Mensch, wenn er auch alle Gerechtigkeit und Menschenliebe, mithin das αγαϑον [Gute], *honestum* [Tugendhafte], ausgeübt hat, dennoch nicht, wie Cicero meint, *culpa omni carens* [frei von aller Schuld] *(Tusc. V, 1)* ist: sondern *el delito mayor del hombre es haber nacido* (des Menschen größte Schuld ist, daß er geboren ward), wie es, aus viel tieferer Erkenntniß, als jene Weisen, der durch das Christenthum erleuchtete Dichter Calderon ausgedrückt hat. Daß demnach der Mensch schon verschuldet auf die Welt kommt, kann nur Dem widersinnig erscheinen, der ihn für erst soeben aus Nichts geworden und für das Werk eines Andern hält. In Folge dieser Schuld also, die daher von seinem Willen ausgegangen seyn muß, bleibt der Mensch, mit Recht, auch wenn er alle jene Tugenden geübt hat, den physischen und geistigen Leiden preisgegeben, ist also nicht glücklich. Dies folgt aus der ewigen Gerechtigkeit, von der ich § 63 des ersten Bandes geredet habe. Daß aber, wie St. Paulus (Röm. 3, 21 ff.), Augustinus und Luther lehren, die Werke nicht rechtfertigen können, indem wir Alle wesentlich Sünder sind und bleiben, – beruht zuletzt darauf, daß, weil *operari sequitur esse* [das Handeln aus dem Sein folgt], wenn wir handelten, wie wir sollten, wir auch seyn

---

* Dieses Kapitel bezieht sich auf § 68 des ersten Bandes. Auch ist damit zu vergleichen Kap. 14 des zweiten Bandes der Parerga.

müßten was wir sollten. Dann aber bedürften wir keiner Erlösung aus unserm jetzigen Zustande, wie solche nicht nur das Christenthum, sondern auch Brahmanismus und Buddhaismus (unter dem auf Englisch durch *final emancipation* [endgültige Befreiung] ausgedrückten Namen) als das höchste Ziel darstellen: d. h. wir brauchten nicht etwas ganz Anderes, ja, Dem was wir sind Entgegengesetzes, zu werden. Weil wir aber sind was wir nicht seyn sollten, thun wir auch nothwendig was wir nicht thun sollten. Darum also bedürfen wir einer völligen Umgestaltung unsers Sinnes und Wesens, d. i. der Wiedergeburt, als deren Folge die Erlösung eintritt. Wenn auch die Schuld im Handeln, im *operari*, liegt; so liegt doch die Wurzel der Schuld in unserer *essentia et existentia* [Wesenheit und Existenz], da aus dieser das *operari* nothwendig hervorgeht, wie ich in der Preisschrift über die Freiheit des Willens dargethan habe. Demnach ist eigentlich unsere einzige wahre Sünde die Erbsünde. Diese nun läßt der Christliche Mythos zwar erst, nachdem der Mensch schon dawar, entstehn, und dichtet ihm dazu, *per impossibile* [was unmöglich ist], einen freien Willen an: dies thut er aber eben als Mythos. Der innerste Kern und Geist des Christenthums ist mit dem des Brahmanismus und Buddhaismus der selbe: sämmtlich lehren sie eine schwere Verschuldung des Menschengeschlechts durch sein Daseyn selbst; nur daß das Christenthum hiebei nicht, wie jene ältern Glaubenslehren, direkt und unumwunden verfährt, also nicht die Schuld geradezu durch das Daseyn selbst gesetzt seyn, sondern sie durch eine That des ersten Menschenpaares entstehn läßt. Dies war nur unter der Fiktion eines *liberi arbitrii indifferentiae* [einer freien, von keiner Seite beeinflußten Willensentscheidung] möglich, und nur wegen des Jüdischen Grunddogmas, dem jene Lehre hier eingepflanzt werden sollte, nöthig. Weil, der Wahrheit nach, eben das Entstehn des Menschen selbst die That seines freien Willens und demnach mit dem Sündenfall Eins ist, und daher mit der *essentia* und *existentia* des Menschen die Erbsünde, von der alle andern Sünden die Folge sind, schon eintrat, das Jüdische Grunddogma aber eine solche Darstellung nicht zuließ; so lehrte Augustinus, in seinen Büchern *de libero arbitrio*, daß der Mensch nur als Adam vor dem Sündenfalle schuldlos gewesen und einen freien Willen gehabt habe, von dem an aber in der Nothwendigkeit der Sünde verstrickt sei. – Das Gesetz, ὁ νομος, im biblischen Sinn, fordert immerfort, daß wir unser Thun ändern sollen, während unser Wesen unverändert bliebe. Weil aber dies unmöglich ist; so sagt Paulus, daß Keiner vor dem Gesetz gerechtfertigt sei: die Wiedergeburt in Jesu Christo allein, in Folge der Gnadenwirkung, vermöge welcher ein neuer Mensch entsteht und der alte aufgehoben wird (d. h. eine fundamentale Sinnesänderung), könne uns aus dem Zustande der Sündhaftigkeit in den der Freiheit und Erlösung versetzen. Dies ist der Christliche Mythos, in Hinsicht auf die Ethik. Aber freilich hat der Jüdische Theismus, auf den er gepfropft wurde, gar wundersame Zusätze erhalten müssen, um sich jenem Mythos anzufügen: dabei bot die Fabel vom Sündenfall die einzige Stelle dar für das Pfropfreis Alt-Indischen Stammes. Jener gewaltsam überwundenen Schwierigkeit eben ist es zuzuschreiben, daß die Christlichen Mysterien ein so seltsames, dem gemeinen Verstande widerstrebendes Ansehn erhalten haben, welches den Proselytismus erschwert, und wegen dessen, aus Unfähigkeit den tiefen Sinn derselben zu fassen, der Pelagianismus, oder heutige Rationalismus, sich gegen sie auflehnt und sie wegzuexegesiren [wegzuerklären] sucht, dadurch aber das Christenthum zum Judenthum zurückführt.

Aber ohne Mythos zu reden: so lange unser Wille der selbe ist, kann unsere Welt keine andere seyn. Zwar wünschen Alle erlöst zu werden aus dem Zustande des Leidens und des Todes: sie möchten, wie man sagt, zur ewigen Säligkeit gelangen, ins Himmelreich kommen; aber nur nicht auf eigenen Füßen; sondern hingetragen möchten sie werden, durch den Lauf der Natur. Allein das ist unmöglich. Denn die Natur ist nur das Abbild, der Schatten unsers Willens. Daher wird sie zwar uns nie fallen und zu nichts werden lassen: aber sie kann uns nirgends hinbringen, als immer nur wieder in die Natur. Wie mißlich es jedoch sei, als ein Theil der Natur zu existiren, erfährt Jeder an seinem eigenen Leben und Sterben. – Demnach ist allerdings das Daseyn anzusehn als eine Verirrung, von welcher zurückzukommen Erlösung ist: auch trägt es durchweg diesen Charakter. In diesem Sinne wird es daher von den alten Samanäischen [indischen] Religionen aufgefaßt, und auch, wiewohl mit einem Umschweif, vom eigentlichen und ursprünglichen Christenthum: sogar das Judenthum selbst enthält wenigstens im Sündenfall (dieser seiner *redeeming feature* [einzigen schönen Zuges]) den Keim zu solcher Ansicht. Bloß das Griechische Heidenthum und der Islam sind ganz optimistisch; daher im Ersteren die entgegengesetzte Tendenz sich wenigstens im Trauerspiel Luft machen mußte: im Islam aber, der, wie die neueste, so auch die schlechteste aller Religionen ist, trat sie als Sufismus auf, diese sehr schöne Erscheinung, welche durchaus Indischen Geistes und Ursprungs ist und jetzt schon über tausend Jahre fortbesteht. Als Zweck unsers Daseyns ist in der That nichts Anderes anzugeben, als die Erkenntniß, daß wir besser nicht dawären. Dies aber ist die wichtigste aller Wahrheiten, die daher ausgesprochen werden muß; so sehr sie auch mit der heutigen Europäischen Denkweise im Kontrast steht: ist sie doch dagegen im ganzen nicht-islamisirten Asien die anerkannteste Grundwahrheit, heute so gut, wie vor dreitausend Jahren.

Wenn wir nun den Willen zum Leben im Ganzen und objektiv betrachten; so haben wir, dem Gesagten gemäß, ihn uns zu denken als in einem Wahn begriffen, von welchem zurückzukommen, also sein ganzes vorhandenes Streben zu verneinen, Das ist, was die Religionen als die Selbstverleugnung, *abnegatio sui ipsius* [vgl. Matth. 16, 24], bezeichnen: denn das eigentliche Selbst ist der Wille zum Leben. Die moralischen Tugenden, also Gerechtigkeit und Menschenliebe, da sie, wie ich gezeigt habe, wenn lauter, daraus entspringen, daß der Wille zum Leben, das *principium individuationis* durchschauend, sich selbst in allen seinen Erscheinungen wiedererkennt, sind demzufolge zuvörderst ein Anzeichen, ein Symptom, daß der erscheinende Wille in jenem Wahn nicht mehr ganz fest befangen ist, sondern die Enttäuschung schon eintritt; so, daß man gleichnißweise sagen könnte, er schlage bereits mit den Flügeln, um davon zu fliegen. Umgekehrt, sind Ungerechtigkeit, Bosheit, Grausamkeit, Anzeichen des Gegentheils, also der tiefsten Befangenheit in jenem Wahn. Nächstdem aber sind jene moralischen Tugenden ein Beförderungsmittel der Selbstverleugnung und demnach der Verneinung des Willens zum Leben. Denn die wahre Rechtschaffenheit, die unverbrüchliche Gerechtigkeit, diese erste und wichtigste Kardinaltugend, ist eine so schwere Aufgabe, daß, wer sich unbedingt und aus Herzensgrunde zu ihr bekennt, Opfer zu bringen hat, die dem Leben bald die Süße, welche das Genügen an ihm erfordert, benehmen und dadurch den Willen von demselben abwenden, also zur Resignation leiten. Sind doch eben was die Rechtschaffenheit ehrwürdig macht die Opfer, welche sie kostet: in Kleinigkeiten wird sie nicht bewundert. Ihr Wesen besteht eigentlich darin, daß der Gerechte die Lasten und Leiden, welche das Leben mit sich bringt, nicht, durch List oder Gewalt, auf Andere wälzt, wie es der Ungerechte thut, sondern selbst trägt, was ihm beschieden ist; wodurch er die volle Last des dem Menschenleben aufgelegten Uebels unvermindert zu tragen bekommt. Dadurch wird die Gerechtigkeit ein Beförderungsmittel der Verneinung des Willens zum Leben, indem Noth und Leiden, diese eigentliche Bestimmung des Menschenlebens, ihre Folge sind, diese aber zur Resignation hinleiten. Noch schneller führt allerdings die weiter gehende Tugend der Menschenliebe, *caritas*, eben dahin: denn vermöge ihrer übernimmt man sogar die ursprünglich den Andern zugefallenen Leiden, eignet sich daher von diesen einen größern Theil an, als, nach dem Gange der Dinge, das eigene Individuum treffen würde. Wer von dieser Tugend beseelt ist, hat sein eigenes Wesen in jedem Andern wiedererkannt. Dadurch nun identificirt er sein eigenes Loos mit dem der Menschheit überhaupt: dieses nun aber ist ein hartes Loos, das des Mühens, Leidens und Sterbens. Wer also, indem er jedem zufälligen Vortheil entsagt, für sich kein anderes, als das Loos der Menschheit überhaupt will, kann auch dieses nicht lange mehr wollen: die Anhänglichkeit an das Leben und seine Genüsse muß jetzt bald weichen und einer allgemeinen Entsagung Platz machen: mithin wird die Verneinung des Willens eintreten. Weil nun diesem gemäß Armuth, Entbehrungen und eigenes Leiden vielfacher Art schon durch die vollkommenste Ausübung der moralischen Tugenden herbeigeführt werden, wird von Vielen, und vielleicht mit Recht, die Askese im allerengsten Sinne, also das Aufgeben jedes Eigenthums, das absichtliche Aufsuchen des Unangenehmen und Widerwärtigen, die Selbstpeinigung, das Fasten, das härene Hemd und die Kasteiung, als überflüssig verworfen. Die Gerechtigkeit selbst ist das härene Hemd, welches dem Eigener stete Beschwerde bereitet, und die Menschenliebe, die das Nöthige weggiebt, das immerwährende Fasten*. Eben deshalb ist der Buddhais-

* Sofern man hingegen die Askese gelten läßt, wäre die in meiner Preisschrift über das Fundament der Moral gegebene Aufstellung der letzten Triebfedern des menschlichen Handelns, nämlich 1) eigenes Wohl, 2) fremdes Wehe und 3) fremdes Wohl, noch durch eine vierte zu ergänzen: eigenes Wehe: welches ich hier bloß im Interesse

m u s frei von jener strengen und übertriebenen Askese, welche im Brahmanismus eine so große Rolle spielt, also von der absichtlichen Selbstpeinigung. Er läßt es bei dem Cölibat, der freiwilligen Armuth, Demuth und Gehorsam der Mönche und Enthaltung von thierischer Nahrung, wie auch von aller Weltlichkeit, bewenden. Weil ferner das Ziel, zu welchem die moralischen Tugenden führen, das hier nachgewiesene ist; so sagt die Vedantaphilosophie* mit Recht, daß, nachdem die wahre Erkenntniß und in ihrem Gefolge die gänzliche Resignation, also die Wiedergeburt, eingetreten ist, alsdann die Moralität oder Immoralität des frühern Wandels gleichgültig wird, und gebraucht auch hier wieder den von den Brahmanen so oft angeführten Spruch: *Finditur nodus cordis, dissolvuntur omnes dubitationes, ejusque opera evanescunt, viso supremo illo* [Zerspalten wird des Herzens Knoten, alle Zweifel lösen sich auf, und seine Werke werden zu nichts angesichts jener höchsten Stunde] *(Sancara, sloca 32)*. So anstößig nun diese Ansicht Manchen seyn mag, denen eine Belohnung im Himmel, oder Bestrafung in der Hölle, eine viel befriedigendere Erklärung der ethischen Bedeutsamkeit des menschlichen Handelns ist, wie denn auch der gute W i n d i s c h m a n n jene Lehre, indem er sie darlegt, perhorrescirt; so wird doch, wer auf den Grund der Sachen zu gehn vermag, finden, daß dieselbe am Ende übereinstimmt mit jener Christlichen, zumal von Luther urgirten [nachdrücklich betriebenen], daß nicht die Werke, sondern nur der durch Gnadenwirkung eintretende Glaube sälig mache, und daß wir daher durch unser Thun nie gerechtfertigt werden können, sondern nur vermöge der Verdienste des Mittlers Vergebung der Sünden erlangen. Es ist sogar leicht abzusehn, daß, ohne solche Annahmen, das Christenthum endlose Strafen für Alle, und der Brahmanismus endlose Wiedergeburten für Alle aufstellen müßte, es also in Beiden zu keiner Erlösung käme. Die sündlichen Werke und ihre Folgen müssen, sei es nun durch fremde Begnadigung, oder durch Eintritt eigener besserer Erkenntniß, ein Mal getilgt und vernichtet werden; sonst hat die Welt kein Heil zu hoffen: nach-

---

der systematischen Konsequenz beiläufig bemerke. Dort nämlich mußte, da die Preisfrage im Sinn der im protestantischen Europa geltenden philosophischen Ethik gestellt war, diese vierte Triebfeder stillschweigend übergangen werden.

* Siehe F. H. H. Windischmann's *Sancara, sive de theologumenis Vedanticorum* [Bonn 1833], *p. 116, 117 et 121–23:* wie auch *Oupnekhat, Vol. I, p. 340, 356, 360.*

her aber werden sie gleichgültig. Dies ist auch die μετανοια και αφεσις ἁμαρτιων [Buße und Vergebung der Sünden], deren Verkündigung der bereits auferstandene Christus seinen Aposteln, als die Summe ihrer Mission, schließlich auflegt *(Luc. 24, 47)*. Die moralischen Tugenden sind eben nicht der letzte Zweck, sondern nur eine Stufe zu demselben. Diese Stufe ist im Christlichen Mythos bezeichnet durch das Essen vom Baum der Erkenntniß des Guten und Bösen, mit welchem die moralische Verantwortlichkeit zugleich mit der Erbsünde eintritt. Diese selbst ist in Wahrheit die Bejahung des Willens zum Leben; die Verneinung desselben hingegen, in Folge aufgegangener besserer Erkenntniß, ist die Erlösung. Zwischen diesen Beiden also liegt das Moralische: es begleitet den Menschen als eine Leuchte auf seinem Wege von der Bejahung zur Verneinung des Willens, oder, mythisch, vom Eintritt der Erbsünde bis zur Erlösung durch den Glauben an die Mittlerschaft des inkarnirten Gottes (Avatars); oder, nach der Veda-Lehre, durch alle Wiedergeburten, welche die Folge der jedesmaligen Werke sind, bis die rechte Erkenntniß und mit ihr die Erlösung *(final emancipation)*, Moksch a, d. i. Wiedervereinigung mit dem Brahm, eintritt. Die Buddhaisten aber bezeichnen, mit voller Redlichkeit, die Sache bloß negativ, durch Nirwana, welches die Negation dieser Welt, oder des Sansara ist. Wenn Nirwana als das Nichts definirt wird; so will dies nur sagen, daß der Sansara kein einziges Element enthält, welches zur Definition, oder Konstruktion des Nirwana dienen könnte. Eben dieserhalb nennen die Jainas, welche nur dem Namen nach von den Buddhaisten verschieden sind, die vedagläubigen Brahmanen Sabdapramans, welcher Spottname bezeichnen soll, daß sie auf Hörensagen glauben, was sich nicht wissen, noch beweisen läßt *(Asiat. researches, Vol. 6, p. 474)*.

Wenn manche alte Philosophen, wie Orpheus, die Pythagoreer, Plato (z. B. *in Phaedone, p. 151, 183 sq. Bip.*, und siehe *Clem[ens] Alex[andrinus,] Storm. III, p. 400 sq.)*, ganz so wie der Apostel Paulus, die Gemeinschaft der Seele mit dem Leibe bejammern und von derselben befreit zu werden wünschen; so verstehn wir den eigentlichen und wahren Sinn dieser Klage, sofern wir, im zweiten Buch, erkannt haben, daß der Leib der Wille selbst ist, objektiv angeschaut, als räumliche Erscheinung.

In der Stunde des Todes entscheidet sich, ob der Mensch in

den Schooß der Natur zurückfällt, oder aber dieser nicht mehr angehört, sondern – – –: für diesen Gegensatz fehlt uns Bild, Begriff und Wort, eben weil diese sämmtlich aus der Objektivation des Willens genommen sind, daher dieser angehören, folglich das absolute Gegentheil desselben auf keine Weise ausdrücken können, welches demnach für uns als eine bloße Negation stehn bleibt. Inzwischen ist der Tod des Individuums die jedesmalige und unermüdlich wiederholte Anfrage der Natur an den Willen zum Leben: »Hast du genug? Willst du aus mir hinaus?« Damit sie oft genug geschehe, ist das individuelle Leben so kurz. In diesem Sinne gedacht sind die Ceremonien, Gebete und Ermahnungen der Brahmanen zur Zeit des Todes, wie man sie im Upanischad an mehreren Stellen aufbewahrt findet, und eben so die Christliche Fürsorge für gehörige Benutzung der Sterbestunde, mittelst Ermahnung, Beichte, Kommunion und letzte Oelung: daher auch die Christlichen Gebete um Bewahrung vor einem plötzlichen Ende. Daß heut zu Tage Viele gerade dieses sich wünschen, beweist eben nur, daß sie nicht mehr auf dem Christlichen Standpunkt stehn, welcher der der Verneinung des Willens zum Leben ist, sondern auf dem der Bejahung, welcher der heidnische ist.

Der aber wird am wenigsten fürchten im Tode zu nichts zu werden, der erkannt hat, daß er schon jetzt nichts ist, und der mithin keinen Antheil mehr an seiner individuellen Erscheinung nimmt, indem in ihm die Erkenntniß den Willen gleichsam verbrannt und verzehrt hat, so daß kein Wille, also keine Sucht nach individualem Daseyn in ihm mehr übrig ist.

Die Individualität inhärirt zwar zunächst dem Intellekt, der, die Erscheinung abspiegelnd, der Erscheinung angehört, welche das *principium individuationis* zur Form hat. Aber sie inhärirt auch dem Willen, sofern der Charakter individuell ist: dieser selbst jedoch wird in der Verneinung des Willens aufgehoben. Die Individualität inhärirt also dem Willen nur in seiner Bejahung, nicht aber in seiner Verneinung. Schon die Heiligkeit, welche jeder rein moralischen Handlung anhängt, beruht darauf, daß eine solche, im letzten Grunde, aus der unmittelbaren Erkenntniß der numerischen Identität des innern Wesens alles Lebenden entspringt*. Diese Identität ist aber eigentlich nur im

* Vergl. die beiden Grundprobleme der Ethik, S. 274. [Bd. VI uns. Ausg., S. 664)

Zustande der Verneinung des Willens (Nirwana) vorhanden, da seine Bejahung (Sansara) die Erscheinung desselben in der Vielheit zur Form hat. Bejahung des Willens zum Leben, Erscheinungswelt, Diversität aller Wesen, Individualität, Egoismus, Haß, Bosheit entspringen aus einer Wurzel; und eben so andererseits Welt des Dinges an sich, Identität aller Wesen, Gerechtigkeit, Menschenliebe, Verneinung des Willens zum Leben. Wenn nun, wie ich genugsam gezeigt habe, schon die moralischen Tugenden aus dem Innewerden jener Identität aller Wesen entstehn, diese aber nicht in der Erscheinung, sondern nur im Dinge an sich, in der Wurzel aller Wesen liegt; so ist die tugendhafte Handlung ein momentaner Durchgang durch den Punkt, zu welchem die bleibende Rückkehr die Verneinung des Willens zum Leben ist.

Ein Folgesatz des Gesagten ist, daß wir keinen Grund haben anzunehmen, daß es noch vollkommenere Intelligenzen, als die menschliche gebe. Denn wir sehn, daß schon diese hinreicht, dem Willen diejenige Erkenntniß zu verleihen, in Folge welcher er sich selbst verneint und aufhebt, womit die Individualität und folglich die Intelligenz, als welche bloß ein Werkzeug individueller, mithin animalischer Natur ist, wegfällt. Dies wird uns weniger anstößig erscheinen, wenn wir erwägen, daß wir sogar die möglichst vollkommenen Intelligenzen, welche wir hiezu versuchsweise annehmen mögen, uns doch nicht wohl eine endlose Zeit hindurch bestehend denken können, als welche nämlich viel zu arm ausfallen würde, um jenen stets neue und ihrer würdige Objekte zu liefern. Weil nämlich das Wesen aller Dinge im Grunde Eines ist; so ist alle Erkenntniß desselben nothwendig tautologisch: ist es nun ein Mal gefaßt, wie es von jenen vollkommensten Intelligenzen bald gefaßt seyn würde; was bliebe ihnen übrig, als bloße Wiederholung und deren Langeweile, eine endlose Zeit hindurch? Auch von dieser Seite also werden wir dahin gewiesen, daß der Zweck aller Intelligenz nur Reaktion auf einen Willen seyn kann: weil aber alles Wollen Irrsal ist; so bleibt das letzte Werk der Intelligenz die Aufhebung des Wollens, dem sie bis dahin zu seinen Zwecken gedient hatte. Demnach kann selbst die vollkommenste mögliche Intelligenz nur eine Uebergangsstufe seyn zu Dem, wohin gar keine Erkenntniß je reichen kann: ja, eine solche kann im Wesen der Dinge nur die Stelle des Augenblicks erlangter, vollkommener Einsicht einnehmen.

In Uebereinstimmung mit allen diesen Betrachtungen und mit dem, im zweiten Buche nachgewiesenen, Ursprung der Erkenntniß aus dem Willen, den sie, indem sie ihm zu seinen Zwecken dienstbar ist, eben dadurch in seiner Bejahung abspiegelt, während das wahre Heil in seiner Verneinung liegt, sehn wir alle Religionen, auf ihrem Gipfelpunkte, in Mystik und Mysterien, d. h. in Dunkel und Verhüllung auslaufen, welche eigentlich bloß einen für die Erkenntniß leeren Fleck, nämlich den Punkt andeuten, wo alle Erkenntniß nothwendig aufhört; daher derselbe für das Denken nur durch Negationen ausgedrückt werden kann, für die sinnliche Anschauung aber durch symbolische Zeichen, in den Tempeln durch Dunkelheit und Schweigen bezeichnet wird, im Brahmanismus sogar durch die geforderte Einstellung alles Denkens und Anschauens, zum Behuf der tiefsten Einkehr in den Grund des eigenen Selbst, unter mentaler Aussprechung des mysteriösen O u m†. – Mystik, im weitesten Sinne, ist jede Anleitung zum unmittelbaren Innewerden Dessen, wohin weder Anschauung noch Begriff, also überhaupt keine Erkenntniß reicht. Der Mystiker steht zum Philosophen dadurch im Gegensatz, daß er von innen anhebt, dieser aber von außen. Der Mystiker nämlich geht aus von seiner innern, positiven, individuellen Erfahrung, in welcher er sich findet als das ewige, alleinige Wesen u. s. f. Aber mittheilbar ist hievon nichts, als eben Behauptungen, die man auf sein Wort zu glauben hat: folglich kann er nicht überzeugen. Der Philosoph hingegen geht aus von dem Allen Gemeinsamen, von der objektiven, Allen vorliegenden Erscheinung, und von den Thatsachen des Selbstbewußtseyns, wie sie sich in Jedem vorfinden. Seine Methode ist daher die

† Wenn wir diese wesentliche I m m a n e n z u n s e r e r u n d j e d e r E r k e n n t n i ß im Auge behalten, welche daraus entspringt, daß sie ein Sekundäres, bloß zu den Zwecken des Willens Entstandenes ist; – dann wird es uns erklärlich, daß alle Mystiker aller Religionen zuletzt bei einer Art E k s t a s e anlangen, in der alle und jede E r k e n n t n i ß , mit sammt ihrer Grundform O b j e k t u n d S u b j e k t , gänzlich aufhört, und erst in diesem jenseit aller Erkenntniß Liegenden ihr höchstes Ziel erreicht zu haben versichern, indem sie da angelangt sind, wo es kein Subjekt und kein Objekt, mithin keine Art von Erkenntniß mehr giebt, eben weil es keinen Willen mehr giebt, welchem zu dienen die alleinige Bestimmung der Erkenntniß ist.

Wer nun Dies begriffen hat, wird es nicht mehr so über alle Maaßen toll finden, daß Fakire sich hinsetzen und, auf ihre Nasenspitze sehend, alles Denken und Vorstellen zu bannen versuchen, und daß in manchen Stellen des Upanischads Anleitung gegeben wird, sich, unter stillem innern Aussprechen des mysteriösen O u m , in das eigene Innere zu versenken, wo Subjekt und Objekt und alle Erkenntniß wegfällt.

Reflexion über alles Dieses und die Kombination der darin gegebenen Data: deswegen kann er überzeugen. Er soll sich daher hüten, in die Weise der Mystiker zu gerathen und etwan, mittelst Behauptung intellektualer Anschauungen, oder vorgeblicher unmittelbarer Vernunftvernehmungen, positive Erkenntniß von Dem vorspiegeln zu wollen, was, aller Erkenntniß ewig unzugänglich, höchstens durch eine Negation bezeichnet werden kann. Die Philosophie hat ihren Werth und ihre Würde darin, daß sie alle nicht zu begründenden Annahmen verschmäht und in ihre Data nur Das aufnimmt, was sich in der anschaulich gegebenen Außenwelt, in den unsern Intellekt konstituirenden Formen zur Auffassung derselben und in dem Allen gemeinsamen Bewußtseyn des eigenen Selbst sicher nachweisen läßt. Dieserhalb muß sie Kosmologie bleiben und kann nicht Theologie werden. Ihr Thema muß sich auf die Welt beschränken: was diese sei, im tiefsten Innern sei, allseitig auszusprechen, ist Alles, was sie redlicherweise leisten kann. – Diesem nun entspricht es, daß meine Lehre, wann auf ihrem Gipfelpunkte angelangt, einen negativen Charakter annimmt, also mit einer Negation endigt. Sie kann hier nämlich nur von Dem reden, was verneint, aufgegeben wird: was dafür aber gewonnen, ergriffen wird, ist sie genöthigt (am Schlusse des vierten Buchs) als Nichts zu bezeichnen, und kann bloß den Trost hinzufügen, daß es nur ein relatives, kein absolutes Nichts sei. Denn, wenn etwas nichts ist von allen Dem, was wir kennen; so ist es allerdings für uns überhaupt nichts. Dennoch folgt hieraus noch nicht, daß es absolut nichts sei, daß es nämlich auch von jedem möglichen Standpunkt aus und in jedem möglichen Sinne nichts seyn müsse; sondern nur, daß wir auf eine völlig negative Erkenntniß desselben beschränkt sind; welches sehr wohl an der Beschränkung unsers Standpunkts liegen kann. – Hier nun gerade ist es, wo der Mystiker positiv verfährt, und von wo an daher nichts, als Mystik übrig bleibt. Wer inzwischen zu der negativen Erkenntniß, bis zu welcher allein die Philosophie ihn leiten kann, diese Art von Ergänzung wünscht, der findet sie am schönsten und reichlichsten im Oupnekhat, sodann in den Enneaden des Plotinos, im Scotus Erigena, stellenweise im Jakob Böhme, besonders aber in dem wundervollen Werk der Guion, *Les torrens*, und im Angelus Silesius, endlich noch in den Gedichten der Sufi, von denen Tholuk uns eine Sammlung in Lateinischer und eine andere in Deutscher Uebersetzung geliefert hat, auch noch in manchen andern Werken. Die Sufi sind die Gnostiker des Islams; daher auch Sadi sie mit einem Worte bezeichnet, welches durch »Einsichtsvolle« übersetzt wird. Der Theismus, auf die Kapacität der Menge berechnet, setzt den Urquell des Daseyns außer uns, als ein Objekt: alle Mystik, und so auch der Sufismus, zieht ihn, auf den verschiedenen Stufen ihrer Weihe, allmälig wieder ein, in uns, als das Subjekt, und der Adept erkennt zuletzt, mit Verwunderung und Freude, daß er es selbst ist. Diesen, aller Mystik gemeinsamen Hergang finden wir von Meister Eckhard, dem Vater der Deutschen Mystik, nicht nur in Form einer Vorschrift für den vollendeten Asketen ausgesprochen, »daß er Gott außer sich selbst nicht suche« (Eckhards Werke, herausgegeben von Pfeiffer, Bd. 1, S. 626); sondern auch höchst naiv dadurch dargestellt, daß Eckhards geistige Tochter, nachdem sie jene Umwandelung an sich erfahren, ihn aufsucht, um ihm jubelnd entgegenzurufen: »Herr, freuet Euch mit mir, ich bin Gott geworden!« (Ebendas. S. 465). Eben diesem Geiste gemäß äußert sich durchgängig auch die Mystik der Sufi hauptsächlich als ein Schwelgen in dem Bewußtseyn, daß man selbst der Kern der Welt und die Quelle alles Daseyns ist, zu der Alles zurückkehrt. Zwar kommt dabei die Aufforderung zum Aufgeben alles Wollens, als wodurch allein die Befreiung von der individuellen Existenz und ihren Leiden möglich ist, auch oft vor, jedoch untergeordnet und als etwas Leichtes gefordert. In der Mystik der Hindu hingegen tritt die letztere Seite viel stärker hervor, und in der Christlichen Mystik ist diese ganz vorherrschend, so daß jenes pantheistische Bewußtseyn, welches aller Mystik wesentlich ist, hier erst sekundär, in Folge des Aufgebens alles Wollens, als Vereinigung mit Gott eintritt. Dieser Verschiedenheit der Auffassung entsprechend hat die Mohammedanische Mystik einen sehr heitern Charakter, die Christliche einen düstern und schmerzlichen, die der Hindu, über Beiden stehend, hält auch in dieser Hinsicht die Mitte.

Quietismus, d. i. Aufgeben alles Wollens, Askesis, d. i. absichtliche Ertödtung des Eigenwillens, und Mysticismus, d. i. Bewußtseyn der Identität seines eigenen Wesens mit dem aller Dinge, oder dem Kern der Welt, stehn in genauester Verbindung; so daß wer sich zu einem derselben bekennt allmälig auch zur Annahme der andern, selbst gegen seinen Vorsatz, geleitet wird. – Nichts kann überraschender seyn, als die Uebereinstimmung der jene Lehren vortragenden Schriftsteller unter einander, bei der allergrößten Verschiedenheit ihrer Zeitalter, Länder und Religionen, begleitet von der felsenfesten Sicherheit und innigen Zuversicht, mit der sie den Bestand ihrer innern Erfahrung vortragen. Sie bilden nicht etwan eine Sekte, die ein theoretisch beliebtes und ein Mal ergriffenes Dogma festhält, vertheidigt und fortpflanzt; vielmehr wissen sie meistentheils nicht von einander; ja, die Indischen, Christlichen, Mohammedanischen Mystiker, Quietisten und Asketen sind sich in Allem heterogen, nur nicht im innern Sinn und Geiste ihrer Lehren. Ein höchst auffallendes Beispiel hievon liefert die Vergleichung der *Torrens* der Guion mit der Lehre der Veden, namentlich mit der Stelle im Oupnekhat, Bd. 1, S. 63, welche den Inhalt jener Französischen Schrift in größter Kürze, aber genau und sogar mit den selben Bildern enthält, und dennoch der Frau von Guion, um 1680, unmöglich bekannt seyn konnte. In der »Deutschen Theologie« (alleinige unverstümmelte Ausgabe, Stuttgart 1851) wird Kapitel 2 und 3 gesagt, daß sowohl der Fall des Teufels, als der Adams, darin bestanden hätte, daß der Eine, wie der Andere, sich das Ich und Mich, das Mein und Mir beigelegt hätte; und S. 89 heißt es: »In der wahren Liebe bleibt weder Ich, noch Mich, Mein, Mir, Du, Dein, und desgleichen.« Diesem nun entsprechend heißt es im »Kural«, aus dem Tamulischen von Graul, S. 8: »Die nach außen gehende Leidenschaft des Mein und die nach innen gehende des Ich hören auf« (vgl. Vers 346). Und im *Manual of Buddhism by Spence Hardy*, S. 258, spricht Buddha: »Meine Schüler verwerfen den Gedanken, dies bin Ich, oder dies ist Mein.« Ueberhaupt, wenn man von den Formen, welche die äußern Umstände herbeiführen, absieht und den Sachen auf den Grund geht, wird man finden, daß Schakia Muni und Meister Eckhard das Selbe lehren; nur daß Jener seine Gedanken geradezu aussprechen durfte, Dieser hingegen genöthigt ist, sie in das Gewand des Christlichen Mythos zu kleiden und diesem seine Ausdrücke anzupassen. Es geht aber hiemit so weit, daß bei ihm der Christliche Mythos fast nur noch eine Bildersprache ist, beinahe wie den Neuplatonikern der Hellenische: er nimmt ihn durchweg allegorisch. In der selben Hinsicht ist es beachtenswerth, daß der Uebertritt des heiligen Franciscus aus dem Wohlstande zum Bettlerleben ganz ähnlich ist dem noch größern Schritte des Buddha Schakia Muni vom Prinzen zum Bettler, und daß dem entsprechend das Leben, wie auch die Stiftung des Franciscus eben nur eine Art Saniassithum [indisches Einsiedlertum] war. Ja, es verdient erwähnt zu werden, daß seine Verwandtschaft mit dem Indischen Geiste auch hervortritt in seiner großen Liebe zu den Thieren und häufigen Umgang mit ihnen, wobei er sie durchgängig seine Schwestern und Brüder nennt; wie denn auch sein schöner *Cantico* [Gesang], durch das Lob der Sonne, des Mondes, der Gestirne, des Windes, des Wassers, des Feuers, der Erde, seinen angeborenen Indischen Geist bekundet*.

Sogar werden die Christlichen Quietisten oft wenig, oder keine Kunde von einander gehabt haben, z. B. Molinos und die Guion von Taulern und der »Deutschen Theologie«, oder Gichtel von jenen Ersteren. Ebenfalls hat der große Unterschied ihrer Bildung, indem Einige, wie Molinos, gelehrt, Andere, wie Gichtel und Viele mehr, ungelehrt waren, keinen wesentlichen Einfluß auf ihre Lehren. Um so mehr beweist ihre große, innere Uebereinstimmung, bei der Festigkeit und Sicherheit ihrer Aussagen, daß sie aus wirklicher, innerer Erfahrung reden, einer Erfahrung, die zwar nicht Jedem zugänglich ist, sondern nur wenigen Begünstigten zu Theil wird, daher sie den Namen Gnadenwirkung erhalten hat, an deren Wirklichkeit jedoch aus obigen Gründen nicht zu zweifeln ist. Um dies Alles zu verstehn, muß man sie aber selbst lesen und nicht mit Berichten aus zweiter Hand sich begnügen: denn Jeder muß selbst vernommen werden, ehe man über ihn urtheilt. Zur Bekanntschaft mit dem Quietismus also empfehle ich besonders den Meister Eckhard, die Deutsche Theologie, den Tauler, die Guion, die Antoinette Bourignon, den Engländer Bunyan, den Molinos**, den Gichtel: imgleichen sind, als praktische Belege und Beispiele des tiefen Ernstes der Askese, das von Reuchlin herausgegebene

* *S. Bonaventurae vita S. Francisci, c. 8.* – K. Hase, Franz von Assisi, Kap. 10. – *I cantici di S. Francesco, editi da Schlosser e Steinle. Francoforto s. M. 1842.*

** *Michaelis de Molinos manuductio spiritualis: hispanice 1675, italice 1680, latine 1687, gallice in libro non adeo raro, cui titulus: Recueil de diverses pièces concernant le quiétisme, ou Molinos et ses disciples.* [spanisch 1675, italienisch 1680, lateinisch 1687, französisch in einem nicht so seltenen Buche mit dem Titel: Sammlung verschiedener Stücke über den Quietismus, oder Molinos und seine Schüler.] *Amstd. 1688* [deutsch 1699].

Leben Pascals, nebst dessen Geschichte von Port-royal, wie auch die *Histoire de Sainte Elisabeth par le comte de Montalembert* und *La vie de Rancé par Châteaubriand* sehr lesenswerth; womit jedoch alles Bedeutende in dieser Gattung keineswegs erschöpft seyn soll. Wer solche Schriften gelesen und ihren Geist mit dem der Askese und des Quietismus, wie er alle Werke des Brahmanismus und Buddhaismus durchwebt und aus jeder Seite spricht, verglichen hat, wird zugeben, daß jede Philosophie, welche konsequenterweise jene ganze Denkungsart verwerfen muß, was nur geschehn kann, indem sie die Repräsentanten derselben für Betrüger oder Verrückte erklärt, schon dieserhalb nothwendig falsch seyn muß. In diesem Falle nun aber befinden sich alle Europäischen Systeme, mit Ausnahme des meinigen. Wahrlich eine seltsame Verrücktheit müßte es seyn, die sich, unter den möglichst weit verschiedenen Umständen und Personen, mit solcher Uebereinstimmung ausspräche und dabei von den ältesten und zahlreichsten Völkern der Erde, nämlich von etwan drei Viertel aller Bewohner Asiens, zu einer Hauptlehre ihrer Religion erhoben wäre. Das Thema des Quietismus und Asketismus aber dahingestellt seyn lassen darf keine Philosophie, wenn man ihr die Frage vorlegt; weil dasselbe mit dem aller Metaphysik und Ethik, dem Stoffe nach, identisch ist. Hier ist also ein Punkt, wo ich jede Philosophie, mit ihrem Optimismus, erwarte und verlange, daß sie sich darüber ausspreche. Und wenn, im Urtheil der Zeitgenossen, die paradoxe und beispiellose Uebereinstimmung meiner Philosophie mit dem Quietismus und Asketismus als ein offenbarer Stein des Anstoßes erscheint; so sehe ich hingegen gerade darin einen Beweis ihrer alleinigen Richtigkeit und Wahrheit, wie auch einen Erklärungsgrund des klugen Ignorirens und Sekretirens [Nichtbeachtens und Geheimhaltens] derselben auf den protestantischen Universitäten.

Denn nicht allein die Religionen des Orients, sondern auch das wahre Christenthum hat durchaus jenen asketischen Grundcharakter, den meine Philosophie als Verneinung des Willens zum Leben verdeutlicht; wenn gleich der Protestantismus, zumal in seiner heutigen Gestalt, dies zu vertuschen sucht. Haben doch sogar die in neuester Zeit aufgetretenen offenen Feinde des Christenthums ihm die Lehren der Entsagung, Selbstverleugnung, vollkommenen Keuschheit und überhaupt Mortifikation

[Abtötung] des Willens, welche sie ganz richtig mit dem Namen der »antikosmischen Tendenz« bezeichnen, nachgewiesen und daß solche dem ursprünglichen und ächten Christenthum wesentlich eigen sind gründlich dargethan. Hierin haben sie unleugbar Recht. Daß sie aber eben Dieses als einen offenbaren und am Tage liegenden Vorwurf gegen das Christenthum geltend machen, während gerade hierin seine tiefste Wahrheit, sein hoher Werth und sein erhabener Charakter liegt, dies zeugt von einer Verfinsterung des Geistes, die nur daraus erklärlich ist, daß jene Köpfe, wie leider heut zu Tage tausend andere in Deutschland, völlig verdorben und auf immer verschroben sind durch die miserable Hegelei, diese Schule der Plattheit, diesen Heerd des Unverstandes und der Unwissenheit, diese kopfverderbende Afterweisheit, welche man jetzt endlich als solche zu erkennen anfängt und die Verehrung derselben bald der Dänischen Akademie allein überlassen wird, in deren Augen ja jener plumpe Scharlatan ein *summus philosophus* [erhabenster Philosoph] ist, für den sie ins Feld tritt:

Car tous suivront la créance et estude,
De l'ignorante et sotte multitude,
Dont le plus lourd sera reçu pour juge.

[Denn sie gehorchen stets dem Glauben und der Wahl
Der dummen, ignoranten großen Zahl,
Die sich den Plumpesten zum Richter wählt.]
Rabelais [*Gargantua*, chap. 68, v. 45–47].

Allerdings ist im ächten und ursprünglichen Christenthum, wie es sich, vom Kern des Neuen Testaments aus, in den Schriften der Kirchenväter entwickelte, die asketische Tendenz unverkennbar: sie ist der Gipfel, zu welchem Alles emporstrebt. Als die Hauptlehre derselben finden wir die Empfehlung des ächten und reinen Cölibats (diesen ersten und wichtigsten Schritt in der Verneinung des Willens) schon im Neuen Testament ausgesprochen*. Auch Strauß, in seinem »Leben Jesu« (Bd. 1, S. 618 der ersten Auflage), sagt hinsichtlich der, Matth. 19, 11 fg. gegebenen, Empfehlung der Ehelosigkeit: »Man hat, um Jesum

* Matth. 19, *11* fg. – Luc. 20, *35–37*. – 1. Cor. 7, *1–11* und *25–40*. – (1. Thess. 4, *3*. – 1. Joh. 3, *3*. –) Apokal. 14, *4*. –

nichts den jetzigen Vorstellungen Zuwiderlaufendes sagen zu lassen, sich beeilt, den Gedanken einzuschwärzen, daß Jesus nur mit Rücksicht auf die Zeitumstände und um die apostolische Thätigkeit ungehindert zu lassen, die Ehelosigkeit anrühme: allein im Zusammenhange liegt davon noch weniger eine Andeutung, als in der verwandten Stelle 1. Cor. 7, 25 fg.; sondern es ist auch hier wieder einer der Orte, wo asketische Grundsätze, wie sie unter den Essenern und wahrscheinlich auch weiter unter den Juden verbreitet waren, auch bei Jesu durchscheinen.« – Diese asketische Richtung tritt später entschiedener auf, als Anfangs, wo das Christenthum, noch Anhänger suchend, seine Forderungen nicht zu hoch spannen durfte: und mit dem Eintritt des dritten Jahrhunderts wird sie nachdrücklich urgirt. Die Ehe gilt, im eigentlichen Christenthum, bloß als ein Kompromiß mit der sündlichen Natur des Menschen, als ein Zugeständniß, ein Erlaubtes für Die, welchen die Kraft das Höchste anzustreben mangelt, und als ein Ausweg, größerem Verderben vorzubeugen: in diesem Sinne erhält sie die Sanktion der Kirche, damit das Band unauflösbar sei. Aber als die höhere Weihe des Christenthums, durch welche man in die Reihe der Auserwählten tritt, wird das Cölibat und die Virginität aufgestellt: durch diese allein erlangt man die Siegerkrone, welche sogar noch heut zu Tage durch den Kranz auf dem Sarge der Unverehelichten angedeutet wird, wie eben auch durch den, welchen die Braut am Tage der Verehelichung ablegt.

Ein jedenfalls aus der Urzeit des Christenthums stammendes Zeugniß über diesen Punkt ist die von Clemens Alexandrinus *(Strom., III, 6 et 9)* aus dem Evangelio der Aegypter angeführte prägnante Antwort des Herrn: Τῃ Σαλωμῃ ὁ κυριος πυνθανομενῃ, μεχρι ποτε θανατος ισχυσει; μεχρις αν, ειπεν, ὑμεις, αἱ γυναικες, τικτητε *(Salomae interroganti »quousque vigebit mors?« Dominus »quoadusque«, inquit, »vos, mulieres, paritis«.)* τουτ' εστι, μεχρις αν αἱ επιθυμιαι ενεργωσι *(hoc est, quamdiu operabuntur cupiditates)* [Als Salome den Herrn fragte, wie lange der Tod herrschen werde, sprach er: »Solange Ihr Frauen Kinder gebärt.« Das bedeutet: solange die Begierden die Oberhand haben], setzt Clemens *c. 9* hinzu, woran er sogleich die berühmte Stelle Röm. 5, 12 knüpft. Weiterhin, *c. 13*, führt er die Worte des Kassianus an: Πυνθανομενης της Σαλωμης, ποτε γνωσθησεται τα περι ὡν ηρετο, εφη ὁ κυριος, Ὁταν της αισχυνης ενδυμα πατησητε, και ὁταν γενηται τα δυο ἑν, και το αρρεν μετα της θηλειας ουτε αρρεν, ουτε θηλυ *(Cum interrogaret Salome, quando cognoscentur ea, de quibus interrogabat, ait Dominus: »quando pudoris indumentum conculcaveritis, et quando duo facta fuerint unum, et masculum cum foemina nec masculum nec foemineum.«)* [Als Salome fragte, wann das, wonach sie gefragt habe, offenbar werde, antwortete der Herr: Wann Ihr die Hülle der Schamhaftigkeit unter die Füße treten werdet, wann die beiden Geschlechter eines werden und wann das männliche wie das weibliche sein und es weder ein männliches noch ein weibliches geben wird.], d. h. wann ihr den Schleier der Schaamhaftigkeit nicht mehr braucht, indem aller Geschlechtsunterschied weggefallen seyn wird.

Am weitesten sind in diesem Punkte allerdings die Ketzer gegangen: schon im zweiten Jahrhundert die Tatianiten oder Enkratiten, die Gnostiker, die Marcioniten, die Montanisten, Valentinianer und Kassianer; jedoch nur indem sie, mit rücksichtsloser Konsequenz, der Wahrheit die Ehre gaben, und demnach, dem Geiste des Christenthums gemäß, völlige Enthaltsamkeit, εγκρατεια, lehrten; während die Kirche Alles, was ihrer weitsehenden Politik zuwiderlief, klüglich für Ketzerei erklärte. Von den Tatianiten berichtet Augustinus: *Nuptias damnant, atque omnino pares eas fornicationibus aliisque corruptionibus faciunt: nec recipiunt in suum numerum conjugio utentem, sive marem, sive foeminam. Non vescuntur carnibus, easque abominantur* [Sie verwerfen die Ehe und stellen sie der Unzucht und anderen Verderbtheiten gleich: auch nehmen sie in ihre Reihen keine Verheirateten auf, weder Männer noch Frauen. Sie essen kein Fleisch und verabscheuen es alle.] *(De haeresi ad quod vult Deum. haer.* [1,] 25.) Allein auch die orthodoxen Väter betrachten die Ehe in dem oben bezeichneten Lichte und predigen eifrig die gänzliche Enthaltsamkeit, die ἁγνεια. Athanasius giebt als Ursache der Ehe an: ὁτι ὑποπιπτοντες εσμεν τῃ του προπατορος καταδικῃ· – – – επειδη ὁ προηγουμενος σκοπος του θεου ην, το μη δια γαμου γενεσθαι ἡμας και φθορας· ἡ δε παραβασις της εντολης τον γαμον εισηγαγεν δια το ανομησαι τον Αδαμ. *(Quia subjacemus condemnationi propatoris nostri; – – – nam finis, a Deo praelatus, erat, nos non per nuptias et corruptionem fieri: sed transgressio mandati nuptias introduxit, propter legis violationem Adae. – Exposit. in psalm. 50.)* [daß wir der Verdammnis unseres Stammvaters unterliegen; – – – denn der Zweck, den Gott ins Auge gefaßt hatte, war nicht, daß wir durch Heirat und Verderbnis geboren werden sollten; aber die Übertretung des Gebotes Gottes, Adams Ungehorsam, veranlaßte die Zeugung. – Über die Psalmen, 50.] Tertullian nennt die Ehe *genus mali inferioris, ex indulgentia ortum* [eine Art kleineren Übels, aus Nachsicht hervorgegangen] *(de pudicitia, c. 16)* und sagt: *Matrimonium et stuprum est commixtio carnis; scilicet cujus concupiscentiam dominus stupro adaequavit. Ergo, inquis, jam et primas, id est unas nuptias destruis? Nec immerito: quoniam et ipsae ex eo constant, quod est stuprum (de exhort. castit. c. 9).* [Die Ehe ist wie die Unzucht eine fleischliche Vermischung: denn der Herr hat das Verlangen nach ihr der Unzucht gleichgestellt. Also, mag man einwenden, du verwirfst auch die allererste und damals einzige Ehe? Gewiß, und mit Recht, denn auch sie besteht in dem, was man Unzucht nennt.] Ja, Augustinus selbst bekennt sich ganz und gar zu dieser Lehre und allen ihren Folgen, indem er sagt: *Novi quosdam, qui murmurent: quid, si, inquiunt, omnes velint ab omni concubitu abstinere, unde subsistet genus humanum? – Utinam omnes hoc vellent! dum taxat in caritate, de corde puro, et conscientia bona, et fide non ficta: multo citius Dei civitas compleretur, et acceleraretur terminus mundi (de bono conjugali c. 10).* [Ich kenne einige, welche murren und sagen: Wie nun, wenn alle sich jeder Begattung enthalten wollten, wie könnte dann das Menschengeschlecht bestehen? Möchten sie's doch alle wollen! wofern es nur geschähe in Liebe, aus reinem Herzen, mit gutem Gewissen und aufrichtigem Glauben: dann würde das Reich Gottes weit schneller verwirklicht werden, indem das Ende der Welt beschleunigt würde.] – Und abermals: *Non vos ab hoc studio, quo multos ad imitandum vos excitatis, frangat querela vanorum, qui dicunt: quomodo subsistet genus humanum, si omnes fuerint continentes? Quasi propter aliud retardetur hoc seculum, nisi ut impleatur praedestinatus numerus ille sanctorum, quo citius impleto, profecto nec terminus seculi differetur (de bono viduitatis, c. 23).* [Möchte euch in diesem Streben, durch welches ihr viele anregt, euch nachzueifern, die eitle Klage derjenigen nicht irre machen, welche fragen, wie denn das Menschengeschlecht bestehen könne, wenn alle Enthaltsamkeit üben wollten. Als ob dieser Welt noch aus einem anderen Grunde Frist gegeben würde, als damit die vorbestimmte Zahl der Heiligen voll würde; je schneller sie aber voll wird, um so weniger braucht das Ende der Welt hinausgeschoben zu werden.] Man sieht zugleich, daß er das Heil mit dem Ende der Welt identificirt. – Die übrigen diesen Punkt betreffenden Stellen aus den Werken Augustins findet man zusammengestellt in der *Confessio Augustiniana e D. Augustini operibus compilata a Hieronymo Torrense, 1610,* unter den Rubriken *de matrimonio, de coelibatu* u. s. w., und kann sich dadurch überzeugen, daß im alten, ächten Christenthum die Ehe eine bloße Koncession war, welche überdies auch nur die Kinderzeugung zum Zweck haben sollte, daß hingegen die gänzliche Enthaltsamkeit die jener weit vorzuziehende eigentliche Tugend war. Denen aber, welche nicht selbst auf die Quellen zurückgehn wollen, empfehle ich, zur Beseitigung aller etwanigen Zweifel über die in Rede stehende Tendenz des Christenthums, zwei Schriften: Carové, Ueber das Cölibatgesetz, 1832, und *Lind, De coelibatu Christianorum per tria priora secula, Havniae,* 1839. Es sind jedoch keineswegs die eigenen Ansichten dieser Schriftsteller, auf die ich verweise, da solche der meinigen entgegengesetzt sind, sondern ganz allein die von ihnen sorgfältig gesammelten Berichte und Anführungen, welche gerade darum, als ganz unverfänglich, volles Zutrauen verdienen, daß beide Schriftsteller Gegner des Cölibats sind, der Erstere ein rationalistischer Katholik, der Andere ein protestantischer Kandidat, welcher ganz und gar als ein solcher redet. In der zuerst genannten Schrift finden wir, Bd. 1, S. 166, in jener Rücksicht folgendes Resultat ausgesprochen: »Der kirchlichen Ansicht zufolge, – wie bei den kanonischen Kirchenvätern, in den Synodal- und den päpstlichen Belehrungen und in unzähligen Schriften rechtgläubiger Katholiken zu lesen, – wird die immerwährende Keuschheit eine göttliche, himmlische, englische Tugend genannt und die Erwerbung der göttlichen Gnadenhülfe dazu vom ernsten Bitten um dieselbe abhängig gemacht. – Daß diese Augustinische Lehre sich bei Canisius und im Tridentinum [Konzil von Trient, 1545–63] als immer gleicher Kirchenglaube ausgesprochen findet, haben wir bereits nachgewiesen. Daß sie aber bis auf den heutigen Tag als Glaubenslehre festgehalten worden, dafür mag das Juniheft, 1831, der Zeitschrift ›Der Katholik‹ hinreichendes Zeugniß ablegen: daselbst, S. 263, heißt es: ›Im Katholicismus erscheint die Beobachtung einer ewigen Keuschheit, um Gotteswillen, an sich als das höchste Verdienst des Menschen. Die Ansicht, daß die Beobachtung der beständigen Keuschheit als Selbstzweck den Menschen heilige und erhöhe, ist, wie hievon jeder unterrichtete Katholik die Ueberzeugung hat, in dem Christenthum, seinem Geist und seiner ausdrücklichen Vorschrift nach, tief gegründet. Das Tridentinum hat allen möglichen Zweifel hierüber abgeschnitten‹ – – – Es muß allerdings von jedem Unbefangenen zugestanden werden, nicht nur, daß die vom ›Katholiken‹ ausgesprochene Lehre wirklich katholisch ist, sondern auch, daß die vorgebrachten Erweisgründe für eine katholische Vernunft durchaus unwiderleglich seyn mögen, da sie so recht aus der kirchlichen Grundansicht der Kirche vom Leben und seiner Bestimmung geschöpft sind.« – Ferner heißt es daselbst S. 270: »Wenn gleich sowohl Paulus das Eheverbot als Irrlehre bezeichnet und der noch jüdischere Verfasser des Hebräerbriefes gebietet, ›die Ehe solle in Ehren gehalten werden bei Allen und das Ehebett unbefleckt‹ (Hebr. 13, 4); so ist darum doch die Hauptrichtung dieser beiden Hagiographen [Verfasser von Heiligenleben] nicht zu verkennen. Die Jungfräulichkeit war Beiden das Vollkommene, die Ehe nur ein Nothbedarf für die Schwächeren, und nur als solcher unverletzt zu halten. Das höchste Streben dagegen war auf völlige, materielle Entselbstung gerichtet. Das Selbst soll sich von Allem abwenden und enthalten, was nur ihm und was ihm nur zeitlich zur Freude gereicht.« – Endlich noch S. 288: »Wir stimmen dem Abte Zaccaria bei, welcher den Cölibat (nicht das Cölibatsgesetz) vor Allem aus der Lehre Christi und des Apostels Paulus abgeleitet wissen will.«

Was dieser eigentlich Christlichen Grundansicht entgegengestellt wird, ist überall und immer nur das Alte Testament mit seinem παντα καλα λιαν [Alles war sehr gut: 1. Mose 1, 31]. Dies erhellt besonders deutlich aus jenem wichtigen dritten Buch der Stromata des Klemens, woselbst er, gegen die oben genannten enkratistischen [strengste Enthaltsamkeit fordernden] Ketzer polemisirend, ihnen stets nur das Judenthum, mit seiner optimistischen Schöpfungsgeschichte, entgegenstellt, mit welcher die neutestamentliche, weltverneinende Richtung allerdings in Widerspruch steht. Allein die Verbindung des Neuen Testaments mit dem Alten ist im Grunde nur eine äußerliche, eine zufällige, ja erzwungene, und den einzigen Anknüpfungspunkt für die Christliche Lehre bot dieses, wie gesagt, nur in der Geschichte vom Sündenfall dar, welcher übrigens im Alten Testament isolirt dasteht und nicht weiter benutzt wird. Sind es doch, der evangelischen Darstellung zufolge, gerade die orthodoxen Anhänger des Alten Testaments, welche den Kreuzestod des Stifters herbeiführen, weil sie seine Lehren im Widerstreit mit den ihrigen finden. Im besagten dritten Buche der Stromata des Klemens tritt der Antagonismus zwischen Optimismus, nebst Theismus, einerseits, und Pessimismus, nebst asketischer Moral, andererseits, mit überraschender Deutlichkeit hervor. Dasselbe ist gegen die Gnostiker gerichtet, welche eben Pessimismus und Askese, namentlich εγκρατεια (Enthaltsamkeit jeder Art, besonders aber von aller Geschlechtsbefriedigung) lehrten; weshalb Klemens sie lebhaft tadelt. Dabei schimmert aber zugleich durch, daß schon der Geist des Alten Testaments mit dem des Neuen Testaments in diesem Antagonismus steht. Denn, abgesehn vom Sündenfall, der im Alten Testament wie ein *hors d'oeuvre* dasteht, ist der Geist des Alten Testaments dem des Neuen Testaments diametral entgegengesetzt: jener optimistisch, dieser pessimistisch. Diesen Widerspruch hebt Klemens selbst hervor, am Schlusse des elften Kapitels (προσαποτεινομενον τον Παυλον τῳ Κτιστῃ κ. τ. λ. [daß Paulus sich in Gegensatz zum Schöpfer stelle, usw.]), obwohl er ihn nicht gelten lassen will, sondern für scheinbar erklärt, – als ein guter Jude, der er ist. Ueberhaupt ist es interessant zu sehn, wie dem Klemens überall das Neue und das Alte Testament durcheinanderlaufen und er sie zu vereinbaren bemüht ist, jedoch meistens mit dem Alten Testament das Neue austreibt. Gleich am Eingang des dritten Kapitels wirft er den Markioniten vor, daß sie, nach dem Vorgang des Plato und Pythagoras, die Schöpfung schlecht befunden hätten, indem Markion lehre, es sei eine schlechte Natur, aus schlechtem Stoff (φυσις κακη, εκ τε ὑλης κακης); daher man diese Welt nicht bevölkern, sondern der Ehe sich enthalten solle (μη βουλομενοι τον κοσμον συμπληρουν, απεχεσθαι γαμου). Dies nimmt nun Klemens, dem überhaupt das Alte Testament viel mehr als das Neue zusagt und einleuchtet, ihnen höchlich übel. Er sieht darin ihren schreienden Undank, Feindschaft und Empörung gegen Den, der die Welt gemacht hat, den gerechten Demiurgos, dessen Werk sie selbst seien und dennoch von seinen Schöpfungen Gebrauch zu machen verschmäheten, in gottloser Rebellion »die naturgemäße Gesinnung verlassend« (αντιτασσομενοι τῳ ποιητῃ τῳ σφων, --- εγκρατεις τῃ προς τον πεποιηκοτα εχθρᾳ, μη βουλομενοι χρησθαι τοις ὑπ' αυτου κτισθεισιν, -- ασεβει θεομαχιᾳ των κατα φυσιν εκσταντες λογισμων) [indem sie sich ihrem Schöpfer widersetzen, --- sie beharren in der Feindschaft gegen ihn, indem sie keinen Gebrauch von seinen Schöpfungen machen wollen, -- und verlassen die naturgemäße Gesinnung in frevelhaftem Kampfe gegen Gott]. – Dabei will er, in seinem heiligen Eifer, den Markioniten nicht ein Mal die Ehre der Originalität lassen, sondern, gewaffnet mit seiner bekannten Gelehrsamkeit, hält er ihnen vor, und belegt es mit den schönsten Anführungen, daß schon die alten Philosophen, daß Herakleitos und Empedokles, Pythagoras und Plato, Orpheus und Pindaros, Herodot und Euripides, und noch die Sibylle dazu, die jammervolle Beschaffenheit der Welt tief beklagt, also den Pessimismus gelehrt haben. In diesem gelehrten Enthusiasmus merkt er nun nicht, daß er gerade dadurch den Markioniten Wasser auf ihre Mühle fördert, indem er ja zeigt, daß

»Alle die Weisesten aller der Zeiten«
[Goethe, »Kophtisches Lied«]

das Selbe, wie sie, gelehrt und gesungen haben; sondern getrost und beherzt führt er die entschiedensten und energischesten Aussprüche der Alten in jenem Sinne an. Ihn freilich machen sie nicht irre: mögen Weise das Daseyn als traurig bejammern, mögen Dichter sich in den erschütterndesten Klagen darüber ergießen, mag Natur und Erfahrung noch so laut gegen den Optimismus schreien, – dies Alles ficht unsern Kirchenvater nicht an: hält er doch seine Jüdische Offenbarung in der Hand, und bleibt getrost. Der Demiurgos hat die Welt gemacht: hieraus ist *a priori* gewiß, daß sie vortrefflich sei: und da mag sie aussehn wie sie will. – Eben so geht es sodann mit dem zweiten Punkt, der εγκρατεια [Enthaltsamkeit], durch welche, nach seiner Ansicht, die Markioniten ihren Undank gegen den Demiurgos (αχαριστειν τῳ δημιουργῳ) und die Widerspänstigkeit, mit der sie seine Gaben von sich weisen, an den Tag legen (δι' αντιταξιν προς τον δημιουργον, την χρησιν των κοσμικων παραιτουμενοι). Da haben nun auch schon die Tragiker den Enkratiten (zum Nachtheil ihrer Originalität) vorgearbeitet und das Selbe gesagt: nämlich indem auch sie den endlosen Jammer des Daseyns beklagten, haben sie hinzugefügt, es sei besser, keine Kinder in eine solche Welt zu setzen; – welches er nun wieder mit den schönsten Stellen belegt und zugleich die Pythagoreer beschuldigt, aus diesem Grunde dem Geschlechtsgenuß entsagt zu haben. Dies Alles aber schadet ihm nichts: er bleibt bei seinem Satz, daß alle Jene sich durch ihre Enthaltsamkeit versündigen an dem Demiurgos, indem sie ja lehren, daß man nicht heirathen, nicht Kinder zeugen, nicht neue Unglückliche in die Welt setzen, nicht dem Tode neues Futter vorwerfen soll (δι' εγκρατειας ασεβουσι εις τε την κτισιν και τον ἁγιον δημιουργον, τον παντοκρατορα μονον θεον, και διδασκουσι, μη δειν παραδεχεσθαι γαμον και παιδοποιϊαν, μηδε αντεισαγειν τῳ κοσμῳ δυστυχησοντας ἑτερους, μηδε επιχορηγειν θανατῳ τροφην. *c. 6*) [Denn durch die Enthaltsamkeit versündigen sie sich gegen die Schöpfung und den heiligen Schöpfer, den allmächtigen, einigen Gott, und lehren, daß man nicht in die Ehe treten und Kinder zeugen, nicht noch weiter unglückliche Wesen in die Welt setzen und dem Tod neues Futter vorwerfen dürfe. (Clemens Alexandr., *Strom.*, III, 6, 45).] – Dem gelehrten Kirchenvater, indem er so die εγκρατεια anklagt, scheint dabei nicht geahndet zu haben, daß gleich nach seiner Zeit die Ehelosigkeit des Christlichen Priesterstandes mehr und mehr eingeführt und endlich im 11. Jahrhundert zum Gesetz erhoben werden sollte, weil sie dem Geiste des Neuen Testaments entspricht. Gerade diesen haben die Gnostiker tiefer aufgefaßt und besser verstanden, als unser Kirchenvater, der mehr Jude, als Christ ist. Die Auffassung der Gnostiker tritt sehr deutlich hervor am Anfang des neunten Kapitels, wo aus dem Evangelio der Aegypter angeführt wird: αυτος ειπεν ὁ Σωτηρ, „ηλθον καταλυσαι τα εργα της θηλειας·" θηλειας μεν, της επιθυμιας· εργα δε, γενεσιν και φθοραν *(ajunt enim dixisse Servatorem: »veni ad dissolvendum opera feminae«: feminae quidem, cupiditatis; opera autem, generationem et interitum)* [Der Erlöser selbst sprach: »Ich bin gekommen, die Werke des Weibes aufzulösen«: des Weibes, d. h. der Begierde; diese Werke aber sind Zeugung und Vernichtung]; – ganz besonders aber am Schlusse des dreizehnten und Anfang des vierzehnten Kapitels. Die Kirche freilich mußte darauf bedacht seyn, eine

Religion auf die Beine zu bringen, die doch auch gehn und stehn könne, in der Welt, wie sie ist, und unter den Menschen; daher sie diese Leute für Ketzer erklärte. – Am Schlusse des siebenten Kapitels stellt unser Kirchenvater den Indischen Asketismus, als schlecht, dem Christlich-Jüdischen entgegen; – wobei der fundamentale Unterschied des Geistes beider Religionen deutlich hervortritt. Nämlich im Judenthum und Christenthum läuft Alles zurück auf Gehorsam, oder Ungehorsam, gegen Gottes Befehl, – ὑπακοη και παρακοη [Gehorsam und Ungehorsam: *Stromata* III, 14, 94–95]; wie es uns Geschöpfen angemessen ist, ἡμιν, τοις πεπλασμενοις ὑπο της του Παντοκρατορος βουλησεως *(nobis, qui ab Omnipotentis voluntate effecti sumus)* [uns, die wir durch den Willen des Allmächtigen geschaffen sind] *c. 14* [94–95]. – Dazu kommt, als zweite Pflicht, λατρευειν θεῳ ζωντι, dem Herrn dienen, seine Werke preisen und von Dank überströhmen. – Da sieht es denn freilich im Brahmanismus und Buddhaismus ganz anders aus, indem in Letzterem alle Besserung, Bekehrung und zu hoffende Erlösung aus dieser Welt des Leidens, diesem Sansara, ausgeht von der Erkenntniß der vier Grundwahrheiten: *1) dolor, 2) doloris ortus, 3) doloris interitus, 4) octopartita via ad doloris sedationem* [1) Leiden, 2) Ursprung des Leidens, 3) Aufhebung des Leidens, 4) der achtfache Weg zur Aufhebung des Leidens). – *Dhammapadam, ed. Fausböll, p. 35 et 347.* Die Erläuterung dieser vier Wahrheiten findet man in *Burnouf, Introduct. à l'hist. du Buddhisme, p. 629,* und in allen Darstellungen des Buddhaismus.

In Wahrheit ist nicht das Judenthum, mit seinem παντα καλα λιαν [alles war gut], sondern Brahmanismus und Buddhaismus sind, dem Geiste und der ethischen Tendenz nach, dem Christenthum verwandt. Der Geist und die ethische Tendenz sind aber das Wesentliche einer Religion, nicht die Mythen, in welche sie solche kleidet. Ich gebe daher den Glauben nicht auf, daß die Lehren des Christenthums irgendwie aus jenen Urreligionen abzuleiten sind. Auf einige Spuren hievon habe ich schon im zweiten Bande der Parerga, § 179, hingewiesen. Ihnen ist hinzuzufügen, daß Epiphanias *(Haeretic. XVIII)* berichtet, die ersten Jerusalemitischen Juden-Christen, welche sich Nazaräer nannten, hätten sich aller thierischen Nahrung enthalten. Vermöge dieses Ursprungs (oder wenigstens dieser Uebereinstimmung) gehört das Christenthum dem alten, wahren und erhabenen Glauben der Menschheit an, welcher im Gegensatz steht zu dem falschen, platten und verderblichen O p t i m i s m u s , der sich im Griechischen Heidenthum, im Judenthum und im Islam darstellt. Die Zendreligion hält gewissermaaßen das Mittel, indem sie, dem Ormuzd gegenüber, am Ahriman ein pessimistisches Gegengewicht hat. Aus dieser Zendreligion ist, wie J. G. R h o d e , in seinem Buche »Die heilige Sage des Zendvolks« [Frankfurt a. M. 1820], gründlich nachgewiesen hat, die Judenreligion hervorgegangen: aus Ormuzd ist Jehova und aus Ahriman Satan geworden, der jedoch im Judenthum nur noch eine sehr untergeordnete Rolle spielt, ja, fast ganz verschwindet, wodurch denn der Optimismus die Oberhand gewinnt und nur noch der Mythos vom Sündenfall, der ebenfalls (als Fabel von Meschian und Meschiane) aus dem Zend-Avesta stammt, als pessimistisches Element übrig bleibt, jedoch in Vergessenheit geräth, bis er, wie auch der Satan, vom Christenthum wieder aufgenommen wird. Inzwischen stammt O r m u z d selbst aus dem Brahmanismus, wiewohl aus einer niedrigen Region desselben: er ist nämlich kein Anderer, als I n d r a , jener untergeordnete, oft mit Menschen rivalisirende Gott des Firmaments und der Atmosphäre; wie dies sehr richtig nachgewiesen hat der vortreffliche I. J. S c h m i d t , in seiner Schrift »Ueber die Verwandtschaft der gnostisch-theosophischen Lehren mit den Religionen des Orients« [Leipzig 1828]. Dieser Indra-Ormuzd-Jehova mußte nachmals in das Christenthum, da es in Judäa entstand, übergehn, dessen kosmopolitischem Charakter zufolge er jedoch seine Eigennamen ablegte, um in der Landessprache jeder bekehrten Nation durch das Appellativum der durch ihn verdrängten übermenschlichen Individuen bezeichnet zu werden, als ϑεος, *Deus,* welches vom Sanskrit *Deva* kommt (wovon auch *devil,* Teufel), oder bei den Gothisch-Germanischen Völkern durch das von Odin oder Wodan, Guodan, Godan stammende Wort *God,* Gott. Eben so nahm er, in dem gleichfalls aus dem Judenthum stammenden Islam, den in Arabien auch schon früher vorhandenen Namen Allah an. Diesem analog haben auch die Götter des Griechischen Olymps, als sie, in vorhistorischer Zeit, nach Italien verpflanzt wurden, die Namen der dort vorher herrschenden Götter angenommen; daher Zeus bei den Römern Jupiter, Hera Juno, Hermes Merkur heißt u. s. f. In China erwächst den Missionarien ihre erste Verlegenheit daraus, daß die Chinesische

Sprache gar kein Appellativ der Art, wie auch kein Wort für Schaffen hat*; da die drei Religionen Chinas keine Götter kennen, weder im Plural, noch im Singular.

Wie dem übrigens auch seyn möge, dem eigentlichen Christenthum ist jenes παντα καλα λιαν des Alten Testaments wirklich fremd: denn von der Welt wird im Neuen Testament durchgängig geredet als von etwas, dem man nicht angehört, das man nicht liebt, ja dessen Beherrscher der Teufel ist**. Dies stimmt zu dem asketischen Geiste der Verleugnung des eigenen Selbst und der Ueberwindung der Welt, welcher, eben wie die gränzenlose Liebe des Nächsten, selbst des Feindes, der Grundzug ist, welchen das Christenthum mit dem Brahmanismus und Buddhaismus gemein hat, und der ihre Verwandtschaft beurkundet. Bei keiner Sache hat man so sehr den Kern von der Schaale zu unterscheiden, wie beim Christenthum. Eben weil ich diesen Kern hoch schätze, mache ich mit der Schaale bisweilen wenig Umstände: sie ist jedoch dicker, als man meistens denkt.

Der Protestantismus hat, indem er die Askese und deren Centralpunkt, die Verdienstlichkeit des Cölibats, eliminirte, eigentlich schon den innersten Kern des Christenthums aufgegeben und ist insofern als ein Abfall von demselben anzusehn. Dies hat sich in unsern Tagen herausgestellt in dem allmäligen Uebergang desselben in den platten Rationalismus, diesen modernen Pelagianismus, der am Ende hinausläuft auf eine Lehre von einem liebenden Vater, der die Welt gemacht hat, damit es hübsch vergnügt darauf zugehe (was ihm dann freilich mißrathen seyn müßte), und der, wenn man nur in gewissen Stücken sich seinem Willen anbequemt, auch nachher für eine noch viel hübschere Welt sorgen wird (bei der nur zu beklagen ist, daß sie eine so fatale Entree hat). Das mag eine gute Religion für komfortable,

* Vgl. »Ueber den Willen in der Natur«, zweite Auflage, S. 124 [Bd. V uns. Ausg., S. 331 f.].

** Z. B. Joh. 12, *25* und *31*. – 14, *30*. – 15, *18*. *19*. – 16, *33*. – Coloss. 2, *20*. – Eph. 2, *1–3*. – 1. Joh. 2, *15–17*, und 4, *4*. *5*. Bei dieser Gelegenheit kann man sehen, wie gewisse protestantische Theologen in ihren Bemühungen, den Text des Neuen Testaments ihrer rationalistischen, optimistischen und unsäglich platten Weltansicht gemäß zu mißdeuten, so weit gehn, daß sie diesen Text in ihren Uebersetzungen geradezu verfälschen. So hat denn H. A. Schott, in seiner dem Griesbachischen Texte 1805 beigegebenen neuen lateinischen Version das Wort κοσμος [Welt], Joh. 15, *18*. *19*, mit *Judaei* [Juden] übersetzt, 1. Joh. 4, *4*, mit *profani homines* [gottlose Menschen], und Coloss. 2, 20, στοιχεια του κοσμου [Satzungen der Welt] mit *elementa Judaica* [jüdische Elemente]; während Luther überall das Wort ehrlich und richtig durch »Welt« wiedergiebt.

verheirathete und aufgeklärte protestantische Pastoren seyn: aber das ist kein Christenthum. Das Christenthum ist die Lehre von der tiefen Verschuldung des Menschengeschlechts durch sein Daseyn selbst und dem Drange des Herzens nach Erlösung daraus, welche jedoch nur durch die schwersten Opfer und durch die Verleugnung des eigenen Selbst, also durch eine gänzliche Umkehrung der menschlichen Natur erlangt werden kann. – Luther mochte, vom praktischen Standpunkte aus, d. h. in Beziehung auf die Kirchengräuel seiner Zeit, die er abstellen wollte, ganz Recht haben; nicht aber eben so vom theoretischen Standpunkte aus. Je erhabener eine Lehre ist, desto mehr steht sie, der im Ganzen niedrig und schlecht gesinnten Menschennatur gegenüber, dem Mißbrauch offen: darum sind im Katholicismus der Mißbräuche so sehr viel mehr und größere, als im Protestantismus. So z. B. ist das Mönchsthum, diese methodische und, zu gegenseitiger Ermuthigung, gemeinsam betriebene Verneinung des Willens, eine Anstalt erhabener Art, die aber eben darum meistens ihrem Geiste untreu wird. Die empörenden Mißbräuche der Kirche riefen im redlichen Geiste Luthers eine hohe Indignation hervor. Aber in Folge derselben kam er dahin, vom Christenthum selbst möglichst viel abdingen zu wollen, zu welchem Zweck er zunächst es auf die Worte der Bibel beschränkte, dann aber auch im wohlgemeinten Eifer zu weit gieng, indem er, im asketischen Princip, das Herz desselben angriff. Denn nach dem Austreten des asketischen Princips trat nothwendig bald das optimistische an seine Stelle. Aber Optimismus ist, in den Religionen, wie in der Philosophie, ein Grundirrthum, der aller Wahrheit den Weg vertritt. Nach dem Allen scheint mir der Katholicismus ein schmählich mißbrauchtes, der Protestantismus aber ein ausgeartetes Christenthum zu seyn, das Christenthum überhaupt also das Schicksal gehabt zu haben, dem alles Edele, Erhabene und Große anheimfällt, sobald es unter Menschen bestehn soll.

Dennoch aber hat, selbst im Schooß des Protestantismus, der wesentlich asketische und enkratistische Geist des Christenthums sich wieder Luft gemacht und ist daraus zu einem in solcher Größe und Bestimmtheit vielleicht nie zuvor dagewesenen Phänomen hervorgegangen, in der höchst merkwürdigen Sekte der *Shakers,* in Nord-Amerika, gestiftet durch eine Engländerin Anna Lee, 1774. Diese Sektirer sind bereits auf 6000 angewachsen, welche, in 15 Gemeinden getheilt, mehrere Dörfer in den Staaten Neu-York und Kentucki inne haben, vorzüglich im Distrikt Neu-Libanon, bei Nassau-village. Der Grundzug ihrer religiösen Lebensregel ist Ehelosigkeit und gänzliche Enthaltsamkeit von aller Geschlechtsbefriedigung. Diese Regel wird, wie selbst die sonst auf alle Weise sie verhöhnenden und verspottenden Englischen und Nordamerikanischen Besucher einmüthig zugeben, streng und mit vollkommener Redlichkeit befolgt; obgleich Brüder und Schwestern bisweilen sogar das selbe Haus bewohnen, am selben Tisch essen, ja, in der Kirche beim Gottesdienste gemeinschaftlich t a n z e n. Denn wer jenes schwerste aller Opfer gebracht hat, darf t a n z e n vor dem Herrn: er ist der Sieger, er hat überwunden. Ihre Gesänge in der Kirche sind überhaupt heiter, ja, zum Theil lustige Lieder. So wird denn auch jener, auf die Predigt folgende Kirchen-Tanz vom Gesange der Uebrigen begleitet: taktmäßig und lebhaft ausgeführt schließt er mit einer Gallopade, die bis zur Erschöpfung fortgesetzt wird. Zwischen jedem Tanz ruft einer ihrer Lehrer laut aus: »Gedenket, daß ihr euch freuet vor dem Herrn, euer Fleisch ertödtet zu haben! denn Dieses hier ist der alleinige Gebrauch, den wir von unsern widerspänstigen Gliedern machen.« An die Ehelosigkeit knüpfen sich von selbst die meisten übrigen Bestimmungen. Es giebt keine Familie, daher auch kein Privateigenthum, sondern Gütergemeinschaft. Alle sind gleich gekleidet, quäkermäßig und mit großer Reinlichkeit. Sie sind industriell und fleißig: Müßiggang wird nicht geduldet. Auch haben sie die beneidenswerthe Vorschrift, alles unnöthige Geräusch zu vermeiden, wie Schreien, Thürenwerfen, Peitschenknallen, starkes Klopfen u. s. w. Ihre Lebensregel sprach Einer von ihnen so aus: »Führet ein Leben der Unschuld und Reinheit, liebt euren Nächsten, wie euch selbst, lebt mit allen Menschen in Frieden und enthaltet euch des Krieges, Blutvergießens und aller Gewaltthätigkeiten gegen Andere, wie auch alles Trachtens nach weltlicher Ehre und Auszeichnung. Gebt Jedem das Seine, und beobachtet H e i l i g k e i t: denn ohne diese kann Keiner den Herrn schauen. Thut Allen Gutes, so weit Gelegenheit ist und eure Kräfte reichen.« Sie überreden Niemanden zum Beitritt, sondern prüfen die sich Meldenden durch ein mehrjähriges Noviziat. Auch steht Jedem der Austritt frei: höchst selten wird Einer, wegen Vergehungen, ausgestoßen.

Zugebrachte Kinder werden sorgfältig erzogen, und erst wann sie erwachsen sind, thun sie freiwillig Profeß [Ablegung der Gelübde]. Es wird angeführt, daß bei den Kontroversen ihrer Vorsteher mit anglikanischen Geistlichen diese meistens den Kürzeren ziehn, da die Argumente aus neutestamentlichen Bibelstellen bestehn. – Ausführlichere Berichte über sie findet man vorzüglich in *Maxwell's Run through the United states*, 1841; ferner auch in *Benedict's History of all religions*, 1830; desgleichen in den *Times, Novr. 4.* 1837; und in der deutschen Zeitschrift Columbus, Mai-Heft, 1831. – Eine ihnen sehr ähnliche Deutsche Sekte in Amerika, welche ebenfalls in strenger Ehelosigkeit und Enthaltsamkeit lebt, sind die Rappisten, über welche berichtet wird in F. Löher's »Geschichte und Zustände der Deutschen in Amerika«, 1853. – Auch in Rußland sollen die Raskolnik eine ähnliche Sekte seyn. Die Gichtelianer leben ebenfalls in strenger Keuschheit. – Aber schon bei den alten Juden finden wir ein Vorbild aller dieser Sekten, die Essener, über welche selbst Plinius berichtet *(Hist. nat., V, 15)*, und die den *Shakers* sehr ähnlich waren, nicht allein im Cölibat, sondern auch in andern Stücken, sogar im Tanze beim Gottesdienst*, welches auf die Vermuthung führt, daß die Stifterin dieser jene zum Vorbild genommen habe. – Wie nimmt sich, solchen Thatsachen gegenüber, Luthers Behauptung aus: *Ubi natura, quemadmodum a Deo nobis insita est, fertur ac rapitur, f i e r i n u l l o m o d o p o t e s t, ut extra matrimonium caste vivatur.* [Wo die Natur, wie sie uns von Gott eingepflanzt ist, mit Gewalt ausgerissen wird, k a n n e s k e i n e s w e g s geschehen, daß außerhalb der Ehe keusch gelebt wird.] *(Catech. maj*[*or, Praeceptum* VI, al. 5].) –?

Wenn gleich das Christenthum, im Wesentlichen, nur Das gelehrt hat, was ganz Asien damals schon lange und sogar besser wußte; so war dasselbe dennoch für Europa eine neue und große Offenbarung, in Folge welcher daher die Geistesrichtung der Europäischen Völker gänzlich umgestaltet wurde. Denn es schloß ihnen die metaphysische Bedeutung des Daseyns auf und lehrte sie demnach hinwegsehn über das enge, armsälige und ephemere Erdenleben, und es nicht mehr als Selbstzweck, sondern als einen Zustand des Leidens, der Schuld, der Prüfung, des

* Bellermann, Geschichtliche Nachrichten über Essäer und Therapeuten. 1821, S. 106.

Kampfes und der Läuterung betrachten, aus welchem man, mittelst moralischer Verdienste, schwerer Entsagung und Verleugnung des eigenen Selbst, sich emporschwingen könne zu einem bessern, uns unbegreiflichen Daseyn. Es lehrte nämlich die große Wahrheit der Bejahung und Verneinung des Willens zum Leben, im Gewande der Allegorie, indem es sagte, daß durch Adams Sündenfall der Fluch Alle getroffen habe, die Sünde in die Welt gekommen, die Schuld auf Alle vererbt sei; daß aber dagegen durch Jesu Opfertod Alle entsühnt seien, die Welt erlöst, die Schuld getilgt und die Gerechtigkeit versöhnt. Um aber die in diesem Mythos enthaltene Wahrheit selbst zu verstehn, muß man die Menschen nicht bloß in der Zeit, als von einander unabhängige Wesen betrachten, sondern die (Platonische) Idee des Menschen auffassen, welche sich zur Menschenreihe verhält, wie die Ewigkeit an sich zu der zur Zeit auseinandergezogenen Ewigkeit; daher eben die, in der Zeit, zur Menschenreihe ausgedehnte ewige Idee M e n s c h durch das sie verbindende Band der Zeugung auch wieder in der Zeit als ein Ganzes erscheint. Behält man nun die Idee des Menschen im Auge; so sieht man, daß Adams Sündenfall die endliche, thierische, sündige Natur des Menschen darstellt, welcher gemäß er eben ein der Endlichkeit, der Sünde, dem Leiden und dem Tode anheim gefallenes Wesen ist. Dagegen stellt Jesu Christi Wandel, Lehre und Tod die ewige, übernatürliche Seite, die Freiheit, die Erlösung des Menschen dar. Jeder Mensch nun ist, als solcher und *potentiâ* [in der Möglichkeit], sowohl Adam als Jesus, je nachdem er sich auffaßt und sein Wille ihn danach bestimmt; in Folge wovon er sodann verdammt und dem Tode anheimgefallen, oder aber erlöst ist und das ewige Leben erlangt. – Diese Wahrheiten nun waren, im allegorischen, wie im eigentlichen Sinn, völlig neu, in Bezug auf Griechen und Römer, als welche noch gänzlich im Leben aufgiengen und über dasselbe nicht ernstlich hinausblickten. Wer dies Letztere bezweifelt, sehe wie noch C i c e r o *(pro Cluentio, c. 61)* und S a l l u s t *(Catil., c. 47)* vom Zustande nach dem Tode reden. Die Alten, obwohl in fast allem Andern weit vorgerückt, waren in der Hauptsache Kinder geblieben, und wurden darin sogar von den Druiden übertroffen, die doch Metempsychose lehrten. Daß ein Paar Philosophen, wie Pythagoras und Plato, anders dachten, ändert, hinsichtlich auf das Ganze, nichts.

Jene große, im Christenthum, wie im Brahmanismus und Buddhaismus enthaltene Grundwahrheit also, nämlich das Bedürfniß der Erlösung aus einem Daseyn, welches dem Leiden und dem Tode anheimgefallen ist, und die Erreichbarkeit derselben durch Verneinung des Willens, also durch ein entschiedenes der Natur Entgegentreten, ist ohne allen Vergleich die wichtigste, die es geben kann, zugleich aber der natürlichen Richtung des Menschengeschlechts ganz entgegen und nach ihren wahren Gründen schwer zu fassen; wie denn alles bloß allgemein und abstrakt zu Denkende der großen Mehrzahl der Menschen ganz unzugänglich ist. Daher bedurfte es für diese, um jene große Wahrheit in den Bereich ihrer praktischen Anwendbarkeit zu bringen, überall eines m y t h i s c h e n V e h i k e l s derselben, gleichsam eines Gefäßes, ohne welches jene sich verlieren und verflüchtigen würde. Die Wahrheit mußte daher überall das Gewand der Fabel borgen und zudem stets sich an das jedesmal historisch Gegebene, bereits Bekannte und bereits Verehrte anzuschließen bestrebt seyn. Was, bei der niedrigen Gesinnung, der intellektuellen Stumpfheit und überhaupt Brutalität des großen Haufens aller Zeiten und Länder, ihm *sensu proprio* [im eigentlichen Sinne] unzugänglich bliebe, muß ihm, zum praktischen Behuf, *sensu allegorico* [im übertragenen Sinne] beigebracht werden, um sein Leitstern zu seyn. So sind denn die oben genannten Glaubenslehren anzusehn als die heiligen Gefäße, in welchen die seit mehreren Jahrtausenden, ja, vielleicht seit dem Beginn des Menschengeschlechts erkannte und ausgesprochene große Wahrheit, die jedoch an sich selbst, in Bezug auf die Masse der Menschheit, stets eine Geheimlehre bleibt, dieser nach Maaßgabe ihrer Kräfte zugänglich gemacht, aufbewahrt und durch die Jahrhunderte weitergegeben wird. Weil jedoch Alles, was nicht durch und durch aus dem unzerstörbaren Stoff der lauteren Wahrheit besteht, dem Untergange ausgesetzt ist; so muß, so oft diesem ein solches Gefäß, durch die Berührung mit einer ihm heterogenen Zeit, entgegengeht, der heilige Inhalt irgendwie, durch ein anderes, gerettet und der Menschheit erhalten werden. Die Philosophie aber hat die Aufgabe, jenen Inhalt, da er mit der lauteren Wahrheit Eins ist, für die allezeit äußerst geringe Anzahl der zu denken Fähigen, rein, unvermischt, also bloß in abstrakten Begriffen, mithin ohne jenes Vehikel darzustellen. Dabei verhält sie sich zu den Religionen, wie eine gerade Linie zu mehreren, neben ihr laufenden Kurven: denn sie spricht *sensu proprio* aus, erreicht mithin geradezu, was jene unter Verhüllungen zeigen und auf Umwegen erreichen.

Wollte ich nun noch, um das zuletzt Gesagte durch ein Beispiel zu erläutern und zugleich eine philosophische Mode meiner Zeit mitzumachen, etwan versuchen, das tiefste Mysterium des Christenthums, also das der Trinität, in die Grundbegriffe meiner Philosophie aufzulösen; so könnte Dieses, unter den bei solchen Deutungen zugestandenen Licenzen [Freiheiten], auf folgende Weise geschehn. Der heilige Geist ist die entschiedene Verneinung des Willens zum Leben: der Mensch, in welchem solche sich *in concreto* darstellt, ist der Sohn. Er ist identisch mit dem das Leben bejahenden und dadurch das Phänomen dieser anschaulichen Welt hervorbringenden Willen, d. i. dem Vater, sofern nämlich die Bejahung und Verneinung entgegengesetzte Akte des selben Willens sind, dessen Fähigkeit zu Beidem die alleinige wahre Freiheit ist. – Inzwischen ist dies als ein bloßer *lusus ingenii* [spielerischer Einfall] anzusehn.

Ehe ich dieses Kapitel schließe, will ich einige Belege zu Dem beibringen, was ich § 68 des ersten Bandes durch den Ausdruck Δευτερος πλους [der zweitbeste Weg] bezeichnet habe, nämlich die Herbeiführung der Verneinung des Willens durch das eigene, schwer gefühlte Leiden, also nicht bloß durch das Aneignen des fremden und die durch dieses vermittelte Erkenntniß der Nichtigkeit und Trübsäligkeit unsers Daseyns. Was bei einer Erhebung solcher Art und dem durch sie eingeleiteten Läuterungsproceß im Innern des Menschen vorgeht, kann man sich faßlich machen an Dem, was jeder erregbare Mensch beim Zuschauen eines Trauerspiels erfährt, als womit es verwandter Natur ist. Nämlich etwan im dritten und vierten Akt wird ein Solcher durch den Anblick des mehr und mehr getrübten und bedrohten Glückes des Helden schmerzlich afficirt und beängstigt: wann hingegen dieses im fünften Akte gänzlich scheitert und zerschellt, da spürt er eine gewisse Erhebung seines Gemüthes, welche ihm ein Genügen unendlich höherer Art gewährt, als der Anblick des noch so sehr beglückten Helden je vermocht hätte. Dieses nun ist, in den schwachen Wasserfarben der Mitempfindung, wie sie eine wohlbewußte Täuschung erregen kann, das Selbe, was mit der Energie der Wirklichkeit in der Empfindung des eigenen Schicksals vorgeht, wann das schwere Unglück es ist, was den Menschen endlich in den Hafen gänzlicher Resignation treibt. Auf diesem Vorgange beruhen alle den Menschen ganz umwandelnden Bekehrungen, wie ich sie im Texte geschildert habe. Als eine der daselbst erzählten Bekehrungsgeschichte des Raimund Lullius auffallend ähnliche und überdies durch ihren Erfolg denkwürdige mag die des Abbé Rancé hier in wenigen Worten ihre Stelle finden. Seine Jugend war dem Vergnügen und der Lust gewidmet: er lebte endlich in einem leidenschaftlichen Verhältniß mit einer Frau von Montbazon. Eines Abends, als er diese besuchte, fand er ihre Zimmer leer, in Unordnung und dunkel. Mit dem Fuße stieß er an etwas: es war ihr Kopf, den man vom Rumpfe getrennt hatte, weil der Leichnam der plötzlich Gestorbenen sonst nicht in den bleiernen Sarg, der daneben stand, hätte gehn können. Nach Ueberstehung eines gränzenlosen Schmerzes wurde nunmehr, 1663, Rancé der Reformator des damals von der Strenge seiner Regeln gänzlich abgewichenen Ordens der Trappisten, in welchen er sofort trat, und der durch ihn zu jener furchtbaren Größe der Entsagung zurückgeführt wurde, in welcher er noch gegenwärtig zu Latrappe besteht und, als die methodisch durchgeführte, durch die schwersten Entsagungen und eine unglaublich harte und peinliche Lebensweise beförderte Verneinung des Willens, den Besucher mit heiligem Schauer erfüllt, nachdem ihn schon bei seinem Empfange die Demuth dieser ächten Mönche gerührt hat, die durch Fasten, Frieren, Nachtwachen, Beten und Arbeiten abgezehrt, vor ihm, dem Weltkinde und Sünder, niederknien, um seinen Segen zu erbitten. In Frankreich hat von allen Mönchsorden dieser allein sich, nach allen Umwälzungen, vollkommen erhalten; welches dem tiefen Ernst, der bei ihm unverkennbar ist und alle Nebenabsichten ausschließt, zuzuschreiben ist. Sogar vom Verfall der Religion ist er unberührt geblieben; weil seine Wurzel eine tiefer in der menschlichen Natur liegende ist, als irgend eine positive Glaubenslehre.

Daß die hier in Betrachtung genommene, von den Philosophen bisher gänzlich vernachlässigte, große und schnelle Umwälzung des innersten Wesens im Menschen am häufigsten da eintritt, wo er, bei vollem Bewußtseyn, einem gewaltsamen und gewissen Tode entgegengeht, also bei Hinrichtungen, habe ich im Texte erwähnt. Um aber diesen Vorgang viel deutlicher vor Augen zu bringen, halte ich es keineswegs der Würde der Philosophie unangemessen, die Aeußerungen einiger Verbrecher vor der Hinrichtung herzusetzen; wenn ich mir auch den Spott, daß ich auf Galgenpredigten provocire, dadurch zuziehn sollte. Vielmehr glaube ich allerdings, daß der Galgen ein Ort ganz besonderer Offenbarungen und eine Warte ist, von welcher aus dem Menschen, der daselbst seine Besinnung behält, die Aussichten in die Ewigkeit sich oft weiter aufthun und deutlicher darstellen, als den meisten Philosophen über den Paragraphen ihrer rationalen Psychologie und Theologie. – Folgende Galgenpredigt also hielt, am 15. April 1837, zu Glocester, ein gewisser Bartlett, der seine Schwiegermutter gemordet hatte: »Engländer und Landsleute! Nur sehr wenige Worte habe ich zu sagen: aber ich bitte euch, Alle und Jeden, daß ihr diese wenigen Worte tief in eure Herzen dringen laßt, daß ihr sie im Andenken behaltet, nicht nur während ihr dem gegenwärtigen, traurigen Schauspiele zusehet, sondern sie nach Hause nehmt und sie euren Kindern und Freunden wiederholet. Hierum also flehe ich euch an, als ein Sterbender, als Einer, für den das Todeswerkzeug jetzt bereit steht. Und diese wenigen Worte sind: macht euch los von der Liebe zu dieser sterbenden Welt und ihren eitelen Freuden: denkt weniger an sie und mehr an euren Gott. Das thut! Bekehret euch, bekehret euch! Denn, seid versichert, daß ohne eine tiefe und wahre Bekehrung, ohne ein Umkehren zu eurem himmlischen Vater, ihr nicht die geringste Hoffnung haben könnt, jemals jene Gefilde der Säligkeit und jenes Landes des Friedens zu erreichen, welchem ich jetzt mit schnellen Schritten entgegenzugehn, die feste Zuversicht habe.« (Nach den *Times*, vom 18. April 1837.) – Noch merkwürdiger ist eine letzte Aeußerung des bekannten Mörders Greenacre, welcher am 1. Mai 1837 in London hingerichtet wurde. Die englische Zeitung *The Post* berichtet darüber Folgendes, welches auch in *Galignani's Messenger* vom 6. Mai 1837 abgedruckt ist: »Am Morgen seiner Hinrichtung empfahl ihm ein Herr, er möge sein Vertrauen auf Gott stellen und um Vergebung durch die Vermittelung Jesu Christi beten. Greenacre erwiderte: um Vergebung durch die Vermittelung Christi bitten sei eine Sache der Meinung; er, seines Theils, glaube, daß, in den Augen des höchsten Wesens, ein Mohammedaner einem Christen gleich gelte und eben so viel Anspruch auf Säligkeit habe. Er habe, seit seiner Gefangenschaft, seine Aufmerksamkeit auf theologische Gegenstände gerichtet, und ihm sei die Ueberzeugung geworden, daß der Galgen ein Paß *(pass-port)* zum Himmel ist.« Gerade die hier an den Tag gelegte Gleichgültigkeit gegen positive Religionen giebt dieser Aeußerung größeres Gewicht; indem sie beweist, daß derselben kein fanatischer Wahn, sondern eigene, unmittelbare Erkenntniß zum Grunde liegt. – Noch folgender Zug sei erwähnt, welchen *Galignani's Messenger* vom 15. August 1837 aus der *Limerick Chronicle* giebt: »Letzten Montag wurde Maria Cooney wegen des empörenden Mordes der Frau Anna Anderson hingerichtet. So tief war diese Elende von der Größe ihres Verbrechens durchdrungen, daß sie den Strick, der an ihren Hals gelegt wurde, küßte, indem sie demüthig Gottes Gnade anrief.« – Endlich noch dieses: die *Times* vom 29. April 1845 geben mehrere Briefe, welche der als Mörder des Delarüe verurtheilte Hocker am Tage vor seiner Hinrichtung geschrieben hat. In einem derselben sagt er: »Ich bin überzeugt, daß, wenn nicht das natürliche Herz gebrochen *(the natural heart be broken)* und durch göttliche Gnade erneuert ist, so edel und liebenswürdig dasselbe auch der Welt erscheinen mag, es doch nimmer der Ewigkeit gedenken kann, ohne innerlichen Schauder.« – Dies sind die oben erwähnten Aussichten in die Ewigkeit, die sich von jener Warte aus eröffnen, und ich habe um so weniger Anstand genommen, sie herzusetzen, als auch Shakespeare sagt:

out of these convertites
There is much matter to be heard and learn'd.*
(As you like it, last scene.)

Daß auch das Christenthum dem Leiden als solchem die hier dargestellte läuternde und heiligende Kraft beilegt und dagegen dem großen Wohlseyn eine entgegengesetzte Wirkung zuschreibt, hat Strauß in seinem »Leben Jesu« nachgewiesen. (Bd. 1, Abschn. 2, Kap. 6, §§ 72 und 74.) Er sagt nämlich, daß die Makarismen [Seligpreisungen] in der Bergpredigt einen andern Sinn bei Lukas (6, 21), als bei Matthäus (5, 3) hätten: denn nur Dieser füge zu μακαριοι οἱ πτωχοι [Selig sind die Armen] hinzu τῳ πνευματι [im Geiste], und zu πεινωντες [die

* Von diesen Bekehrten ist gar Vieles zu hören und zu lernen.

Hungernden] den Zusatz την δικαιοσυνην [nach der Gerechtigkeit]: bei ihm allein also seien die Einfältigen und Demüthigen u. s. w. gemeint, hingegen bei Lukas die eigentlich Armen, so daß hier der Gegensatz der sei, zwischen jetzigem Leiden und künftigem Wohlergehn. Bei den Ebioniten sei ein Hauptsatz, daß wer in dieser Zeit sein Theil nehme, in der künftigen leer ausgehe, und umgekehrt. Auf die Makarismen folgen demgemäß bei Lukas eben so viele ουαι [Wehe!], welche den πλουσιοις, εμπεπλησμενοις und γελωσι [Reichen, Satten und Lachenden] zugerufen werden, im Ebionitischen Sinn. Im selben Sinn, sagt er S. 604, sei die Parabel (Luk. 16, 19) vom reichen Mann und dem Lazarus gegeben, als welche durchaus kein Vergehn Jenes, noch Verdienst Dieses erzählt, und zum Maaßstab der künftigen Vergeltung nicht das in diesem Leben gethane Gute, oder verübte Böse, sondern das hier erlittene Uebel und genossene Gute nimmt, im Ebionitischen Sinne. »Eine ähnliche Werthschätzung der äußern Armuth«, fährt Strauß fort, »schreiben auch die andern Synoptiker (Matth. 19, 16; Mark. 10, 17; Luk. 18, 18) Jesu zu, in der Erzählung vom reichen Jüngling und der Gnome [dem Sinnspruch] vom Kameel und Nadelöhr.«

Wenn man den Sachen auf den Grund geht, wird man erkennen, daß sogar die berühmtesten Stellen der Bergpredigt eine indirekte Anweisung zur freiwilligen Armuth, und dadurch zur Verneinung des Willens zum Leben, enthalten. Denn die Vorschrift (Matth. 5, 40 ff.), allen an uns gemachten Forderungen unbedingt Folge zu leisten, Dem, der um die Tunika mit uns rechten will, auch noch das Pallium [Mantel] dazu zu geben, u. s. w., imgleichen (eben daselbst 6, 25–34) die Vorschrift, uns aller Sorgen für die Zukunft, sogar für den morgenden Tag, zu entschlagen und so in den Tag hinein zu leben, sind Lebensregeln, deren Befolgung unfehlbar zur gänzlichen Armuth führt, und die demnach auf indirekte Weise eben Das besagen, was Buddha den Seinigen geradezu vorschreibt und durch sein eigenes Beispiel bekräftigt hat: werfet Alles weg und werdet Bikschu, d. h. Bettler. Noch entschiedener tritt Dieses hervor in der Stelle Matth. 10, 9–15, wo den Aposteln jedes Eigenthum, sogar Schuhe und Wanderstab, untersagt wird und sie auf das Betteln angewiesen werden. Diese Vorschriften sind nachmals die Grundlage der Bettelorden des Heil. Franciscus geworden *(Bonaventurae vita S. Francisci, c. 3)* Darum also sage ich, daß der Geist der Christlichen Moral mit dem des Brahmanismus und Buddhaismus identisch ist. – In Gemäßheit der ganzen hier dargelegten Ansicht, sagt auch Meister Eckhard (Werke, Bd. 1, S. 492): »Das schnellste Thier, das euch trägt zur Vollkommenheit, das ist Leiden.«

Kapitel 49.

Die Heilsordnung.

Es giebt nur einen angeborenen Irrthum, und es ist der, daß wir dasind, um glücklich zu seyn. Angeboren ist er uns, weil er mit unserm Daseyn selbst zusammenfällt, und unser ganzes Wesen eben nur seine Paraphrase, ja unser Leib sein Monogramm [Grundriß] ist: sind wir doch eben nur Wille zum Leben; die successive Befriedigung alles unsers Wollens aber ist was man durch den Begriff des Glückes denkt.

So lange wir in diesem angeborenen Irrthum verharren, auch wohl gar noch durch optimistische Dogmen in ihm bestärkt werden, erscheint uns die Welt voll Widersprüche. Denn bei jedem Schritt, im Großen wie im Kleinen, müssen wir erfahren, daß die Welt und das Leben durchaus nicht darauf eingerichtet sind, ein glückliches Daseyn zu enthalten. Während nun hiedurch der Gedankenlose sich eben bloß in der Wirklichkeit geplagt fühlt, kommt bei Dem, welcher denkt, zur Pein in der Realität noch die theoretische Perplexität hinzu, warum eine Welt und ein Leben, welche doch ein Mal dazu dasind, daß man darin glücklich sei, ihrem Zwecke so schlecht entsprechen? Sie macht vor der Hand sich Luft in Stoßseufzern, wie: »Ach, warum sind der Thränen unter'm Mond so viel?« [Christian Adolf Overbeck, ›Trost für mancherley Thränen‹, 1. Str., in: *Sammlung vermischter Gedichte*, Lübeck–Leipzig 1794] u. dergl. m., in ihrem Gefolge aber kommen beunruhigende Skrupel gegen die Voraussetzungen jener vorgefaßten optimistischen Dogmen. Immerhin mag man dabei versuchen, die Schuld seiner individuellen Unglücksäligkeit bald auf die Umstände, bald auf andere Menschen, bald auf sein eigenes Mißgeschick, oder auch Ungeschick, zu schieben, auch wohl erkennen, wie Diese sämmtlich dazu mitgewirkt haben; Dieses ändert doch nichts in dem Ergebniß, daß man den eigentlichen Zweck des Lebens, der ja im Glücklichseyn bestehe, verfehlt habe; worüber dann die Betrachtung, zumal wann es mit dem Leben schon auf die Neige geht, oft sehr niederschlagend ausfällt: daher tragen fast alle ältlichen Gesichter den Ausdruck Dessen, was man auf Englisch *disappointment* [Enttäuschung] nennt. Ueberdies aber hat uns bis dahin schon jeder Tag unsers Lebens gelehrt, daß die Freuden und Genüsse, auch wenn erlangt, an sich selbst trügerisch sind, nicht leisten was sie versprechen, das Herz nicht zufrieden stellen und endlich ihr Besitz wenigstens durch die sie begleitenden, oder aus ihnen entspringenden Unannehmlichkeiten vergällt wird; während hingegen die Schmerzen und Leiden sich als sehr real erweisen und oft alle Erwartung übertreffen. – So ist denn allerdings im Leben Alles geeignet, uns von jenem ursprünglichen Irrthum zurückzubringen und uns zu überzeugen, daß der Zweck unsers Daseyns nicht der ist, glücklich zu seyn. Ja, wenn näher und unbefangen betrachtet, stellt das Leben sich vielmehr dar, wie ganz eigentlich darauf abgesehn, daß wir uns nicht glücklich darin fühlen sollen, indem dasselbe, durch seine ganze Beschaffenheit, den Charakter trägt von etwas, daran uns der Geschmack benommen, das uns verleidet werden soll und davon wir, als von einem Irrthum, zurückzukommen haben, damit unser Herz von der Sucht zu genießen, ja, zu leben, geheilt und von der Welt abgewendet werde. In diesem Sinne wäre es demnach richtiger, den Zweck des Lebens in unser Wehe, als in unser Wohl zu setzen. Denn die Betrachtungen am Schlusse des vorigen Kapitels haben gezeigt, daß, je mehr man leidet, desto eher der wahre Zweck des Lebens erreicht, und je glücklicher man lebt, desto weiter er hinausgeschoben wird. Diesem entspricht sogar der Schluß des letzten Briefes des Seneka: *bonum tunc habebis tuum, quum intelliges infelicissimos esse felices* [Dann wirst du dein eigenes Glück empfinden, wenn du einsehen wirst, daß die Glücklichsten am unglücklichsten sind: *epist.* 124, 24]; welcher allerdings auf einen Einfluß des Christenthums zu deuten scheint. – Auch die eigenthümliche Wirkung des Trauerspiels beruht im Grunde darauf, daß es jenen angeborenen Irrthum erschüttert, indem es die Vereitelung des menschlichen Strebens und die Nichtigkeit dieses ganzen Daseyns an einem großen und frappanten Beispiel lebhaft veranschaulicht und hiedurch den tiefsten Sinn des Lebens aufschließt; weshalb es als die erhabenste Dichtungsart anerkannt ist. – Wer nun, auf dem einen oder dem andern Wege, von jenem uns *a priori* einwohnenden Irrthum, jenem πρωτον ψευδος [ersten falschen Schritt] unsers Daseyns, zurückgekommen ist, wird bald Alles in einem andern Lichte sehn und jetzt die Welt, wenn auch nicht mit seinem Wunsche, doch mit seiner Einsicht in Einklang finden. Die Unfälle, jeder Art und Größe, wenn sie ihn auch schmerzen, werden ihn nicht mehr wundern; da er eingesehn hat, daß gerade Schmerz und Trübsal auf den wahren Zweck des Lebens, die Abwendung des Willens von demselben, hinarbeiten. Dies wird ihm sogar, bei Allem was geschehn mag, eine wundersame Gelassenheit geben, der ähnlich, mit welcher ein Kranker, der eine lange und peinliche Kur gebraucht, den Schmerz derselben als ein Anzeichen ihrer Wirksamkeit erträgt. – Deutlich genug spricht aus dem ganzen menschlichen Daseyn das Leiden als die wahre Bestimmung desselben. Das Leben ist tief darin eingesenkt und kann ihm nicht entgehn: unser Eintritt in dasselbe geschieht unter Thränen, sein Verlauf ist im Grunde immer tragisch, und noch mehr sein Ausgang. Ein Anstrich von Absichtlichkeit hierin ist nicht zu verkennen. In der Regel fährt das Schicksal dem Menschen im Hauptzielpunkt seiner Wünsche und Bestrebungen auf eine radikale Weise durch den Sinn; wodurch alsdann sein Leben eine tragische Tendenz erhält, vermöge welcher es geeignet ist, ihn von der Sucht, deren Darstellung jede individuelle Existenz ist, zu befreien und ihn dahin zu führen, daß er vom Leben scheidet, ohne den Wunsch nach ihm und seinen Freuden zurückzubehalten. Das Leiden ist in der That der Läuterungsproceß, durch welchen allein, in den meisten Fällen, der Mensch geheiligt, d. h. von dem Irrweg des Willens zum Leben zurückgeführt wird. Dem entsprechend wird in den Christlichen Erbauungsbüchern so oft die Heilsamkeit des Kreuzes und Leidens erörtert und ist überhaupt sehr passend das Kreuz, ein Werkzeug des Leidens, nicht des Thuns, das Symbol der Christlichen Religion. Ja, schon der noch jüdische, aber so philosophische Koheleth sagt mit Recht: »Es ist Trauern besser, denn Lachen: denn durch Trauern wird das Herz gebessert« (Prediger Salomo, 7, 3). Unter der Bezeichnung des δευτερος πλους habe ich das Leiden gewissermaaßen als ein Surrogat der Tugend und Heiligkeit dargestellt: hier aber muß ich das kühne

Wort aussprechen, daß wir, Alles wohl erwogen, für unser Heil und Erlösung mehr zu hoffen haben von Dem, was wir leiden, als von Dem, was wir thun. Gerade in diesem Sinne sagt Lamartine, in seiner *Hymne à la douleur*, den Schmerz anredend, sehr schön:

Tu me traites sans doute en favori des cieux,
Car tu n'épargnes pas les larmes à mes yeux.
Eh bien! je les reçois comme tu les envoies,
Tes maux seront mes biens, et tes soupirs mes joies.
Je sens qu'il est en toi, sans avoir combattu,
Une vertu divine au lieu de ma vertu,
Que tu n'es pas la mort de l'âme, mais sa vie,
Que ton bras, en frappant, guérit et vivifie.

[An dir erkenne ich, daß mir der Himmel hold,
Wenngleich ein Tränenstrom mir aus dem Auge rollt.
Wohlan! willkommen sind die Seufzer, die du schickst,
Weiß ich doch, daß du mich durch Not und Leid beglückst.
Ich fühle, wo mir selbst die Kraft zum Kampfe fehlt,
Wie durch dich eine Kraft des Himmels mich beseelt.
Nicht Tod der Seele ist's, wenn mich der Schmerz durchdringt,
Der wahres Leben mir, Heil und Genesung bringt.]

(Lamartine, Harmonies poétiques et religieuses, II, 7, v. 59 ff.)

Hat also schon das Leiden eine solche heiligende Kraft, so wird diese in noch höherm Grade dem mehr als alles Leiden gefürchteten Tode zukommen. Dem entsprechend wird eine der Ehrfurcht, welche großes Leiden uns abnöthigt, verwandte vor jedem Gestorbenen gefühlt, ja, jeder Todesfall stellt sich gewissermaaßen als eine Art Apotheose oder Heiligsprechung dar; daher wir den Leichnam auch des unbedeutendesten Menschen nicht ohne Ehrfurcht betrachten, und sogar, so seltsam an dieser Stelle die Bemerkung klingen mag, vor jeder Leiche die Wache ins Gewehr tritt. Das Sterben ist allerdings als der eigentliche Zweck des Lebens anzusehn: im Augenblick desselben wird alles Das entschieden, was durch den ganzen Verlauf des Lebens nur vorbereitet und eingeleitet war. Der Tod ist das Ergebniß, das Résumé des Lebens, oder die zusammengezogene Summe, welche die gesammte Belehrung, die das Leben vereinzelt und stückweise gab, mit Einem Male ausspricht, nämlich diese, daß das ganze Streben, dessen Erscheinung das Leben ist, ein vergebliches, eiteles, sich widersprechendes war, von welchem zurückgekommen zu seyn eine Erlösung ist. Wie die gesammte, langsame Vegetation der Pflanze sich verhält zur Frucht, die mit Einem Schlage jetzt hundertfach leistet, was jene allmälig und stückweise; so verhält sich das Leben, mit seinen Hindernissen, getäuschten Hoffnungen, vereitelten Plänen und stetem Leiden, zum Tode, der Alles, Alles, was der Mensch gewollt hat, mit Einem Schlage zerstört und so der Belehrung, die das Leben ihm gab, die Krone aufsetzt. – Der vollbrachte Lebenslauf, auf welchen man sterbend zurückblickt, hat auf den ganzen, in dieser untergehenden Individualität sich objektivirenden Willen eine Wirkung, welche der analog ist, die ein Motiv auf das Handeln des Menschen ausübt: er giebt nämlich demselben eine neue Richtung, welche sonach das moralische und wesentliche Resultat des Lebens ist. Eben weil ein plötzlicher Tod diesen Rückblick unmöglich macht, sieht die Kirche einen solchen als ein Unglück an, um dessen Abwendung gebetet wird. Weil sowohl dieser Rückblick, wie auch die deutliche Vorhersicht des Todes, als durch Vernunft bedingt, nur im Menschen, nicht im Thiere, möglich ist, und deshalb auch nur er den Becher des Todes wirklich leert, ist die Menschheit die alleinige Stufe, auf welcher der Wille sich verneinen und vom Leben ganz abwenden kann. Dem Willen, der sich nicht verneint, verleiht jede Geburt einen neuen und verschiedenen Intellekt, – bis er die wahre Beschaffenheit des Lebens erkannt hat und in Folge hievon es nicht mehr will.

Bei dem naturgemäßen Verlauf kommt im Alter das Absterben des Leibes dem Absterben des Willens entgegen. Die Sucht nach Genüssen verschwindet leicht mit der Fähigkeit zu denselben. Der Anlaß des heftigsten Wollens, der Brennpunkt des Willens, der Geschlechtstrieb, erlischt zuerst, wodurch der Mensch in einen Stand versetzt wird, der dem der Unschuld, die vor der Entwickelung des Genitalsystems dawar, ähnlich ist. Die Illusionen, welche Chimären als höchst wünschenswerthe Güter darstellten, verschwinden, und an ihre Stelle tritt die Erkenntniß der Nichtigkeit aller irdischen Güter. Die Selbstsucht wird durch die Liebe zu den Kindern verdrängt, wodurch der Mensch schon anfängt mehr im fremden Ich zu leben, als im eigenen, welches nun bald nicht mehr seyn wird. Dieser Verlauf ist wenigstens der wünschenswerthe: es ist die Euthanasie des Willens. In Hoffnung auf denselben ist dem Brahmanen verórdnet, nach Zurücklegung der besten Lebensjahre, Eigenthum und Familie zu verlassen und ein Einsiedlerleben zu führen. (Menu [= Gesetzbuch des Manu], B. 6[, 2].) Aber wenn, umgekehrt, die Gier die Fähigkeit zum Genießen überlebt, und man jetzt einzelne, im Leben verfehlte Genüsse bereuet, statt die Leerheit und Nichtigkeit aller einzusehn; und wenn sodann an die Stelle der Gegenstände der Lüste, für welche der Sinn abgestorben ist, der abstrakte Repräsentant aller dieser Gegenstände, das Geld, tritt, welches nunmehr die selben heftigen Leidenschaften erregt, die ehemals von den Gegenständen wirklichen Genusses, verzeihlicher, erweckt wurden, und also jetzt, bei abgestorbenen Sinnen, ein lebloser aber unzerstörbarer Gegenstand mit gleich unzerstörbarer Gier gewollt wird; oder auch wenn, auf gleiche Weise, das Daseyn in der fremden Meinung die Stelle des Daseyns und Wirkens in der wirklichen Welt vertreten soll und nun die gleichen Leidenschaften entzündet; – dann hat sich im Geiz, oder in der Ehrsucht, der Wille sublimirt und vergeistigt, dadurch aber sich in die letzte Festung geworfen, in welcher nur noch der Tod ihn belagert. Der Zweck des Daseyns ist verfehlt.

Alle diese Betrachtungen liefern eine nähere Erklärung der im vorigen Kapitel durch den Ausdruck δευτερος πλους bezeichneten Läuterung, Wendung des Willens und Erlösung, welche durch die Leiden des Lebens herbeigeführt wird und ohne Zweifel die häufigste ist. Denn sie ist der Weg der Sünder, wie wir Alle sind. Der andere Weg, der, mittelst bloßer Erkenntniß und demnächst Aneignung der Leiden einer ganzen Welt, eben dahin führt, ist die schmale Straße der Auserwählten, der Heiligen, mithin als eine seltene Ausnahme zu betrachten. Ohne jenen erstern würde daher für die Meisten kein Heil zu hoffen seyn. Inzwischen sträuben wir uns, denselben zu betreten, und streben vielmehr, mit allen Kräften, uns ein sicheres und angenehmes Daseyn zu bereiten, wodurch wir unsern Willen immer fester an das Leben ketten. Umgekehrt handeln die Asketen, welche ihr Leben absichtlich möglichst arm, hart und freudenleer machen, weil sie ihr wahres und letztes Wohl im Auge haben. Aber für uns sorgt das Schicksal und der Lauf der Dinge besser, als wir selbst, indem es unsere Anstalten zu einem Schlaraffenleben, dessen Thörichtes schon an seiner Kürze, Bestandlosigkeit, Leerheit und Beschließung durch den bittern Tod erkennbar genug ist, allenthalben vereitelt, Dornen über Dornen auf unsern Pfad streuet und das heilsame Leiden, das Panakeion [Allheilmittel] unsers Jammers, uns überall entgegen bringt. Wirklich ist was unserm Leben seinen wunderlichen und zweideutigen Charakter giebt Dieses, daß darin zwei einander diametral entgegengesetzte Grundzwecke sich beständig kreuzen: der des individuellen Willens, gerichtet auf chimärisches Glück, in einem ephemeren, traumartigen, täuschenden Daseyn, wo hinsichtlich des Vergangenen Glück und Unglück gleichgültig sind, das Gegenwärtige aber jeden Augenblick zum Vergangenen wird; und der des Schicksals, sichtlich genug gerichtet auf Zerstörung unsers Glücks und dadurch auf Mortifikation unsers Willens und Aufhebung des Wahnes, der uns in den Banden dieser Welt gefesselt hält.

Die gangbare, besonders protestantische Ansicht, daß der Zweck des Lebens ganz allein und unmittelbar in den moralischen Tugenden, also in der Ausübung der Gerechtigkeit und Menschenliebe liege, verräth ihre Unzulänglichkeit schon dadurch, daß so erbärmlich wenig wirkliche und reine Moralität unter den Menschen angetroffen wird. Ich will gar nicht von hoher Tugend, Edelmuth, Großmuth und Selbstaufopferung reden, als welchen man schwerlich anders, als in Schauspielen und Romanen begegnet seyn wird; sondern nur von jenen Tugenden, die Jedem zur Pflicht gemacht werden. Wer alt ist, denke zurück an alle Die, mit welchen er zu thun gehabt hat; wie viele auch nur wirklich und wahrhaft e h r l i c h e Leute werden ihm wohl vorgekommen seyn? Waren nicht bei Weitem die Meisten, trotz ihrem schaamlosen Auffahren beim leisesten Verdacht einer Unredlichkeit, oder nur Unwahrheit, gerade heraus gesagt, das wirkliche Gegentheil? War nicht niederträchtiger Eigennutz, gränzenlose Geldgier, wohlversteckte Gaunerei, dazu giftiger Neid und teuflische Schadenfreude, so allgemein herrschend, daß die kleinste Ausnahme davon mit Bewunderung aufgenommen wurde? Und die Menschenliebe, wie höchst selten erstreckt sie sich weiter, als bis zu einer Gabe des so sehr Entbehrlichen, daß man es nie vermissen kann? Und in solchen, so überaus seltenen und schwachen Spuren von Moralität sollte der ganze Zweck des Daseyns liegen? Setzt man ihn hingegen in die gänzliche Umkehrung dieses unsers Wesens (welches die eben besagten schlechten Früchte trägt), herbeigeführt durch das Leiden; so gewinnt die Sache ein Ansehn und tritt in Uebereinstimmung mit dem thatsächlich Vorliegenden. Das Leben stellt sich alsdann dar als ein Läuterungsproceß, dessen reinigende Lauge der Schmerz ist. Ist der Proceß vollbracht, so läßt er die ihm vorhergegangene Immoralität und Schlechtigkeit als Schlacke zurück, und es tritt ein, was der Veda sagt: *finditur nodus cordis, dissolvuntur omnes dubitationes, ejusque opera evanescunt* [Zerspalten wird des Herzens Knoten, aufgelöst werden alle Zweifel, und seine Werke schwinden hin zu nichts]. – In Uebereinstimmung mit dieser Ansicht wird man die sehr lesenswerthe 15te Predigt des Meisters Eckhard finden.

Kapitel 50.

Epiphilosophie.

Am Schlusse meiner Darstellung mögen einige Betrachtungen über meine Philosophie selbst ihre Stelle finden. – Dieselbe maaßt sich, wie schon gesagt, nicht an, das Daseyn der Welt aus seinen letzten Gründen zu erklären: vielmehr bleibt sie bei dem Thatsächlichen der äußern und innern Erfahrung, wie sie Jedem zugänglich sind, stehn, und weist den wahren und tiefsten Zusammenhang derselben nach, ohne jedoch eigentlich darüber hinauszugehn zu irgend außerweltlichen Dingen und deren Verhältnissen zur Welt. Sie macht demnach keine Schlüsse auf das jenseit aller möglichen Erfahrung Vorhandene, sondern liefert bloß die Auslegung des in der Außenwelt und dem Selbstbewußtseyn Gegebenen, begnügt sich also damit, das Wesen der Welt, seinem innern Zusammenhange mit sich selbst nach, zu begreifen. Sie ist folglich immanent, im Kantischen Sinne des Worts. Eben deshalb aber läßt sie noch viele Fragen übrig, nämlich warum das thatsächlich Nachgewiesene so und nicht anders sei, u. s. w. Allein alle solche Fragen, oder vielmehr die Antworten darauf, sind eigentlich transscendent, d. h. sie lassen sich mittelst der Formen und Funktionen unsers Intellekts nicht denken, gehn in diese nicht ein: er verhält sich daher zu ihnen wie unsere Sinnlichkeit zu etwanigen Eigenschaften der Körper, für die wir keine Sinne haben. Man kann z. B., nach allen meinen Auseinandersetzungen, noch fragen, woraus denn dieser

Wille, welcher frei ist sich zu bejahen, wovon die Erscheinung die Welt, oder zu verneinen, wovon wir die Erscheinung nicht kennen, entsprungen sei? welches die jenseit aller Erfahrung liegende Fatalität sei, welche ihn in die höchst mißliche Alternative, als eine Welt, in der Leiden und Tod herrscht, zu erscheinen, oder aber sein eigenstes Wesen zu verneinen, versetzt habe? oder auch, was ihn vermocht haben möge, die unendlich vorzuziehende Ruhe des säligen Nichts zu verlassen? Ein individueller Wille, mag man hinzufügen, kann zu seinem eigenen Verderben allein durch Irrthum bei der Wahl, also durch Schuld der Erkenntniß, sich hinlenken: aber der Wille an sich, vor aller Erscheinung, folglich noch ohne Erkenntniß, wie konnte er irre gehn und in das Verderben seines jetzigen Zustandes gerathen? woher überhaupt der große Mißton, der diese Welt durchdringt? Ferner kann man fragen, wie tief, im Wesen an sich der Welt, die Wurzeln der Individualität gehn? worauf sich allenfalls noch antworten ließe: sie gehn so tief, wie die Bejahung des Willens zum Leben; wo die Verneinung eintritt, hören sie auf: denn mit der Bejahung sind sie entsprungen. Aber man könnte wohl gar die Frage aufwerfen: »Was wäre ich, wenn ich nicht Wille zum Leben wäre?« und mehr dergleichen. – Auf alle solche Fragen wäre zunächst zu antworten, daß der Ausdruck der allgemeinsten und durchgängigsten Form unsers Intellekts der Satz vom Grunde ist, daß aber dieser eben deshalb nur auf die Erscheinung, nicht auf das Wesen an sich der Dinge Anwendung findet: auf ihm allein aber beruht alles Woher und Warum. In Folge der Kantischen Philosophie ist er nicht mehr eine *aeterna veritas,* sondern bloß die Form, d. i. Funktion, unsers Intellekts, der wesentlich ein cerebraler und ursprünglich ein bloßes Werkzeug zum Dienste unsers Willens ist, welchen, nebst allen seinen Objektivationen, er daher voraussetzt. An seine Formen aber ist unser gesammtes Erkennen und Begreifen gebunden: demzufolge müssen wir Alles in der Zeit, mithin als ein Vorher oder Nachher, sodann als Ursache und Wirkung, wie auch als oben, unten, Ganzes und Theile u. s. w. auffassen und können aus dieser Sphäre, worin alle Möglichkeit unsers Erkennens liegt, gar nicht heraus. Diese Formen nun aber sind den hier aufgeworfenen Problemen durchaus nicht angemessen, noch deren Lösung, gesetzt sie wäre gegeben, zu fassen irgend geeignet und fähig. Darum stoßen wir mit unserm Intellekt, diesem bloßen Willens-Werkzeug, überall an unauflösliche Probleme, wie an die Mauer unsers Kerkers. – Ueberdies aber läßt sich wenigstens als wahrscheinlich annehmen, daß von allem jenen Nachgefragten nicht bloß für uns keine Erkenntniß möglich sei, sondern überhaupt keine, also nie und nirgends; daß nämlich jene Verhältnisse nicht bloß relativ, sondern absolut unerforschlich seien; daß nicht nur niemand sie wisse, sondern daß sie an sich selbst nicht wißbar seien, indem sie in die Form der Erkenntniß überhaupt nicht eingehen. (Dies entspricht Dem, was Skotus Erigena sagt, *de mirabili divina ignorantia, qua Deus non intelligit quid ipse sit* [über das wunderbare göttliche Nichtwissen, vermöge dessen Gott nicht versteht, was er selbst ist: *De divisione naturae*] *Lib. II* [cap. 28].) Denn die Erkennbarkeit überhaupt, mit ihrer wesentlichsten, daher stets nothwendigen Form von Subjekt und Objekt, gehört bloß der Erscheinung an, nicht dem Wesen an sich der Dinge. Wo Erkenntniß, mithin Vorstellung ist, da ist auch nur Erscheinung, und wir stehn daselbst schon auf dem Gebiete der Erscheinung: ja, die Erkenntniß überhaupt ist uns nur als ein Gehirnphänomen bekannt, und wir sind nicht nur unberechtigt, sondern auch unfähig, sie anderweitig zu denken. Was die Welt als Welt sei, läßt sich verstehn: sie ist Erscheinung, und wir können, unmittelbar aus uns selbst, vermöge des wohlzerlegten Selbstbewußtseyns, das darin Erscheinende erkennen: dann aber läßt sich, mittelst dieses Schlüssels zum Wesen der Welt, die ganze Erscheinung, ihrem Zusammenhange nach, entziffern; wie ich glaube dies geleistet zu haben. Aber verlassen wir die Welt, um die oben bezeichneten Fragen zu beantworten; so haben wir auch den ganzen Boden verlassen, auf dem allein nicht nur Verknüpfung nach Grund und Folge, sondern selbst Erkenntniß überhaupt möglich ist: dann ist Alles *instabilis tellus, innabilis unda* [Land, auf dem man nicht stehen, Wasser, in dem man nicht schwimmen kann: Ovid, *Metamorphosen,* I, 16]. Das Wesen der Dinge vor oder jenseit der Welt und folglich jenseit des Willens, steht keinem Forschen offen; weil die Erkenntniß überhaupt selbst nur Phänomen ist, daher nur in der Welt Statt findet, wie die Welt nur in ihr. Das innere Wesen an sich der Dinge ist kein erkennendes, kein Intellekt, sondern ein erkenntnißloses: die Erkenntniß kommt erst als ein Accidenz, ein Hülfsmittel der Erscheinung jenes Wesens, hinzu, kann daher es selbst nur nach

Maaßgabe ihrer eigenen, auf ganz andere Zwecke (die des individuellen Willens) berechneten Beschaffenheit, mithin sehr unvollkommen, in sich aufnehmen. Hieran liegt es, daß vom Daseyn, Wesen und Ursprung der Welt ein vollständiges, bis auf den letzten Grund gehendes und jeder Anforderung genügendes Verständniß unmöglich ist. So viel von den Gränzen meiner und aller Philosophie. –

Das ἓν και παν [Eines und Alles], d. h. daß das innere Wesen in allen Dingen schlechthin Eines und das Selbe sei, hatte, nachdem die Eleaten, Skotus Erigena, Jordan Bruno und Spinoza es ausführlich gelehrt und Schelling diese Lehre aufgefrischt hatte, meine Zeit bereits begriffen und eingesehn. Aber w a s dieses Eine sei und wie es dazu komme sich als das Viele darzustellen, ist ein Problem, dessen Lösung man zuerst bei mir findet. – Ebenfalls hatte man, seit den ältesten Zeiten, den Menschen als Mikrokosmos angesprochen. Ich habe den Satz umgekehrt und die Welt als Makranthropos [›großen Menschen‹] nachgewiesen; sofern Wille und Vorstellung ihr wie sein Wesen erschöpft. Offenbar aber ist es richtiger, die Welt aus dem Menschen verstehn zu lehren, als den Menschen aus der Welt: denn aus dem unmittelbar Gegebenen, also dem Selbstbewußtseyn, hat man das mittelbar Gegebene, also das der äußern Anschauung, zu erklären; nicht umgekehrt.

Mit den P a n t h e i s t e n habe ich nun zwar jenes ἓν και παν gemein, aber nicht das παν θεος [Alles ist Gott]; weil ich über die (im weitesten Sinne genommene) Erfahrung nicht hinausgehe und noch weniger mich mit den vorliegenden Datis in Widerspruch setze. S k o t u s E r i g e n a erklärt, im Sinne des Pantheismus ganz konsequent, jede Erscheinung für eine Theophanie; dann muß aber dieser Begriff auch auf die schrecklichen und scheußlichen Erscheinungen übertragen werden: saubere Theophanien! Was mich ferner von den Pantheisten unterscheidet, ist hauptsächlich Folgendes. 1) Daß ihr θεος [Gott] ein *x*, eine unbekannte Größe ist, der W i l l e hingegen unter allem Möglichen das uns am genauesten Bekannte, das allein unmittelbar Gegebene, daher zur Erklärung des Uebrigen ausschließlich Geeignete. Denn überall muß das Unbekannte aus dem Bekannteren erklärt werden; nicht umgekehrt. – 2) Daß ihr θεος sich manifestirt [offenbart] *animi causa* [zum Vergnügen], um seine Herrlichkeit zu entfalten, oder gar sich bewundern zu lassen.

Abgesehn von der ihm hiebei untergelegten Eitelkeit, sind sie dadurch in den Fall gesetzt, die kolossalen Uebel der Welt hinwegsophisticiren zu müssen: aber die Welt bleibt in schreiendem und entsetzlichem Widerspruch mit jener phantasirten Vortrefflichkeit stehn. Bei mir hingegen kommt der Wille durch seine Objektivation, wie sie auch immer ausfalle, zur Selbsterkenntniß, wodurch seine Aufhebung, Wendung, Erlösung, möglich wird. Auch hat demgemäß bei mir allein die Ethik ein sicheres Fundament und wird vollständig durchgeführt, in Uebereinstimmung mit den erhabenen und tiefgedachten Religionen, also dem Brahmanismus, Buddhaismus und Christenthum, nicht bloß mit dem Judenthum und Islam. Auch die Metaphysik des Schönen wird erst in Folge meiner Grundwahrheiten vollständig aufgeklärt, und braucht nicht mehr sich hinter leere Worte zu flüchten. Bei mir allein werden die Uebel der Welt in ihrer ganzen Größe redlich eingestanden: sie können dies, weil die Antwort auf die Frage nach ihrem Ursprung zusammenfällt mit der auf die nach dem Ursprung der Welt. Hingegen ist in allen andern Systemen, weil sie sämmtlich optimistisch sind, die Frage nach dem Ursprung des Uebels die stets wieder hervorbrechende unheilbare Krankheit, mit welcher behaftet sie sich, unter Palliativen und Quacksalbereien, dahinschleppen. – 3) Daß ich von der Erfahrung und dem natürlichen, Jedem gegebenen Selbstbewußtseyn ausgehe und auf den Willen als das einzige Metaphysische hinleite, also den aufsteigenden, analytischen Gang nehme. Die Pantheisten hingegen gehn, umgekehrt, den herabsteigenden, den synthetischen: von ihrem θεος, den sie, wenn auch bisweilen unter dem Namen *substantia* oder Absolutum, erbitten oder ertrotzen, gehn sie aus, und dieses völlig Unbekannte soll dann alles Bekanntere erklären. – 4) Daß bei mir die Welt nicht die ganze Möglichkeit alles Seyns ausfüllt, sondern in dieser noch viel Raum bleibt für Das, was wir nur negativ bezeichnen als die Verneinung des Willens zum Leben. Pantheismus hingegen ist wesentlich Optimismus: ist aber die Welt das Beste, so hat es bei ihr sein Bewenden. – 5) Daß den Pantheisten die anschauliche Welt, also die Welt als Vorstellung, eben eine absichtliche Manifestation des ihr inwohnenden Gottes ist, welches keine eigentliche Erklärung ihres Hervortretens enthält, vielmehr selbst einer bedarf: bei mir hingegen findet die Welt als Vorstellung sich bloß *per accidens* ein, indem der Intellekt, mit seiner äußern Anschauung, zunächst nur das *medium* [Durchgangsstufe] der Motive für die vollkommeneren Willenserscheinungen ist, welches sich allmälig zu jener Objektivität der Anschaulichkeit steigert, in welcher die Welt dasteht. In diesem Sinne wird von ihrer Entstehung, als anschaulichen Objektes, wirklich Rechenschaft gegeben, und zwar nicht, wie bei jenen, mittelst unhaltbarer Fiktionen.

Da, in Folge der Kantischen Kritik aller spekulativen Theologie, die Philosophirenden in Deutschland sich fast alle auf den Spinoza zurückwarfen, so daß die ganze unter dem Namen der Nachkantischen Philosophie bekannte Reihe verfehlter Versuche bloß geschmacklos aufgeputzter, in allerlei unverständliche Reden gehüllter und noch sonst verzerrter Spinozismus ist; will ich, nachdem ich das Verhältniß meiner Lehre zum Pantheismus überhaupt dargelegt habe, noch das, in welchem sie zum Spinozismus insbesondere steht, bezeichnen. Zu diesem also verhält sie sich wie das Neue Testament zum alten. Was nämlich das Alte Testament mit dem neuen gemein hat ist der selbe Gott-Schöpfer. Dem analog, ist bei mir, wie bei Spinoza, die Welt aus ihrer innern Kraft und durch sich selbst da. Allein beim Spinoza ist seine *substantia aeterna* [ewiger Wesenskern], das innere Wesen der Welt, welches er selbst *Deus* [Gott] betitelt, auch seinem moralischen Charakter und seinem Werthe nach, der Jehova, der Gott-Schöpfer, der seiner Schöpfung Beifall klatscht und findet, daß Alles vortrefflich gerathen sei, παντα καλα λιαν [alles war gut]. Spinoza hat ihm weiter nichts, als die Persönlichkeit entzogen. Auch bei ihm also ist die Welt und Alles in ihr ganz vortrefflich und wie es seyn soll: daher hat der Mensch weiter nichts zu thun, als *vivere, agere, suum Esse conservare, ex fundamento proprium utile quaerendi* [leben, handeln, sein Da-Sein erhalten, in dem er von Grund aus seinen eigenen Nutzen sucht] *(Eth. IV, pr. 67)*: er soll eben sich seines Lebens freuen, so lange es währt; ganz nach Koheleth, 9, 7–10. Kurz, es ist Optimismus: daher ist die ethische Seite schwach, wie im Alten Testament, ja, sie ist sogar falsch und zum Theil empörend*. – Bei mir hingegen ist der Wille, oder

* *Unusquisqe tantum juris habet, quantum potentiâ valet.* [Ein jeder hat soviel Recht, wie er durch Macht gilt.] *Tract. pol., c. 2, § 8.* – *Fides alicui data tamdiu rata manet, quamdiu ejus, qui fidem dedit, non mutatur voluntas.* [Ein jemandem gegebenes Versprechen bleibt solange gültig, wie der Wille dessen, der es gegeben hat, sich nicht

das innere Wesen der Welt, keineswegs der Jehova, vielmehr ist es gleichsam der gekreuzigte Heiland, oder aber der gekreuzigte Schächer, je nachdem es sich entscheidet: demzufolge stimmt meine Ethik auch zur Christlichen durchweg und bis zu den höchsten Tendenzen dieser, wie nicht minder zu der des Brahmanismus und Buddhaismus. Spinoza hingegen konnte den Juden nicht los werden: *quo semel est imbuta recens servabit odorem* [den Geruch dessen, mit dem es einmal gefüllt war, wird (ein Gefäß) behalten: Horaz, *epistulae*, 1, 2, 69]. Ganz Jüdisch, und im Verein mit dem Pantheismus obendrein absurd und abscheulich zugleich, ist seine Verachtung der Thiere, welche auch er, als bloße Sachen zu unserm Gebrauch, für rechtlos erklärt: *Eth. IV, appendix, c. 27.* – Bei dem Allen bleibt Spinoza ein sehr großer Mann. Aber um seinen Werth richtig zu schätzen, muß man sein Verhältniß zum Cartesius im Auge behalten. Dieser hatte die Natur in Geist und Materie, d. i. denkende und ausgedehnte Substanz, scharf gespalten, und eben so Gott und Welt im völligen Gegensatz zu einander aufgestellt: auch Spinoza, so lange er Cartesianer war, lehrte das Alles, in seinen *Cogitatis metaphysicis, c. 12, i. J. 1665.* Erst in seinen letzten Jahren sah er das Grundfalsche jenes zwiefachen Dualismus ein: und demzufolge besteht seine eigene Philosophie hauptsächlich in der indirekten Aufhebung jener zwei Gegensätze, welcher er jedoch, theils um seinen Lehrer nicht zu verletzen, theils um weniger anstößig zu seyn, mittelst einer streng dogmatischen Form, ein positives Ansehn gab, obgleich der Gehalt hauptsächlich negativ ist. Diesen negativen Sinn allein hat auch seine Identifikation der Welt mit Gott. Denn die Welt Gott nennen heißt nicht sie erklären: sie bleibt ein Räthsel unter diesem Namen, wie unter jenem. Aber jene beiden negativen Wahrheiten hatten Werth für ihre Zeit, wie für jede, in der es noch bewußte, oder unbewußte Cartesianer giebt. Mit allen Philosophen vor Locke hat er den großen Fehler gemein, von Begriffen auszugehn, ohne vorher deren Ursprung untersucht zu haben, wie da sind Substanz, Ursache u. s. w., die dann bei solchem Verfahren eine viel zu weit ausgedehnte Geltung erhalten.

ändert.] *Ibid. § 12. – Uniuscujusque jus potentiâ ejus definitur* [Jedes Menschen Recht wird bestimmt durch seine Macht]. *Eth. IV, pr. 37, schol. 1.* – Besonders ist das 16. Kapitel des *Tractatus theologico-politicus* das rechte Kompendium der Immoralität Spinozischer Philosophie.

– Die, welche, in neuester Zeit, sich zum aufgekommenen Neo-Spinozismus nicht bekennen wollten, wurden wie z. B. Jacobi, hauptsächlich durch das Schreckbild des Fatalismus davon zurückgescheucht. Unter diesem nämlich ist jede Lehre zu verstehn, welche das Daseyn der Welt, nebst der kritischen Lage des Menschengeschlechts in ihr, auf irgend eine absolute, d. h. nicht weiter erklärbare Nothwendigkeit zurückführt. Jene hingegen glaubten, es sei Alles daran gelegen, die Welt aus dem freien Willensakt eines außer ihr befindlichen Wesens abzuleiten; als ob zum voraus gewiß wäre, welches von Beiden richtiger, oder auch nur in Beziehung auf uns besser wäre. Besonders aber wird dabei das *non datur tertium* [es gibt keine dritte Möglichkeit] vorausgesetzt, und demgemäß hat jede bisherige Philosophie das Eine oder das Andere vertreten. Ich zuerst bin hievon abgegangen, indem ich das *Tertium* [Dritte] wirklich aufstellte: der Willensakt, aus welchem die Welt entspringt, ist unser eigener. Er ist frei: denn der Satz vom Grunde, von dem allein alle Nothwendigkeit ihre Bedeutung hat, ist bloß die Form seiner Erscheinung. Eben darum ist diese, wenn ein Mal da, in ihrem Verlauf durchweg nothwendig: in Folge hievon allein können wir aus ihr die Beschaffenheit jenes Willensaktes erkennen und demgemäß *eventualiter* [gegebenenfalls] anders wollen.

Zu diesem Werk

Die beiden Bände der *Welt als Wille und Vorstellung* bilden das Hauptwerk Schopenhauers. Der erste Band ist in einem großen Anlauf in den vier Jahren zwischen 1814 und 1818 entstanden, er gibt die kühne und leidenschaftliche Konzeption des Grundgedankens, der die ganze Lehre Schopenhauers trägt. Dieser eine beherrschende Gedanke entwickelt sich in zwei Betrachtungsreihen, die der Welt als Vorstellung und der Welt als Wille gelten – die Folge ist umgekehrt, als der Titel erwarten läßt. Der Titel stellt das Endergebnis voran: die Welt als Wille, als Ausdruck einer Urmacht, die vom Größten bis zum Kleinsten das ganze Getriebe beherrscht. Die Darstellung aber muß dieses Ergebnis sorgsam von unten, von den Tatsachen unseres Vorstellungsvermögens her erarbeiten. So werden in vier Büchern nacheinander Erkenntnislehre, Metaphysik, Ästhetik und Ethik behandelt, wobei sich eine eigentümliche Verschränkung ergibt: das dritte Buch erhellt sich auf den Grundlagen des ersten, das vierte auf den Grundlagen des zweiten. Die Kunst steht über der Erkenntnis, die Sittlichkeit über der Natur.

Das Werk, bei seinem Erscheinen wenig beachtet, später vom Verleger kurzerhand eingestampft, erlebte 1844 eine zweite, um den ganzen zweiten Band vermehrte Auflage, in der sich der meisterliche und reiche Stil Schopenhauers voll entfaltet; es kam zu Lebzeiten Schopenhauers noch zu einer wiederum bereicherten 3. Auflage. Aber eine wesentliche Fortentwicklung oder Fortbildung seines philosophischen Systems ist in diesen neuen Auflagen so wenig enthalten wie in seinen späteren, nach 1818 geschaffenen Werken. Wir finden keine Umbildung oder Umwertung der Grundgedanken, keinen Neubeginn, sondern immer nur Ausgestaltung und Vertiefung des früh Geschaffenen, eine immer erneute, immer reicher entfaltete und verbreiterte Bewährung an den Grundtatsachen der Welt und des Daseins.

Was aber bedeutet uns das spät zur Geltung gelangte Weltbild Schopenhauers? Man hat von einer kopernikanischen Wende in der Philosophie gesprochen, von der Tatsache nämlich, daß die Weltdeutung Schopenhauers nicht mehr, wie alles Denken von Descartes bis zu Hegel, vom Geiste her, sondern vom Willen her verstanden wird, dem Willen, diesem ursprünglichen, nicht wegzuleugnenden, alles Geschehen durchwirkenden und bestimmenden Urprinzip, das sich in der nie abreißenden Kette rastlosen Begehrens und Getriebenwerdens als eine Vielfalt von Formen darstellt: in trüben, dumpfen, finsteren zumeist, und erst am Ende des Weges zur Herrschaft über den Intellekt gelangten, der uns begnadete zugleich und verdammte Spätlinge des Daseins das ganze Spiel durchschauen läßt. Man hat diese Weltsicht pessimistisch genannt, aber sie hat zum ersten Mal eine Erklärung für alles Furchtbare und Grausame des Lebens ermöglicht und zu innerer Bereitschaft aufgerufen. Ihre Wirkungen sind heute überall erkennbar, so sehr man sie auch heute noch wie zur Zeit ihres Urhebers gerne und mit schlechtem Gewissen übersieht.

Angelika Hübscher

Glossar

Die Stichwörter erscheinen in der Originalorthographie Schopenhauers.

Abstraktes, abstracta: (lat. abstractum = das Abgezogene) das rein Gedankliche, rein Begriffliche, die verselbständigten Denkbestimmungen, das nur in Gedanken Existierende. *in abstracto:* im allgemeinen, ohne Rücksicht auf die Wirklichkeit, an und für sich, ohne Rücksicht auf die tatsächlichen Verhältnisse. → Konkretes.

Accidenz: (lat. accidens = anfallend, plötzlich eintretend; übliche Schreibweise nach dem Lateinischen: Akzidens) das Zufällige; die zufällige, wechselnde Eigenschaft, die fehlen kann, ohne daß sich dadurch das Wesen eines Dinges (= → Substanz) ändert. *accidental, -iell, -ell:* zufällig, unwesentlich. → essentia, essentiell.

actu: (lat.) tatsächlich, in der Wirklichkeit. → potentiâ.

Affektion, afficiren: (medizinisch: Reizung, reizen) nach zeitgenössischer Definition jeder Eindruck, innerlich und äußerlich, auf den Organismus. Nach Kant muß der Gegenstand »das Gemüt auf eine gewisse Weise afficiren«, damit eine Erkenntnis zustandekommt.

Akosmismus: (griech. kosmos = Welt) Lehre von der Weltlosigkeit, nach der Gott die einzige → Substanz, die Welt nur Zufallsgebilde sei. Der A. leugnet also die Realität des Zeitlichen und Vergänglichen.

Amphibolie: (griech. amphibolia, von amphibolos = zweideutig) Doppeldeutigkeit, Zweideutigkeit im logischen Sinne.

analytisch: (griech.) in Teile aufgelöst, zergliedernd, zergliedert, zerlegend. → synthetisch, → Induktion.

Antinomie: (griech. nomos = Gesetz) Widerstreit zweier Sätze; Widerstreit eines Gesetzes mit sich selbst. Der Ausdruck wurde von Kant neu in die Philosophie eingeführt. (»Widerwärtigkeit der Gesetze«.)

Antithesis: (griech.) Gegenbehauptung: der These entgegengestellter, das Gegenteil behauptender Satz. → Thesis.

Apagoge: (griech. = Abführung) Schluß aus einem gültigen Obersatz und einem unsicheren, aber glaubwürdigen Untersatz. *apagogischer Beweis:* indirekter Beweis: begründet die Richtigkeit einer Behauptung durch den Nachweis der Unrichtigkeit ihres Gegenteils. → Syllogistik, → Epagoge.

a parte ante: (lat.) hinsichtlich des Vorher, vonseiten des Vorher.

a parte post: (lat.) hinsichtlich des Nachher, vonseiten des Nachher.

apodiktisch: (griech.) unumstößlich, unwiderleglich, von schlagender Beweiskraft. Dazu: *Apodikticität.* → Modalität. → Urteil.

a posteriori: (lat. – vom späteren her) die allgemein übliche Bedeutung »hinterher, nachher« trifft den philosophischen Gehalt nicht: aus der Erfahrung, aus der Wahrnehmung stammend: Schopenhauer: »nach der Erfahrung.« → *a priori.*

Apperception: (lat. percipere = wahrnehmen) erkennende Wahrnehmung; Schopenhauer: »Anschauung, nicht Denken eines Begriffs.« *appercipiren:* bewußt wahrnehmen, eine Sache, Zustand, usw. in den Zusammenhang des Bewußtseins aufnehmen. → Perception.

a priori: (lat. = vom früheren her) die allgemein übliche Bedeutung »von vornherein, im vorhinein« trifft den Gehalt nicht: vor der (vor aller) Erfahrung, unabhängig von der Erfahrung, die Erfahrung erst ermöglichend. – Dazu: *apriorisch, aprioristisch, das Apriorische, die Apriorität.* → *a posteriori,* → transscendental.

Asketismus: (griech. askesis = Übung) Asketik, Lehre von der Askese (Selbstüberwindung), Anleitung dazu. Zweig der praktischen Ethik. → Enkratiten.

Atheismus: (griech. a [Negation], theos = Gott) Leugnung des Daseins und Wirkens von Göttern, oder, in neuerer Zeit, eines, bzw. des christlichen Gottes. → Theismus.

Atomismus, Atomistik: (griech. atomon = das Unzerschneidbare) Lehre, daß die ganze Welt, auch die Seele, aus selbständigen Elementen, Atomen, bestehe, deren nach Naturgesetzen verlaufende Bewegung (Umlagerung, Vereinigung, Trennung) alles Geschehen bestimmt.

Augustinismus: Denkrichtung auf der Grundlage der religiös-metaphysischen Lehre des Kirchenvaters Augustinus, der biblisch-christliche Gotteserfahrung mit griechisch-platonischer Gedankenwelt verband.

Axiom: (Plural: *Axiomata;* griech. axioma = Geltung, Forderung) Grundannahme, Grundsatz; Satz, der eines Beweises weder fähig noch bedürftig ist. Schopenhauer: »ein Satz von unmittelbarer Gewißheit.«

Beweis: aus als wahr anerkannten Sätzen durch Schlußfolgerung abgeleiteter, als wahr anerkannter bzw. anzuerkennender Satz. → Schluß, → Syllogistik.

Brahma: das durch sich selbst seiende, schöpferische, erhaltende Weltprinzip. *Brahmanen:* die führende Schicht in Indien. *Brahmanismus:* noch zu Schopenhauers Zeiten die herrschende Religion Indiens, die in den Veden, dem Schriftwerk der arischen Inder, wurzelt.

Charakter: intelligibler Charakter: der außerzeitliche, unveränderliche, freie Charakter. *empirischer Charakter:* der individuell angeborene und in Raum und Zeit und den Formen des Satzes vom Grunde entwickelte intelligible, unfreie Charakter. *erworbener Charakter:* die möglichst genaue, durch Erfahrung erworbene Kenntnis des eigenen (empirischen) Charakters. Schopenhauer: »Erst die genaue Kenntnis seines eigenen empirischen Charakters gibt dem Menschen das, was man erworbenen Charakter nennt: derjenige besitzt ihn, der seine Eigenschaften, gute wie schlechte, genau kennt und dadurch sicher weiß, was er sich zutrauen und zumuten kann, was aber nicht.«

causa efficiens: (lat. efficere = bewirken, veranlassen) die bewirkende Ursache, die Ursache, *durch die* etwas ist; die Ursächlichkeit, nach der spätere Zustände als durch frühere Zustände bewirkt erscheinen. *causa finalis:* (lat. finis = das Ziel) die Endursache, der Zweck; die Ursache, weshalb etwas ist; die Ursächlichkeit, nach der das Geschehen durch ein vorausgesetztes Ziel bestimmt ist.

circulus vitiosus: (lat. = fehlerhafter Kreis) → Schluß, bei dem man zum → Beweis eines Satzes diesen selbst benutzt, d. i. Beweis, bei dem das zu Beweisende in der Voraussetzung schon enthalten ist.

contradictio in adjecto: (lat.) Widerspruch im Beiwort, gegenseitiger Widerspruch zweier Wörter; Widersinnigkeit.

Corollarium: → Korollarium.

Deduktion: (lat. = Ableitung, Herbeiführung) Denkmethode, die vom Allgemeinen auf das Besondere, von allgemeinen Gesetzen auf einen konkreten Fall schließt. *deduktiv:* vom Allgemeinen auf das Einzelne schließend. *deduzieren:* ableiten (vom Allgemeinen auf das Einzelne). → Induktion.

Determinismus: Lehre von der durchgängigen Vorbestimmtheit alles Geschehens.

Dialektik: im Altertum Überredungskunst; Gesprächskunst zur Begriffserklärung; philosophisches Bemühen um die Abklärung von Widersprüchen; Kunst der Beweisführung. Bis ins 18. Jahrh. auch = → Logik. Schopenhauer: »Unter Dialektik verstehe ich ... die Kunst des auf gemeinsame Erforschung der Wahrheit, namentlich der philosophischen, gerichteten Gesprächs. Ein Gespräch dieser Art geht aber nothwendig ... in die Kontroverse über, daher Dialektik auch erklärt werden kann als Disputirkunst.« *dialektisch:* nach der Methode der Dialektik.

Dianoiologie: (griech. dianoia = Denkkraft) Verstandeslehre, die Betrachtung der anschaulichen Vorstellungen, Denklehre.

Diastole: (griech.) Ausdehnung, Erweiterung, Trennung, Unterscheidung. → Systole.

dictum de omni et nullo: (lat.) der Satz, daß, was von allem gilt, auch von jedem einzelnen gilt, und was von keinem gilt, auch von jedem einzelnen nicht gilt.

Ding an sich: nach Kant das unabhängig von unserer Wahrnehmung Vorhandene, eigentlich Seiende; nach Schopenhauer: nur auf subjektivem Wege, aus dem Selbstbewußtsein, als Wille bestimmbar.

diskursiv: (lat. discurrere = auseinanderlaufen) von einer bestimmten Vorstellung oder einem Begriff in logischer Folge zu einem anderen sukzessiv fortschreitend, ein Ganzes aus seinen Teilen aufbauend; begrifflich; Punkt für Punkt vorgehend. → Intuition.

Dogmatismus: (griech. dogma = die Meinung) allgemein das Sichberufen auf eine ungeprüft hingenommene Lehre, im Gegensatz zum → Skepticismus. Bei Kant: die (fälschliche) Annahme, daß der Mensch die Wirklichkeit durch bloße Begriffe, mittels bloßer Vernunft erkennen könne. → Kriticismus.

Doketismus, Doketen: (griech: dokein = scheinen) eine der → Gnosis nahestehende Lehre, wonach Christus nur einen »Scheinleib« gehabt und keinen wirklichen Kreuzestod erlitten habe.

Dualismus: Lehre vom Nebeneinanderbestehen je zweier verschiedener, nicht zur Einheit zu bringender Prinzipien, Denkweisen, Zustände u. a. Zum Beispiel: Leib – Seele; gut – böse. Gegensatz: Monismus.

Eklekt(iz)ismus, Eklektiker: (griech. = Auswähler) Philosophen ohne eigenes System, die aus bereits vorhandenen Systemen ihnen passende Elemente auswählen und zu einer eigenen Lehre zu binden versuchen. Besonders im späten Griechenland, dann wieder im 18. Jahrh. und später.

Eleatismus, Eleaten: Lehre, die von einem nur durch Denken erfaßbaren absoluten Sein ausgeht, dem das Werden und die sichtbare Welt als Schein gegenübersteht. Griech. Philosophenschule um 500 v. Chr. → Rationalismus.

Emanation: (lat. = Ausfluß) Ausstrahlung, Ausströmung, Hervorgehen aus dem Einen, Vollkommenen, dem »Urgrund«; Hervorgehen des Niederen aus dem Höheren. *Emanationssystem:* »Abfallslehre«, Lehre vom Hervorgehen des Niederen aus dem Höheren.

Empirie: (griech. empeiría = die Erfahrung) Sinnes-Erfahrung, Erfahrungswissenschaft. *empirisch:* durch Erfahrung gewonnen, auf Erfahrung gegründet, erfahrungsmäßig. *Empirismus:* Lehre, die die Erfahrung, bzw. das Ausgehen von Erfahrungstatsachen, z. B. von Experimenten, als Grundlage aller Erkenntnis annimmt. *Empiriker:* Erfahrungswissenschaftler, -mensch. → Rationalismus.

Enkratiten: (griech. = Enthaltsame) Richtung der ersten vorchristlichen Jahrhunderte, besonders in Kleinasien vorherrschend, die die Enthaltung von Ehe, Fleisch und Wein verlangte. → Askese.

Enthymem: (griech. = Gedanke) unvollständiger, verkürzter → Schluß, bei dem eine in Gedanken zu ergänzende Prämisse fehlt; Wahrscheinlichkeitsschluß; Kurz-Schluß. → Syllogistik.

Epagoge: (griech. = Hinaufführung) das Denken vom Einzelnen zum Allgemeinen hin. → Induktion, → Deduktion, → Apagoge. *epagogi-*

scher Beweis: Beweis, der die Wahrheit eines Urteils dadurch zeigt, daß die Folgen dieses Urteils als wahr bewiesen werden.

Erkenntnistheorie: die Wissenschaft von der Erkenntnis, ihrem Ursprung, ihrem Wesen, ihrer Wahrheit. Erst in neuerer Zeit gebrauchte Bezeichnung.

esse: (lat.) Sein. *Essentia, Essenz:* Sein, Wesenheit, Sosein. *essentiell, -ial:* wesentlich, zum Wesen eines Dinges gehörend. → Substanz, → Accidenz.

Eudämonismus: (griech.) das Streben nach dem Zustand der Glückseligkeit, als Prinzip der Moral aufgestellt. Dazu: Eudämonist, eudämonistisch. *Eudämonologie, -isch:* Anleitung zu einem glücklichen Leben; Glückseligkeitslehre.

Evidenz: (lat.) höchste Einsichtigkeit, Klarheit, Augenscheinlichkeit; auf sinnlicher Anschauung oder geistiger Einsicht beruhende Deutlichkeit. → Intuition.

explicit, explicite: (lat.) ausführlich dargestellt, breit entwickelt, nachdrücklich, deutlich. → implicite.

Fatalismus: (lat. fatalis – vom Schicksal [fatum] bestimmt) Glaube an ein blindes Schicksal, gegen das man sich nicht wehren kann.

formal, formell: (lat. forma = Form, Gestalt, Bild) formhaft, formelartig; was sich nur auf die Form, nicht auf den Inhalt bezieht. Schopenhauer: formell: = »die Art und Weise«.

generatio aequivoca: (lat.) die Urzeugung, Zeugung durch sich selbst, durch das Zusammenwirken von Naturkräften; die (angenommene) erste Entstehung von Leben aus anorganischem Stoff.

Gnosis: (griech. = Erkenntnis) von den Kirchenvätern bekämpfte Bewegung der ersten christlichen Jahrhunderte, die die Erlösung durch Erkenntnis Gottes in mystischer Schau, nicht durch den Glauben, lehrte. Die Gnostiker vereinten das Christentum mit griechischen und orientalischen Religionselementen. → Doketismus.

Gottesbeweise: Versuche, das Dasein Gottes logisch zu beweisen; von Kirchenvätern und → Scholastikern aufgestellt, von Kant abgelehnt. Von Schopenhauer werden erwähnt: der *ontologische* schließt von der Idee eines höchsten Wesens auf dessen Dasein; ebenso der *ontotheologische.* Der *kosmologische* schließt von der Bewegung in der Welt auf einen Beweger, von der Existenz der Welt auf einen Urheber, von der Bedingtheit alles Seienden auf eine bedingende erste Ursache. Der *physikotheologische* schließt von der Zweckmäßigkeit der Welt auf eine zwecksetzende höchste Vernunft; → Physikotheologie; ebenso der teleologische. → Teleologie. Der *keraunologische* (Schopenhauers Wortbildung) schließt von der Furcht vor einem Höheren (griech. keraunos = der Donnerkeil) auf dessen Existenz.

harmonia praestabilita: → prästabilirte Harmonie.

heterogen: (griech.) andersgeartet, ungleichartig, fremdstoffig; grundverschieden, von anderer Gattung oder Abstammung. Dazu: Heterogeneität. → homogen.

homogen: (griech.) gleichartig, gleichstoffig, von gleicher Abstammung oder Herkunft. Dazu: Homogeneität. Das *Gesetz der Homogeneität:* sucht mit Hilfe von Ähnlichkeiten und Übereinstimmungen bestimmte Arten zu erfassen und diese zu Gattungen zu vereinigen, bis wir zur obersten, umfassenden Einheit gelangen und aus dieser Einheit das Einzelne → deduzieren können. → Specifikation, → heterogen.

Humanismus: (lat. humanitas = Menschlichkeit) auf das griechische Bildungsideal begründete, seit der Renaissance führende geistige Bewegung.

Hypostase: (griech. = Unterlage) Verdinglichung, Substantialisierung von Begriffen, Ideen; »Gedanken zu Sachen machen«. (Kant).

hypothetisch: (griech. hypothesis = das Untergelegte, das Unterstellte) bedingt, angenommen, nur unter bestimmten Bedingungen geltend. → kategorisch, → Urteil.

ideal: (neulat. idealis, abgeleitet vom griech. eidos = Bild) einem Ideal nachstrebend, dem Ideal gemäß; nur als Idee bestehend (= ideell), nicht real oder wirklich; nicht gegenständlich, nicht dinghaft gegenwärtig. Schopenhauer: »das, was unserer Erkenntniß allein und als solcher angehört.« *Idealität:* das Sein als bloße Idee oder Vorstellung. → Realität, →real. *Idealismus:* Erkenntnistheoretisch der Standpunkt, der das Sein als Wahrgenommenwerden, als Bewußtsein auffaßt, → Realismus, → transscendental.

Idee, platonische: von Schopenhauer als die unwandelbaren, in die Vielheit der → Individuation noch nicht eingegangenen Stufen der → Objektivation des Willens bezeichnet.

Identitäts-Philosophie: nach Schelling → Metaphysik, die Subjekt und Objekt, Denken und Sein, Geist und Stoff nur als verschiedene, im Grunde identische Erscheinungsformen einer einzigen Wirklichkeit sieht.

Illuminismus: (lat. lumen = Licht) eine nach innen gerichtete, auf innerer Erleuchtung, intellektueller Anschauung usw. beruhende Erkenntnisweise (F. H. Jacobi, Schelling); das Vermögen zu solcher Erkenntnis. Gegensatz: → Rationalismus. → Intuition.

immanent: (lat. immanere = darin bleiben) innewohnend; was im eigenen bleibt, nicht über sich selbst hinausgeht, nicht auf etwas Fremdes übergreift (= transzendiert), was innerhalb der möglichen Erfahrung bleibt. Schopenhauer: »In den Schranken möglicher Erfahrung bleibend.« → transscendent, transscendental.

implicit, implicite: (lat.) im Gewußten stillschweigend enthalten, unausgesprochen, eingeschlossen, inbegriffen, dem Sinn nach mitenthalten. → explicit.

Indifferentismus: Gleichgültigkeit gegenüber Dingen, Zuständen, Ereignissen, usw., entweder aus Mangel an Interesse, oder aus Überlegenheitsgefühl, oder aus Verzicht auf eigene Stellungnahme.

Individuationsprinzip, principium individuationis: (lat.) das die Individualität, die Besonderung der Weltsubstanz in Einzelwesen Bedingende und dadurch die Vielheit der individuellen Wesenheiten Ermöglichende und Erklärende; der Seinsgrund der Einzelwesen. Nach Schopenhauer ist dieses Prinzip in Raum und Zeit gegeben.

Induktion: (lat. = Einführung) Zuleitung, Denkmethode, die vom Einzelnen, vom besonderen Fall auf das Allgemeine, auf eine Gesetzmäßigkeit schließt. Schopenhauer: »die Erkenntnisse des Grundes aus den Folgen.« *induktiv:* vom Einzelnen auf das Allgemeine schließend, → Deduktion, → Epagoge.

inhäriren: (lat.) innewohnen, anhaften, wie das → Accidenz der → Substanz.

Inkommensurabilität: Unmeßbarkeit, Unvergleichbarkeit. Dazu: inkommensurabel.

Inkongruenz: → Kongruenz.

intelligibel: (lat. intellegere = einsehen, begreifen) nur durch den Verstand, durch Denken, durch Denkanschauung erkennbar, dem Reich der Gedanken zugehörig. *intelligibler Charakter:* der außerzeitliche, unveränderliche, freie → Charakter. *intellektual:* verstandesbedingt, zur geistigen Wahrnehmung befähigt, auf den Verstand, auf das Erkenntnisvermögen sich beziehend, bes. in Gegensatz zum Sinnlichen. *intellektuale Anschauung:* unmittelbare Selbstanschauung des Ich (Fichte); unsinnliche, unmittelbare Anschauung des Absoluten (Schelling). → sensual.

Intuition: (lat. intuitus = Blick, Anblick) unmittelbare, eingebungsartige Anschauung, unmittelbares Erfassen des Wesens der Dinge. Schopenhauer: »lebendige Anschauung«. *intuitiv:* durch unmittelbare, lebendige Anschauung erkennbar, erkennend, oder erkannt. → diskursiv.

Ionier, ionische Philosophen: die ältesten griech. Philosophen, sämtlich Naturphilosophen, die insbesondere nach dem Urstoff (griech. hyle) fragten. Hauptvertreter: Thales, Heraklit.

Irritabilität, Reproduktivität (Reproduktion), Sensibilität: bilden nach der Auffassung des 19. Jahrh. eine Dreiheit von Hauptäußerungen des Lebens, in der das Leben sich als ein organisches Ganzes darstellt. *Irritabilität:* Fähigkeit des Muskels, sich zusammenzuziehen, Erregbarkeit,

Reproduktivität, Reproduktion: die ständige Erneuerung im organischen Körper, Voraussetzung der Gesundheit. *Sensibilität:* Empfänglichkeit für Sinneseindrücke, Reaktionsfähigkeit auf empfangenen Reiz, innerlich reale Nerventätigkeit.

Islam: (arab. = Hingebung) von Mohammed (ca. 570–632 n. Chr.) gestiftete Eingott-Religion.

Jansenismus: katholische theologische Bewegung, benannt nach dem niederländischen Theologen Cornelius Jansen (1585–1638), die die Lehren Augustins gegen die Jesuiten verteidigte und eine katholische Innerlichkeit vertrat.

Kabbalistische Philosophie: (hebr. kabbala = Überlieferung) jüdische Mystik, derzufolge die sichtbare Welt aus dem Ur-Einen, dem Licht, hervorgegangen ist.

Kategorien: allgemeinste Begriffe, Denkformen, durch die alles Vorhandene zuletzt gedacht wird, bei Aristoteles 10, bei Kant 12, von denen Schopenhauer nur die → Kausalität behält, als (→ apriorische) Grundform der Anschauung in Raum und Zeit. *kategorisch:* (griech. kategorikos = aussagend) unbedingt, bedingungslos geltend, nicht an Bedingungen geknüpft, im Gegensatz zu → hypothetisch. → Urteil. *Kategorischer Imperativ:* (Kant): »Handle so, daß die Maxime deines Wollens jederzeit zugleich als Prinzip einer allgemeinen Gesetzgebung gelten kann« – nach Kant Grundsatz aller Sittlichkeit; nach Schopenhauer »der theologischen Moral entlehnt« und »ohne solides Fundament«.

Kausalität, Kausalgesetz: (lat. causa = Ursache) der gesetzmäßige Folgezusammenhang von Ursache und Wirkung; jedes Geschehen hat eine Ursache und ist zugleich Ursache eines anderen Geschehens. Also: kein Geschehen ohne Ursache. Bei Kant eine der 12 → Kategorien, bei Schopenhauer (als Reiz, Ursache oder → Motiv wirkende) Grundform der Anschauung. *Kausalnexus, -reihe, -kette:* (lat. nexus = Zusammenhang, Verflechtung) Bild des von Anbeginn fortlaufenden Zusammenhangs der Verknüpfung von Ursache und Wirkung.

Kommunismus: das Kommunistische Manifest von Marx/Engels erschien 1848.

Kongruenz, kongruiren: Deckungsgleichheit, (math.) völlige Gleichheit (nicht: Identität), Übereinstimmung. *Inkongruenz:* Verschiedenartigkeit, Nicht-Übereinstimmung.

Konkretes, concreta: (lat. = das Zusammengewachsene) das unmittelbar Erlebte, greifbar Wirkliche. *in concreto:* in Wirklichkeit, tatsächlich, in einem bestimmten Fall. → abstracta, in abstracto.

Kontraposition: (lat. = Entgegenstellung) Ableitung einer verneinenden Aussage aus einer positiven Aussage: »Alle A = B; folglich kein Nicht-B = A.«

Konversion: (lat. conversio = Umwendung) Verfahren, durch Vertauschen von Begriffen in Prämissen neue Sätze abzuleiten. → Urteil.

Kopula: Verbindungswort; das Zeitwort »sein«; in der → Logik verbindet es im → Urteil Subjekt und Prädikat.

Korollarium: (lat. Kränzlein) Schlußfolgerung, ein gleichsam sich von selbst ergebender Folgesatz; Satz, der selbstverständlich aus einem bewiesenen Satz folgt. Auch: (selbständiger) Zusatz in einer wissenschaftlichen Darstellung (bes. Spinoza).

Korrelate: (lat. con = mit, relatum = zurückbezogen) Wechselbegriffe, Begriffe, die nur in wechselseitiger Beziehung einen Sinn haben, z. B. Ursache – Wirkung.

Kreatianismus, Kreatianer: (lat. creatio = Schöpfung) Lehre, im Mittelalter, daß nur der Leib durch Zeugung entsteht, während jede einzelne Seele von Gott erschaffen und mit dem Leib vereinigt wird. → Traduzianismus.

Kriticismus: seit Kant das Verfahren, die Möglichkeiten und die Grenzen des menschlichen Erkennens abzustecken. → Dogmatismus, → Skepticismus.

Kynismus: (griech. kyon = Hund) Lehre von der Bedürfnislosigkeit und Selbstgenügsamkeit im 5. und 4. Jahrh. v. Chr.; später in ehrfurchtslose Sittenverachtung ausartend (Zynismus).

Logik: (griech. logos = Wort) Lehre vom vernünftigen Denken und Schließen, also Denklehre, Lehre vom Schließen. Bei Plato noch → Dialektik, von Aristoteles Analytik genannt.

Makrokosmos: (griech. makros = groß) die »große Welt«, die Schöpfung, das Weltall (Neubildung des 18. Jahrh.) → Mikrokosmos.

Materie: (lat. materia = Stoff) Grundstoff, Urstoff, Stoff als Inhalt im Gegensatz zur Form. → formal, → Substanz. *materiell, material:* stofflich, inhaltlich, auf den Inhalt bezüglich. Schopenhauer: »Das Materielle ist das Wirkende (Wirkliche) überhaupt.« *immateriell:* unstofflich, unkörperlich, geistig. *Materialismus:* Ansicht, derzufolge die Materie, der Stoff, die einzige Wirklichkeit ist; auch Seele, Geist, Vernunft sind Bewegungen oder Kräfte der Materie. → Idealismus.

Megariker: Mitglieder der nach dem Tode des Sokrates (399 v. Chr.) durch Euklides von Megara gegründeten, auch den → Eleaten nahestehenden Philosophenschule.

metalogisch: über das Logische hinaus, jenseits des Logischen, überlogisch.

Metaphysik: (griech. meta ta physika = hinter oder nach dem Physischen) die Wissenschaft, die das Seiende und seine Grundbedingungen erforscht, die Lehre vom Seienden selbst (Ontologie), vom Wesen der Welt (Kosmologie), vom Menschen (philosophische Anthropologie), von

Gott (Theologie). Schopenhauer: »jede angebliche Erkenntniß, die über die Möglichkeit der Erfahrung hinausgeht.« »Die Aufgabe der Metaphysik ist zwar nicht die Beobachtung einzelner Erfahrungen, aber doch die richtige Erklärung der Erfahrung im Ganzen.«

Metempsychose: (griech.) Seelenwanderung. Ein bei Indern und Aegyptern verbreiteter Glaube und Bestandteil u. a. der buddhistischen und pythagoreischen Philosophie.

Mikrokosmos: (griech. mikros = klein) die »kleine Welt«, im eigentlichen philosophischen Sinne der Mensch als Welt für sich, als Abbild des Gesamtkosmos. → Makrokosmos.

Modalität: (lat. modus) Art und Weise des Seins oder Geschehens in den Kategorien Möglichkeit, Wirklichkeit, Notwendigkeit. → Modalität des → Urteils.

Monadologie: (griech. monas = Einheit) Lehre von den letzten Einheiten, Monaden, einfachen körperlichen und geistigen, bewußten und unbewußten Substanzen, aus denen sich die Weltsubstanz zusammensetzt. Gott ist die Urmonade, alle anderen Monaden ihre Ausstrahlungen (Leibniz).

Monotheismus: (griech. monos = einzig, allein; theos = Gott) Glaube an *einen* Gott, im Gegensatz zum → Polytheismus. → Pantheismus.

Mormonismus: die Mormonen oder Kirche Jesu Christi der Heiligen der Letzten Tage, gegr. 1830 durch Joe Smith, später beheimatet in Salt Lake City, USA. Bekannt durch die bis 1895 geübte Vielehe.

Motiv: (lat. movere = bewegen) Beweggrund. Schopenhauer: »Motive sind Vorstellungen, und ihr Sitz ist das Gehirn.« → Quietiv.

mundus intelligibilis: (lat.) die nur mit dem Verstand erfaßbare Welt, die Verstandeswelt. *mundus sensibilis:* die mit den Sinnen wahrnehmbare Welt, die Sinneswelt.

Mysticismus: Neigung zur Mystik, zur Verehrung des Geheimnisvollen; widerstrebt der Aufklärung, dem → Rationalismus. Schopenhauer: »Bewußtsein der Identität der eigenen Wesenheit mit der ... aller Dinge, oder mit dem Kern der Welt.«

natura naturans: (lat.) die schaffende Natur, die schöpferische Natur, die hervorbringende Natur. *natura naturata:* die geschaffene Natur, die geschaffenen Einzeldinge der Natur.

Naturalismus: Ableitung alles Geschehens aus Naturtatsachen. Schopenhauer: »die rein physikalische Betrachtung.«

Neo-Spinozismus: Weiterbildung der Lehre Spinozas durch Fichte, Schelling u. a.

Neu-Platonismus: Weiterbildung der Lehre Platons, das letzte, um 200 n. Chr. entstandene System der griechischen Philosophie.

Nominalismus: (lat. nomen = Name) im Universalienstreit des Mittelalters die Lehre, daß den Allgemeinbegriffen (Universalien) keine reale Existenz zugrundeliege, daß sie bloße Worte seien. Gegensatz: der (platonische) Begriffsrealismus, der den Allgemeinbegriffen reale Existenz und Vorrang vor den Einzeldingen zuschrieb. → Scholastik. → Realismus.

Noumenon: (Plural: Noumena; griech. nous, nóos = Geist, Verstand) das geistig Erkennbare, das »Verstandesding«. → Phänomenon.

nunc stans: (lat. = jetzt stehend, stehendes Jetzt) beharrendes Jetzt, ständige Gegenwart. Bezeichnung der → Scholastiker für die Ewigkeit.

Objektität: (Eigenbildung Schopenhauers) Sichdarstellen des Willens in der Erscheinungswelt. *Objektivation:* Sichdarstellen, Vergegenständlichung in einer einzelnen bestimmten Stufe der Erscheinungswelt. → Ideen, platonische. *objektiviren:* (sich) sichtbar machen, vergegenständlichen.

operari: (lat.) handeln

Optimismus: (lat. optimum = das Beste) Lehre, daß diese Welt die beste aller möglichen Welten sei (Leibniz). → Pessimismus.

Organon: (griech. = Werkzeug) die logischen Schriften des Aristoteles, die als »Werkzeug« zur Erkenntnis der Wahrheit betrachtet wurden.

Ontologie: (griech. to on = das Seiende, logos = Wort, Lehre) Seinslehre, Lehre von den Dingen, den Gegenständen der menschlichen Erkenntnis »überhaupt«. Bezeichnung für die Metaphysik des Seins, als ersten Teil der → Metaphysik. Von Kant abgelehnt. Schopenhauer: »Die Ontologie nimmt die Welt als Vorstellung, nebst ihren Gesetzen, als etwas schlechthin Vorhandenes und absolut Reales ... Was die alten Ontologien füllt, ist ... zusammengeraffte *farrago* (Gemengsel).« Dazu: *ontologisch.*

Palingenesie: (griech.) Wiedererstehung.

Pantheismus: (griech. pan = alles, theos = Gott) »Allgottlehre«; Gott ist das Weltall selbst. Schopenhauer: »die vornehme Form des Atheismus«, die das gesamte Sein mit Gott ineins setzt. → Monotheismus, → Polytheismus, → Theismus.

Paralogismus: Fehlschluß aus formalen Gründen, trotz richtiger Prämissen, falsch gezogener → Schluß.

Pelagianismus: Lehre des irischen Mönchs Pelagius (gest. nach 418), der das Dogma der Erbsünde verwarf und die natürlichen Kräfte des Menschen als zur Erlangung der Seligkeit für ausreichend erklärte.

Perception: (lat. perceptio = Erfassen, Begreifen) Wahrnehmung, insbesondere sinnliche; Auffassung; auch erklärt als erste Stufe der Erkenntnis. *percipiren:* wahrnehmen, erfassen. → Apperception.

Peripatetiker: Schüler des Aristoteles (4. Jahrh. v. Chr.)

Pessimismus: (lat. pessimum = das Schlechteste) Philosophie, die die schlechten Seiten der Welt in den Vordergrund der Betrachtung rückt und die Nichtigkeit des menschlichen Daseins lehrt. Der Pessimismus liegt allen Erlösungsreligionen zugrunde. → Optimismus.

petitio principii: (lat. = Forderung des Beweisgrundes) Voraussetzung eines noch unbewiesenen, noch zu beweisenden Satzes schon als Beweisgrund; Erschleichung des Beweisgrundes. → Beweis.

Phaenomenon: (Plural: Phaenomena; griech. phainomenon = das Erscheinende) die Erscheinung, die sich der Erkenntnis anbietenden Bewußtseinsinhalte bzw. Gegenstände. → Noumenon. *phänomenal:* zur Welt der Erscheinungen gehörend. *phänomenell:* auf die Erscheinung bezogen, sich beziehend.

Physikotheologie: Lehre, wonach sich Gottes Dasein aus der zweckmäßigen Einrichtung der Welt ergibt. Schopenhauer: die Lehre, »daß es ein Intellekt sein müsse, der die Natur geordnet und gemodelt hat.« → Gottesbeweise.

Polytheismus: (griech. polys = viel) Glaube an viele Götter. Gegensatz: → Monotheismus. → Atheismus.

Postulat: (lat. postulare = fordern) Denkforderung, notwendige Annahme. *postuliren:* beweislos annehmen, sachlich bzw. denkerisch fordern.

potentiâ: (lat.) in der Möglichkeit. → actu

Potenz: (lat. potentia = Kraft, Macht, Einfluß) auch: Möglichkeit, Einwirkung. – Im 19. Jahrhundert jede Einwirkung auf den lebenden Körper, die das Leben unterhält oder einschränkt. *Potenzirung:* Steigerung, Erhebung. *Depotenzirung:* Schwächung, Herabsetzung (bes. der Naturkräfte).

Präexistenzianer: Vertreter der Lehre, daß die Welt schon vor ihrer Erschaffung als stoffliche Welt als Idee im Gedanken Gottes existierte, ebenso wie die Seele vor ihrem Eintritt in den Leib und Christus als Logos (griech. = Wort) bei Gott vor seiner Menschwerdung. → Kreatianismus, → Traduzianismus.

Prämisse: → Urteil.

Prästabilirte Harmonie, harmonia praestabilita: das von Gott vorherbestimmte harmonische Verhältnis der Dinge im All, besonders von Leib und Seele des Menschen, zueinander; entsprechend der Übereinstimmung zweier gleichlaufender Uhren. (Leibniz).

Pragmatismus: (griech. pragma = Handlung) Philosophie, die das Handeln über das Denken stellt und den Wert des Denkens nach seinem Nutzen für die Praxis des Lebens mißt.

Primum mobile: (lat.) der erste Beweggrund, das erste Bewegende, der erste Antriebsgrund, -faktor, die erste bewegende Kraft. Ausdruck der aristotelischen Philosophie.

principium individuationis: → Individuationsprinzip.

Psychologie, rationale: Lehre von den Begriffen der Seele und der seelischen Vorgänge, also nicht von der praktischen Erfahrung solcher Vorgänge (Chr. Wolff). Nach Kant Teil der → Metaphysik; nach Schopenhauer einfach »Denklehre«, »welcher zufolge der Mensch aus zwei völlig heterogenen Substanzen zusammengesetzt ist, dem materiellen Leibe, und der immateriellen Seele. Plato ist der Erste, der dieses Dogma förmlich aufgestellt ... hat.«

Pythagoreismus, Pythagoreer: Schüler des Pythagoras, die lehrten, daß die Zahlen, als Prinzipien des Mathematischen, auch die Prinzipien des Seienden und ihre Proportionen Abbilder der Harmonie der Welt seien.

qualitates occultae: (lat. = verborgene Eigenschaften) Ausdruck der Scholastiker für die nicht wahrnehmbaren Eigenschaften und nicht erklärbaren Wirkungen der Dinge.

Quietismus: (lat. quies = Ruhe) nach Schopenhauer: »Aufgeben allen Wollens, Askese, d. i. absichtliche Ertötung des Eigenwillens.« *Quietiv:* (Schopenhauersche Prägung) »Stillungsgrund« als Gegensatz zu → *Motiv:* Beweggrund.

Ramisten: Anhänger des Petrus Ramus (1515–1572), eines Gegners der aristotelisch-scholastischen Philosophie. → Scholastik.

rational: (lat. ratio = die Vernunft) vernünftig, vernunftmäßig begründet, durch Verstandesdenken gewonnen. *Rationalismus:* Lehre, die die Vernunft zum obersten Prinzip macht – die Denkweise der Aufklärung. Gegensatz: Irrationalismus. → Sensualismus.

real: (lat. res = die Sache) wirklich, objektiv, nicht nur in Gedanken seiend, gegenständlich. Schopenhauer: »Das Ideale ist die sich räumlich darstellende, anschauliche Gestalt, mit allen ihren wahrnehmbaren Eigenschaften; das Reale ist das Ding an sich, in und für sich selbst, unabhängig von seinem Vorgestelltwerden im Kopfe eines Anderen, oder seinem eigenen.« *Realität:* das Sein in der objektiven Wirklichkeit. *Realismus:* Lehre, die das Vorhandensein einer außerhalb des Bewußtseins liegenden Wirklichkeit behauptet. (Gegensatz – Idealismus); in der → Scholastik die Annahme einer Realität der Allgemeinbegriffe (Gegensatz → Nominalismus).

Regressus: (lat.) Rückgang des Denkens vom Besonderen zum Allgemeinen, vom Bedingten zur Bedingung, von den Wirkungen zur Ursache.

Reproduktion, Reproduktivität: → Irritabilität.

Rigorismus: (lat. rigor = Starrheit) das starre Festhalten an Grundsätzen der Philosophie, der Religion, des Handelns.

Sabäismus: Religion in Ägypten, Arabien und den Ländern zwischen Mittelmeer und Tigris, welche die Gestirne als göttlich verehrte und die Veränderungen der Natur ebenso wie die menschlichen Schicksale von ihnen abhängig macht.

Schluß: das Verfahren, aus mehreren, mindestens zwei Urteilen ein einziges Urteil, die Schlußfolgerung (lat. = conclusio), Konklusion, abzuleiten. *Fangschluß:* falsch formulierter, pseudowissenschaftlicher, zur Täuschung gezogener Schluß. *Schlußfigur:* die jeweils besondere, durch die Stellung des Mittelbegriffs bestimmte Form des Schlusses. *Sophisma:* Trugschluß mit Täuschungsabsichten, Scheinbeweis. → Urteil, → Syllogistik.

Scholastik: (lat. schola = Schule) die Philosophie des Mittelalters, die unter Einbeziehung der Lehre des Aristoteles die christlichen, in den Dogmen niedergelegten Wahrheiten als Grundlage des Wissens betrachtete. → Nominalismus.

Sensibilität: → Irritabilität

sensual: (lat. sensus = Sinn, Gefühl, Empfindung) sinnlich, auf Sinneswahrnehmungen gegründet, der Sinneswahrnehmung fähig. *Sensualismus:* seit Locke eine → erkenntnistheoretische Lehre, die alle Erkenntnis aus den Sinneswahrnehmungen ableitet. → Rationalismus.

Skepticismus: (griech. skepsis = Untersuchung, Überlegung) philosophische Richtung, die den Zweifel an einer sicheren Wahrheit zum Prinzip allen Denkens macht. → Dogmatismus, → Kriticismus.

Sophisma: → Schluß. *Sophistik:* (griech. sophia = die Weisheit) eine Epoche der griechischen Philosophie, von Sokrates und Platon bekämpft. *Sophisten:* (griech. sophistes = Weiser, Meister, Künstler) waren bezahlte Bildungslehrer, bekannt als geschickte Redner; daher der Begriff *Sophistikation* = Spitzfindigkeit.

Specifikation: (lat. species = Art) Besonderung, Einteilung in Unterabteilungen. *Gesetz der Specifikation:* sucht die in einem umfassenden Geschlechtsbegriff vereinigten Gattungen zu unterscheiden und in Arten und Unterarten zu gliedern, um aus einzelnen Wahrnehmungen → induktiv allgemeine Erkenntnisse zu gewinnen. → Homogeneität. *specifisch:* arteigen, wesenseigen, kennzeichnend.

Spekulation: (lat. speculatio = Ausspähung) Versuch, durch Denken zum Erkennen über die Erfahrung hinaus zu gelangen. *spekulativ:* über die Erfahrung auf das zugrundeliegende Geistige, Übersinnliche hinausgehend.

Spiritualismus: philosophische Richtung, für die das Geistige das Wirkliche, das Absolute ist, das Körperliche aber die Erscheinungsweise des Geistes. → Materialismus.

Stoicismus: Haltung der Philosophischen Schule der Stoa, der Stoiker (Epiktet, Seneca, Marc Aurel). Ihre Forderung: der Natur gemäß leben, die Affekte beherrschen, Schweres ruhig ertragen.

Substanz: (lat. substantia = das darunter Bestehende) der beharrende Wesenskern im Gegensatz zu seinen wechselnden Zuständen und Eigenschaften; der Träger der Erscheinungen; das für sich Bestehende im Gegensatz zu dem nur an anderem Bestehenden; das Beharrende im Unterschied zum Wechselnden, zu seinen Zuständen. Schopenhauer: »ein Synonym von → Materie, darüberhinaus ein unberechtigter Begriff.« *substantiell, substantial:* zum Wesen gehörend, wesenhaft, stofflich, materiell. → Accidenz, → essentia.

Substrat: (lat. = das Untergelegte) die Grundlage, der Träger, d. i. die → Substanz.

Subsumtion, subsumiren: Unterordnung, einbegreifen. Besonders in der → Logik die Unterordnung des Artbegriffs unter den Gattungsbegriff.

Sufismus: islamische Mystik arabisch-indisch-persischer Herkunft, wonach der Mensch eine Ausstrahlung Gottes ist, die wieder zu Gott zurückstrebt.

Supranaturalismus: (lat. supra = über) der Glaube an Übernatürliches, insbesondere an eine durch Ahnung oder geistige Schau faßbare übernatürliche Offenbarung.

Syllogistik: (griech. syllogizomai = zusammenrechnen, herausfolgern) die klassische, von Aristoteles begründete Lehre von den Schlüssen, insbesondere vom Allgemeinen auf das Besondere. Auch: Lehre von der Vermeidung von Schlußfehlern. *Syllogismus:* zwei Urteile (Prämissen) und die Schlußfolgerung. *Prosyllogismus:* Vorschluß – der Schlußsatz eines Syllogismus ist zugleich die Prämisse des folgenden Syllogismus. → Urteil, → Schluß, → Beweis.

Synkretismus: (griech.) kritiklose Verschmelzung philosophischer oder religiöser Systemelemente. → Eklekticismus.

synthetisch: (griech.) zusammensetzend, verknüpfend, vom Allgemeinen zum Besonderen fortschreitend. → Deduktion, → analytisch.

Systole: (griech.) Zusammenziehung, Verdichtung. *Systole und Diastole:* ursprünglich und medizinisch heute noch: Erweiterung und Zusammenziehung der Muskelfasern der Gefäße; übertragen für das Lebensgesetz der Polarität (Goethe).

Teleologie: (griech. telos = Zweck, Ziel) Lehre von der Zweckmäßigkeit, von den Gesetzen der Zweckursachen, vom Endzweck der Dinge; nach ihr werden menschliches Handeln, geschichtliche Ereignisse, Naturgeschehnisse durch Endzwecke bestimmt und geleitet. *Teleologisch:* von der Zweckmäßigkeit her denkend oder gedacht. → Kausalität.

Theismus: (griech. theos = Gott) Glaube an einen außerweltlichen, persönlichen Gott als selbsttätigen Weltschöpfer und Weltlenker. → Polytheismus, → Pantheismus, → Monotheismus, → Atheismus.

Theodicee: Rechtfertigung Gottes gegenüber dem Vorwurf seiner Verantwortlichkeit für das Böse und Schlimme in der Welt. (Leibniz).

Thesis: (griech. = Setzung) These, Behauptung, Satz, Lehrsatz, der eines Beweises bedarf. → Antithesis.

transscendent: (lat. transscendere = überschreiten) die Grenzen der Erfahrung überschreitend; außerhalb der Grenzen der uns mittels der Sinne erkennbaren Welt liegend; über das menschliche Bewußtsein hinausreichend, die mögliche Erfahrung übersteigend. Schopenhauer: »alle Möglichkeiten der Erfahrung überfliegend.« → transscendental, → immanent.

transscendental: bis Kant gleichbedeutend mit transscendent. Dann: was der Erfahrung logisch vorhergeht, was von der Erfahrung unabhängig gilt; vor aller Erfahrung. Transszendentale Erkenntnis bestimmt das in aller Erfahrung Mögliche vor aller Erfahrung. Schopenhauer: »Eben nur, sofern das Bewußtsein seiner – Apriorität ihn begleitet, heißt er bei Kant transscendental – als zum Unterschiede von transscendent.« Davon: Transscendentalität. *transscendentale Ästhetik:* Wissenschaft von allen Prinzipien der Sinnlichkeit → a priori. *transscendentale → synthetische Einheit der → Apperception* (Kant): diejenige Einheit des Selbstbewußtseins, durch welche alle in einer Anschauung gegebene Mannigfaltigkeit in einem Begriff vom Objekt vereinigt wird, d. i. bei Schopenhauer das Subjekt des Erkennens, der Einheitspunkt des Bewußtseins. *transscendentaler → Idealismus:* Lehre Kants, daß alle Gegenstände möglicher Erfahrung nicht an sich, sondern nur als Erscheinungen faßbar sind.

Topik: seit Aristoteles die Lehre von den »Örtern«, (griech.) den Topoi, den allgemeinen Gesichtspunkten, die zur Erhellung eines Begriffs dienen; Verfahren, das jedem Begriff den Ort innerhalb der Sinnlichkeit oder des Verstandes auszuweisen sucht.

Traduzianismus, Traduzianer: (lat. traducere = übertragen) Lehre, derzufolge die Seele des Menschen zugleich mit dem Leib vom Vater bei der Zeugung erzeugt werde. → Kreatianismus, → Präexistentianer.

Trope: (griech.) Wendung, bildlicher Ausdruck. *tropisch:* übertragen, bildlich, nicht im eigentlichen Sinn.

Universalia, Universalien: → Nominalismus, Realismus.

unité de plan: (frz.) Einheitlichkeit des Plans, die Entsprechung aller Formen im Tierreich, ihr gemeinsamer Grundtypus.

Urteil: im logischen Sinne ein Akt des Bejahens oder Verneinens. Schopenhauer: »Die Materie des Denkens.« Die Urteile, die Voraussetzungen, aus denen der → Schluß gezogen wird, heißen Prämissen. (auch propositiones, Vordersätze, Voraussetzungen). Eine Prämisse ist der Obersatz (propositio major, z. B. »Alle Menschen sind sterblich«); die andere der Untersatz (propositio minor, z. B. »Priester sind Menschen«). Die beiden Prämissen haben einen gemeinsamen Begriff (hier: Menschen), den Mittelbegriff, terminus medius. Die den Prämissen nicht gemeinsamen Begriffe heißen Außenbegriffe; terminus major im Obersatz, terminus minor im Untersatz. Die Schlußfolgerung hier: »Priester sind sterblich.« *Analytisches Urteil:* hier wird vom Subjekt durch Zergliederung der schon im Subjekt enthaltenen bzw. mitgedachten Merkmale etwas ausgesagt. (»Das Dreieck hat drei Seiten.«) *Disjunktive Urteile:* sind Urteile, die einander ausschließen und zugleich eine Einteilung begründen. Einander wechselseitig ausschließendo Urteile. *Hypothetisches Urteil:* auf → Hypothesen beruhendes Urteil. *Identisches Urteil, Identitäts-Urteil:* Urteil, das ein- und dasselbe bedeutet; identische Gleichung a = a. *Synthetisches Urteil:* hier wird vom Subjekt etwas ausgesagt, das erst durch das Urteil selbst neu hinzukommt (»Das Dreieck ist auf Papier gezeichnet«). Schopenhauer: »durch welches (Urteil) wir, ohne alle Erfahrung, und doch mit Gültigkeit für alle Erfahrung, unsere Begriffe bilden und vervollständigen.« *Modalität des Urteils:* Gültigkeit oder Erkenntniswert des Urteils, zerfallend in problematische (fragliche), assertorische (schlechthin behauptende), apodiktische (unumstößliche) Urteile.

Utilitarismus, Utilitarianismus: (lat. utilis = nützlich) Lehre, die als Grundlage sittlichen Handelns den Nutzen erklärt: ideale Werte müssen einzelnen oder dem Gemeinwohl nutzen. → Pragmatismus.

Vorsokratiker: Die griechischen Philosophen vor Sokrates: die → Eleaten Pythagoras, Empedokles von Agrigent, Anaxagoras, Protagoras.

Zend-Religion: Im 19. Jahrh. Name für das heilige Buch der vorislamischen Perser (6.–5. Jahrh. v. Chr.) und der heutigen Parsen, das Awesta (»Zend-Avesta«). Zend: Name des in mittelpersischer Sprache verfaßten Kommentars zum Awesta. – Nicht zu verwechseln mit dem Zen-Buddhismus, der von China her im 12. Jahrh. nach Japan eingeführten buddhistischen Reformrichtung (Meditation zur Entspannung, strenge Lebensführung).